개정판

Total Quality Management

현대 품질경영론

박재흥

博 英 社

머 리 말

2006년은 우리나라 역사상 가장 기억될 해이다. 마침내 우리나라의 국민총생산이 인도를 따돌리고 세계 10위를 기록하였기 때문이다.

우리나라의 품질관리활동은 지난 1970년대 이후 정부주도하에 범산업적으로 추진되어 오는 동안 품질향상과 수출증대에 많은 기여를 해왔다. 절대적으로 자원이 부족한 상태에서 이러한 성과를 얻게 된 배경에는 여러 분야의 발전이 원동력이 되었겠지만 특히 품질경영활동의 성과도 크게 기여하였다.

우리나라는 공업화가 시작된 1960년대부터 1970년대 후반까지는 빈약한 기술력에서도 근면한 인력을 저렴한 비용으로 동원하였던 이른바 '자원동원'에 의하여 국가가 발전하였다. 그러나 1970년대 말에는 사회적 구조의 변화로 말미암아 내부능력의 질적 위기를 맞게 되어 발전이 잠시 주춤하였으나, 1980년대 들어서면서 3저 현상 속에서 사회 전반적인 노력으로 중진국 대열에 진입할 수 있었다. 기업의 측면에서 볼 때, 전사종합품질관리는 이러한 성장에 원동력을 제공하였다고 할 수 있다. 그러나 1980년대 말에 불어 닥친 이른바 고도화의 위기는 우리의 성장을 잠시 멈추게 하여, 이른바 '4마리의 용'의 대열에서 탈락하였다는 지적을 받기도 하였다. 우리가 제창하는 품질경영운동은 바로 이러한 국가의 위기를 극복하기 위하여 과거 우리가 보여주었던 저력을 다시 한번 발휘하여 보자는 목적으로 추진하는 것이다.

21세기에서는 생산자가 주도하던 시장이 소비자가 주도하는 시장으로 바뀌었고, 시장규모도 글로벌 경쟁체제로 바뀌었다. 세계적이라는 것이 특색 없이 표준에 따르는 것이 아니라 세계시장에서 우리의 특색이 장점으로 나타나는 것이다.

가격에 의한 경쟁은 선진국들에 의한 덤핑제소나 후발개도국들에 의해 추격당하고, 기술에 의한 경쟁은 선진국의 기술보호주의 등에 의해 가로막히는 등의 국제적 환경의 변화는 우리를 십면초가의 위태로움에 빠뜨리고 있다. 이와 같은 환경의 변화로 말미암아 우리는 그 동안 추진하였던 방식의 품질관리활동만으로는 현재의 열악한 환경을 극복하기에는 한계가 있음을 알게 되었다. 또한 생산방식도 종전의 소품종 대량생산체제에서 다품종 소량생산체제로 전환되어 감에 따라 기업의 경영활동도 기획, 설계로부터 제조, 마케팅에 이르기까지 전 단계에 걸쳐 경영전략적 차원의 종합적 대응이 요구되기에 이르렀다.

저자는 15년 전인 1993년에 현대 품질경영을 출판하였다. 그 당시는 ISO 9000 시리즈가 보급되기 시작하는 무렵이었기 때문에 품질경영에 관한 개념설정이 미흡하였고, 품질관리(Quality Control)와 품질경영(Quality Management)의 구분도 애매하던 시기이었다. 그러나 그 동안 품질경영에 관한 연구가 상당히 축적되었고, 독자들의 요구수준도 향상되었다. 저자는 그 동안의 연구성과와 제도의 변화에 맞추어 초판의 내용을 대폭 개편하여 본서를 집필하게 되었다. 독자여러분들의 지도편달을 바란다. 끝으로 원고정리를 도와준 조교 이선민, 정지운 양의 노고에 감사한다.

2007. 2

저 자 박 재흥

목 차

제12장 지속적 개선

제13장 전원참가와 팀 활동

제14장 과학적 관리기법

제 1 장

왜 품질경영인가?

제 1 장

왜 품질경영인가?

1.1 기업환경의 변화

기업환경이란 기업 내지는 기업활동에 영향을 미치는 모든 요인을 의미한다. 경제제도, 정부와 법률, 대중 및 소비자, 기술과 자원, 자연조건들과 같은 기업 외적 요인들이 있는가 하면, 경영자의 이념과 태도, 행동, 구성원들이 이를 이해하고 추종하려는 심리적 기반과 같은 기업 내적 요인들도 있다.

일반적으로 기업환경이라면 기업 외적인 요인에 한정하여 표현하는 경향이 대부분이지만, 개념적으로는 기업 내적인 요인도 반드시 포함하는 것이 당연하다. 기업은 결코 자족적(self-suffi cient)인 존재만은 아니다. 기업은 환경과의 관계에서 상호 영향력을 주고받는 거래적 시스템(transacting system)이라고 할 수 있다.

과거에는 일반적으로 기업환경이란 기업으로서는 전혀 통제할 수 없는 것이라고 인식하고, 기업은 환경에 잘 적합하는 것이 과제라고 보았던 것이다. 그러나 오늘날에는 기업환경의 상당한 부분은 기업의 활동으로 변화시킬 수도 있고, 변화된 환경은 다시 기업 또는 기업활동에 영향을 미칠 수 있는 관계로 인

[그림 1-1] 기업과 기업환경

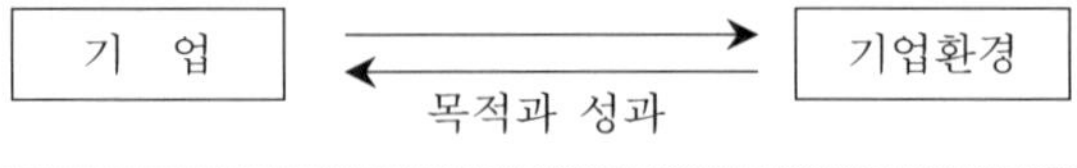

식하고 있다.

그러므로 기업환경이란 기업의 활동을 통하여 적극적으로 도전함으로써 기업에게 유리하도록 변경시켜 갈 뿐만 아니라 자연환경과 같이 변경이 불가능한 부분에 관하여는 현명하게 적응해 가야만 하는 것이다. 이와 같은 과정에서 가장 중요한 문제는 변화된 기업환경을 정확하게 이해하는 것과 변화된 기업환경에 적절하게 대처할 수 있는 방법을 선택하는 것이라고 할 수 있다. 이것은 전쟁에서 상황에 맞춰 적절하게 대응할 수 있는 무기를 선택하는 것과 마찬가지이다.

최근의 우리의 기업환경은 매우 어려운 상황으로 변하고 있다. 기업환경의 변화는 우리 기업의 생산활동에도 직접적인 영향을 주게 된다. 변화를 기업 외부적인 요인과 생산 및 기술환경의 변화로 나누어 서술하겠다.

먼저 기업 외부적 요인인 국제경제질서면에서 살펴볼 때 특기할 만한 것은 소련과 동구권의 사회주의 경제체제가 붕괴되고 시장경제체제로 전환되면서, 과거 군사력에 의한 '힘의 균형(balance of power)'에서 경제력에 바탕을 둔 '이해의 균형(balance of interest)'으로 바뀌고 있다는 것이다. 따라서 과거의 자본주의 경제체제 대 사회주의 경제체제의 대결은 자취를 감추게 되었고, 자본주의 경제체제는 그 모순을 제거하면서 효율과 후생을 증진시키는 방향으로 나아가고 있다. 이와 아울러 EC의 단일시장형성에 따른 거대유럽경제권의 부상은 Pax-Americana의 종말과 함께 세계 경제권은 미국, 유럽, 일본 등으로 블럭화가 시작되었고, 이에 따라 세계경제의 헤게모니도 다극화하는 경향이 나타나기 시작하였다.

이와 같은 세계경제질서의 재편은 기존 국제분업구조에도 일대혁신을 가져오기 시작하였다. 지금까지의 국제분업이 주로 단순노동, 자원의 부존 정도와 가격조건에 의하여 결정되었지만, 이제는 자원의 부존 정도보다는 이들 자원의 질을 보다 높여주거나 새로운 기술을 창출하고 또한 그 생산요소의 최적결합을 구성하여 생산극대화를 달성할 수 있는 기술을 확보하는 것과 개발능력에 의해 크게 좌우되고 있다. 즉 최근의 국제분업체계가 기술을 중심으로 새로이 재편되는 추세에 있다.

선진국간의 제품별 국제경쟁력 구조가 급속히 재편성되는 과정에서 자국 산업의 비교 우위를 확보하기 위한 기술경쟁은 점차 치열해져서 생산과 판매를 분업화하는 상업적 분업과, 노동, 자본, 자원, 기술 등의 자본상태에 입각한 새로운 국제분업으로 전개되고, 산업 내의 분업을 촉진하는 요인이 되고 있다. 이러한 과정에서 선진국들은 자국기술을 적극적으로 보호하기 위하여 과거와는 달리 개발한 기술의 이전은 회피하면서 타국의 경쟁력있는 기술이나 특허는 상호교환하여 기술력이 상대적으로 부족한 국가들의 참여는 철저히 배제하려는 이른바 기술보호주의를 채택하고 있다.

이러한 기술보호주의의 등장과 함께 우리의 기업환경을 더욱 어렵게 만드는 것은 중국 등 동남아와 남미를 비롯한 여러 개도국들의 맹렬한 추격이다. 이들 국가들은 상대적으로 값싼 노동력과 풍부한 부존자원, 그리고 그 동안 선진국으로부터 우리와 같은 중진국들에게 이전되었던 기술을 바탕으로 하여 이미 세계시장에서 우리를 위협하기 시작하였다. 이러한 국가들은 현재 우리나라를 비롯한 NICs제국에서 찾을 수 없는 여러 가지 경쟁우위요소를 확보하고 있어서 구미의 선진국들의 세계화 전략실현에 좋은 여건을 갖추고 있는 셈이다.

선진국들의 기술보호주의와 후발개도국들의 추격은 우리로 하여금 기술을 중심으로 한 국제분업전개과정에서 체계적인 기능을 담당할 것을 요구하고 있다. 즉 우리의 향후과제는 장기적으로 볼 때에는 기술의 혁신이며 중단기적으로는 기술의 고도화를 이룩하는 것인데, 이러한 선택만이 향후기술을 중심으로 한 새로운 국제분업체계에서 살아 남을 수 있는 유일한 길이라고 생각된다.

국제적인 경제환경의 또 다른 변화는 국제적으로 개방화와 자유화 폭이 증대되고 있다는 것이다. 특히 우루과이협상 이후 세계적으로 각국의 무역장벽을 완화시키려는 경향이 도처에서 일어나고 있는 것이 현실이다. 따라서 우리의 기업들은 국내외적으로 동시에 경쟁하여야 하는 어려움을 맞게 되었고, 따라서 기술이나 가격 등에서 경쟁력이 없는 기업들은 살아 남기가 힘들게 되었다. 특히 후발개발도상국들의 괄목할 만한 성장과 선진국의 덤핑제소와 같은 무역보복행위 등으로 가격에만 의존한 경쟁력 확보는 더 이상 기대하기 어렵다.

또한 선진국들은 실질적으로 무역장벽이 될 수밖에 없는 여러 가지 문제들을 지속적으로 제기하고 있다. 일본의 세계경제 주도력에 자극된 미국과 유럽의 국가들은 자유무역을 위한 시장개방을 외치면서도 또 다른 한편으로 블럭화를 추진하여 자국에 이익이 되는 방향으로 각종 제도적 장치를 마련하고 있는 현상이 나타나고 있다. 이를 가장 잘 설명할 수 있는 것이 바로 국제표준기구

(ISO : International Stan dard Organization)가 관세 및 무역에 관한 일반협정(GATT : General Agreement of Tax and Trade)의 기준인증에 관한 협정을 이행하기 위하여 작성한 ISO 9000 시리즈이다. ISO 9000 시리즈는 ISO가 제품의 품질을 확보하기 위하여 갖추어야 할 내용을 담은 품질경영 및 품질보증에 관한 규격으로서 EC통합에 즈음하여 EC규격으로 채택함에 따라 새로운 국제규격으로 등장하게 되었다. ISO 9000 시리즈에 의한 품질시스템 인증제도는 향후 EC지역 수출을 위하여는 반드시 획득하여야 하는 요건이므로, 우리에게는 또 다른 무역장벽이라고 할 수밖에 없는 것이다.

인간의 요구(needs)는 점차 다양해지고, 소득수준이 향상될 것이라는 기대 때문에 소비행태도 또한 고급화되고 있다. 또한 국민경제중심에서 이른바 'Globalization'이 가속화됨에 따라서 자유무역이 촉진되고, 따라서 경쟁력있는 재화와 서비스의 생산을 절실하게 하고 있다. 우리나라의 국제경쟁력은 동남아와 남미를 비롯한 후발개도국들의 공업화로 더욱 중요한 문제가 되어가고 있다. 더욱이 새로운 시장에서의 철저한 보호주의의 경향은 문제를 더욱 어렵게 만들고 있으며, 기술과 환경에 관련된 사항도 빈틈 없이 보호하려는 성향은 기업환경을 더욱 복잡하게 만들고 있다고 할 수 있다.

현재에는 과거보다 기업활동에 직접적으로 영향을 줄 수 있는 변화가 많이 이루어지고 있다. 이러한 변화를 몇 가지 살펴보면 첫째, 기업들의 시장/소비자 지향성이 매우 높아지고 있다는 점이다. 현대의 기업생산은 기업의 욕구충족이 아닌 소비자를 위하여 생산하는 고객중심주의로 변화하고 있다. 따라서 시장의 소비자나 고객의 요구에 따라 생산하는 것은 너무나 당연한 것이 되었다. 더구나 소비자들의 요구는 매우 다양하며 또 그 내용도 매우 신속하게 달라지고 있으며, 또 한편으로는 품질경쟁력이 뚜렷한 제품을 선호하고 있다. 따라서 과거와 같이 소품종으로 대량생산한 제품이 "공급은 수요를 창출한다"라는 법칙에 따라 항상 팔릴 수 있다라는 기대는 더 이상 통용되지 않게 되었다.

최근 들어 고객만족(CS : Customer Satisfaction) 경영을 도입하고 있는 기업의 수가 급속히 늘어나고 있는 것도 이를 잘 설명하고 있다. 고객만족이란 고객이 원하는 것을 기대 이상으로 충족시킴으로써 고객의 재구매율을 높히고, 상품과 서비스에 대한 선호가 지속되도록 하는 것이다. 따라서 고객만족은 결코 새로운 개념이 아니며, 핵심은 고객을 기업활동의 중심에 놓고 그들을 판단의 기준으로 삼아 모든 활동을 집중하는 데에 있다고 할 수 있다.

둘째로는 기업들의 사회성을 크게 강조하고 있다는 것이다. 특히 리우회담 이후 환경을 보호하고자 하는 세계적 노력은 기업이 더 이상 사회에 위해스러운 생산활동을 하는 것을 용인하지 않을 것이며, 나아가서 기업이 추구하는 이익과 사회발전은 반드시 조화를 이루어야 한다는 요구가 커지게 되었다. 즉 기업은 반드시 사회를 위한 이익환원과 같은 사회구성요소로서의 의무를 다하도록 요구되어지고 있는바, 이는 많은 국민들의 생각이 오늘날의 기업이 되기까지에는 국민들의 노력이 밑바탕이 되었다고 보는 관점에서 그와 같은 기대가 더욱 커져가고 있는 것으로 판단된다.

셋째로는 제품 및 생산기술환경의 변화가 신속히 이루어지고 있다는 것이다. 이는 최근 들어 소비자의 요구가 까다로와지고 또 상품주기가 짧아지고 있음에 따라 이에 대처하려는 노력으로 설계와 생산을 동시에 추진하여 신제품 개발기간을 단축한다든가, 새로운 재료의 개발을 촉진한다든가, 컴퓨터와 각종 자동화 설비들을 이용하여 생산기술을 혁신하며, TQ(Total Quality)운동이나 JIT 등과 같은 첨단의 관리방식을 채택한다든가 하는 면에서 그 변화를 찾아볼 수 있다. 이는 생산활동에서 기술의 중요성이 더욱 높아지고 있는 것이라고 볼 수 있으며, 따라서 각 기업은 제품과 생산기술확보를 위하여 보다 많은 연구개발을 하여야 한다.

이와 같은 고급의 제품 및 생산기술의 보급 때문에 기업의 인력면에서도 보다 전문적이고 지식이 풍부한 고급인력을 필요로 하게 되었다. 훌륭한 생산은 좋은 기계설비도 중요하지만 과거의 경험으로 볼 때는 훌륭한 기업구성원이 설비에 못지 않게 중요하다. 왜냐하면 기술의 발현은 결국 사람에 의하여 나타나고, 또 그들의 관리는 사람이 아니면 수행할 수 없기 때문이다. 따라서 기업 스스로 사회적으로 많은 교육과 훈련이 필요로 하게 되었다.

한편 국내적으로도 많은 환경의 변화가 있어 왔다. 먼저 들 수 있는 변화로는 고임금시대의 도래라는 것이다. 6.29선언 이래 정치적 민주화 분위기의 조성과 함께 기업구성원들의 자기 몫에 대한 인식이 철저해야 했다. 특히 1987년부터 1990년 사이의 노사분규 등에 의하여 대폭적인 임금인상이 이루어졌다.

이와 같은 임금인상에도 불구하고 사회전반적인 근로의식의 쇠퇴는 결국 일하기 싫어하는 분위기를 가져오게 되었고, 이로 인하여 제조업에 종사하려는 인력이 점차 줄어드는 심각한 문제를 야기하게 되었다. 이러한 변화는 또 기업가정신이나 경영철학에도 많은 영향을 미쳐 기업운영을 회피하게 만들었다. 직업윤리, 근로윤리의 표류는 품질의 저하는 물론 생산성마저도 제대로 향상되지 못하는 사태를 가져와 원가와 납기면에서 경쟁력이 급격히 쇠퇴하는 양상마저 낳게 되었다.

이상에서와 같은 기업환경의 변화는 기업으로 하여금 변화에 적절히 적응할 것을 더욱 절실히 요구하고 있다고 볼 수 있다. 만일 변화에 적절하게 대응하지 못하면 기업을 결국 파멸로 유도하는 것이라고 하지 않을 수 없다. 과거에는 기업환경이란 여건을 기업으로서는 전혀 통제할 수 없는 것으로 인식하고, 이것에 잘 적합하는 것이 기업의 과제라고 보았었다. 그러나 오늘날에는 기업환경의 상당한 부분은 기업의 활동으로 변화시킬 수도 있고, 이와 같이 변화된 환경은 다시 기업 또는 기업활동에 영향을 미칠 수 있는 관계로 인식하고 있다.

그러므로 기업환경이란 기업의 활동을 통하여 적극적으로 도전함으로써 기업에게 유리하도록 변화시켜 갈 뿐만 아니라 자연환경과 같이 그것이 불가능한 부분에는 현명하게 대응해 가야만 하는 것이다. 이와 같은 과정에서 가장 중요한 문제라면 우선 달라진 기업환경을 정확하게 이해하는 것이 필요하고, 다음으로는 마치 전쟁에서 상황에 맞춰 적절하게 대응할 수 있는 무기를 선택하는 것과 같이 달라진 기업환경에 적절하게 대처할 수 있는 방법을 선택하는 것이라고 할 수 있다.

1.2 품질경영도입의 필요성

2006년은 우리나라 역사상 가장 기억될 해이다. 마침내 우리나라의 국민총 생산이 인도를 따돌리고 세계 10위를 기록하였기 때문이다.

우리나라의 품질관리활동은 지난 1970년대 이후 정부주도하에 범산업적으로 추진되어 오는 동안 품질향상과 수출증대에 많은 기여를 해왔다. 절대적으로 자원이 부족한 상태에서 이러한 성과를 얻게 된 배경에는 여러 분야의 발전이 원동력이 되었겠지만 특히 품질경영활동의 성과도 크게 기여하였다. 그러나 중소기업을 비롯한 산업계 전반으로 보면 아직도 품질관리체제의 보급 및 확산이

미흡하고, 이미 도입한 기업들도 기대한 만큼의 성과를 거두지 못하고 있는 것도 사실이다.

이것은 그 동안 우리 기업의 품질관리활동이 대부분 일본식 전사종합품질관리(TQC)를 모델로 하여 실시되어 왔는바, 일본과는 다른 우리의 제반 여건을 충분히 고려하지 못하고 단지 형식적인 모방에 그치고 말았다는 데에서 그 원인을 찾아볼 수 있다. 즉 일본의 전사종합품질관리는 공동체의식의 바탕 위에 충성심이 강하고 달성감 추구를 선호하는 일본이라는 독특한 문화환경에서 그들에게 적합한 방향으로 만들어진 사상 및 방법의 한 체계인 데에도 불구하고, 우리는 우리의 전통문화나 기업문화에 알맞게 개량하려는 노력보다는 우선 그 형식적 제도나 기법들을 도입하여 적용하려는 데에 치우쳐, 전사종합품질관리(TQC : Total Quality Control)의 근본철학이나 정신, 이념, 사고방식 등을 이해하여 우리의 것으로 소화해 내는 과정이 없었다는 데 큰 문제가 있다고 보여진다.

이러한 '전사종합품질관리'의 이론화나 특성화 작업의 부족과 더불어 문제점으로 지적할 수 있는 것은 일본은 기술력이나 사회간접자본, 기업의 자원능력이 우리보다 월등하게 다르다는 점이다. 일본은 이미 세계대전을 치룰 만큼의 기술적 토양 위에 상대적으로 용이하게 선진국의 기술을 이전받을 수 있는 국제환경 속에 처해 있었기 때문에 각 기업이 기술력을 확보하기가 쉬웠다. 따라서 일본의 기업들은 구체적인 전략의 수립이나 경영기법의 실천 없이 전원참여하에 열심히 일하자는 정신적인 면을 강조하고 그들에게 알맞게 개량된 비교적 단순하고 획일적인 제도나 기법으로 기업의 체질을 개선하고자 하는 노력만으로도 품질을 향상시킬 수 있었던 것이다.

그러나 우리의 기업은 기술적 토대도 부족하였을 뿐 아니라, 전원참여하에 최고경영자(Top)에 의한 품질관리라는 전사종합품질관리가 최고경영자나 관리계층의 적극적인 참여없이 대부분 생산 현장 및 제품중심으로 추진되어 왔다. 이는 지난 30여년간 정부에서 그렇게 강조한 품질관리제도를 아직도 받아들이지 않고 있는 기업이 많은 우리의 현실을 잘 대변하여 준다고 할 수 있다. 물론 그 동안 추진하였던 제도나 기법위주의 현장중심 품질관리도 황무지와 같았던 우리의 산업여건을 개선하는 데에 많은 공헌을 한 것도 사실이다.

그러나 21세기에서는 생산자가 주도하던 시장이 소비자가 주도하는 시장으로 바뀌었고, 시장규모도 글로벌 경쟁체제로 바뀌었다.

세계적이라는 것이 특색 없이 표준에 따르는 것이 아니라 세계시장에서 우리의 특색이 장점으로 나타나는 것이다.

가격에 의한 경쟁은 선진국들에 의한 덤핑제소나 후발개도국들에 의해 추격당하고, 기술에 의한 경쟁은 선진국의 기술보호주의 등에 의해 가로막히는 등의 국제적 환경의 변화는 어느 학자의 주장처럼 우리를 십면초가의 위태로움에 빠트리고 말았다. 이와 같은 환경의 변화로 말미암아 우리는 그 동안 추진하였던 방식의 품질관리활동만으로는 이러한 열악한 환경을 극복할 수 있기에는 한계가 있음을 알게 되었다. 또한 우리 산업의 생산방식도 종전의 소품종 대량생산체제에서 다품종 소량생산체제로 전환되어 감에 따라 기업의 경영활동도 기획, 설계로부터 제조, 마케팅에 이르기까지 전 단계에 걸쳐 경영전략적 차원의 종합적 대응이 요구되기에 이르렀다.

가장 한국적인 것이 가장 세계적인 것으로 통하는 것이 글로벌 경쟁체제에 적응하는 것이다. 품질경영도 소품종 대량생산을 위주로 하는 집단주의를 극복하고 창의성을 바탕으로 하여야 할 것이다.

우리나라 국민들은 정이 깊을 뿐만 아니라 주체할 수 없는 끼를 갖고 있다. 그래서 자신의 일과 신념에 확신을 갖게 되면 두려움 없이 달려든다. 이런 우리 국민들의 특성을 잘 살려, 자신들의 잠재능력을 온통 쏟아 부을 수 있는 환경을 만들어 준다면 그 어떤 어려움도 극복할 수 있다고 나는 믿는다.

또 신명이 나면 물불을 안 가리는 민족이 바로 한국 사람들이다. 따라서 한국인의 장점을 제대로 알고 이를 살려주기만 하면 무슨 일이든지 자발적으로 해낼 수 있다. 그것이 바로 경영의 성공조건이다. 그러나 반대로 수가 틀리면 부정적인 방향으로 극한까지 치달을 수 있는 것이 또 우리 한국인의 특성이다. 그러므로 신명이 나도, 수가 틀려도 극한까지 갈 수 있는 한국인의 정체성을 살리는 것이 무엇보다도 중요하다.

2002년, 자발적인 대규모 거리 응원을 통해 한국인으로서의 강한 집단 응집력과 단결력을 보였고, 축제의 즐거움 또한 만끽했다. 이러한 우리의 국민성은 세계를 놀라게 했으며, 우리에게는 한국인으로서의 자부심을 느낄 수 있는 계기가 됐다.

실제 한국은 역동과 신명의 나라다. 과거 조상들은 힘든 삶 속에서도 가무를 즐기며, 고난을 역동과 신명으로 승화시켰고, 하회탈의 미소를 간직했다. 역동과 신명으로의 승화는 민족이 하나가 되는 시점에서 그 빛을 발했다. 그 이유는 한국 문화가 나보다 우리(we)를 강조하는 관계주의 중심의 문화이고, 집단의 일체감을 중시하는 공동체 의식을 가진 문화이기 때문이다. 따라서 '나'보다, '집단'을 형성할 때 더욱 큰 힘을 발휘할 수 있다.

이러한 역동과 신명은 우리 스스로의 모습에 긍정적인 의미를 부여할 때 더 강해진다. 즉 각 구성원이 자신이 속한 집단에 긍정적인 의미를 부여할수록 개인의 능력 또한 잘 발현될 수 있다.

칭기즈칸의 장점 가운데 단연 첫손에 꼽는 것은 그가 10만에 불과한 몽골 기마병으로 2년여 만에 유라시아대륙을 정복한 속전속결의 비법이다. 당시 몽골 기병들은 말을 타고 무인지경을 달리는 속도만큼이나 빠르게 유라시아 전역을 정복해 나갔다. 그것은 통계나 과학적 분석으로는 도저히 이해가 불가능한 신화이다. 이런 신화가 가능했던 이유로 몽골족의 기질과 습성이 연구되었고, 사고방식과 그들만의 독특한 조직체계가 '벤치마킹'됐다.

우리 민족의 유전적 기저엔 몽골족과 훈족의 특질이 고스란히 살아 있다. 그 중에 한번 흥이 나서 단합하면 화산처럼 에너지를 분출하는 폭발적 역동성의 원형질을 우리만큼 고스란히 간직한 민족도 없다. "뭉치면 살고 흩어지면 죽는다"는 구호도 그런 인식의 바탕으로 나왔다,

근년의 역사에서 이 점을 가장 효율적으로 활용해 성공한 CEO는 박정희와 그 시대의 기업인이다. 식민지 시대에 이은 동란과 분단의 폐허 위에 세계 10위의 눈부신 경제대국을 건설한 한민족의 부흥 신화는 800년 전 칭기즈칸의 유라시아 정복 신화와 궤를 같이 한다.

한국축구의 월드컵 4강 신화에서도 보았듯이 조직원들이 모두 공감하고 또 신바람 날 목표를 찾아 낼 수만 있다면 이런 불가사의한 에너지는 언제 어느 때나 폭발할 수 있는 게 우리민족이다. 기업경영에도 모두가 수긍할 공감대 형성과 경영자의 취지에 동참할 수 있는 공동의 목표를 설정하는 것이 중요하다. 경영의 승패는 거기에 달렸다고 해도 과언이 아니다.

기업의 힘으로 통제불능한 변수는 기업의 성장과 발전을 위한 전략적 변수는 아니다. 그러므로 품질과 생산성이 가장 중요한 전략적 변수가 될 수밖에 없는 것이다.

이러한 상황에서 우리의 과제는 외부적으로는 환경변화에 능동적으로 대

응하고 내부적으로는 현재 처해 있는 위기를 극복하여 우리 산업의 경쟁력을 회복하고 장차 선진국으로 진입하는 토대를 마련하는 것이다. 따라서 새로운 경영철학과 근로윤리를 확립하고 이를 바탕으로 실력을 배양하며 우리 체질에 맞는 품질관리제도나 경영전략을 마련하는 것이 필요하다. 다시 말하면 지금까지의 현장 위주, 제품 위주의 품질관리체제에서 한 걸음 더 나아가 제품, 공정, 사람, 자원에 대한 총체적 품질을 향상하여 품질우위의 확보에 중점을 두고 고객만족, 인간성 존중(종업원의 이익), 사회에의 공헌을 중시하며 전 종업원이 끊임없는 혁신과 개선에 참여하는 기업문화의 창달을 통해 기업의 경쟁력을 키워감으로써 기업의 장기적 성공을 추구하는 경영 방식인 품질경영(QM) 체제를 갖추는 것이 현 단계에서 우리가 나아가야 할 방향인 것이다.

우리나라는 [그림 1-2]에서 보는 바와 같이 공업화가 시작된 1960년대부터 1970년대 후반까지는 빈약한 기술력에서도 근면한 인력을 저렴한 비용으로 동원하였던 이른바 '자원동원'에 의하여 국가가 발전하였다. 그러나 1970년대 말에는 사회적 구조의 변화로 말미암아 내부능력의 질적 위기를 맞게 되어 발전이 잠시 주춤하였으나, 1980년대 들어서면서 3저현상 속에서 사회 전반적인 노력으로 중진국 대열에 진입할 수 있었다. 기업의 측면에서 볼 때, 전사종합품질관리는 이러한 성장에 원동력을 제공하였다고 할 수 있다. 그러나 1980년대 말에 불어닥친 이른바 고도화의 위기는 우리의 성장을 잠시 멈추게 하여, 이른바 '4마리의 용'의 대열에서 탈락하였다는 지적을 받기도 하였다. 우리가 제창하는 품질경영운동은 바로 이러한 국가의 위기를 극복하기 위하여 과거 우리가 보여주었던 저력을 다시 한번 발휘하여 보자는 목적으로 시작하자는 것이다. 즉 과거에 시행하였던 각종 제도나 관습, 사회윤리의식, 철학 등 국가발전에 필요한 제반 요소들에서 그 장단점을 가려뽑아 장차 선진국으로 발전하기 위하여

[그림 1-2] 우리나라의 발전과정

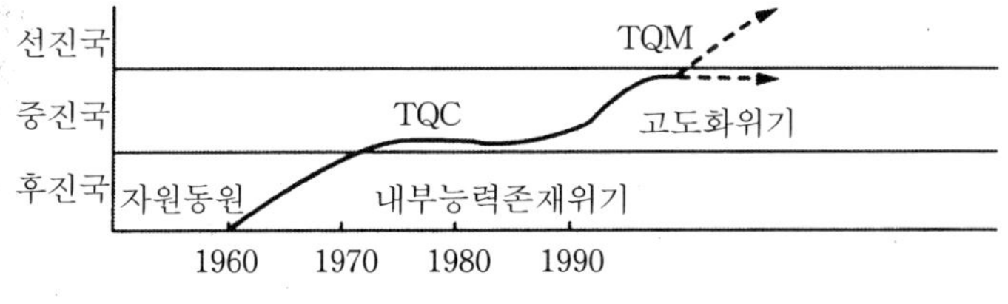

품질경영을 실행하여야 한다.

모든 조직이 자기가 속한 사회 속에서의 자신의 역할과 기능을 중시하는 '사회성 중시'의 사상과 '인간성 존중'의 사상을 통하여 인간의 능력을 개발하고 활용하자는 품질경영운동은 물론 효율성의 발휘가 생존에 직결되는 사기업에서 우선 전개되어야 하겠지만 나아가서는 공기업, 국가나 공공단체 같은 모든 사회 조직과 개인에까지 확대되어야 할 것이다.

[표 1-1] 정부와 기업의 역할

	정 부	기 업
구 호	'새로운 정치'	'품질경영'
목 표	작고 깨끗한 정부	우량기업 실현
주 도 자	대통령	최고경영자
방 법	부정부패 척결 권위주의 타파 효율성 추구	전원참여 혁신/개선 경제윤리 확립 경영철학/직업윤리

오늘날의 기업환경을 고려하여 볼 때 우리가 선택할 수 있는 경쟁우위요소는 기업마다 약간의 차이는 있을 수 있겠지만은 국가 전체적으로 볼 때에는 고객입장을 중시한 품질뿐이라는 것이 많은 이들의 공통된 입장이다. 이와 같은 입장에서 우리는 품질제일주의의 품질경영을 시작하고자 하는 것인바, 품질경영활동은 우리 산업계의 일하는 분위기를 되찾고 품질의식과 그 체제를 선진화함으로써 그 동안 침체되어 온 산업의 경쟁력을 만회하기 위한 신산업운동으로서, 기업의 경쟁력 강화수단이자 의식개혁수단으로서 전 산업계에 하루 빨리 확산·실천되어야 할 것이다.

본질적으로 기업이란 이윤을 추구하는 기관이다. 그러므로 재화나 서비스를 생산하여 이윤을 낼 수 없는 기업은 계속해서 존립할 수 없을 것이다.

그러므로 기업이 생산한 재화나 서비스가 물성, 즉 품질 특성(quality characteristics)이 우위에 있던 또는 그렇지 않던 관계없이 시장에서 많은 고객들에게 수용된다면, 그리고 그것이 지속된다면 그것으로 충분한 것이다. 이것이 이른바 고객 또는 소비자 지향성이라고 규정할 수가 있을 것이다. 그리고 이와 같은 성격은 현장 위주, 그리고 기술 위주로서는 성취할 수 없는 것이며 기업의 전반적인 관리기능을 적절히 통합함으로써 성취할 수 있다. 이것이 바로 관리지향성이다. 그리고 이상과 같은 특성을 지속적으로 그리고 안정스럽게 확보할 수 있기 위해서는 바로 시스템화가 필요하게 되는데 이것이 바로 시스템 지향성이라고 할 수가 있다.

위와 같은 특성을 확보하고 있는 시스템은 바로 품질경영 체제라고 할 수 있다. 뿐만 아니라 이는 틀림없이 그 동안 상실했던 산업의 경쟁력 만회에 크게 기여할 수 있을 것으로 기대된다.

제 2 장

품질경영의 발전과정

제 2 장

품질경영의 발전과정

2.1 구미의 발전과정

2.1.1 제 1 기 : 초기 발전기

품질관리문제에 통계적 기법을 처음 적용시킨 것은 W. A. Shewhart이다. 그는 1924년 관리도를 구상하여 공정관리 중에서 품질을 관리하기 위하여 통계적 방법을 적용하였다. 1928년에 Dodge와 Romig이 통계적 샘플링 검사에 관한 논문을 발표하여 검사방법의 획기적 개선이 이루어졌다. 그 후 1941년 2차 세계대전의 발발과 함께 민수산업이 군수산업으로 전환되면서 품질문제를 해결할 필요성이 커졌고 품질관리가 산업에 적용되기 시작하였다. 전후(1947년) 미국의 품질관리활동은 영국, 캐나다, 호주 등에 전파되어 각국이 동일한 규격을 제정되게 되었다. 관리도의 사용이나 통계적 샘플링 검사는 통계적 지식을 기초로 하고 있으므로 이러한 품질통제방식을 특히, 통계적 품질관리(SQC : Statistical Quality Control)라 부른다.

1950년대에는 Feigenbaum이 그의 책을 통하여 전사종합품질관리(Total Quality Control)를 제창하며 품질관리활동이 생산현장에서의 품질통제(QC)에 머무르지 말고 영업, 개발에서 시작하여 구매, 생산, A/S에 걸쳐서 품질에 관련된 전 과정에서 이루어져야 한다는 것을 강조하였다. 이러한 의미로서 그는 품질관리 앞에 'Total'이란 단어를 추가하였다. 정확한 용어의 사용이라는 관점에서 볼 때는 품질관리를 전사적으로 확대한다는 전사종합품질관리란 표현보다는 품질관리에 QP(품질계획 : 제품의 개발 및 설계)를 덧붙이는 품질경영이란 용어를 사용하는 것이 보다 적절하였다고 볼 수 있다. 그가 경영학에 관한 지식이 부족하여 용어를 잘못 선택했는지, 자기의 주장을 강조하기 위하여 의도적으로 사용했는지는 알 수 없다. 그러나 그 후 전사종합품질관리란 표현을 그대로 받아들인 일본과 우리나라의 품질관리 분야에서는 관리(Management)와 통제(Control) 사이에 오랫동안 용어의 혼란이 계속되어 왔다.

Feigenbaum의 주장은 업계에서 품질관련업무 전반에 걸친 품질보증(QA : Quality Assurance) 시스템을 구축하는 데 큰 기여를 하였다.

구미에서의 품질관리는 품질보증시스템의 구축하에 검사활동을 중심으로 한 SQC적 관리활동이 1980년대 초반까지 주류를 이루어 왔다. 또 품질관리의 업무도 품질관리부서나 품질보증부서가 중심이 되어서 행해 왔다.

2.1.2 **제 2 기 : 품질문제의 재인식기**(1980년대 이후)

품질관리는 미국에서 시작됐지만 구미에서의 품질관리는 오랫동안 검사중심의 활동에 머물러 왔다. 구미의 기업들이 일본기업들의 품질관리에 관심을 가지기 시작한 것은 1970년대 들어서 자동차, 전자 등 공업제품에서 일본의 경쟁력이 주목을 받기 시작한 이후이다. 많은 구미의 기업들은 일본기업들에 비하여 훨씬 더 많은 수의 검사원들을 지니고 있었지만, 품질수준은 오히려 뒤떨어졌다. 그들은 일본기업들의 경쟁력에 관해서 연구를 하면서 일본의 큰 강점이 안정된 품질과 높은 생산성 등을 실현해 주는 탁월한 제조부문의 능력에서 나온다는 것을 인식하고 일본의 전사종합품질관리 활동에서 그 원인을 찾으려고 했다. 또 품질이 경영성과와 양의 상관관계가 존재한다는 것을 밝힌 PIMS보고서나 일본기업의 성공을 통하여 품질이 기업성공의 가장 중요한 핵심성공요소(CSF : Critical Success Factor)라는 것을 인식하기 시작하였다. 품질의 전략적 중요성에 대한 이러한 인식은 기업들 사이에 고객만족(CS)의 중요성이 확산됨에 따라 더욱더 공고히 자리잡기 시작하였다. 따라서 오늘날 대다수의 세계적 기업들(World Class Corporation)은 품질을 가장 중요한 경쟁변수로 설정하고 있다. 쥬란 박사는 20세기가 '생산성의 시대'라면 다가오는 21세기는 '품질의 시대'가 될 것으로 주장하였다.

구미의 품질학자들은 1970년대부터 1980년대 초반까지는 주로 품질관리서클활동을 일본식 전사종합품질관리의 핵심개념으로 받아들였으며, 구미의 많은 기업들이 품질관리서클활동을 도입했다. 그러나 일본의 품질관리 전문가들은 품질관리서클활동은 물론 매우 중요하지만, 일본의 전사종합품질관리활동에서 차지하고 있는 비중은 1/5 내지 1/3 정도인 것으로 판단하고 있다. 이 사실에 비추어 보면 그들의 판단은 충분하지 않았다고 할 수 있다. 더구나 도입된 품질관리서클활동은 실패율이 매우 높았다.

구미기업들은 1980년대 중반에 와서 일본식 전사종합품질관리의 핵심적 개념으로서 현장에서의 품질개선활동에 주목하였다. 과거 그들이 했던 것과 같이 검사를 통하여 만들어진 불량품을 발견하여 처리하는 방식이 아니라, 품질개선활동을 활발하게 전개하여 불량품을 원천적으로 줄여나가는 방식으로서 통계적 프로세스통제(SPC : Statistical Process Control)를 인식했다. 그리고 많은 기업들은 공장 내에서 SPC활동을 전개하여 관리도 등을 활발하게 적용하기 시작했다.

2.1.3 제 3 기 : 종합품질경영으로의 완성기(1980년대 후반)

1980년대 후반에 들어와서는 전사종합품질관리의 모든 개념과 기법 등이 종합적으로 인식되기 시작했으며, 아울러 전사종합품질관리의 기본정신이 전원참여에 의한 지속적인 개선 즉 '카이젠(Kaizen)'이라고 파악하기 시작했다. 일본의 전사종합품질관리를 모델로 한 전사종합품질경영(TQM) 활동이 전국적으로 추진되기 시작하였다. 1987년 제정된 상무성 주관하의 말콤 볼드리지상(MBNQA : Malcolm Baldrige National Quality Award) 출범이 TQM 확산의 도화선이 되었다.

미국이 일본의 전사종합품질관리를 받아들이면서 C(control)라는 단어를 본래의 개념에 맞도록 M(management)으로 바꾸어 TQM이라고 사용한 것은 영어사용국인 그들로서는 당연한 조치였다고 볼 수 있을 것이다. 사실 일본에서도 전통에 따라 전사종합품질관리란 용어를 사용하고 있었지만 일본말로는 '전사적 품질관리'라고 부르고 있으며, 전사종합품질관리의 'C'는 통제의 의미가 아니라 관리(M)이라는 것을 누누이 강조하여 왔었다. 미국에서 종합품질경영이란 용어가 언제부터 사용되기 시작했으며, 언제부터 널리 확산되기 시작했는지에 관해서 꼭 집어서 말하기는 쉽지 않으나 경영학 관련 논문자료목록을 제공하는 ABI 데이터베이스를 통하여 문헌사적인 측면에서 살펴보면 1987년에 종합품질경영이란 용어가 처음 등장하고 있으며, 1992년부터 관련문헌 수가 폭발적으로 증가하는 경향을 보였다. 출판된 서적에서도 이러한 흐름이 일치하는 것을 알 수 있다. 결론적으로 미국의 TQM은 기업차원에서는 1980년대부터 관심을 갖기 시작하여 1980년대 말부터 본격화되기 시작했으며, 학문적으로는 1990년대 들어서 정립되기 시작하였다고 볼 수 있다.

미국에서의 TQM 확산은 정부에 의해서 촉진되었다. 기업경영에 관여를 안하던 과거의 일반적인 관행과는 달리 미국정부는 품질관리의 활성화를 꾀하고자 1987년 상무성에서 「국가품질개선법」(National Quality Improvement Act ; Public Law 100-170)을 제정하여 일본의 '데밍상', 우리의 '품질경영상'에 해당하는 말콤 볼드리지 국가품질상(MBNQA : Malcolm Baldridge National Quality Award) 제도를 신설하고 1988년부터 수여하기 시작하였다.

미국의 많은 기업들은 품질프로그램을 도입해서 추진하는 데 실패해 왔다. 그러나 성공적으로 추진하는 기업들도 나타나기 시작했으며 이들 기업의 경쟁력도 향상되었다. 더불어 실패와 성공에 영향을 미치는 요소가 무엇인지에 관해서도 파악하기 시작하였다. 미국기업들의 경쟁력이 회복된 데는 여기에 기인한 바 크다고 할 수 있을 것이다.

미국의 TQM은 일본의 TQC에서 거의 전적으로 아이디어를 차용해 왔으나 그 발전과정과 내용은 일본의 TQC와는 차별화되기 시작한다. 일본의 TQC는 기업실무를 중심으로 실천적으로 발전해 온 것으로서 학문적, 이론적으로는 빈약하였다. 미국의 경영학에 관한 학문적 축적과 연구능력은 TQM을 미국적 풍토에 맞게 개량하는 한편 보다 이론적인 체계를 갖추도록 했다. 현재는 MB상의 세계적 확산에서도 알 수 있듯이, 원조격인 일본보다는 미국이 오히려 세계적으로 TQM의 본거지 역할을 하고 있으며 오히려 일본도 미국식 TQM을 역수입하고 있는 실정이다. 오늘날 세계적으로 가장 표준적인 경영패러다임으로 인정되고 있는 TQM의 내용에 대해서는 뒤에서 살펴보기로 한다.

2.2 일본에서의 종합품질경영 발전

일본에서는 1946년에 H. H. Sarasohn이 미군납을 위하여 통신기 제조업체에 통계적 품질관리(SQC)를 처음 지도하였고, 이어 1948년에는 일본과학기술연맹(JUSE : Japanese Union of Scientist and Engineer)이 주도하여 통계적 품질관리의 도입과 보급에 나서게 되었다. 일본에서 통계적 품질관리가 본격적으로 시작된 것은 1949년이다. 1950년에는 W.E. Deming이, 1954년에는 쥬란이 방일하여 수차의 SQC강습회를 열어 산업계에 품질관리를 보급하였다. 1951년에는 데밍상이 창설되어 수여되기 시작하였다.

일본의 품질관리는 산업계 전반에 걸친 품질관리교육의 실시, 실험계획법에 의한 공정 해석 등 구미와 차별화된 양상을 보이면서 발전하여 왔는데, 주요 내용을 연대별로 정리하면 다음 [표 2-1]과 같다.

[표 2-1] 일본의 품질관리 발전과정

연 대	주 요 내 용
1950년대	데밍, 쥬란 교수 등을 위한 Statistical Quality Control 도입, 활용
1960년대	일본식 품질관리로 카이젠기법적용 실시 현장중심의 품질관리분임조 창안 전사적 품질관리(TQC) 추진
1970년대	전사적 품질관리(TQC)체제 정착 협력업체 품질관리, 무결점(Zero Defect) 운동 전개
1980년대	건설 금융서비스산업 등 전 산업에 걸친 품질관리활동으로 정착
1990년대	신뢰성확보를 위한 운동전개 새로운 생산방식 창조(예 : IBS ; Intelligence Body System 생산방식) ISO 9000 인증제도 도입 실시(1991. 10)

일본에서의 품질관리는 몇 단계의 발전과정을 거치면서 발전해 왔는데 과정은 [그림 2-1]에 보는 것과 같다. 발전단계의 시대적 구분은 편의상의 구분일 뿐이며, 실제로는 상당부분이 서로 겹치면서 발전해 왔다고 볼 수 있다. 따라서 초기 도입단계를 제외하고는 언제부터 다음 단계로 돌입하였는지를 명확히 말하기는 어렵다.

[그림 2-1] TQC와 TQM의 발전과 영향관계

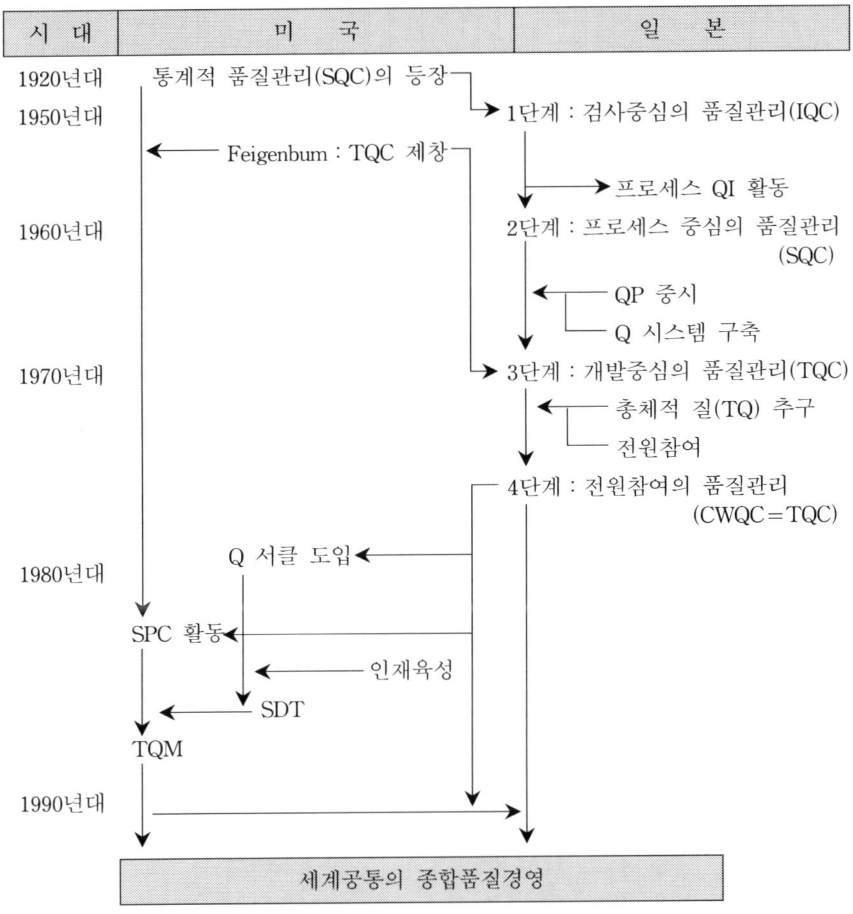

① 1단계(1950년대) : 검사중심의 품질관리(QC)

② 2단계(1960~1975년) : 공정중심의 품질관리(SQC : Statistical QC)

③ 3단계 : 개발중심의 품질관리(TQC : Total QC)

④ 4단계 : 전원참여의 품질관리(CWQC : Company Wide QC)

2.2.1 1단계(1950년대) : 검사중심의 품질관리(IQC)

미국에서 발전된 SQC가 구미에서 그러하듯이 검사중심의 품질관리로서 일본에 도입되었다. 품질관리부나 검사부가 중심이 되어 제조부서에서 생산된 제품의 양, 불량 여부를 선별하여 소비자에 대한 품질보증을 실시해 나갔다. 그 후에 제조부서를 단순히 통제의 대상으로 삼아 품질통제를 하던 구미의 기업과는 달리 일본의 기업 내에서는 생산자가 자기가 만든 제품에 대해서 품질을 보증하여야 한다는 사고가 싹텄으며 제조부는 공정을 자주 관리하고, 자주 검사를 하는 방향으로 발전되어 갔다.

2.2.2 2단계(1960～1975년) : 공정중심의 품질관리(SQC)

제품의 생산이 이미 완료된 후에 검사에 의해서 우량품을 선별해 냄으로써 소비자에게 품질을 보증한다는 식의 검사중심의 품질관리에는 여러 가지 문제점과 비효율이 있었다. 일본의 품질관리는 검사중심의 품질관리를 시작한 지 얼마 되지 않아 생산공정을 잘 관리하여 처음부터 우량품을 생산해 내자는 품질관리로 옮아갔다. 따라서 품질관리의 중점은 샘플링 검사보다는 공정해석, 프로세스관리, 관리도의 활용 등으로 바뀌었다. 품질관리의 주체도 품질관리부나 검사부뿐만 아니라 외주, 구매, 생산기술, 제조 등 각부문으로 확대되었고, 현장의 직장과 작업원도 품질관리에 참여하는 등 각 계층이 참여하게 되었다.

이 시대를 프로세스중심의 품질관리시대라고 부르는데, 이 시대의 특징은 “프로세스에서 품질을 완결지어라”는 격언으로 잘 대변된다. 이 시대는 대략 1960년부터 1975년쯤의 사이라고 말할 수 있다. 1962년 4월에는 현장작업자를 위하여 「현장과 품질관리」(현재의 FQC誌) 잡지가 발간되었으며, 잡지 편집위원회가 1950년대 초반부터 행해져 오던 ‘현장 품질관리 공부그룹’을 품질관리서클이라 개명하면서 이 활동이 빠른 속도로 퍼져 나가기 시작하였다. 1975년경이 되면서 부품 등에서는 불량률이 PPM 수준이라고 말해질 정도가 되었다.

2.2.3 3단계 : 개발중심의 품질관리(TQC)

소비자에 대한 니즈의 파악, 니즈에 맞춘 올바른 개발과 설계, 적합한 재료의 선택 등이 무시된 채로 프로세스관리만으로 고객에게 품질을 보증하는 것에 한계를 느끼게 되었다. 일본기업들은 프로세스관리중심의 품질관리에서 한 걸음 더 나아가 신제품개발에 중점을 두는 품질관리를 하게 되었다. 신제품기획, 설계, 시작, 평가 및 시험에서부터 양산설계, 양산시작, 본 생산, 판매, 초기유동관리의 각 단계마다 확실한 평가를 하여 신제품개발에 품질을 만들어 넣는 노력을 기울이게 되었다. 이렇게 되어 시장조사 및 제품기획에서 출발하여 판매 및 애프터서비스에까지 이르는 품질보증시스템이 구축되고, 전 부문이 참여하는 품질관리가 이루어지게 되어 개발중심의 품질관리시대인 전사종합품질관리 시대가 시작되었다.

언제부터 전사종합품질관리시대라고 부를 수 있는지는 명확하지 않으나 이시가와는 1960년경부터 이러한 움직임이 시작되어 온 것으로 보고 있다. A. V. Feigenbaum이 1956년에 전사종합품질관리를 주장한 것은 비록 그 직접적인 영향력은 적었다고 하더라도 일본에서 전사종합품질관리(TQC)란 이름을 사용하게 된 계기가 되었다.

단어의 적합성이란 측면에서 본다면, 이 단계에서 품질계획(QP : Quality Plan)이 중요한 요소로 자리잡았으므로 전사종합품질관리란 용어의 C(control)는 부적합한 단어가 되어버렸으며 이것을 M(management)이란 단어로 고쳐 사용했어야 올바른 것이었다. 오늘날 ISO의 정의에 의한 품질경영이란 용어는 바로 이 단계에 해당하는 용어라고 볼 수 있다.

2.2.4 4단계 : 전원참여의(전사적) 품질관리(CWQC 또는 TQC)

품질보증시스템을 주축으로 하는 전사종합품질관리 운동은 전사적 참여를 통한 품질향상을 강조하였다. 전부문/전계층이 참여하는 개선활동을 보다 확실하게 유도하기 위해서 품질이라는 개념은 제품의 품질뿐만 아니라 투입자원인 사람의 질, 자원이 투입되어 부가가치를 생산하는 과정인 업무의 질, 나아가서는 기업의 체질 및 경영의 질까지도 포함하는 '광의의 질'의 개념으로 바뀌게 되었다. 또 Quality란 개념은 품질은 물론이고 원가나 납기와 같은 항목도 포함한 '종합적 질'의 의미까지 포함되게 되었다. 이렇게 되면 품질은 바로 경쟁요소를 의미하게 되며 품질향상은 바로 경쟁력 향상과 동의어가 되어버린다. 즉, 품질이란 개념은 과거 제품의 품질을 중심으로 좁은 의미로 사용되던 협의의 품질(small q.)에서 광의의 품질인 'Big Q.' 또는 'TQ(Total Quality : 총체적 질)'을 의미하게 되었다.

이렇게 하여 일본의 품질관리는 그야말로 전부문, 전계층이 참여하는 오늘날의 전사적 품질관리(CWQC : Company Wide Quality Control)로 발전하게 되었다. 오늘날 일본식 전사종합품질관리라고 부르는 것은 바로 이것을 말하는 것이다. 품질개념에 대한 광범위한 정의, 품질향상에의 전원 참여, 끊임없는 품질향상 노력으로 특징지워지는 전사적 품질관리는 바로 이러한 특징들로 인하여 일본식 경영의 핵심적 개념이라고 할 수 있는 '카이젠'(改善)을 대표하고 있는 것이다. 또 CWQC라는 이름하에 경영철학, 종합관리시스템, 주요한 제도나 일의 방법 등이 포함되어 있어 일본의 전사종합품질관리의 주창자들은 '전사종합품질관리=경영관리'라고 부르기도 하는데, 제삼자적 입장에서 보면 CWQC를 경영관리 자체라고 보기보다는 경영방식의 일종인 '일본식 경영방식'이라고 보아야 할 것이다.

관리(Management) 과정은 P, D, C, A(Plan, Do, Check, Action)의 4단계로 구성된다. Check와 Action을 합하여 Control(통제)라고도 부른다. 따라서 품질경영(QM)은 QP, QD, QC의 3가지 요소로 구성된다. 이 중에서 QD는 생산활동을 의

[그림 2-2] 종합품질경영 발전단계별 구성요소

			Total Q.
		Q. System(QA) Q. Plan	QA QP
	Q. Improvement	QI	QI
Q. Control	QC	QC	QC
IQC 시대 (검사중심의 QC)	SQC 시대 (프로세스중심의 QC)	TQC (개발중심의 QM)	CWQC 시대 (전원참여의 TQM)
1단계	➡ 2단계	➡ 3단계	➡ 4단계

미하므로 이것은 당연한 사항이다. ISO 8402 용어설명에서는 여기에 QI(Quality Improvement)와 QA(Quality Assurance)를 덧붙여 다음과 같이 정의한다.

QM=QP+QC+QA+QI일본에서의 품질경영 발전단계를 QD를 제외한 나머지 구성요소를 가지고 구분해 보면 다음 [그림 2-2]와 같다. 3단계까지는 품질경영(QM)의 전체구성요소를 포함하게 되며, 4단계에서는 제품 품질(small q.)이 확대되어 총체적 품질(TQ : Total Quality)의 개념이 도입되면서 TQ의 관리인 종합품질경영단계로 이전된다.

2.3 우리나라에서의 발전과정

2.3.1 **품질관리 활동의 태동** : 검사 위주의 품질관리활동

우리나라 품질관리활동의 태동은 1961년 9월 30일 정부에서 공업표준화법(현, 산업표준화법)을 제정 공포하고, 1962년 3월 한국규격협회(현, 한국표준협회)를 설립하였으며, 1963년 KS표시허가제도가 도입·실시되면서 시작되었다. 제 2차 경제개발 기간중인 1967년 정부는 국제경쟁력 제고와 소비자보호를 위하여 품질관리법을 제정 공포하여, 기업의 품질개선 의식을 제고하고, 품질관리기법을 도입, 현장에 적용토록 유도하였으나, 초기 현장기술기반이 빈약한 각 기업은 검사 위주의 품질관리활동수준에 머물렀다.

[표 2-2] 태동기(1960년대) : 검사 위주의 품질관리활동

연 도	주 요 사 항
1961	○공업표준화법 제정(현, 산업표준화법)
1962	○사단법인 한국규격협회 설립(현, 한국표준협회)
1967	○공산품 품질관리법 제정

2.3.2 **품질관리활동의 도입** : 현장 위주의 품질관리활동

정부는 품질관리활동의 확산을 위해 1991년 한국표준협회를 품질관리 교육훈련기관으로 지정하였으며, 제 3 차 경제개발계획기간중인 1973년 1월 상공

부 산하에 공업진흥청을 설치하여 공업기술의 진흥과 공산품의 품질향상, 산업표준화 및 계량등에 관한 업무를 종합적으로 추진토록 하였다.

1974년에는 품질관리를 보급하기 위한 첫 단계로 정부의 각종 규제 및 지원을 받는 업체를 중심으로 품질관리를 의무적으로 실시토록 하는 이른바 품질관리대상업체를 지정하는 조치를 취했다. 이 조치의 근간은 상공부고시 제10561호(1974년 10월 16일)에 의거 지정된 모든 업체는 품질관리를 의무적으로 실시하도록 하는 국가적인 선언이었으며, 이 고시를 시점으로 하여 품질관리활동이 정부주도하에 범산업적으로 확산되는 계기가 되었다. 이 때 품질관리대상기업들이 준수하여야 할 품질관리실시 의무사항으로는 고시안에 다음과 같이 정하고 있다.

① 당해 기업체에 적절한 품질관리조직의 설치운영
② 사내 규격의 제정 · 운영
③ 1인 이상의 품질관리기사 채용
④ 프로세스별 또는 작업반별 종업원 참여 품질관리운동 기본조직(품질관리 분임조 등)의 설치 · 운영
⑤ 사내 교육훈련계획의 수립과 자체교육 실시
⑥ 연 2회 이상의 발표회, 세미나, 평가회 등의 개최
⑦ 경영간부 및 품질관리요원의 품질관리교육 이수(공업진흥청 인정 교육기관의 소정교육)

이에 따라 한국표준협회에서는 품질관리와 표준화, SQC 등의 분야별 · 전문과정별 품질관리 교육훈련체계를 정립하여, 최고경영자, 경영간부 및 품질관리요원에 대한 품질관리교육을 체계적으로 실시하게 되었다.

1995년도 경제장관회의(1995. 3. 24 의안번호 45)에서 품질관리활동을 범산업적으로 본격 전개키로 하고 1975년도 역점사항으로 다음 여섯 가지 사항을 결의하였다.

① 범산업적 품질관리 분위기 조성
② 품질관리추진본부(현, 품질경영추진본부) 설치로 품질관리활동 강력 추진
③ 경제단체 및 검사기관의 적극적 활동참여 촉구
④ 불량품 추방운동 전개

⑤ 품질관리대상업체 지정·확대 및 품질관리요원 양성

⑥ 품질관리 전국대회개최

이와 관련하여 공업진흥청에 품질관리추진본부를 두고 사무국인 한국표준협회로 하여금 품질관리분임조의 등록을 접수하도록 하였으며, 제1회 전국 품질관리 및 표준화 대회(현, 전국품질경영대회)와 전국품질관리분임조 경진대회(현, 전국품질분임조 경진대회)를 개최하는 등 품질관리의 전국적인 조직화와 보급에 주력하였다. 이에 각 기업에 정부의 시책에 부응하여 사내표준화와 품질관리 분임조활동을 적극 추진하면서 '품질은 프로세스에서 만들어진다'라는 슬로건 아래 통계적 프로세스관리(SPC) 기법을 도입·활용하여 현장 품질관리활동이 활성화되었다.

[표 2-3] 도입기(1970년대) : 현장 위주의 품질관리활동

연 도	주 요 사 항
1973	○ 공업진흥청 발족
1974	○ 전기용품 안전관리법의 제정
	○ QC분임조 조직
1975	○ 공업진흥청에 품질관리추진본부(현, 품질경영추진본부) 설치
	○ 제 1 회 전국품질관리대회 개최
	○ 공업표준협회에 TOP 및 현장인에 대한 QC교육과정 개설
	○ 품질관리지정업체 156개 선정
1976	○ 제 1 회 국제 QC서클 교류대회(ICQCC) 서울대회 개최
1978	○ 제 4 회 전국품질관리 및 표준화 대회(현, 전국품질경영대회) 개최
	○ 산업표준화상 신설
1979	○ 소비자보호 행정의 강화를 통한 기업의 품질관리 유도 –모니터 제도, 소비자불만 신고센터 운영, 계몽 등

2.3.3 품질관리의 발전 : TQC 활동으로의 전환

1980년대 들어 정부는 업계의 자발적인 품질관리 도입·추진을 유도하면서, 대기업이 그룹 전사종합품질관리추진본부를 설치하여 전 그룹, 전 부문, 전 계층의 전원이 참여하는 전사종합품질관리활동체제로 전환하였다. 각 그룹별,

업종별 품질관리대회 또는 품질관리분임조 발표대회를 개최하여 협력업체까지 전사종합품질관리활동의 참여범위를 확대하였다.

[표 2-4] 발전기(1980년대) : TQC로의 전환

연 도	주 요 사 항
1980	○ 검사기관별 수검업체에 대한 품질관리추진 지시 ○ 품질관리대상 수상업체의 협력공장에 대한 자율적 QC추진 지침시달
1981	○ ASQC(미국품질관리학회) 35차 연차대회 참가 ○ 품질관리추진본부 확대개편(시 · 도 11개, 업종 11개, 대기업군 17개) ○ 품질관리 추진요강 제정 및 시달 ○ 공장품질관리 등급제 도입 실시
1982	○ 대기업군 협력업체에 대한 품질관리추진 지시 ○ 품질관리분임조 연구조사단 파견(일본) ○ 일본 QS 전국대회 참가 ○ 주요 협동조합(10개) 및 공단(5개)에 품질관리추진본부 기능 부여
1983	○ 품질관리연수원 건립 ○ 품질비교평가제 도입 실시 ○ 품질관리추진본부 추가 지정 – 대기업군(17 → 24개) – 산 업 별(11 → 21개) ○ 불량공산품 추방캠페인 전개
1985	○ 품질관리추진본부 추가 지정 – 대기업군(24 → 30개) – 산 업 별(21 → 22개)
1986	○ 공산품 품질관리법 개정(12. 31. 법률 제3890호) ○ 공산품 제조업체 품질관리 실태조사 및 활성화 방안 수립
1987	○ 공산품 품질관리법 시행령 및 시행규칙 개정(87. 5. 1) ○ 종업원 50인 이상 제조업체 품질관리실태 조사 실시(6,540개 업체)
1988	○ 연구팀상 신설 운영
1989	○ 생산혁신상, 가치혁신상, 종합설비관리상 및 문헌상 신설 운영
1990	○ 품질관리상 수상업체 공개발표회 개최 ○ 중소기업 품질관리 선도기업 지정 ○ 중소기업 품질관리지원단 설치 운영 ○ 50인 이상 제조업체 품질관리 실태조사 실시

1983년 한국표준협회 품질관리연수원(현, 품질경영연수원)이 건립되어 전 산업계의 품질관리 전문교육이 활발히 수행되었으며, 1986년에는 공산품 품질관리법을 개정하여 품질관리 진단제도를 신설하여 시행함으로써, 품질보증 및 기능별 관리체제를 강화하였다. 1988년부터 품질관리포상제도를 확대운영하고, 특히 기업 및 학계의 품질관리활동을 장려하기 위하여 연구팀상과 문헌상을 신설하는 등 산업계의 연구분위기를 조성하여 왔다. 1990년에는 중소기업 육성책의 일환으로 중소기업 품질관리지원단을 설치·운영함으로써 중소기업의 품질관리기술지도를 강화하였다.

2.3.4 품질경영의 성숙 : 품질경영(TQM)시대

우리나라 정부와 기업은 30년간 일본식 전사적 품질관리(TQC)의 도입, 정착에 큰 힘을 기울여 왔다. 비록 적지 않은 실패를 경험하고 기대에 미치지는 못하였으나 우리 기업들의 전사종합품질관리활동은 제조현장에서의 품질향상, 생산성 향상 등에서 적지 않은 공헌을 하여 온 것도 사실이다. 이에 힘입어 1980년대 중반에는 우리나라 상품들이 해외시장에서 중급 이상의 품질이란 성과를 얻기에 이르렀다. 그러나 1987년 6.29선언 이후 전개된 전국적 노사분규의 와중에서 전사종합품질관리활동은 급격한 정체 또는 해체의 길을 걸어왔다.

전사종합품질관리활동은 노사분규가 진정되면서 어느 정도 회복의 조짐을 나타냈지만 우리 기업을 둘러싸고 있는 국제경쟁환경은 매우 어려운 국면으로 접어들고 있었다. 선진국의 견제와 개방압력이 갈수록 심해지는 한편 후발국들의 추격이 숨가쁘게 전개되고 있었다. 외부환경이 점점 불리해지는 것과는 반대로, 오히려 우리 기업의 내부상황은 노사관계의 악화, 근로윤리의 표류, 기업가 정신의 쇠퇴 등으로 인하여 과거의 경쟁우위를 창출해 왔던 강점들이 급격히 붕괴되어 갔다.

일본식 전사종합품질관리는 일본기업들의 강한 경쟁력을 일구어 낸 모태였으며, 여전히 유효한 경영방식임에는 틀림없다. 그러나 여건이 다른 우리 기업들에게 있어서 과거와 같은 방식으로 전사종합품질관리를 추진하는 것으로서는 기업들이 당면하고 있는 내외부적 위기상황을 돌파해 줄 대안으로서 불충분하다는 인식이 정부와 업계에 팽배하였다. 한편, EC를 중심으로 한 ISO 9000시리즈 인증제도의 실시와 이를 둘러싼 유럽의 품질경영(Quality Management) 운동 전개, 미국을 중심으로 새로운 경영의 패러다임으로 등장한 종합품질경영(Total Quality Management) 운동의 등장은 우리에게도 새로운 운동의 필요성과 계기를 가져왔다. 어려워진 내외의 위기상황을 극복하고 선진국으로 도약하자는 목표를 지닌 정부는 무력해진 기업들을 다시 뛰도록 할 전기를 마련하기 위해서 1992년 4월부터 신산업정책의 일환으로 '품질경영(QM : Quality Management)'을 제창하였다. 지금까지 언급한 우리나라 품질경영의 발전과정은 [그림 2-3]에 보이는 것과 같다.

우리나라의 품질경영은 새로운 산업운동의 필요성이 시급하였던 시대적 상황 속에서 제창단계에서 그에 관한 정의와 개념, 내용 등이 충분히 마련되지

[그림 2-3] 우리나라 품질경영의 발전과정과 영향요인

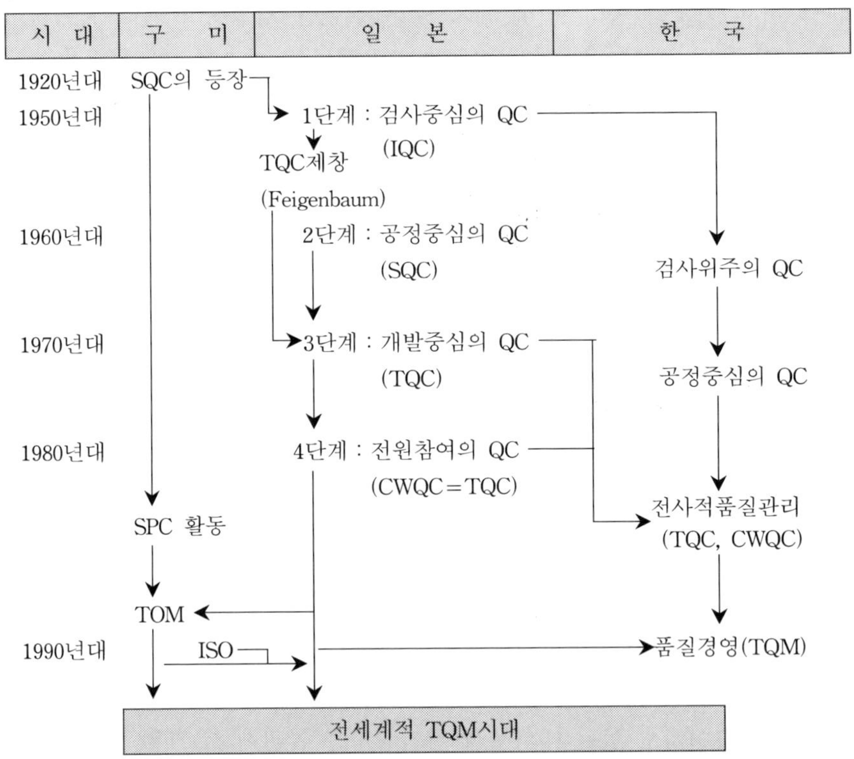

않은 상태로 출발하였다. 이것은 그 뒤에 품질경영의 실체에 관한 혼란을 불러일으킨 원인이 되었다. 그 후에 우리의 품질경영에 관한 공식적인 정의와 개념 및 틀은 「신경제, 품질경영 어떻게 추진하나」(공업진흥청/한국표준협회, 1993)이란 책자를 통하여 정립되었다. 품질경영은 그 제창동기에서 알 수 있듯이 비록 아직 완성되지는 않았지만, 선진국으로 가기 위한 우리 식의 경영방식을 가리키는 고유명사라고 볼 수 있다.

그러나 품질경영의 개념에 관한 혼란은 계속되고 있는데 가장 크게 혼동되고 있는 부분은 ISO 용어집에서 정의하고 있는 보통명사로서의 QM(=QP+QC+QI+QA)과 구분하지 못하고 있는 부분이다. 영어의 'management'는 우리말로 통상 관련계층의 상하에 따라서 '경영' 또는 '관리'라고 번역된다. 보통명사인 품질경영을 경영학에서의 일반적 관례에 따라서 우리나라 말로 번역하면 생산관리, 원가관리, 납기관리(공정관리) 등과 같은 수준에 맞추어 품질관리라고 번역하는 것이 타당하다. 반면에 고유명사로서의 품질경영(QM)의 'management'는 경영이라고 번역하는 것이 타당하다 하겠다. 보통명사로서의 품질경영을 품질관리로 번역한다면 고유명사인 품질경영(QM)과 혼동하는 경우는 현저히 줄어들 것이다.

우리의 '품질경영'은 오늘날 전세계적 경영패러다임이 된 종합품질경영이다. 그러나 종합품질경영의 기본원리는 같을지라도 국가마다 각자의 상황과 여건에 따라 그 내용이나 강조점은 달라지는 것이 바람직하다. 따라서 우리나라의 '품질경영', 일본의 전사종합품질관리, 미국의 종합품질경영은 서로 그 특성은 조금씩 다르지만 기본적으로 동등한 수준의 것이라고 볼 수 있으며 3자를 전부 총칭해서 영어로 표현할 때는 종합품질경영이란 보통명사를 사용하는 것이 타당하다. 근래 우리나라에서도 품질경영(QM)과 종합품질경영이란 용어가 서로 혼용되고 있는데 전자는 고유명사, 후자는 보통명사라고 생각하면 무리가 없을 것이다. 즉, 한국식 종합품질경영은 '품질경영', 일본식 종합품질경영은 CWQC(또는 TQC), 미국식 종합품질경영은 그대로 '종합품질경영(TQM)'이라고 부를 수 있는 것이다.

제 3 장

품질개념의 진화와 품질의 정의

3.1 품질개념의 정립

3.2 품질개념의 진화

3.3 품질의 세 가지 측면

제 3 장

품질개념의 진화와 품질의 정의

3.1 품질개념의 정립

날로 경쟁이 치열해지고 있는 국제 경제 환경에서 우리의 기업이 생존하고 번영하기 위해서는 품질우위가 경쟁력의 필수요건일 뿐 아니라 품질은 시장확보와 수익성 제고를 위한 기본요건이며 전략변수이다. 이와 같이 품질문제의 중요성이 강조되고 있는 상황하에서 품질의 개념도 그간 산업사회의 변화에 따라 보다 강화된 의미의 새로운 개념정립이 필요하다.

지난 30여 년간은 이른바 일본식 품질관리 체제를 아무런 비판 없이 도입하여 적용해 온 시기였다. 돌이켜 생각해 본다면 모순투성이로 엮어져 있음을 알 수 있다.

그 중에서 가장 처음으로 당면하는 문제가 바로 품질의 개념과 추진방법론이 일치하지 않는 것이다. 즉 현재 설정하고 있는 품질의 개념은 많은 사람들이 타당성을 인정하고 있는 방법론인 전사적 접근(total approach) 또는 시스템적 접근(systematic approach)에 적합하지 않다.

전사적 접근이란 첫째로 기업이 수행하는 모든 기능(funct－in)을 문제해결을 위하여 모우고, 둘째로는 기업이 포괄하고 있는 모든 직무(job)를 문제해결을 위하여 모우고, 셋째로는 이렇게 하여 만들어진 결과에 대하여는 모든 구성원이 공동으로 책임지는 것을 말한다. 그러나 품질의 개념을 과거와 같이 설계품질(quality of design), 제조품질(quality of manufacturing), 검사품질(quality of inspection)하는 식으로 영역을 한정하는 것은 전사적 접근에 적합하지 않은 개념설정이다. 물론 1950년대 초에 J. M. Juran에 의하여 시장품질(quality of market-place)이라는 개념이 제기되었지만, 전통적인 방식으로는 구체적인 파악도 불가능할 뿐만 아니라 이해가 곤란하다는 이유로 그 후의 이론적인 발전과 연구결과의 축적이 전혀 없는 상태라고 할 수밖에 없다.

예를 들어 검사품질을 위하여 전사적으로 접근하려고 한다면 이상에서 제시한 조건을 만족한 검사품질이 기업에서 현실적으로 이루어질 수 있는 것인지는 의심하지 않을 수 없다. 검사품질을 위하여 영업부서가 '무엇을 해야 하는가?'에 관하여 생각해 본다면 전혀 기여할 수 없는 것은 아니지만 자연스럽지 않다. 따라서 전사적으로 접근할 수 있는 특징을 지닌 새로운 관점의 품질의 개념이 설정되어야만 할 것이다.

품질의 개념설정을 위한 시도를 정리해 본다면 개략적으로 다음과 같이 다섯 가지로 요약할 수 있다.

첫째로 초월적(transcendent)인 의미를 가지는 선험성 관점의 품질개념이다. 예술품과 같이 절대적인 우수성을 가지고 있어 시간과 공간을 초월하여 변함없이 높은 성취를 달성하는 것을 품질이라고 정의한다. 흔히 최선(best)의 개념으로서 품질의 개념을 설정하려는 시도를 발견할 수 있다. 선험성 관점에 따르면 품질은 '선천적 우수성' 또는 '타고난 장점'과 동일한 의미이다. 이 경우 품질은 객관적으로 정의될 수 없으며, 품질은 특성을 나타내는 일련의 객체를 직접 접해 보아야만 알 수 있다고 간주된다. 이를테면 어떤 예술가의 작품품질은 그의 작품을 많이 보고 나면 자연히 알 수 있다는 것이다. 그러나 이 정의는 사실상 실무에 거의 도움을 주지 못한다.

둘째로는 제품이 지니는 가시적인 물성에 기초를 둔 제품 기반의 품질개념이다. 품질을 제품이 지니는 물리적·화학적인 특성의 총화라고 보는 입장에서 품질의 개념을 설정하기 때문에 측정 가능하다는 것이다. 품질은 제품이 지니고 있는 특성의 수에 따라 결정되므로 높은 비용에 의해서만 높은 품질의 확보가 가능하다는 것이다.

따라서 언제나 높은 품질=높은 비용의 등식이 성립하고, 품질은 상대적이기라기보다는 절대적인 기준에 따라서 인지된다. 제품을 기반으로 한 관점에서는 품질은 명확한 것일 뿐 아니라 계측 가능한 것으로 간주한다. 이 경우 품질의 차이란 곧, 그 제품이 갖고 있는 어떤 성분이나 속성의 차이라고 본다. 이 정의에서는 어떤 속성이 바람직하다는 것은 다음과 같은 두 가지 의미를 사실상 내포하고 있다.

① 높은 품질을 성취하기 위해서는 보다 많은 비용이 소요된다. 품질은 어떤 제품이 갖고 있는 속성의 크기를 반영하는 것이므로 높은 품질의 제품이란 비싸지게 마련이다.
② 품질이란 제품에 부가된 어떤 것이 아니라 제품 자체의 고유한 특성이다. 그러나 제품속성과 품질이 반드시 대응관계에 있는 것이 아니다. 경우에 따라서는 어떤 특수한 속성을 많이 가지고 있다는 것보다는 단순히 특이하다는 것 때문에 높은 품질로 인정받기도 한다. 품질의 대상이 미적 요소일 경우 제품을 기반으로 한 품질의 정의는 취향의 차이를 설명하지 못하는 것이다.

셋째로는 소비자 지향적인 개념이다. 품질은 매우 주관적이며, 소비자들이 가지는 개인적인 욕구를 충족시켜 줄 수 있는 정도에 따라서 결정된다는 것이다. 사용자 기반의 품질정의는 품질은 '보는 사람의 눈에 달려 있다'는 것을 전제로 하고 있다.

이 정의하에서는 개개의 고객은 각기 다른 요구와 필요를 갖고 있으며, 이를 가장 잘 충족시키는 제품이 최고의 품질을 갖고 있다고 본다. 그러나 여기에는 다음과 같은 두 가지 문제가 있다.

① 각양각색인 개인적 선호를 총괄하여 시장수준에서 의미가 있는 품질정의를 어떻게 도출할 수 있는가 하는 것이다.
② 품질이 내포하고 있는 속성과 단순히 고객만족을 극대화시키는 것을 어떻게 구분할 수 있는가 하는 문제이다. 이 중 첫 번째 문제는 높은 품질의 제품이란 여러 고객의 요구를 충족시키는 것이라고 가정함으로써 해결할 수 있지만, 보다 근본적인 문제는 품질을 최대만족이라고 간주할 때 생긴다. 만족이 크다고 더 우수한 것이라고 말할 수 있을까? 이를테면 소비자들은 어떤 특정 브랜드를 단지 그것이 독특하다는 이유로 선택하면서도 여전히 다른 브랜드의 품질이 더 좋다는 것을 인정하는 경우가 있다. 이러한 평가에는 품질의 객관적 특성이 함께 고려되고 있는 것이다.

넷째로는 생산자 관점의 품질개념이다. 제조기반의 품질정의에서는 품질이란 '요구조건과의 일치성'이라고 본다. 즉 일정한 설계나 요구조건이 결정되어 있다면 이것에 얼마나 충실했는가의 정도에 따라서 품질의 수준이 결정된다. 따라서 높은 수준의 품질은 설계나 요구조건에 충실해야 한다. 이것은 주로 물품을 제공하는 기술 및 제조부문의 입장을 견지하고 있다. 일단 설계나 규격이 결정되고 나면, 이 요건을 충족시키지 못하는 것은 품질을 저하시키는 편차로 간주된다. 이 정의하에서는 불량을 수리하거나 재작업하는 것보다는 예방하는 것이 더 경제적이라는 측면에서 품질의 개선이 원가를 낮춘다고 보고 있다. 서비스 제공의 경우 일치성이라는 것은 통상 서비스의 정확성과 적시성을 말한다.

이 정의하에서는 규격이란 고객의 요구사항을 대리하는 것으로 간주되기 때문에, 규격에 일치하는 제품은 소비자를 만족시킬 것이라는 것을 가정하고 있다. 그러나 이러한 관점은 일차적인 초점을 조직 내부에 두고 있다는 큰 약점이 있다. 신문용지를 만드는 일본의 한 제지업체에서는 JIS 규격을 만족시키고 있는 생산품은 고객만족에 실패한 반면, 그렇지 않은 생산품은 고객의 불평을 야기시키지 않았다는 것을 알게 되었다고 한다. 이 예는 무엇을 뜻하는가? 규격에 일치하는 것이 품질이라고 생각하는 경우 지나치게 기술 및 제조부문의 입장에 치우칠 가능성이 있다.

다섯째로는 가치(value)관점의 품질개념이다. 즉 코스트에 비춰 성능이 상대적으로 우수하다면 높은 수준의 품질이라고 할 수 있다. 가치에 근거한 품질정의는 납득할 만한 비용이나 가격으로 원하는 성능이나 규격에 부합하는 제품을 제공하는 것을 말한다. 예를 들어 어떤 신발의 가격이 50만원이나 한다면 원하는 구매자를 좀처럼 찾기 어려울 것이며, 이 경우 그 신발이 아무리 잘 만들어졌다고 하더라도 우수한 제품이라고 할 수는 없을 것이다. 「Consumer Reports」지에 발표된 가정용품의 성능평가 순위와 그들의 가격을 함께 고려해 본 결과, 높은 시장점유율을 보이고 있는 GE나 월풀의 제품은 품질이나 가격 중 어느 하나만을 고려할 경우에는 좋은 평가를 받지 못했으나, 품질을 가격에 결부시킨 가치관점에서는 높은 점수를 받았다고 한다(Garvin, 1988). 이것은 가치기반의 품질개념이 현실적으로 가장 널리 통용되고 있는 것을 보여주는 하나의 예이다. 이와 같은 분명한 장점에도 불구하고 가치기반의 품질정의를 실무에 적용하는 것은 난제이다. 그것은 우수성과 값어치라는 두 가지 다른 개념을 혼합한 '감당할 만한 값어치(affordable worth)'라는 개념이 매우 주관적인 성격을 갖기 때문이다.

품질에 관한 기존의 정의는 대부분 이 다섯 가지 범주에 포함된다. 이와 같이 품질에 대한 다양한 접근방법이 공존한다는 것은 매우 중요한 의미를 갖는다. 이것은 마케팅, 기술 및 생산 부문의 종사자들이 동일기업 내에서도 때로는 경쟁적 입장에서 설 수 있다는 것을 말해 준다. 마케팅부문에서는 고품질이란 더 좋은 성능과 개선된 특징을 갖는 것이라고 생각하여 통상 사용자기반 또는 제품기반의 접근방법을 취할 것이다. 이와는 달리 기술부문에서는 제품의 성능을 분명한 공차나 치수 등과 같은 규격으로 바꾸는 것이 그들의 임무라고 생각하여 제품기반의 접근방법을 택할 것이다. 반면 제조부문의 사람들은 품질을 규격과의 일치성이라고 생각하여 '최초에 올바르게 하는 것'이라는 제조기반의 접근방법을 택할 것이다. 이 경우 그들은 나쁜 품질에는 많은 재작업과 폐기물이 수반된다는 것을 연상하여, 품질개선이 원가절감으로 연결된다고 생각할 것이다. 이와 같이 서로 상충되는 이 세 가지 견해는 사내 의사소통에 큰 장애가 될 것이며, 품질에 대한 다양한 견해가 충분히 검토되지 않는다면 문제해결을 위한 노력이 효과를 보지 못할 것이다. 설계로부터 판매에 이르기까지의 과정에 따라 다음과 같은 품질관점의 변화가 있다.

먼저 면밀한 시장조사를 통해서 품질을 결정하는 특성을 확인하려는 사용자기반의 품질관점(시장품질)에서 시작하여, 바람직한 특성을 부품이나 반조립품에 담기 위한 규격화과정에서 취하게 되는 제품기반의 품질관점(설계품질)으로 옮기고, 최종적으로는 규격에 부합하는 제품을 실제로 생산하는 과정에서 제조기반의 품질관점(제조품질 또는 적합품질)으로 옮겨가게 된다. 이러한 품질관점의 변화를 서로가 이해하지 못하면 의사소통이 저해되고, 신제품의 개발주기가 길어지며, 빈번한 시행착오가 발생하는 것을 피할 수 없다. 이러한 문제를 줄이기 위해서 마케팅부문과 기술부문 및 제조부문이 서로 교류하는 것은 상당한 도움이 된다. 그러나 이러한 노력에도 불구하고 이처럼 다소 모호한 품질관점을 갖고서는 제품품질의 기본적 요소를 설명한다는 것은 매우 어렵다. 품질의 기본요소를 설명하기 위해서는 품질개념을 분해해 보는 것이 필요할 것이다.

지금까지 품질의 개념을 설정하려는 시도를 종합적으로 살펴보았다. 개략적으로 보아 전통적인 품질의 개념설정은 대부분이 두번째와 같은 관점에서 품질의 개념을 설정하려고 하였으며, 부분적으로는 네번째의 관점에서도 시도를 하고 있는 예를 찾아볼 수 있다. 기업은 제품을 스스로 사용하기 위하여 생산하지 않으며, 시장 또는 소비자를 위하여 생산하고 있다. 그러므로 아무리 훌륭한 물성을 지니고 있을지라도 그것이 시장에서 소비자들에게 수용되지 않는다면 아무런 의미가 없는 것이다. 반대로 비록 물성은 훌륭하지 못하더라도 시장에서 소비자들에게 잘 수용된다면 이것은 매우 가치 있는 것이다. 따라서 오늘날과 같은 상황하에서 품질의 개념을 소비자 지향적인 관점으로 설정하려는 시도는 현실적으로 매우 타당한 시도라고 할 수 있을 것이다.

즉, 품질은 단순한 '사용적합성(fitness for use) 또는 제품의 특성'으로 정의된 종래의 기능적 개념만으로는 기술적으로 첨예화되고 사회적으로 복합화된 오늘날의 현실적 품질요구를 충분히 수용할 수 없으며 보다 포괄적이고 체계화된 새로운 품질개념 정립에 따라 이를 합리적으로 접근관리하는 합목적적 수단체계가 필요하여진 것이다. 보다 다원화되고 개방화되는 복합경쟁사회에 대응하여 품질을 산업의 실질적 경쟁수단으로 삼기 위하여는 품질의 개념을 보다 종합적으로 정의하여야 한다.

'요구조건의 만족도' 또는 '사용적합성'으로 정의된 전통적인 품질의 개념은 종합적 품질관리를 제창한 파이겐바움에 이르러 '소비자 기대에의 적응도'라고 하는 보다 포괄적인 소비자 지향적인 개념으로 바뀌면서 더욱 발전하였다.

이와 같은 소비자 지향적 품질개념의 변화는 전사종합품질관리(전사종합품질관리)라는 보다 능동적이고 적극적인 품질관리운동으로 이어짐으로써 더욱 사회적 연계성이 강한 품질개념으로 전개되기 이르렀다. 오늘날 이러한 품질개념은 더욱 광역화하여 품질수준을 결정하는 요인으로 만족도, 적합성, 소비자 요구만족도는 물론 성능(performance), 특징(feature), 신뢰성(reliability), 내구성(durability), 서비스용이성(servicability), 기호(aesthetics), 인지도(percevied quality) 등까지 포함시키는 추세에 있다.

이는 곧 품질의 개념이 '소비자 및 사회에의 모든 현재적 그리고 잠재적 요구조건에 대한 충족성'이란 매우 포괄적이고 적극적인 개념으로 확장하고 있다고 볼 수 있다.

예를 들어 하바드대학 교수인 가빈(D. A. Garbin)이 Free Press에서 간행된 「Managing Quality」에서 품질의 요소를 8가지로 제시하고 있는데, 이는 바로 소비자 지향적인 관점에서 품질의 개념을 설정하려는 전형적인 예이다.

3.2 품질개념의 진화

품질이란 무엇인가? 하는 것은 합리적으로 정의하기가 어려운 많은 의문이 생긴다. 그러나 기업의 품질전개과정을 고려해 보면 다소 이해하기가 쉬워진다. 미국과 유럽의 품질관리는 백년 이상 동안 제조부문을 대상으로 하였고 새로운 개념이 나타났다 사라지고 하였다. 반대로 일본의 품질관리는 2차대전이 끝난 후 맥아더 사령부에 의한 전후복지사업이 시작되기 전까지는 그다지 중요하지 않았다.

이러한 전개과정의 시작에서 어떤 종류의 품질도 인지되거나 측정되지 않았다. 제품은 생산되었고 선전되었다. 만약 소비자가 어떤 제품을 반품하기를 원한다면 쌍방간에 합의하여 처리하였다. 1950년대의 특징이라고 할 수 있는 상황은 일제는 신뢰할 수 없는 제품이고 싸구려를 의미하였다. 훌륭한 품질로 전환하는 일본의 전개과정은 종합품질경영의 적용과정이라고도 할 수 있다.

여기에서는 4가지의 적합성 또는 품질수준의 기초개념과 약점을 설명함으로써 종합품질경영의 전개를 살펴보기로 한다.

4단계의 적합성은 다음과 같다.

① 표준적합성
② 사용적합성
③ 비용적합성
④ 잠재요구적합성

3.2.1 **품질개념 1 :** 표준적합성

표준적합성은 표준에 관한 지원을 기술함으로써 상품계획을 전개한다.

다른 말로 표준적합성은 설계자가 의도한 것을 제품에 반영한 정도를 품질로 정의한다. 표준에 적합한 제품을 결정하는 것은 주로 제품이 그 표준을 통과할 것인가 아닌가? 하는 검사의 문제이다. 표준적합성을 달성하기 위해서는 표준시행의 과업을 기록한 각각의 제조과정을 정의하고 표준시행을 확인하기 위한 검사절차를 정의하는 것이다. 표준의 적합성을 전개하기 위해 기업은 1950년대 초 일본을 눈뜨게 한 미국품질전문가 데밍의 접근방식에 따라 통계적 품질관리의 개념을 사용한다.

역사적인 전망에서 벗어나 현재를 고려할 때 표준적합성은 두 가지 약점을 지닌 품질정의이다.

표준적합성에 따르면 먼저 품질은 검사를 통해서만 달성할 수 있음을 인지하여야 한다. 표준적합성에 따라 제조공정의 생산품을 검사하고 결함이 있거나 저품질의 생산품을 걸러서 버리는 것으로 품질을 보증한다. 그러나 이 과정은 제품을 만드는 사람과 검사하는 사람들 사이에 대립적인 관계를 초래한다.

공장관리자는 공장의 검사시스템을 신중하게 기술하고 검사기능을 공장과는 완전하게 분리하여야 한다. 검사자는 종업원을 통제하게 되지만 공장종업원은 아니다. 그러므로 작업자들은 검사자들을 적으로 생각하는 경우가 많다.

표준적합성의 두 번째 약점은 시장의 요구를 거부하는 것이다. 상품표준과 검사기준은 고객의 요구보다는 설계자와 제품생산자의 기준에서 작성된다. 이 약점을 개선하기 위한 활동을 1960년대 초 고품질을 선도한 기업들이 수행하였다.

3.2.2 **품질개념 2 :** 사용적합성

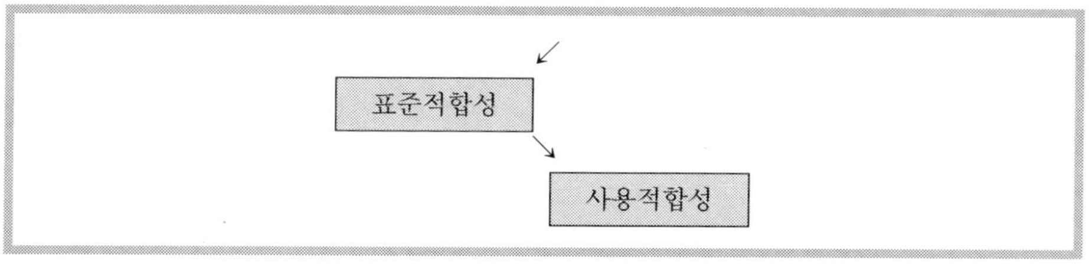

사용적합성은 시장요구의 만족을 보장하는 것을 의미한다. 제품을 고객이 원하는 것으로서 사용할 수 있는가? 예를 들어 제작사가 어떤 크기의 드라이버를 만든다면 얼마나 많은 사람들이 그 크기의 드라이버를 가지려고 하겠는가? 다음의 재미있는 예에서처럼 시장의 다양한 관습을 예측하기는 쉽지 않다.

한 가전제품 제조업자가 새로운 세탁기를 개발하였다. 그러나 농촌에 사는 고객으로부터 세탁기에 대한 많은 불평이 있었다. 그래서 그 회사는 그 지역에 기술자를 파견하였다. 기술자는 농부가 감자에 묻은 진흙을 닦아내기 위해 세탁기를 사용하는 것을 발견하였다. 비록 그런 사용법이 안내책자에서 금지하지는 않았지만 세탁기는 그런 딱딱한 것을 넣도록 설계된 것이 아니었다. 그래서 고장이 자주 난 것이다.

제조업자가 세탁기가 감자를 닦을 수 있도록 재설계하고 그 기능을 집어넣어 고객이 사용할 수 있도록 하였을 때 세탁기는 보통의 신뢰성을 갖는 것이다. 사용적합성은 실제요구와 고객의 요구이지 생산자가 표준으로 설정하는 것은 아니다.

표준적합성과 마찬가지로 사용적합성은 검사에 의해 달성된다. 그래서 검사자와 작업자 간에 많은 충돌이 생긴다. 더구나 기업이 기대하는 것처럼 높은 사용적합성을 가진 제품을 원한다면 검사자는 표준에서 이탈한 제품을 엄격하게 제거하여야 한다.

어떠한 제조공정은 하나의 부품이 다음 공정을 위한 공정에도 사용된다. 같은 조립라인에서 조립되는 모든 자동차들이 정확하게 같은 마력을 내는 것은 아니다.

큰 병에 맞는 큰 병뚜껑은 다른 병에서 너무 커서 내용물이 흘러나오게 될 것이다.

[그림 3-1]은 이 원리를 예증한다. 높은 곡선은 마력, 병뚜껑 크기 또는 아이스크림 막대의 아이스크림 양과 같은 제품의 몇몇 특징을 통계적 편차로 보여준다. 내구성만을 특징으로 하는 제품은 거절될 것이다. 이것은 값비싼 접근법이나 아래의 곡선에서 보여지는 것처럼 만일 더 높은 품질이 요구된다면 검사한계는 좁아지게 될 것이다.

사용적합성에 초점을 두는 데 따른 또 다른 약점은 경쟁적 이점이 약하다 하는 것이다. 만약 기업이 (사용자의 요구에 맞는) 사용적합성을 명백히 이해했다면 검사를 통한 고품질을 충분히 보상받을 수 있는 가격을 책정할 수 있는 독점적 위치를 얻을 것이다. 그러나 경쟁자는 검사과정에서 발생하는 비용과 독점적 위치를 상쇄시킬 수 있는 더 낮은 가격으로 좋은 제품을 제공할 수 있다. 예를 들어 1960년부터 1970년까지 일본의 주요 사진기 제조사들은 시장을 독점하며 높은 가격을 유지하였다.

그러나 곧 경쟁이 치열해지고 이 회사들의 사진기판매고는 떨어지고 다른 회사의 판매고는 올라갔다. 이 회사의 일본 시장점유율은 많이 낮아졌다.

1970년대 초에 이르러 품질검사에 의한 높은 비용으로부터 탈피하여 품질활동이 다음 단계의 품질을 확립하려는 선도기업들이 나타났다.

[그림 3-1] 제품특성의 통계적 편차

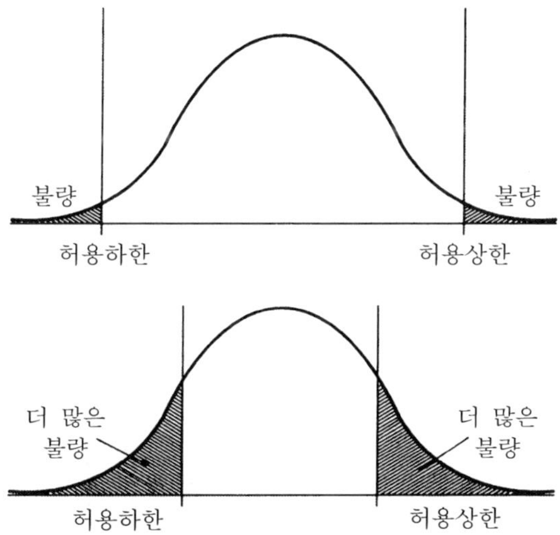

3.2.3 **품질개념 3** : 비용적합성

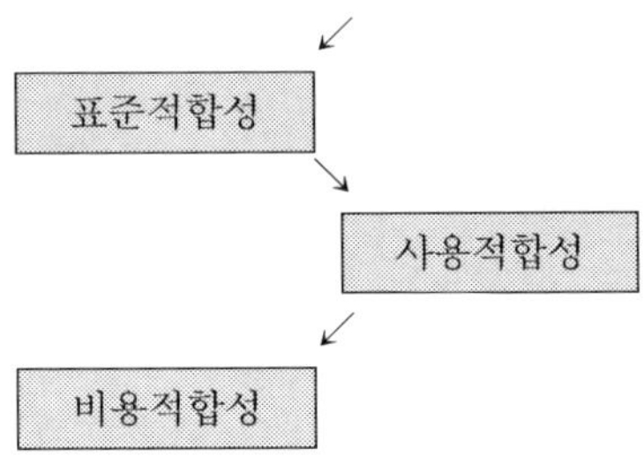

비용적합성은 높은 품질과 낮은 원가를 의미한다. 이것은 모든 고객이 가지는 가장 보편적인 두 가지의 요구이다. 높은 품질을 유지하는 반면에 비용절감을 달성하기 위해 생산공정의 산포를 줄여야 한다.

[그림 3-2] 산포감소가 낭비를 감소시킨다

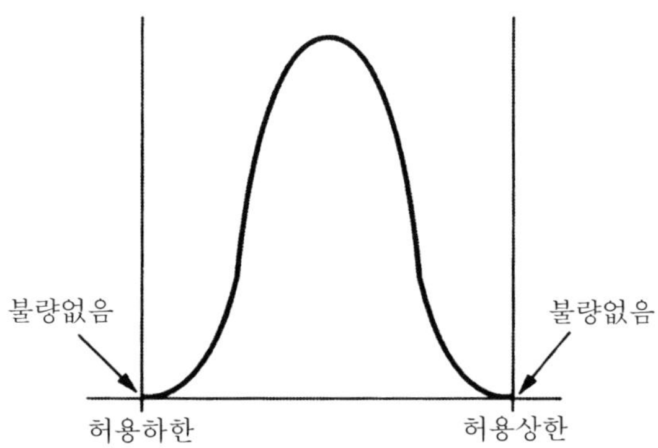

사람은 누구나 추려냄 없는 100%품질을 추구한다. 이것은 제품프로세스의 마지막 단계와 각 단계의 피드백과 수정을 요구한다. 이런 품질수준을 달성하기 위해서는 생산시스템을 완전히 변화시켜야 한다. 작업자의 관심은 프로세스를 통제하는 검사에서 재공품의 통제로 옮겨가야 한다.

[그림 3-3] 각 생산단계의 피드백

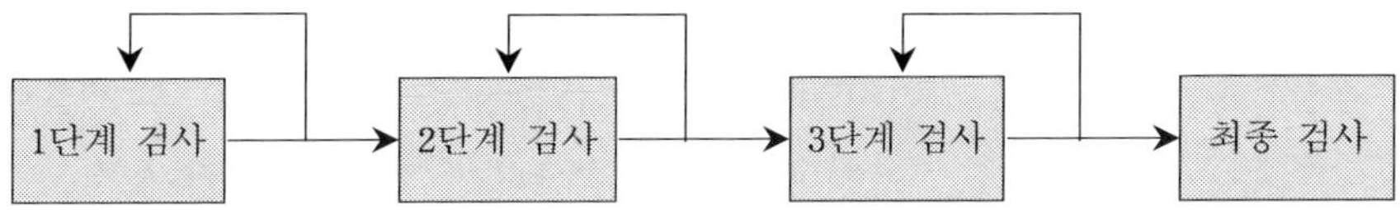

이런 변화를 위한 최신방법은

- 통계적 품질관리를 사용하는 것
- 프로세스와 그 산출물을 감시하는 것
- 각 단계를 피드백하고 모든 라인작업자는 선행 작업자의 작업을 인지하고 실수가 즉시 수정될 수 있도록 해야 한다.
- 라인을 세우는 작업자는 설계와 계속적으로 더 신뢰할 수 있는 제품을 만들기 위한 생산프로세스의 개선에 참여해야 한다.

작업자는 품질관리의 품질관리 7단계와 후에 기술할 품질관리 7기법과 같은 표준화 방법과 많은 경험을 배우고 시행해서 지속적인 개선을 하도록 권한이 부여되어야 한다.

비용적합성 요구는 다차원의 품질개념을 만들었다. 퍼센트의 원래 의미는 100개 단위에서 하나의 불량률이 있는 것이다. 오늘날은 제조업분야에서조차 품질은 결점이 발생하지 않는 것을 의미한다. 일본의 토토사에서는 공장복도게시판에 게시되어 있는 품질개선의 5영역을 볼 수 있다. 그것은 다음과 같다.

·Q 품질 ·C 코스트 ·D 납기 ·S 안전 ·M 사기

모토롤라에서는 다음 두 가지 추진력이 고객만족을 창출하기 위해 고려된다.

1. 사이클타임(제품개발의 시작부터 끝까지 시간. 예 : 제품선적시간, 또는 제품제조시간)
2. 표준공정 불량률(불량률은 백만 분의 일 단위로 측정한다. 예 : 보험청구 취급하는 것, 고객 주문받는 것, 반도체 제조 또는 호출기 제조)

몇몇 기업(모토롤라, 제록스 USMG, 아에수북센터, 플로리다 전력)의 가장 중요한 품질측면은 조사에 의해 측정된 고객만족도이다. 3M과 같은 몇몇 회사에서는 개선하고 유지하여 품질로 제품혁신을 하는 것을 명확한 기업의 목표로 하고 있다.

그러나 약점도 있다. 기업이 비용적합성의 품질수준을 달성하는 것은 낮은 비용으로 높은 신뢰성 있는 기능적 제품을 생산하는 것이다. 그러나 경쟁자도 비슷하게 신뢰성 있고 값싼 제품을 개발할 것이다. 신흥공업국의 기업은 사용적합성과 표준적합성을 모방하여 낮은 비용으로 생산할 수 있는 더 값싼 노동력을 가지고 있다. 이것은 1980년대 일본에서 발생했다. 한국, 홍콩, 대만은 일본의 기술을 적용하면서 1/2, 2/3의 노동비를 사용한다.

이런 약점 때문에 일본의 선도기업들은 1980년 초 표준화 방법을 추구했고 경쟁기업의 제품이 더 많이 팔리는 것에 대응해서 혁신제품을 개발하였다.

3.2.4 **품질개념 4** : 잠재요구적합성

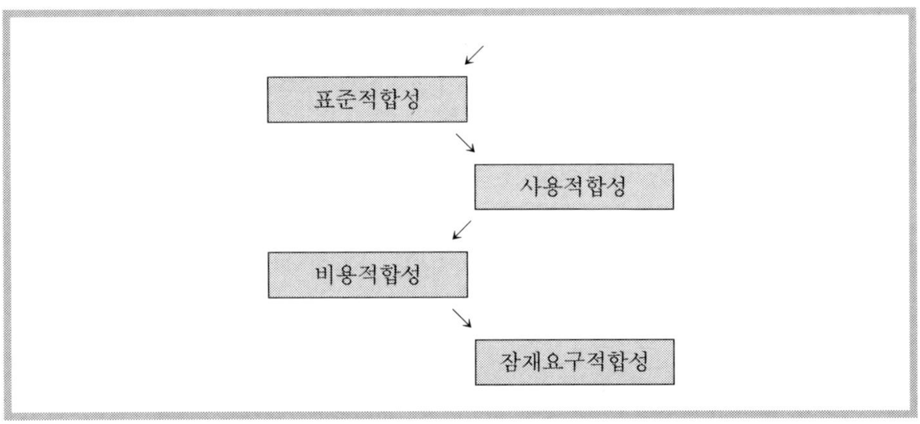

잠재요구적합성은 고객이 자신의 요구를 알기 전에 먼저 그 요구를 채우는 것이다. 만일 기업이 시장의 잠재요구를 알 수 있다면 현재보다 더 독점적 지위를 누릴 수 있을 것이다. 기업은 더 높은 가격을 요구할 수 있고 더 많은 이익을 낼 수 있다.

잠재요구에 관한 가장 유명한 예 중 하나는 폴라로이드 카메라이다. 1944년 뉴멕시코 산타페에서 휴가중이던 에드윈 랜드는 어린 딸의 사진을 찍었는데 아이가 왜 사진을 보려면 기다려야 하는지 그에게 물었다. 산타페 주위를 혼자 걷던 중에 랜드는 사진기와 필름 수요의 대부분은 시각화하는 것이라는 딸의 말에서 힌트를 얻어 그 문제를 풀게되었고 이것이 즉석카메라이다. 또 다른 예로 소니의 워크맨이다. 이것은 소니사 자신도 요구를 인식하지 못했던 상품이었으나 아이들이 발견하여 크게 활용하게 되었다. 그리고 워크맨은 분명히 조깅이나 야외에서 보내는 시간을 유용하게 사용하도록 개선하였다.

잠재적인 요구사항의 개념을 창안한 일본의 저명한 종합품질경영 컨설턴트인 카노는 [그림 3-4]의 카노 다이어그램을 사용하여 그 개념을 설명하였다.

수평축은 제품특성의 기능성 수준을 가리킨다. 여기서 특성들은 당연한 것(must-be), 1차원적인 것(one-dimensional), 매력적(attractive)인 것으로 범주화된다. 당연한 것은 사용자들이 발견하기를 원하는 특성들이다. 예를 들어 식당에 온 고객은 의자와 식탁이 깨끗하고 실내온도가 적당할 것으로 기대한다. 상황이 이와 다르다면 고객은 실망할 것이지만 상황이 기대에 부응한다 해도 고객들은 이들 특성들에 대해 당연하다고 느낀다. 1차원적인 특성은 고객의 만족과 직결된다.

식당의 밝기 또는 식사하기에 적합한 식탁 크기 등을 예로 들 수 있다. 불

[그림 3-4] 카노 다이어그램

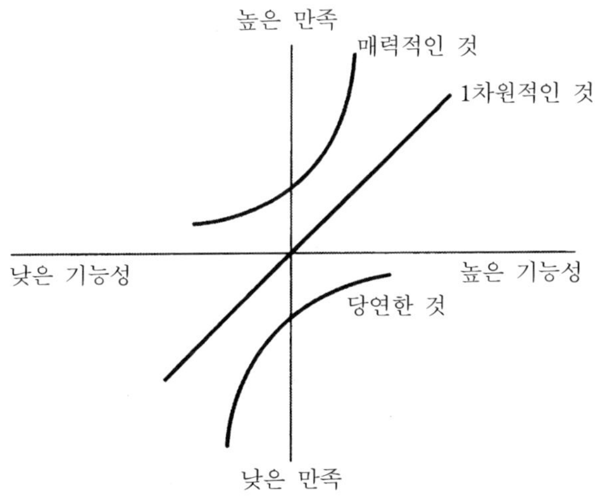

빛의 명도가 증가하고 식탁이 클수록 만족도 증가한다. 매력적인 특성은 잠재적인 요구사항으로서 이들이 없다 해도 고객이 항상 불만스럽다고 인식하지는 않는다. 즉 이들 특성들은 없어도 고객만족의 수준은 떨어지지 않는다. 그러나 만약 이들이 존재한다면 만족도는 극적으로 상승한다. 식당에서 식탁 위의 한 송이 장미나 분위기 좋은 음악 등이 좋은 예가 된다.

잠재적인 요구사항의 예로서 어두운 곳에서 전화를 사용하는 사람들을 위해 어두운 곳에서도 다이얼할 수 있는 광다이얼과 전화를 걸면서 메모를 하는 사람들을 위해 전화기에 부착하는 것 등을 들 수 있다.

품질개념의 4가지 단계를 시계의 예를 들어 살펴보자.

- 만일 시계에 부품을 빠뜨리고 조립하였다면 표준에 부적합한 것이다. 그 시계는 폐기되거나 재작업해야만 된다.
- 시계는 사용에 적절하도록 시간이 맞아야 한다. 18~19세기에 만들어진 고품질의 측정용 시계는 비싼 부품으로 만들었고 엄격하게 테스트되었다. 원가는 높지만 2번째의 품질표준인 사용적합성을 달성하였다. 20세기의 고전적인 기술의 스위스시계는 지금도 이 전통을 유지하고 있다.
- 전자시계는 비용적합성의 표준을 이룬 싸고 정확한 시계이다. 여러 나라에서 많은 기업들이 이러한 시계를 만들었다. 현재의 시계는 전자시계시대 전의 최고급 기계식 시계보다 더 정확한 시계가 10달러 이하이면서도 경쟁은 치열하다.
- 패션과 개성시계는 스위스기업인 스윗치에 의해 저가시계시장에 출시되었다. 이것이 잠재요구에 맞춤으로써 더 높은 가격을 책정할 수 있고 일상적 시계보다 더 높은 이익을 낼 수 있었다.

소비자의 잠재요구를 체계적으로 맞추는 기업에서조차 약점은 있다. 이들 약점은 제품과 생산공정설계에 대한 기업의 현재 공정에서 발생한다. 많은 기업은 경쟁기업처럼 빠르게 개선할 수 없기 때문에 사업열의가 없어진다.

3.3 품질의 세 가지 측면

품질은 산업사회의 경쟁에서 매우 중요한 것으로 인식되어 있으며, 경영자들의 중요한 업무가 되었다. 그들이 생존하기 위해서는 품질을 개선하는 방법을 반드시 알아야 한다. 그러나 품질을 개선하기 이전에 그것이 무엇을 의미하는지 알아야 한다.

관리자는 흔히 '나는 품질을 정의할 수 없으나, 그것을 보면 알 수 있다'와 같은 태도를 취하는 경우가 많다. 그러나 불행하게도 그런 태도는 품질을 확보하는 데 어떤 도움도 되지 않는다. 품질을 ① 개념적 측면, ② 구체적 측면, ③ 운영면의 세 가지 측면에서 정의해 보면 품질에 대해 무엇인가 하는 데 도움이 될 것이다. 이 세 가지 측면은 서로를 바탕으로 하며, 관리자가 품질에 대해 논하고, 품질개선의 기회를 파악하고, 품질을 측정하고, 품질개선을 실행하는 근거가 될 수 있다.

개념적 측면의 품질은 이 분야의 대가인 쥬란과 데밍의 말과 지침으로 정의된다. 그들은 품질에 대한 정신상태를 정립하고, 의사소통에 필요한 언어를 제시하고, 품질사고의 기초를 다졌다. 또한 그들의 사상은 보다 구체적인 수준에서 품질을 구성요소로 분해하는 데 도움이 된다. 이것은 개선이 필요한 영역을 확인하고 개선프로젝트의 한계를 제시한다. 끝으로 운영적 관점(operational view)은 품질을 경영활동과정의 생산물로 정의한다. 이러한 관점은 품질문제의 원인에 초점을 맞추고, 가능한 개선프로젝트들의 한계를 제시한다.

3.3.1 **개념적 정의** : 현상으로서의 품질

많은 컨설턴트, 경영자와 교육자가 품질의 대가로 간주하고 이 책의 곳곳에서 인용되는 사람이 많이 있지만, 특히 두 사람이 세계적인 영향력을 발휘해 왔다. 쥬란과 데밍은 품질의 대가로서 품질에 대한 대중적인 인식을 형성해 왔고 품질개선 추구에 앞장서 왔다. 다음에 이들의 관점을 보다 자세하고 깊이 있게 제시한다.

(1) 쥬 란

쥬란은 1950년대와 1960년대에 일본인들과 활동해 왔고 일본에서의 품질에 관한 사고방식에 데밍 다음으로 영향을 끼쳐 왔다. 미국에서는 쥬란이 데밍보다 더 알려졌다(부분적으로 1979년에 그가 세운 쥬란연구소 때문). 그 연구소는 근래 자문, 세미나, 협회, 출판과 쥬란에 관련된 비디오테이프를 위한 기지로서 활동하고 있다. 연구소와 연구소 활동과 생산품은 쥬란의 메시지를 전파시키는 광장이 되고 있다. 쥬란의 품질에 대한 정의는 시간이 흐르면서 변화되고 있지만 '사용적합성'으로 가장 잘 요약될 수 있다(Juran and Gryna, 1980). 이것은 제품이나 서비스는 사용자가 필요하거나 원하고 기대할 권리가 있는 것을 제공해야 함을 의미한다. 쥬란은 품질의 5가지 차원(dimensions)을 다음과 같이 정의한다.

① 디자인(design)은 제품이나 서비스가 무엇이며, 무엇을 해야만 하는가를 나타낸다 : 트럭과 승용차를 구분해 준다.

② 일치성(conformance)은 디자인과 실제제품의 일치 정도를 반영하며, 이것은 공정선택, 투입자재, 종업원 훈련과 감독, 환경, 검사프로그램에 의해 영향을 받는다.

③ 이용가능성(availability)은 신뢰성, 보존성과 내구성을 포함한다 : 이용을 중단시키는 문제점들로부터 벗어나 사용할 수 있음을 뜻한다.

④ 안전성(safety)은 사용자에 대한 제품의 위험성을 시험하며 다른 차원들과 관련될 수 있다.

⑤ 현장이용성(field use)은 다른 4가지 차원을 포함하나 고객의 손에서의 이용성을 강조한다. 포장, 수송, 저장, 현장서비스의 유능함과 신속성에 의해 영향을 받는다.

관리자는 다른 차원보다도 일치성과 현장이용성을 통제할 수 있다. 디자인은 여러 분야의 협동을 요하고 안전성은 디자인과 일치성에 의존한다. 이용가능성은 다른 모든 차원에 달려 있다. 전형적으로 일치성은 디자인대로 그리고 최소의 분산으로 생산하는 것을 의미한다. 각 관리자가 최종생산품의 한 부분만을 책임지고 있긴 하지만, 그 부분에 대해서 일치성은 관리자가 통제한다. 마찬가지로 포장, 수송, 저장 및 현장서비스는 흔히 한 관리자의 영향권 내에 속하게 된다. 영향권이 커질수록 관리자가 결과에 영향을 미칠 가능성은 커진다.

쥬란은 다섯 가지 차원에서 품질을 개선하는 많은 기법, 도구와 방법을 제시하였다. 그의 일반적인 접근법은 제품의 각 차원을 디자인, 공급자 관계, 제조, 검사와 검정, 유통, 소비자 관계 그리고 현장서비스를 통해 시험하는 것이다. 그 과정의 각 단계는 품질의 차원들을 설명할 기회를 위해 분석되고 분해된다. 분석도구는 통계적 기법으로부터 집단문제해결 기법까지 여러 가지가 있다.

쥬란은 '품질문제가 없다면 사라지게 될' 비용을 설명하는 COPQ(저품질비용)을 주장하였다. 이런 비용은 불량품을 만들고, 찾아내고, 고치고, 피하는 데 드는 비용을 뜻한다. 비용에는 4가지 유형이 있다. 내부실패(선적 이전에 발견된 불량품), 외부 실패(선적 이후에 발견된 불량품), 평가(구입하는 자재평가)와 예방이다. COPQ접근법을 이용할 때, 목표는 가장 낮은 COPQ로 가장 좋은 품질을 제공하는 것이다. 이것은 예방과 평가에 드는 비용이 실패 비용과 같아질 때 실현된다(쥬란은 COPQ의 50% 내지 80%는 내부와 외부실패 비용에 속한다고 추정). 쥬란은 무결점은 실용적인 목표가 아님을 지적하였다. 예방과 평가비용이 크게 증가하므로 무결점에서 COPQ가 최소가 될 수 없다.

쥬란은 관리자의 관심과 노력을 집중시키기 위하여 3가지 접근법을 제시하였다. 품질개선의 초기단계에서 회사의 실패 비용은 예방과 평가비용을 크게 초과한다. 이 기간 동안 '도약프로젝트(breakthrough project)'가 가능하다. 도약프로젝트는 허용오차의 수정, 공급자 변경, 작업흐름 변경과 같은 만성적인 문제를 다룬다. 도약프로젝트가 성공적으로 끝나면, 결과를 안정시키고 유지시키기 위한 '통제'(주로 피드백 루프) 절차가 필요하다. 세 번째는 COPQ보고와 품질목표 계획을 중심으로 한 연간 품질프로그램을 통해서 최고경영층의 관심을 끌고 유지하는 것이다.

(2) 데 밍

데밍은 현대 품질사상의 아버지이며 일본의 품질개혁을 이끌었다. 미국에서는 데밍이 1930년대에 그의 철학과 기법을 주장했지만 그에게 귀를 기울이게 된 것은 바로 10년 전부터이다. 그는 저술활동을 하면서 뉴욕과 콜롬비아 대학에서 가르쳤으며 세계 곳곳에서 세미나를 열고, 미국과 일본의 주요기업의 자문가로서 활동하였다.

그가 그의 철학을 실행할 협회조직을 만들지는 않았지만, 그의 기법을 성공적으로 수행하는 많은 기업과 그의 사상을 촉진하고 전파시키려고 다른 사람들이 만든 조직들이 데밍의 가르침을 지속적으로 개발하고 지원하고 있다.

데밍은 품질은 고객의 요구에 제품속성을 일치시키는 것 이상이어야 함을 제시한다. 그는 엔지니어와 통계학자로서 훈련을 받았지만 그의 품질에 대한 정의는 계량적이다. 제품이나 서비스가 고객이 좋다고 인식하고, 계속 구매하며, 다른 사람들에게 구매를 권하고, 같은 판매자의 다른 제품까지 그 감정을 이입한다면 고품질이다.

데밍 관점에서, 품질은 전략적이고 경쟁과 관련된다. 고객은 궁극적으로 그의 기호, 기대, 새로운 자극에 대한 반응과 타제품과의 주관적 비교를 바탕으로 품질을 정의한다(이러한 데밍 관점은 강의록, 논의와 개인적인 응답으로부터 정리된 것이다).

데밍은 관리자가 프로세스, 정책, 개인 업무, 설비 및 공급을 정하고, 통제함으로써 모든 품질문제의 85%를 책임지고 있다고 주장한다. 그러므로 경영층이 품질개선에 앞장서야 한다. 데밍은 관리자가 이러한 개선을 달성하는 데 도움이 되는 14가지 요점을 설명한다. 이러한 요점의 표현은 시간의 흐름에 따라 변화되나 다음은 Serlen에 의해 정리된 것이다.

이 요점들에는 데밍 철학의 기초이며, 조직활동의 모든 측면을 다루는 몇 가지 핵심적 아이디어가 나타나 있다. 첫 번째 중요한 아이디어는 모든 것에는 변동이 있다는 것이다. 데밍은 이 점에 관해 깊은 통찰력을 제시한다.

변동에는 우연변동과 이상변동 두 가지가 있다. 우연변동은 전 시스템이 함께 활동함으로써 발생하는 무작위(확률) 변동으로서 어느 한 원인으로 설명되지 않는다. 생산시스템에 있어서 변동의 우연원인은 제품디자인, 허용오차를 유지하지 못하는 설비, 비효율적으로 디자인된 보상시스템에 의해 잘못 설정된 우선순위, 잘못된 인사업무에 기인한 의사소통단절 등이다.

이상변동은 확률로 나타나지 않으며, 특별한 원인으로 설명될 수 있다. 이상원인은 작업자의 태만, 지식이나 기술부족, 잘못된 원자재 선적, 자연재해, 약물복용과 같은 작업자의 개인적 문제 등을 포함한다. 통제될 수 있는 변동의 경우에, 우연원인은 관리자의 책임이며 이상원인은 작업자의 책임이다. 관리자의 현행업무의 문제는 상당 부분이 우연원인을 특별원인으로 다루는 데 기인된다.

데밍은 또 다른 근본적인 아이디어를 대중화시켰다. 생산성은 품질이 향상

될수록 증가된다. 데밍 이전에는 고품질이 저생산성과 비용증가를 의미하였다.

※ 데밍의 관점 : 관리자를 위한 14가지 요점

① 제품과 서비스를 개선하려고 하는 일관성 있는 목적을 갖는다.
② 새로운 철학을 채택한다. 우리는 새로운 경쟁시대에 있다. 경영층은 새로운 도전에 각성하고, 책임을 인식하고, 변화에 리더십을 발휘한다.
③ 품질을 달성하는 데 검사에 의존하지 않는다. 처음부터 품질을 고려하여 검사의 필요성을 제거한다.
④ 가격입찰 대신 충성과 신뢰를 바탕으로 각 품목에 한 공급자만을 정하여 장기적인 관계를 유지한다(총비용 최소화).
⑤ 품질과 생산성이 증진되고, 비용이 계속 감소되도록 생산 및 서비스 시스템을 지속적으로 개선한다.
⑥ 경력개발을 실시한다.
⑦ 리더십을 확립한다. 감독의 목적은 사람, 기계 및 소도구가 보다 잘 작용하도록 돕기 위한 것이다.
⑧ 사람들이 효과적으로 일할 수 있도록 공포감을 제거한다.
⑨ 부서간의 벽을 제거한다. 연구, 디자인, 판매와 생산에 있는 사람들이 팀으로서 문제점들을 해결해야 한다.
⑩ 슬로건, 장려책, 무결점과 새로운 생산성 수준을 요구하는 목표를 제거한다. 이러한 문구들은 오히려 적대감정을 유발시킬 수 있다. 그 이유는 저품질과 저생산성의 원인은 대부분 시스템 자체에 있기 때문이다.
⑪ a. 공장에서 작업표준(할당)을 제거한다.
b. 목표관리를 제거한다. 수량적 목표 대신 리더십으로 관리한다.
⑫ a. 시간제 작업자가 작업자로서 긍지를 가질 수 있도록 한다. 감독자의 책임은 수량에서 질로 변화되어야 한다.
b. 관리자 및 엔지니어가 일에 대한 긍지를 갖도록 한다. 이는 매년 평가제, 목표관리 등의 폐지를 의미한다.
⑬ 교육 및 자기개발 프로그램을 실시한다.
⑭ 최고경영층이 참여한다.

품질통제를 위한 전통적인 최종검사와 재작업 접근법은 고품질 제품이 더 많은 프로세스를 필요로 하고, 품질을 개선하려는 어떤 시도도 검색과 재작업 비용을 증가시킴으로써 총비용이 증가됨을 의미했다. 데밍은 이 난제로부터 벗어나는 방법을 지적하였다. 프로세스는 불량품을 만드는 데 드는 비용이 들기 전에 처음부터 고품질을 생산할 수 있도록 디자인되어야 한다.

관리자들은 받아들이기 더 어려운 세 번째 주요 아이디어를 발견하게 된다. 데밍은 가장 중요한 품질비용은 측정될 수 없다고 주장한다. 고객에 제공된 불량품 비용은 측정될 수 없는 중요한 비용의 예이다. 단순한 대체나 수선뿐 아니라 실제비용은 고객과 조직과의 미래관계로 결정된다. 즉, 고객이 재구매를 할 것인지 아닌지, 그리고 좋은 제품이라고 칭찬할 것인지 나쁜 제품이라고 화를 낼 것인지. 그러한 비용은 측정될 수 없지만, 장기적으로 조직의 성공을 결정한다.

데밍은 조직이 측정할 수 있는 비용을 평가하는 것도 중시하였다. 이런 비용은 프로세스 능력을 이해하는 데 중요하다. 그러나 최고경영자와 관리자들은 품질노력의 가치와 비용을 평가할 때 눈에 보이는 측정치 이상을 간파해야 함을 주장한다. 쥬란도 이 점에 대해서 동의하며, 품질비용은 매우 커서 대형 프로젝트에서는 대략적인 추정치를 이용해도 무방하다고 하였다.

다양한 기법들이 데밍의 제안을 실행하기 위해 이용되었다. 여러 통계적 기법들이 우연변동원인과 이상변동원인을 구분하였는데 이 중에 슈하르트에 의해 개발된 관리도가 많이 이용된다. 실험계획, 통제, 평가뿐 아니라 문제해결기법도 널리 이용된다.

요약하면, 두 대가는 품질에 대한 중요한 관점을 제시한다. 데밍은 세계적 경쟁, 열성적 고객과 지속적 개선을 추구하는 철학에서 파생된 사명들을 포함하고 종합하는 가장 광범위한 관점을 가진다. 그는 품질은 시스템 평가를 포함한 깊은 지식, 변동이론, 심리학과 학습이론의 적용을 통해서 이루어진다고 강조했다. 쥬란의 품질에 대한 일반적인 이론은 데밍과 유사하며 COPQ와 구체적인 실행에 관한 제안은 매우 유용하다. 품질 깃대를 든 관리자가 두 대가를 연구하는 것은 당연하다.

3.3.2 **구체적 정의 :** 품질분해

쥬란은 품질의 다섯 가지 차원을 설명했으나 이들 중 몇 차원은 다양한 공정과 책임에 관련된다. 품질차원을 보다 구체적으로 분해하는 것은 관리자가 자신의 영향권 내에서 성취할 수 있는 것에 분명하게 초점을 맞출 수 있게 한다. 또한 품질 분해는 개념을 더 잘 이해할 수 있게 하는 설명적 틀을 마련해 주고, 품질을 연구하고 검정하고 논의하기 위한 구조를 제공한다. 미국에서는 놀랍게도 품질의 분해가 거의 이루어지지 않았는데 이는 품질에 대한 관심이 극히 최근의 현상이기 때문일 것이다. 다행히 하버드 대학의 교수인 가빈(1987)은 품질의 8가지 차원 또는 측면을 제안하고 있다.

① 성　　능
② 특　　징
③ 신 뢰 성
④ 일 치 성
⑤ 내 구 성
⑥ 서비스 가능성
⑦ 기　　호
⑧ 인 지 도

이들 차원은 제품이나 서비스를 평가하는 틀을 제시한다. 제품이나 서비스가 한 차원에서는 높은 평가, 다른 차원에서는 낮은 평가를 받을 수 있다는 인식은 품질을 개선하는 노력을 이끌어 가는 데 활용될 수 있다. 관리자는 차원들 간의 상쇄와 보완의 관계를 인정하고 경쟁할 특정차원을 선택해야 한다. 더구나 관리자는 차원들 중 몇몇에 대해서는 제한된 영향력밖에 갖지 못하는데 이런 경우에는 그들이 통제가능한 것에 초점을 두어야 한다.

(1) 품질의 8가지 요소

1) 성　　능

성능은 제품의 일차적 특성을 뜻한다. 예를 들면 자동차의 경우는 가속능력, 주행속도, 승차감과 같은 것이며, TV는 음향, 화질, 색상, 원거리 수신능력과 같은 것들이며, 컴퓨터의 경우, 처리 속도, 기억과 저장용량과 같은 것이 이에 속한다. 은행의 경우는 투자상품에 대한 이윤율, 금전출납 계원의 반응시간과 접근용이성, 예금 후 자금의 이용가능성이 속한다. 간이음식점의 경우는 신속한 서비스라고 할 수 있을 것이다. 만질 수 있는 제품이든 아니든 간에 성능은 측정될 수 있고, 시간의 변화에 따라 그리고 경쟁자에 비교될 수 있다. 이것에 대한 판단은 주관적인 선호나 환경적인 선호가 작용하고 있지만, 객관적이며 일반적인 표준이 전혀 작용하지 않는 것은 아니다. 예를 들면 어두운 방을 좋아하는 사람은 있을 수 있지만 소음이 심한 자동차를 좋아하는 사람은 없기 때문에 자동차 주행시에 조용함은 품질을 직접 반영한다고 볼 수 있다. 일반적으로 비율로 측정이 되는데 가장 일반적으로 쓰이는 측정치는 시간당 단위의 수이다. 예를 들면, 시간당 처리되는 전화통화의 수, 하루에 제공되는 식사 횟수, 매년 제시간에 전해지는 프로젝트의 수 등이다.

2) 특 징

성능의 이차적 측면으로 생각되며, 그 특성이 기본적 기능을 보완해 주는 것이다. 예를 들면 항공기에서 제공되는 무료음료, TV수상기에 부착된 자동화면조정장치와 같은 것이다. 이 차원은 다른 차원보다 쉽게 변화되고, 빠르게 성능으로 합류된다. 예를 들어 TV에서 원거리 튜우너는 몇년 전에는 특징으로 여겨졌으나, 이제는 가장 값이 싼 TV도 그것을 갖고 있다. 오늘날의 특징은 동시복수화면을 갖는 것이다. 기본적인 특징과 2차적인 특징을 구분한다는 것은 매우 어려운 일이다. 그러나 사용자가 느끼는 중요도에 따라 구별될 수 있다. 중요한 특징이란 객관적이면 계측 가능한 속성을 포함하고 있다는 것이다. 편견이 아닌 객관적인 개인적인 요구는 품질의 차이를 만드는 데 영향을 줄 수 있다. 특징의 선택은 품질을 반영하는 것으로 생각된다. 투자신탁회사가 다양한 자금과 자유로운 이전을 제공하지 못한다면 많은 투자가들은 그 회사의 제품을 저품질로 생각할 것이다. 투자회사의 특징은 일반적으로 다양성과 선호도로 측정된다.

3) 신 뢰 성

신뢰성 차원은 특정 기간 내에 고장나거나 기능을 제대로 발휘하지 못하거나 또는 서비스가 시간이 지나면서 일관성 있게 제공되지 않을 확률을 반영한다. 제품의 경우, 전형적인 측정치는 고장까지의 평균시간, 고장간의 평균시간, 단위시간당 고장률 등이다. 서비스의 경우, 정확한 측정치는 없으나 모든 배달 중 정확한 배달의 비율, 추정치 이하로 수금된 요금의 비율, 정보서비스 업무 중 정확한 응답률이 이용된다. 고장, 유지, 예측가능성 또는 적시성이 고객에게 보다 중요할 때 신뢰성이 더욱 강조된다. 재무서비스와 컴퓨터, 농부와 추수 기계, 군인과 무기는 신뢰성 있는 제품이 필요한 고객의 예이다. 오늘날 고객들은 대부분의 제품과 서비스에서 신뢰성을 요구한다. 몇몇 회사가 제품이나 서비스의 신뢰성을 보이면, 고객은 모든 회사에게 유사한 신뢰성 기준을 기대하고 그렇지 않으면 저품질회사로 간주한다. 한 시장 조사 결과에 의하면 젊은 여성들은 자동차의 경우 신뢰성을 가장 중요하게 생각하고 있으며, 미국 국방성은 무기수리비가 급증함에 따라 일선에서 고장이 잦은 무기의 공급업자와는 계약을 취소하기 시작했다고 한다.

4) 적 합 성

적합성은 제품이 설계와 설정된 기준에 어느 정도 일치되는가를 의미한다. 디자인과 작동특성에 대해 설정된 기준에서 볼 때, 경쟁자의 제품과 일치하고 고객의 기대를 만족시키는 것과 관련된다. 이와 같은 요소는 쥬란에 의해서 처음으로 언급된 전통적인 품질요소이다. 여기서는 작업결과가 허용오차 범위 내에 들어가고 있는가 아닌가가 일반적인 관심사이며, 규격중심에 정확하게 일치하는가에는 신경을 쓰지 않는다. 대부분의 경우 규격범위 내에서의 산포는 무시된다. 이 경우 한 가지 문제는 '허용오차의 누적현상'이다. 만약 두 부품을 조립하여야 하는 경우, 한 쪽은 규격하한에 가깝고 다른 한 쪽은 규격상한에 가깝다면 제대로 튼튼하게 조립되기는 어려울 것이다. 다구찌는 손실함수를 사용하여 비록 생산에 들어간다 하더라도 규격중심에 완전히 일치하지 않는다면 손실이 발생한다는 새로운 접근방법을 개발한 바 있다.

적합성은 신뢰성, 내구성, 성능과 인지도에 영향을 준다.

5) 내 구 성

내구성은 기술적인 그리고 경제적인 차원에서의 제품의 수명을 뜻한다. 기술적인 내구성은 제품을 사용하지 못하게 되기 직전까지 얻을 수 있는 총사용량을 말한다. 또한 경제적인 내구성은 제품을 수리하는 것보다 새로이 교환하는 것이 유리할 때까지 제품으로부터 얻을 수 있는 총 사용량을 말한다. 전구와 같이 수리될 수 없는 제품은 기술적 수명과 경제적 수명이 똑같다. 다른 제품에 있어서 소비자는 수리에 드는 기대비용이 새 제품을 구입하는 데 드는 비용보다 크다고 생각한다. 내구성은 고장나기 전까지 또는 대체가 수리보다 선호되는 경우에는 사용기간으로 정의된다. 쓰던 차를 새 차로 대체할 것인가 아닌가의 결정은 내구성 평가의 한 예이다. 내구성과 신뢰성은 밀접하게 관련된다. 신뢰성이 높은 제품은 더 오래 쓸 수 있다. 그러나 내구성 증가가 실제로는 어떤 다른 것을 반영할 수도 있다. 예를 들어, 자동차의 수명이 1975년부터 1985년 사이에는 평균 14년으로 증가했는데 이것은 실질적인 내구성이 증가한 것이 아니고 그 당시 높은 휘발유값과 불황 때문에 사람들이 자동차를 많이 사용하지 않았기 때문이다.

6) 서비스 가능성

서비스 가능성은 수리와 수선에 있어서 신속성, 친절, 우수성 그리고 용이성을 말하는 것이다. 이와 같은 요소는 일반적으로 내구재인 경우에 매우 중요하며 편의품의 경우도 예외는 아니다. 소비자들의 만족도를 측정한다면 아마도 재선택 또는 재구매를 기준으로 할 수 있을 것이다. 서비스 가능성은 소비자들의 재선택과 재구매에 지대한 영향력을 미치고 있다. 그러므로 이를 품질의 개념적 요소로 채택하는 것은 매우 당연하다고 할 수 있을 것이다. 이와 같은 요소를 품질의 개념적 요소로 채택하는 것은 소비자 지향적인 관점에서 품질의 개념을 설정하려는 입장을 가장 잘 표현해 주는 것이다.

소비자들은 제품이 고장나는 것뿐만 아니라 수리가 완료될 때까지 소요되는 시간, 약속한 서비스 시간의 준수, 서비스 요청 및 수리가 한 번에 완전하게 처리되지 못하는 빈도 등에도 관심을 갖고 있다. 문제점들이 신속하게 해결되지 못하고 불만이 누적되는 경우, 회사의 불만처리 과정이 서비스 품질에 대한 고객의 평가에 상당한 영향을 주게 된다. 캐터필라사는 중장비업체의 경우 제품고장이 잦으면 건설업체의 공사기간에 상당한 차질을 주게 되므로, 신속한 A/S용 부품공급이 주요 성공요인 중 하나가 되는 것을 파악하고, 수십만 개에 달하는 대리점별 부품재고현황을 데이터베이스화하고, 네트워크를 이용하여 부품주문을 받는 즉시 주문처리과정을 컴퓨터가 중앙에서 처리하도록 함으로써, 48시간 이내에 세계 어느 곳에라도 필요한 부품을 공급하도록 보장하고 있다.

TARP(Technical Assistance Research Program)의 연구에 의하면 불만이 신속하게 해결되면 다음에 재구매하겠다는 고객의 비율이 80%를 넘고 있으며, 따라서 불만처리를 효과적으로 하는 것이 불만족한 고객을 고정고객(royal customer)으로 바꾸는 비율이다. 서비스 가능성은 강력한 경쟁적 이점이 될 수 있다. 불만을 제기한 주부들 중 40%가 결과에 만족하지 못한다. 불만해결은 고객의 재구매와 밀접하게 관련되며, 중요한 것은 불만의 발생 여부보다는 불만이 어떻게 처리되느냐이다.

7) 심 미 성

제품이 어떻게 보이는가, 느껴지는가, 들리는가, 맛이 나는가, 냄새가 나는가와 같이 매우 주관적이며, 개인적인 요소라 할 수 있다. 기호는 측정하기 어렵지만, 많은 마케팅 연구들은 몇 가지의 일반패턴을 밝혀 냈다. 예를 들어 사람들은 소음이 적은 자동차를 좋아한다(스포츠카 열광자는 제외). 역시 이 요소도 소비자 만족이라는 관점에서는 매우 특징적인 요소라고 할 수 있다. 예를 들어 식품의 경우 품질이 좋다는 것은 '풍부한 맛', '자연 그대로의 맛', '신선한 맛' 등과 관련이 깊다고 한다.

그러나 고객의 기호란 성능에서 말하는 주관적인 영역과는 달리 보편성이 없다. 모든 사람이 '풍부한 맛'을 선호하는 것도 아니며, 그것이 의미하는 바에 대해서 의견이 일치하지도 않는다. 이것은 틈새시장의 기회를 제시한다. 최근 들어 주목을 받고 있는 감성공학은 느낌이나 이미지를 구체적인 물리적 설계요소로 번역하여 이를 실현하고자 하는 기술을 말하는데, 이것은 심미성을 체계적으로 연구하려는 시도로 볼 수 있다.

8) 인 지 도

소비자는 제품에 대해 완벽한 정보를 갖지 못한다. 그러므로 간접적인 정보원과 제품에 대한 선택은 회사의 이미지, 제품광고, 상표 등으로 특징지워지는 인지된 품질이 매우 중요하게 작용한다. 명성은 인지도에 가장 중요한 정보원이다. 소비자는 무의식적으로 명성에 영향을 받으며 특정제품을 평가할 때 기준점으로 사용한다. 명성은 흥미 있는 속성을 지닌다. 명성을 쌓는 데는 10년이 소요될 수 있으나, 사라지는 데는 몇달이면 족하다. 이러한 이유로 성공적인 회사들은 매우 조심스럽게 명성을 관리한다. 한 예를 보면, 폭스바겐사는 테네시

공장 자동차가 독일공장 제품보다 품질이 떨어지고, 니산사는 테네시공장 자동차가 일본공장에서 생산되는 것보다 더 품질이 우수하다. 두 회사는 모두 자동차 제조공장을 밝히지 않는다. 내부경쟁(국내생산 대 해외생산)이 전반적 명성을 실추시키기 때문이다. 이러한 이유로 오하이오주 매리스빌(Marysville)에 있는 혼다사나 샌디에고에 있는 소니사는 그들의 자동차나 컬러 TV가 미국에서 생산된 것임을 알리기 꺼려 한다. 우수한 품질의 이미지를 갖고 있는 회사에서 내놓는 신제품은 소비자들이 일단 호감을 갖고 수용하므로 신제품의 도입비용이 적을 뿐 아니라 신제품이 시장에서 실패할 확률이 낮아진다. 1980년대 초 메이택(Maytag)사는 식기세척기를 새로 내놓았다. 이 회사는 세탁기와 건조기 분야에서 높은 지명도를 갖고 있었으므로, 아직 입증되지 않았지만 제품의 신뢰성을 강점으로 홍보할 수 있었다.

이상과 같은 품질의 8가지 요소 중 규격에 대한 적합성과 신뢰성이 아직도 주요시되고 있다. 그러나 이 2가지를 제한하는 것보다 다른 요소들도 확대된 전략적 범주 내에 포함되어야 한다. 한 기업이 동시에 이 8가지 요소 모두를 동시에 추구할 수 없다. 설령 경제적인 문제가 해결이 된다고 하더라도 기술적인 어려움은 여전히 남을 것이다. 일본의 자동차업체들이 미국시장에 침투할 때 선택사양이나 부가적인 특징을 경시한 반면 높은 신뢰성과 규격적합성을 앞세웠다. 일본자동차들은 끝마무리가 우수하면서 고장률이 낮은 것으로 널리 알려져 있으나, 안전성과 부식성에 약점이 있다는 것은 덜 알려졌다.

(2) 품질차원으로서의 정보

위의 8가지 차원은 제품과 마찬가지로 서비스에도 적용되나, 부가적인 차원인 정보는 서비스가 품질을 나타내는 데 중요하다. 소비자에 대해 정보는 두 가지 측면인 이용가능성과 정확성을 갖는다.

정보의 이용가능성은 여러 가지 방법으로 품질에 영향을 준다. 요구한 정보를 보류하는 것도 한 예이다. 점원이나 판매원이 질문에 대답하지 않는다면 고객은 즉시 나쁘게 생각하게 되고 인지도에 부정적 영향을 준다. 점원이 관심을 기울이지 않거나 자기재량권을 발휘하여 정보를 주지 않는다면 고객은 당황하고 화가 나게 되며 친구들에게 이 사실을 전파할 것이다. 이것은 회사에 측정될 수 없는 손실을 초래한다.

정보의 부분적 보류도 큰 손실을 초래할 수 있다. 주말을 휴양지에서 보내기 위해 예약하는 부부가 경치, 오락시설, 훌륭한 식사 등 온갖 멋진 것에 대한 정보만 듣고, 정작 그들이 예약한 방이 유일하게 남은 것이며 게임룸 옆이라는 것을 알지 못했다면, 그로 인해 그들 부부가 주말 내내, 게임룸에 오고 가는 사람들의 소음으로 잠을 이루지 못했다면, 화도 나고 사기당한 느낌을 받아 그 휴양지에 두 번 다시 가지 않을 뿐 아니라 친구들이 가는 것도 만류하게 될 것이다. 정보를 보류함으로써 그 방의 주말예약을 확보했으나 미래에 훨씬 큰 손실을 초래한다. 그 부부에게 모든 정보를 제공하였어도 예약할지 모른다. 그런 경우는 그 부부가 무엇을 기대해야 하는지 알고 있었기 때문에 부정적 효과를 야기시키지 않고 예약했을 것이다.

정보보류의 또 다른 형태는 실질적, 간접적 질문을 무시하고, 기계적으로 직접적인 질문에만 대답하는 것이다. 예약된 기차가 취소됐을 때, 여행자가 질문했다. '대전으로 가는 다음 열차는 언제 있습니까?' 응답은 '10분 후 입니다.' 여행자는 그 열차를 탄 후에 그 열차가 대전까지 가는 데 4시간이나 걸리는 완행임을 알게 되었다. 그러나 여행자가 출발한 후 15분 뒤에 대전까지 1시간 걸리는 고속열차가 지나갔다. 이 경우에 실질적 질문, '대전으로 가는 가장 빠른 열차는 언제 있습니까?'에 대답해 주었더라면 여행자는 3시간을 절약하고 화도 나지 않았을 것이다. 실제 질문에 응답하지 못함으로써 얼마나 많은 고객을 잃었는가? 이러한 것을 법정에서 판결 하듯이 판단하는 입장은 '구매자 부주의'로 귀결되겠지만 충성스런 고객은 얻지 못할 것이다.

비슷한 문제로서 소용없는 정보, 소용없는 서비스와 제품의 제공이다. 소프트웨어회사에서 정보 및 문제 해결을 해주는 무료전화번호를 알려주는 경우가 있는데, 어떤 경우에는 전화를 받는 어느 누구도 소프트웨어가 어떻게 작동하는지 모르는 경우가 있다.

8달러짜리 전자기구에 대해 평생 품질보증을 받을 수 있는데, 품질보증을 받으려면 6달러을 들여 우편으로 보내야 하는 경우도 있다. 포장을 뜯지 않으면 무조건 교환해 주는 정책을 펴고 있는 회사는 제품을 시험해 보기 위해 포장을 뜯으면 교환해 주지 않는 경우도 있다. 이러한 경우들은 일종의 속임수에 해당되며 회사의 명성에 큰 위험을 가져올 수 있다.

8가지 차원과 정보의 영향력을 이해하는 것은 관리자가 자신의 영향권 내에서 품질개선 기회를 확인하는 것을 도와주는 틀을 제공한다.

(3) 복합적 정의

접근법은 품질에 대한 복합적인 정의를 제시한다. 품질은 강한 고객충성도와 제품과 서비스의 제공자에게 충분한 수익을 주는 제품과 서비스를 제공하는 것을 의미한다. 이를 위해서 가빈의 8가지 차원 모두에서 제대로 된 품질이 제공되어야 한다. 이것은 한 번의 노력(재작업이나 반품 없이)으로 이루어져야만 한다. 이러한 노력은 최고의 품질을 생산할 수 있다는 사명감을 필요로 하며, 변동(우연원인과 이상원인)과 변동을 줄일 수 있는 방법에 대한 지식을 필요로 한다.

복합적인 정의를 내리면 좋은 품질은 한 번의 노력으로 모든 품질차원에서 충성도를 창출할 수 있는 제품과 서비스를 제공하는 것으로 조직의 모든 기능 분야에 적용될 때 가장 효과적이 될 것이다. 그러나 관리자와 그의 기능조직은 다른 조직의 협조 없이 품질에 기여해야 할 것이다. 다음은 기능별로 품질에 이바지할 수 있는 가능한 기여를 예시한다.

1) 오퍼레이션

적합성, 신뢰성, 내구성과 인지도에 직접적인 영향을 준다. 제품개발주기 초기에 참여하게 되면 성능, 특징, 서비스가능성에도 영향을 준다. 변동의 원인을 확인하고 수정하며, 한 번의 노력으로 좋은 제품을 제공하며, 그들 기능을 지원하고 정의하는 사람들에게 피드백하는 데 기여할 수 있다.

2) 판매와 마케팅

고객-피드백 루프에 직접적으로 관련됨으로써 모든 차원에 영향을 준다. 다른 기능의 협조 없이 마케팅은 인지도에 가장 큰 영향을 준다. 고객의 기대 내에 들거나 또는 넘기 위해 고객의 마음 속에 제품의 위치를 잡아가는 노력을 할 수 있다. 또한 정보를 전파하는 중요한 역할을 한다.

3) 회계와 재무

기호와 인지도를 제외한 모든 기능에 영향을 줄 수 있다. 이런 부서들은 프로그램의 비용과 수익을 계산하는 정책과 예산을 통해서 기여할 수 있다. 이 계산에 있어서 고객충성도와 즉각적인 지원의 가치를 고려해야 한다.

4) 고객서비스

서비스가능성, 내구성, 신뢰도와 인지도에 직접적인 영향을 줄 수 있고, 고객-피드백 루프에 참여함으로써 품질의 나머지 차원에도 영향을 줄 수 있다. 개선을 위한 일차적 도구는 변동의 원인 파악과 정보의 전파자로서의 활동이다.

5) 연구, 디자인과 엔지니어링

이들 기능은 제품디자인을 통해서 품질의 모든 차원에 영향을 줄 수 있다. 여기서 관리자는 변동, 특히 연속공정에서 시스템적으로 나타나는 변동을 줄일 수 있는 방법을 적용할 수 있다.

모든 기능분야의 노력을 종합하는 것이 최고의 품질을 확보할 수 있지만, 각각의 기능분야 활동만으로도 품질에 영향을 준다. 즉 전체 그림이 주어지지 않아도 기능수준에서 품질개선은 유용하다. 한 분야에서의 품질개선은 그 분야의 산출물을 개선시키기도 하지만, 필연적으로 다른 분야의 품질개선을 유도한다. 다음의 세 가지 예가 제시된다.

① 서적 유통센터에서의 오퍼레이션　소비자는 자신이 주문한 책이 빠르게, 정확하게, 좋은 상태로, 정확한 송장과 함께 배달되기(주문한 경우)를 원한다. 오퍼레이션이 이러한 속성들을 효과적으로 제공한다면 소비자는 주문과 주문이행 및 대금청구에 자신감을 갖게 된다. 배달된 제품이 최상품이 아니더라도 배달서비스가 최고의 품질이므로 계속 구입할 것이며, 다른 사람에게도 권할 것이다. 그러나 혜택이 일시적인 고객만족에서 끝나는 것이 아니다. 책을 실수나 지연 없이 받게 된다면, 소비자 불만이 줄게 된다. 대금청구가 정확하다면 회계부서는 고객과의 분쟁이 적어질 것이며, 외상매출기간이 더욱 짧아질 것이다. 이것은 회사의 자금비용을 낮추고 사업을 확장할 여유를 갖게 한다. 마케팅과 판매가 오퍼레이션이 경쟁자보다 더 신뢰성 있게 배달한다는 것을 알게 되면 그 속성으로 소비자의 관심을 끌게 할 것이다.

② 기업 내부에서의 회계　많은 기업이 시간을 지연시키고, 여러 번의 지불요구서를 받은 후에 공급자에게 지불하는 방법을 채택한다. 일반적으로 비교적 복잡한 구매자/관리자의 결제절차가 요구된다. 대신에, 즉시 최소의 결제

절차로 지불된다면, 공급자와 라인관리자(회계부의 고객들)는 더 즐거워질 것이다. 회계부서에서 고품질은 송장처리 회수가 줄고, 고객의 불만이 줄고, 요구서 확인 및 결제시간이 감소됨으로써 달성된다. 많은 경우 빠른 지불은 할인을 받으며, 외상매출 주기의 단축은 시스템적인 변동의 원인을 줄인다.

③ 판　매　　가끔 판매원은 회사가 제공할 수 있는 것보다 높은 수준의 조건을 약속하도록 압박을 받는다. 예를 들어 컴퓨터 소프트웨어 판매원은 2달 내 배달할 것을 약속한다. 그런 약속이 없었으면 고객은 4달 내 배달해도 만족했을 것이지만 일단 2달 기한이 제시되면 고객의 기준은 2달이 된다. 회사가 그 기한을 지키지 못하면 성능, 적응성, 신뢰성, 인지도가 낮아져 품질이 좋지 않은 것으로 판단될 것이다. 고객이 빠른 배달을 기대하도록 하지 않았더라면, 같은 거래에서 모든 차원을 고품질로 인식했을 것이다.

회사가 고객의 기대에 맞출 수 있도록 제품을 포지셔닝함으로써 불만과 분쟁이 줄게 될 것이며 제품이 고객의 기대대로 또는 그 이상으로 제공되므로 고객은 고품질로 인식할 것이다. 제품이 높은 수준을 맞추면 성능, 일치성과 서비스 가능성에서 고품질로 인식하게 될 것이다.

3.3.3 **운영적 정의** : 품질, 생산성과 비용에 관한 과정적 관점

앞의 예와 같이 여러 가지 품질정의는 관리자가 품질을 개선시키는 데 이용할 수 있는 도구와 기법들을 검토하는 개념적인 틀을 제공한다. 그러나 고려해야 할 또 다른 품질측면이 있다. 즉 품질과 개선을 측정하기 위해서 관리자는 보다 운영적인 관점이 요구된다. 속성들 각각에 대해서 무엇을 어떻게 측정해야 하는지 확인해야 한다. 그 다음, 목표-속성의 목표를 변화시킬 것인지 또는 속성을 보다 일관성 있게 수행할 것인지-를 확인해야 한다. 이 같은 품질에 대한 조작적 정의는 경영활동과정을 시스템으로 보는 데서 만들어진다.

(1) 경영시스템

경영시스템 또는 시스템은 큰 조직의 하위과정은 물론, 경영활동의 전 과정을 의미한다. 경영시스템은 투입, 전환 과정, 산출로 구성되며 투입과 산출에는 계획된 것과 계획되지 않은 것이 있다.

모든 투입원은 '공급자', 산출물의 모든 이용자는 '소비자'이다. 계획되지 않은 소비자인 대기오염 피해자, 사무실 컴퓨터를 방해하는 전파를 발생하는 엘리베이터와 같은 계획되지 않은 공급자도 모두 고려되어야 한다. 다음의 예들은 용어의 모호함을 명백히 한다.

전사적 관점에서 은행의 경영시스템은 다음과 같다.

① 투　　입 : 예금액, 규정, 경쟁자, 대출수요, 종업원, 종이, 전자제품, 공공시설, 토지, 건물, 홍보, 광고 등
② 전환과정 : 자금이용에 관한 결정, 인사전개, 자산보호를 위해 시설확보와 유지, 안전과 재무기회를 주는 매개물 창출
③ 산 출 물 : 안전, 투자기회, 자금제공, 경제적 활동, 토지와 건물에 대한 수요, 소비자 편의

은행 내 각 부서도 시스템을 갖는다. 수표를 분류하고 폐기하는 부서는 다음과 같은 시스템을 갖는다.

① 투　　입 : 지점과 부서들로부터의 서류, 직원, 분류기계, 사무실과 공공시설, 절차명세서 등
② 전환과정 : 서류를 분류하고, 담당 부서로 보냄
③ 산 출 물 : 정확히 분류된 서류, 몇몇 부정확하게 분류된 서류, 고용, 종이 쓰레기 등

이 같은 분해는 개별적 거래수준까지 계속될 수 있다. 어떤 경우에는 이런 구체적인 분해가 저품질의 원인을 찾기 위해서 필요하다. 각 수준에서 경영시스템은 여섯 가지 유형의 투입, 전환, 두 가지 유형의 산출로 구성된다.

1) 투　　입

① 사　　람 : 종업원 또는 경영조직 내에서 활동하는 사람들
② 자　　재 : 산출물을 만들기 위해 쓰이는 물리적인 원자재. 제조업자인 경우, 원자재, 포장, 사무용품, 그 외에 프로세스에서 쓰이는 물품. 서비스업 - 회계회사 - 의 경우, 종이, 바인더, 그 외 사

무용품, 자료, 고객 서류, 규정

③ 도구 또는 설비 : 원재료를 최종제품으로 전환시키는 기술적 도구. 법률회사의 경우, 자료처리 및 워드프로세서, 타이프라이터, 법률도서.

④ 절　　차 : 제품을 생산하는 방법에 관한 규칙. 엔진 조립설비는 최종제품을 만드는 데 종합해야 할 구성요소-순서, 기법, 각도를 명시한다.

⑤ 환　　경 : 작업이 이루어지는 입지와 상황을 포함한다. -공장 또는 회계부서의 사무실. 법규, 정부규제, 자연재해 등과 같은 외부환경은 관리자의 영향권을 벗어나므로 일반적으로 시스템에서 제외된다.

⑥ 측　　정 : 측정이 언제 어떻게 실시되는가를 명시한다. 측정에는 정확한 자를 이용하여 파이프 두께를 측정하는 것과 같은 명백한 것과 소비자태도 조사와 같은 명백치 않은 것이 있다. 측정의 중요한 측면은 신뢰성 있고 표준화된 측정도구를 이용하고, 절차상의 일관성을 유지하고, 결과의 재현가능성을 확보해야 한다.

2) 전환프로세스

전술한 투입물들이 함께 모아지면, 제품으로 전환시키는 구체적인 절차가 수행된다. 이 전환 시스템을 프로세스라고 부른다. 대부분의 경우 관리자는 투입물을 함께 모아 시스템활동을 시작하는 데 책임을 진다.

투입물을 전환과정과 분리하는 것은 너무 복잡하다고 생각되기도 하는데 이는 환경, 사람, 절차와 측정이 전환프로세스를 촉진시키기 때문이다. 우리는 산출물 변동의 잠재적인 원인을 파악하기 위해 분리한다.

3) 산 출 물

전환과정의 산출물은 계획하거나 의도한 것과 계획하거나 의도하지 않은 것으로 분류된다. 제조업자의 경우, 계획된 산출물의 예는 제품, 고용, 주주에 대한 배당금과 약간의 쓰레기이고, 계획치 않은 산출물은 공기오염, 잘못된 디자인 또는 제조에 대한 소송과 종업원 파업이다. 사내 회계사의 경우, 계획된 산출물은 경영성과에 관한 통계치, 자산보호를 위한 절차, 회사내 정돈된 정보와 자금흐름을 형성하기 위한 형식과 절차이며, 계획치 않은 산출물은 경영활동 과정을 방해하는 자금흐름에 대한 규제, 자산보호를 위해 자산가치보다 더 많이 쓰는 것, 정보흐름에 참여를 회피하도록 동기를 부여하는 것을 들 수 있다. 이 시스템은 [그림 3-5]에 예시된다.

[그림 3-5] 경영활동과정에 대한 시스템

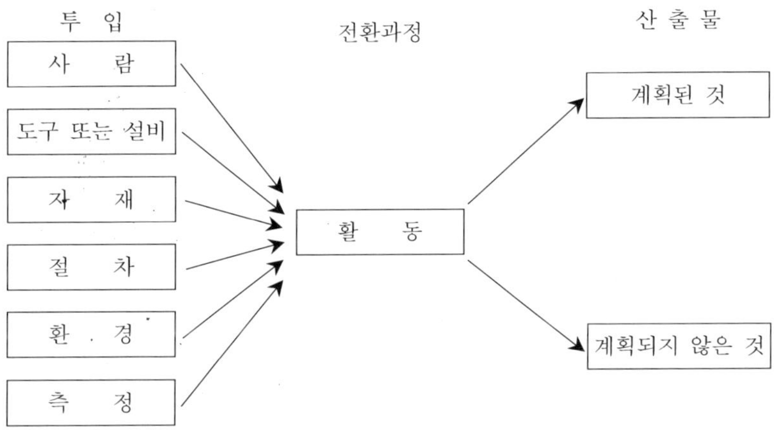

공급자와 고객도 이 과정 중에서 확인될 수 있으나 단순화를 위해서 투입과 산출에 포함된 것으로 정의된다.

많은 경영활동, 특히 서비스활동에서, 공급자와 고객이 동일하게 된다. 예를 들어, 일반 회계사는 고객에게 고객의 다양한 정보를 이용할 사람(고객의 고객)에게 보낼 서류(예를 들어, 은행에 보낼 재정보고서)를 작성할 때, 일차적인 투입물은 고객이 제공하는 정보이다. 이 때 고객은 공급자로서 작용한 것이다.

분명히 경영시스템은 [그림 3-5]에서 나타나는 것처럼 순수한 선형이 아닐 것이다. 선형으로 보는 관점이 프로세스를 분석할 때 유용하고, 직관적으로 이해하기 쉽긴 하나, 순환적 관점이 품질을 개선하는 데는 보다 생산적이다. 만약 시스템이 선형으로 표현되면, 관리자는 의도한 그리고 의도되지 않은 산출물의 모든 공급자와 소비자를 고려함으로써 순환적 가능성 [그림 3-6]을 생각하

[그림 3-6] 순환적 작업흐름 : 계획되지 않은 결과의 영향

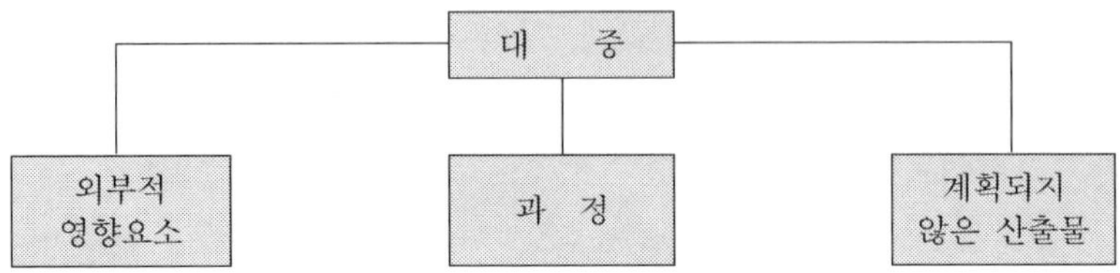

여야 한다.

그림에서, 공급자와 공급품은 왼쪽에서 과정으로 들어가는 것으로 나타내고, 시스템 내에서 '상향흐름(upstream)'에 관련된다. 산출물과 고객은 오른쪽에, '하향흐름(downstream)'으로 나타낸다. 이 용어들은 관계와 품질의 원류를 분석하는 틀을 제시한다.

(2) 품질과 시스템

제품관점에서 볼 때, 두 가지 주요 패러미터인 목표제품과 목표로부터의 분산은 고객이 어떻게 품질을 인식하는가에 영향을 준다.

목표제품은 이상적인 제품(의무적이며 또한 의도된 것)을 의미한다. 모든 조직은 특정한 제품을 통해서 기능을 제공하려고 한다. 제품을 개발할 때 조직은 제품의 개념을 가진다. 예를 들면 스포츠카는 젊은 사람들에게 소구할 수 있는 맵시나 감각과 장식을 달며, 젊은이들이 살 수 있는 낮은 가격으로 제조되어야 한다. 이 개념은 명세서로 전환된다. 구체적인 힘과 무게의 비율, X달러 이하의 제조비, 사용기간 5년 동안 기계적 불량이 Y개 이하 등, 개념과 명세서는 모두 목표 또는 이상을 나타낸다.

고객의 관점에서 볼 때, 품질의 중요한 요소는 목표나 이상이 소비자의 요구에 얼마나 잘 부합되는가이다. 예를 들어, 판매자의 목표품질이 무게가 5000-5500lbs, 엔진은 70마력, 가솔린 갤론당 20마일, 처음 5년 동안은 매년 평균 2회 불량이면, 그러나 고객의 기대와 요구는 무게 4000lbs, 70마력의 엔진, 가솔린 갤론당 35마일, 처음 5년 동안 불량 없음이라면, 고객은 목표품질을 그다지 좋은 품질로 인식하지 않을 것이다.

[그림 3-7] 정상과정에서 나오는 산출물의 빈도

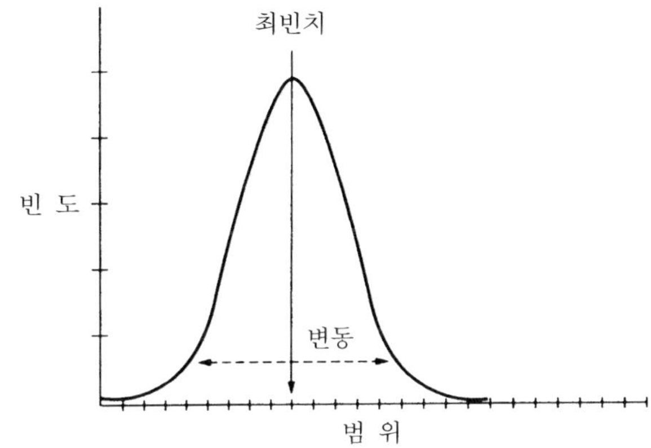

판매자의 목표품질과 고객의 욕구가 일치한다면, 다음 문제는 제품의 분산이다.

목표품질이 고객의 요구와 정확히 일치하여도 실제로 제공되는 제품의 분산이 크다면, 고객의 요구를 맞추지 못하게 될 것이다. 제품의 다수가 목표와 일치하여도, 불확실성이 있기 때문에 고객은 그 제품을 저품질로 인식하게 될 것이다.

목표치와 분산의 개념을 나타내기 위해서 정규분포곡선이 이용될 수 있다([그림 3-7] 참조). 여기서 이 접근법의 수학적 속성에 대해서 자세히 논하지 않을 것이나, [그림 3-8]과 다음의 설명은 직관적으로 그 곡선의 의미를 이해하지 못하는 독자에게 도움이 될 것이다. 일반적으로, 중심선은 생산자의 목표제품이며, 고객들의 중심 또는 지배적(평균적) 목표를 나타낸다.

중심 또는 지배적 목표는 어떤 두 고객도 정확히 똑같은 것을 원하지 않는다는 것을 반영한다. 기호의 다양성은 곡선의 퍼짐으로써 나타낸다. 곡선의 높이 또는 곡선 밑의 영역은 그 영역에서 사건이 발생할 빈도 또는 확률을 표시한다. 곡선이 높으면 높을수록, 그 곡선 밑에서 사건이 발생할 가능성 또는 발생빈도가 크다.

목표제품과 분산의 영향을 나타내기 위해서 두 곡선이 이용될 수 있다.

[그림 3-8] 정규분포

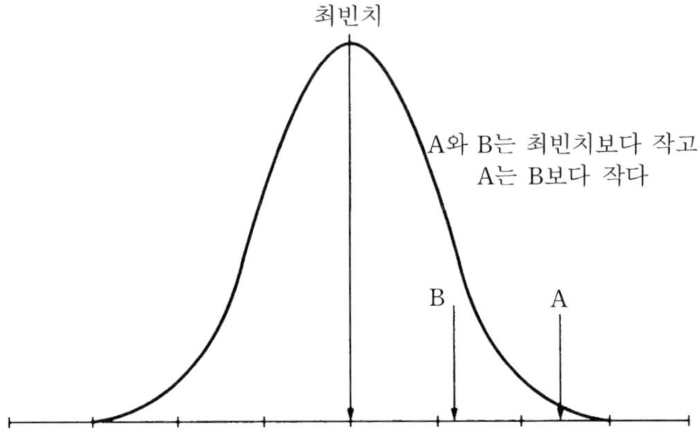

한 곡선은 프로세스의 산출물을 나타내고 '프로세스의 소리(the voice of process)'라고 부르며, 다른 곡선은 고객의 욕구를 나타내고 '고객의 소리(the voice of customer)'라 부른다. 곡선이 겹쳐지는 영역은 판매의 가능성을 나타내며, 소비자가 좋은 품질로 인식하는 경우들을 뜻한다. [그림 3-9]와 [그림 3-10]은

[그림 3-9] 좋은 품질 : 목표와 상당히 일치하고 분산도 유사함

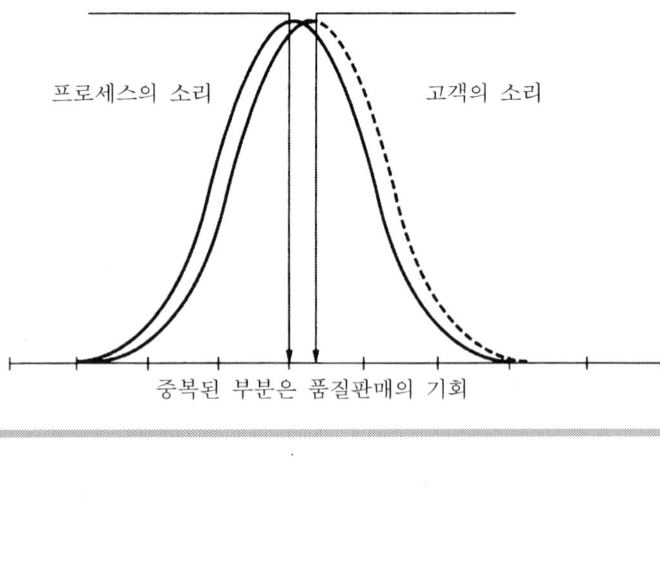

[그림 3-10] 나쁜 품질 : 목표와 일치되지 않으나 분산은 유사함

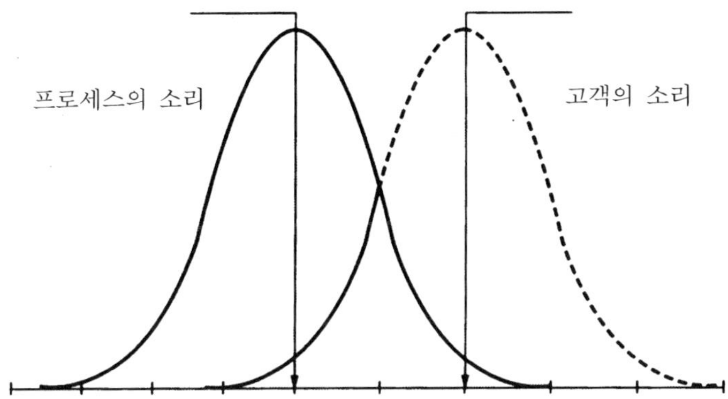

[그림 3-11] 나쁜 품질 : 목표는 일치하나 공정에서 분산이 너무 크다

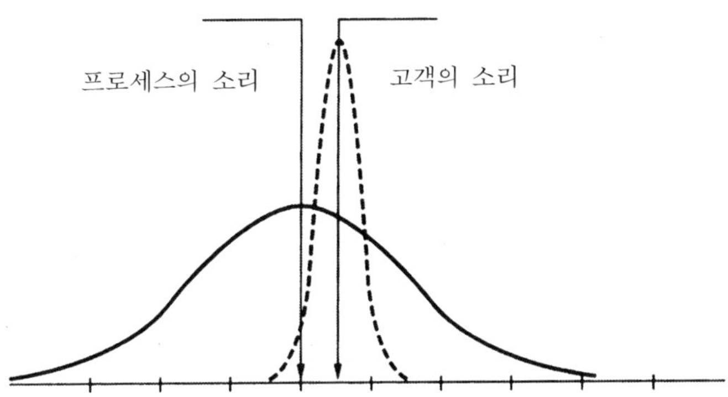

이러한 요구들을 맞추는데 경험하게 되는 주요상황들을 예시한다.

고객의 소리가 몇 개의 군으로 분리되므로 시장은 다수의 시장으로 분리되어야 한다([그림 3-13]와 [그림 3-14] 참조).

[그림 3-12] 모호함 : 프로세스의 소리와 고객의 소리는 일치하나 고객 요구가 매우 큰 분산을 나타냄

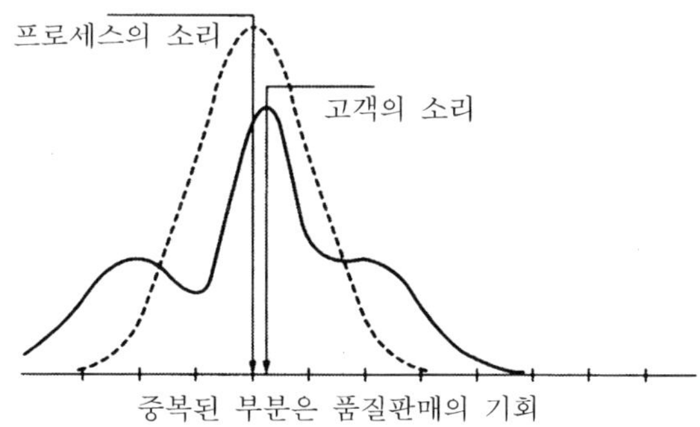

[그림 3-13] 혼합된 고객의 소리

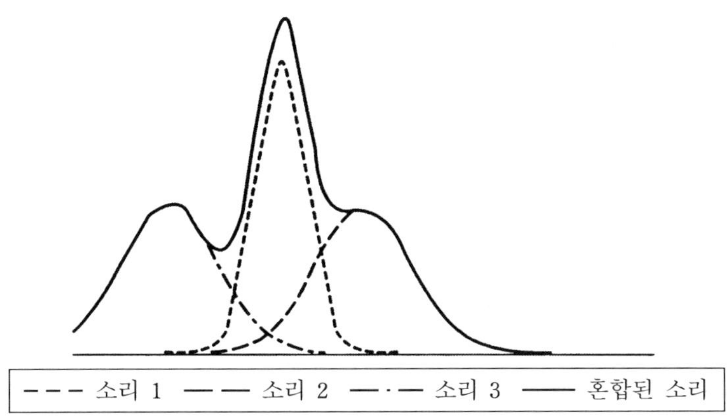

독자들은 프로세스의 소리와 고객의 소리 사이의 차이를 분석할 필요에 직면했을 때 개념적인 그림을 만들어 보는 것이 바람직하다.

[그림 3-14] 프로세스의 소리와 고객의 소리가 일치

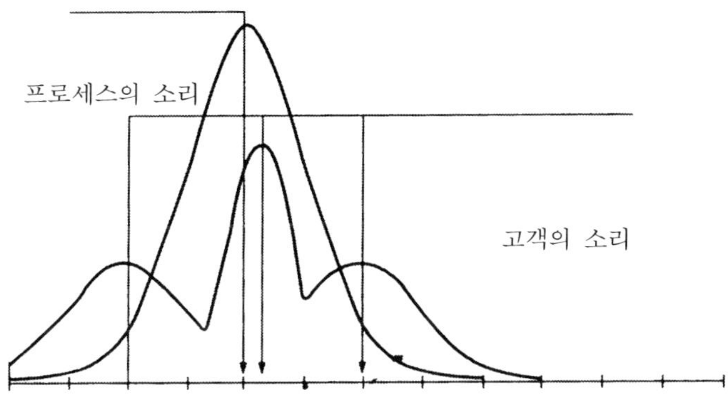

(3) 시스템 관점의 품질

프로세스적 관점은 품질에 대한 우리의 정의를 조작적 측면에서 보완해준다. 고품질은 한번의 노력으로 품질의 모든 차원에서 충성도를 형성할 수 있는 제품과 서비스를 제공하는 것을 의미한다. 이것은 목표속성들이 소비자가 필요하고 요구하는 속성들과 일치하며, 그것의 분산이 소비자가 기대하고 원하는 분산의 범주 내에 있는 제품을 만듦으로써 달성된다. 구체적이고 신중하게 소비자를 세분화시키는 데 관심을 기울인다면, 이것은 품질의 조작적 정의대로 활동하는 것이다.

이 정의는 거의 완벽하나 품질의 차원을 적용하고, 시스템을 이해하고, 고객과 프로세스의 목소리가 일치하는지 시험할 것을 요구한다. 여러 속성들에 대해서 상충적인 결과를 생각해 보자. 고객의 목소리를 분해하고, 품질의 8가지 차원에서 시험해 보는 것은 관리자가 문제가 있는 차원을 수정하는 데 도움이 될 것이다. 이 정의는 또한 고객의 태도를 형성하고, 고객의 기대가 형성되지 않은 혁신적인 제품을 도입할 때 관리자가 마케팅의 영향력을 고려하게 한다. 어떤 면에서 이 정의는 전략적 마케팅(제공되는 제품이 고객의 소리에 일치하도록 그 소리를 창출하고 형성)의 역할을 이해하도록 해준다.

제 4 장

서비스 품질

제 4 장

서비스 품질

4.1 서비스의 본질

제품생산과 서비스 제공 사이에는 몇 가지 중요한 차이점이 있다.

서비스는 유형적인 제품과 대비되는 특성을 가지고 있다. 가장 대표적인 특성으로는 무형성을 들 수 있는데 서비스는 가시적이거나 특정한 형태를 가지지 않는다. 그 다음 생산과 소비의 동시성은 서비스의 소멸성을 내포한다. 고객의 프로세스 내 참여는 고객의 이중역할을 강조하고 있으며, 마지막으로 서비스 결과의 이질성은 대량으로 동질적인 제품을 생산하는 것과 다른 서비스의 특성이다. [표 4-1]은 이 내용을 요약하고 있다.

서비스(service)는 라틴어의 노예를 뜻하는 'servus'에 그 어원을 두고 있다. '고객은 왕'이라는 말 속에는 이러한 주종관계가 강하게 암시되어 있다. 결국 서비스는 일시적 계약에 의한 주종관계를 만들어 역할을 수행하게 한다. 반면에 제공자도 또 다른 계약관계에서는 고객이 되므로 종속적 역할은 일시적인 것이다. 이를 받아들이기 어려운 것이 우리의 풍토이다. 그 결과 서비스 제공시에도 서비스 제공자가 고객과 대등한 입장에서 행동하는 예를 흔하게 겪을 수 있다.

일부 고급서비스를 제외하고는 직원이 고객에게 불필요한 질문을 하거나 불손한 말투, 시선을 보내는 것이 전혀 이상하지 않다. 게다가 당연한 역할수행을 남에게 시혜를 베푸는 것으로 여기는 경우가 흔하다. 자신의 보수와 직장이 바로 고객 때문에 존재한다는 사실을 망각하고 무료봉사쯤으로 여기고 대가를 바라는 것이다. 일부 공공서비스부문에서 공무원이나 교사들의 촌지수수 관행도 크게 보면 자본주의에 대한 몰이해에 기인한다.

[표 4-1] 제품과 서비스의 차이

	제 품	서 비 스
형 태	유형	무형
분리 여부	생산과 소비 사이에 시차 존재 재고로 수요·공급 조절 및 완충	생산과 동시에 소비 저장 불가능
고객참여	한정적·간접적 참여, 비인적 생산	적극적·직접적 참여, 생산의 속인화
이질성	품질관리로 동질성 유지가능	투입과 변형 과정의 변동으로 결과의 이질화

이런 풍토하에서는 충실한 서비스문화를 가지기 어렵다. 자그마한 관계에서도 반드시 생색을 내고 대접을 받으려 하거나 당연히 할 일을 하고도 추가대가를 바라는 공짜 심리는 우리 사회에 만연한 의식구조의 후진성과 구걸의식을 대변해 준다.

서비스품질에 있어 유명한 용어 MOT(Moments of Truth : 진실의 순간)는 스페인의 투우에서 나온 말이다. 스페인어로는 'Momento De La Verdad'라고 한다. 투우사가 소의 급소를 찌른 순간을 의미한다.

R. 노만(1984)은 고객이 품질을 인지할 중요한 장소와 시간이 있다는 것을 지적하며 이를 '결정의 순간(moment of truth)'이라고 명명했다. 이는 고객이 품질을 지각하게 되는 순간인 것이며 고객이 직접적이든 간접적이든 조직과 접촉할 때 조직은 비로소 존재하는 것이다. 그러므로 고객이 결정적 순간에 무엇을 받았는가가 품질을 평가할 유일한 근거이다. 이 순간에 고객과의 만남이 일어나고 그 상호작용이 서비스의 기능적 품질은 물론 대부분 서비스의 기술적 품질까지 결정한다. 따라서 결정적 순간은 잘 관리되어야 한다.

하지만 MOT는 '진실의 순간'이라는 통상적 번역보다 '결정적 순간'이라는 말이 더 적합하다. 이를 고객접점이라고 하는데, 고객과 접하는 모든 순간들을 의미한다.

고객과 상담뿐만 아니라 고객으로부터 전화를 받는 순간, 고객을 응대하는 순간, 고객이 원하는 상품을 받아보는 순간, 대금청구서를 받아보는 순간 등 모든 고객과 접촉하는 순간들을 고객접점 또는 MOT라고 한다. 서비스품질은 이 결정적 순간에 의해 결정된다.

MOT 개념을 경영에 처음 도입한 사람은 스칸디나비아 항공(SAS) 얀 칼슨(Jan Carlzon)이다. 1987년 'Moments of Truth'라는 책을 펴낸 이후 MOT란 말이 급속히 퍼졌다.

1981년 얀 칼슨은 SAS의 회장이 되었으며, 그의 회사가 왜 2,000만 달러의 적자가 나게 되는지를 분석하기 시작했다. 고객의 요구를 자세하게 살펴보고, 그것을 만족시켜 줌으로써 1년 만에 5,400만 달러의 흑자를 남겼다. 그의 독특한 분석의 틀은 '진실의 순간'이라고 한다.

그의 항공사에 대한 간단한 분석은 명확하였다. 자산은 제트기, 호텔, 음식점, 여행사를 포함해서 튼튼하였고, 관리층은 경험이 많고 협동적으로 작업하였으나 적자가 나고 있었다. 그는 고객의 초점을 결정하는 기본 원리로 돌아갔다. 결국 비행기는 승객을 A지점에서 B지점으로 데려다 주는 것이다 - 비행기 좌석은 필수품이다. 그는 승객의 수(1년에 10만)에 5번의 진실의 순간을 곱하여, 50만 번의 진실의 순간에 이르렀다. 관리층의 임무는 50만 번의 진실의 순간을 찾는 것이었다 — 승객과 직원과의 면담을 뜻하며 이를 통해서 승객은 그들이 대우를 잘 받았는지 또는 잘못 대우받았는지를 결정하게 된다.

칼슨은 다음과 같이 설명한다.

> 지난 해, 1천만 명의 우리 고객은 대략 5명의 SAS직원과 접했으며, 접촉시간은 매번 15초 정도였다. 그러므로 SAS가 우리 고객들의 마음 속에 1년에 50만 번, 한 번에 15초 동안 새겨진다. 이러한 진실의 순간은 궁극적으로 SAS가 기업으로서 성공할 것인가 실패할 것인가를 결정하는 순간들이다. 그것은 우리가 고객들에게 SAS가 최선의 선택임을 보여주어야 하는 순간이다.

이는 1회 15초라는 짧은 시간, 즉 1년 5천만 회 고객의 마음에 스칸디나비아 항공의 인상을 새겨 넣어야 함을 의미하는 것이다. 그는 결정적 순간순간이 항공사 전체 이미지를 결정한다는 사실을 인식해야 한다고 역설했다.

진실의 순간을 다루는 과정에서 칼슨은 고객과 접하는 일선 직원들에게 권한이양을 해야 함을 발견하였다. 왜 지연된 비행기승객에게 점심식권을 발행하는데, 담당직원이 그 자리에서 해결하지 못하고, 관리계층을 5단계나 거슬러 올라가서 다른 높은 사람이 처리해야만 하는가?

칼슨은 권한이양의 이점을 알고 있는 유일한 관리자는 아니다. 경영에 있어서 성공적인 수행자들에 대한 광범위한 연구에서 찰스 가필드는 권한이양이 팀 구성에 핵심이라는 것을 발견하였다.

성공적인 성취자들은 다른 사람에게 - 동료이건 고객이건 - 권한을 이양하는 것이 장기적으로는 이득이라는 것을 알고 있다. 주위에 있는 사람들을 개발, 보상, 인정하는 데 있어서 그들이 진가를 발휘할 수 있도록 해준다. 권한을 많이 이양할수록, 그들은 더 많은 것을 성취하며, 전 조직은 보다 성공적이 된다.

고객을 잘 모시는 종업원을 원하는 회사는 직원을 잘 대우해야 한다는 것이다. 1982년 크리스마스 때 칼슨은 전 직원에게 개인적 편지, 분침에 작은 비행기가 붙어 있는 금시계, 고객 지향적 전략에 관한 '빨간 작은 책'과 성공을 자축하는 파티에 초대권을 보냈다. 새로운 SAS를 연 후 18개월 후 종업원들은 새 유니폼을 받았다. 종업원들이 작업시간 내내 유니폼을 입고 있으므로 최상의 품질로, 켈빈 클라인에 의해 디자인되었다.

동시에 항공제복, 실내장식, 예약사무실, 표 등을 망라한 새로운 기업이미지가 랜도어소시에이트에 의해 창출되었다. 그 결과로 모든 것이 새로워졌다. 코펜하겐, 오슬로, 스톡홀름에서 성공적인 기자회견과 더불어 새 이미지를 제시하였다. 「파이낸셜 타임즈」에서 다음과 같이 적고 있다.

> 거의 모든 기업활동을 지탱하고 있었던 기술적인 생산 대신에, 고객 서비스를 무엇보다도 우선하는 데에 거의 복음전도적인 기여를 한다. 이것은 전적으로 마케팅 중심적인 접근법이며, 이는 SAS제복과 빨강, 노랑, 파랑 대각선 줄이 있고 하얗게 빛나는 로고에서도 반영된다.

결과는 놀랄 만하였다. 1982년 다른 비행사들이 전체적으로 20억 달러에 이르는 손실을 본 데 비해 SAS는 8천만 달러의 흑자를 냈다. 다음 연도에도 이익과 시장점유율이 계속 증가하였다. 1983년에는 「포춘」지에서 SAS를 사업차 여행시 세계에서 가장 훌륭한 항공회사로 꼽았고, 그 다음 해에는 Air Transport World에서 '올해의 항공사'로 선정하였다.

고객이 호텔을 다시 이용할 가능성의 70%는 후론트 데스크에서 받은 대접에 좌우된다면 바로 이것이 결정적 순간의 대표적 예가 된다. [표 4-2]는 해외여행의 결정적 순간을 예시한 것이다. 결정적 순간의 기대는 고객의 기대를 충

[표 4-2] 결정적 순간의 기대(여행사)

충분히 만족한 경우	표준적인 기대	실망스러운 경우
• 여행상품뿐만 아니라 다양한 지식으로 고객의 여행상품 선택에 도움을 주었다. • 여행일정과 현지사정(풍습, 기후, 화폐 등)에 대한 안내가 친절했다. • 공항에서의 모든 수속을 가이드가 대행해 주었다. • 비행기 연착시 이유를 알아 고객에게 정확한 사유를 말한 뒤 고객의 뜻에 따라 적절하게 대처해 주었다. • 여행국 입국신고서 작성시 가이드가 대신 작성해 주었다. • 동행한 가이드 외에 현지가이드가 같이 안내를 해주었다. • 여행상품 이외의 옵션관광에 대한 안내가 자세하고 적절하게 이루어졌다. • 쇼핑시 가이드가 값이 싸고 품질이 좋은 상점을 많이 알고 있었다.	• 담당직원이 여행상품에 대한 이해를 충분히 하고 있다. • 여권 및 비자 수속을 대행하여 준다. • 여행일정에 대하여 자세한 안내를 해준다. • 공항에서 수속(출국, 세관, 병무신고)시 옆에서 도와준다. • 가이드가 현지까지 동행하여 준다. • 가이드가 현지정보에 대하여 잘 알고 있다. • 여행일정에 맞게 여행안내가 이루어지고 있다. • 여행일정과 여행안내가 틀릴 경우 고객에게 설명해준다. • 귀국 후에도 필요한 정보를 고객에게 제공한다.	• 담당직원이 불친절하며, 여행상품에 대해 잘 알고 있지 못했다. • 여권 및 비자 수속을 고객에게 부담시켰다. • 출발당일 공항 약속장소에 가이드가 늦게 나왔다. • 안내 여행일정과 실제 여행일정이 서로 틀렸다. • 가이드가 현지사정에 대하여 잘 모르고 있었다. • 여행중 가이드가 자주 없어져서 당황해 했다. • 가이드가 자신의 취향대로 여행을 안내했다. • 비행기의 연착이 잦았으며, 그 이유를 모르고 한없이 기다리게 했다.

족시키거나 추월할 힌트를 제공한다. 결정적 순간은 고객이 조직과 접촉하여 서비스에 대한 인상을 심어 주는 모든 삽화적 장면을 말한다. 그러므로 결정적 순간의 정의와 관리가 서비스품질에 매우 중요하다.

고객은 무릇 기업 내부의 시스템이나 운영방식에는 관심이 없고 오로지 자신이 받은 서비스의 경험으로 기업을 평가한다. 미국 품질관리협회가 조사한 바에 의하면 제조업에서도 고객의 이탈사유가 제품에 대한 불만보다 고객을 직접 만나는 현장 서비스 직원들의 무성의한 태도인 것을 알 수 있다. 제품불만은 14%, 가격 등에 대한 불만이 9%인 데 비해 서비스불량과 직원들의 무성의한 태도에 대한 불만은 68%나 차지했던 것이다.

고객접점에서는 더하기가 아닌 곱하기의 원칙이 적용된다. 가령, 제품만족도가 100이라 할지라도 고객접점에서의 서비스가 0점이었다면 종합만족도는 '100×0=0'의 원칙이 적용된다는 것이다. 따라서 고객을 계속 고정고객으로 확보하기 위해서는 고객과의 교감을 위해 '결정적 순간'을 관리할 수 있어야 한다. 특히, 고객접촉이 중요한 곳에서는 서비스 제공과정에서 결정적 순간에 관심과 노력을 집중해야 하는 것이다.

서비스의 일반적인 특성은 무형성, 이질성, 사멸성, 생산과 소비의 불가분성으로 요약할 수 있다.

4.2 서비스의 일반적인 특성

(1) 무형성(Intangible)

서비스는 기본적으로 가시적인 실체가 따로 없다. 서비스는 볼 수 없고 만질 수 없다. 제품은 이와 반대로 유형적인 물리적 실체를 갖고 있다. 서비스는 어떤 객관적 실체이기보다는 하나의 수행이고 경험이기 때문에 일률적인 품질을 별도로 설정하기가 어렵다.

(2) 이질성(Heterogeneous)

서비스, 특히 노동집약적인 서비스는 서비스 제공자나 고객, 서비스시간에 따라 변할 수 있다. 은행 창구직원이나 항공기 승무원, 보험사 직원들이 고객을 응대하는 것은 공장에서 상품을 제조할 때와 같이 획일적인 표준화가 곤란한 사항이다. 이와 같이 서비스는 성과라는 측면에 있어서 어떠한 변화를 항상 필요로 하고 있으며, 실제의 성과표준을 개발한다는 것은 퍽 어려운 일이다.

(3) 사멸성(Perishible)

서비스는 제품과 달리 그 성과를 저장하거나 다시 판매할 수 없다. 서비스는 미리 생산될 수 없을 뿐 아니라 필요로 할 때 제공을 하지 못하면 아무런 소용이 없다. 이것은 서비스 수요의 충족을 위해서는 충분한 서비스 능력의 보유와 관리가 필요하다는 것을 말해 준다.

(4) 불가분성(Inseparable)

대부분의 서비스에서는 생산과 소비를 떼어서 생각할 수 없다. 서비스는 서비스가 수행되는 동안에 소비된다. 상품은 공장에서 만든 다음 고객에게 전달되지만, 서비스는 고객과 제공자 간의 직접 접촉을 통해서 전달되기 때문이다. 이를테면 서비스의 고객은 서비스 제조공장 내에 있는 것과 마찬가지여서, 서비스를 경험하는 동안 서비스의 품질을 평가하게 된다. 서비스의 과정 중에서 종업원과 고객이 직접 접촉하여 상호작용이 이루어지므로 불가분성은 '공동생산(coproduction)'이라고도 지칭된다.

4.3 서비스 품질특성

첫째, 고객의 입장에서 서비스품질을 평가한다는 것은 제품품질을 평가하는 것보다 훨씬 어렵다. 따라서 고객이 서비스 품질을 평가하는 기준을 판매자가 파악하기도 간단치 않다. 이를테면 보건서비스에 대한 고객의 평가는 자동차 품질에 대한 평가보다는 한층 더 복합적이며 난해한 것이다.

둘째, 고객들은 서비스의 품질을 결과만 가지고 평가하지는 않는다. 예를 들면 이발한 후의 머리모양만 가지고 이발사를 평가하지 않는다. 그들은 서비스의 제공과정도 중요시한다. 즉, 이발사가 이발할 때 얼마나 성실하고 친절하게 임했나를 평가하는 것이다.

셋째, 서비스 품질의 평가에서 특히 중요한 것은 평가기준을 고객이 정한다는 것이다. 고객만이 서비스 품질을 평가할 수 있으며 인식의 차이에 의해 결정된다. 이를 좀 더 구체적으로 나타내면 [그림 4-1]과 같다. 실제 제공된 서비스였다고 평가하게 되는 것이다. 따라서 실제 서비스의 내용에 비해 지나치게 과장하여 선전하는 것은 고객에게 실망만 줄 가능성이 크다.

1980년대 초에 실시된 베리(Berry) 등의 연구는 서비스 품질의 속성을 이해하는 데 확고한 기초를 제공하였다. 이들 경영진과 고객초점그룹(customer focus

[그림 4-1] 고객의 서비스 품질평가(Christopher, 1992)

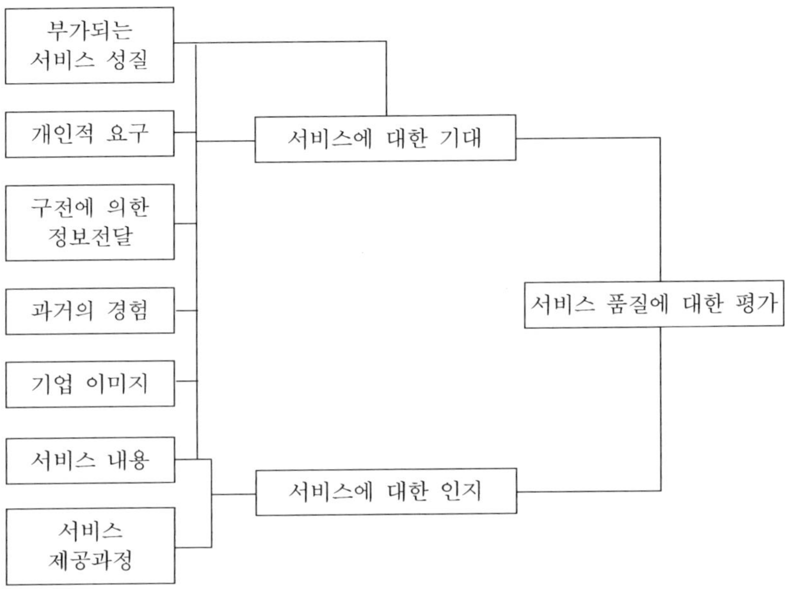

group)과의 면접조사를 통하여 서비스품질의 10가지 차원을 도출하였다. 이 10가지 요소는 가빈(Garvin)이 제안한 품질의 8가지 차원을 잘 보완하고 있다.

① **유형성**(Tangibles)　　물리적 시설, 장비, 서비스 요원 및 커뮤니케이션 자료의 모양새를 말하며, 은행시설은 매력적인가? 서비스 요원의 복장은 괜찮은가? 수리요원들이 사용하는 도구들은 시대에 뒤떨어진 것은 아닌가? 등의 질문이 예가 된다.

② **신뢰성**(Reliability)　　약속한 서비스를 믿음직스럽고 정확하게 수행할 수 있는 능력을 말하며, 약속된 시간 내에 제대로 해내는가? 주식중개인은 사고 팔라는 고객의 지시를 충분히 이행하는가? 수리를 요청한 물품을 단 한번에 제대로 고치는가? 등의 질문이 예가 된다.

③ **대응성**(Responsivieness)　　고객을 도우며, 신속한 서비스를 제공하려는 자세를 말하며, 문제가 발생하면 신속히 처리해 주는가? 의사는 환자의 질문에 친절하게 대답하는가? 반품시킨 상품에 대한 환불은 신속히 이루어지는가?

서비스 용원은 방문시간을 구체적으로 알려 주는가? 등의 질문이 예가 된다.

④ 적임성(Competence) 서비스 수행에 필요한 기능과 지식을 갖고 있는가를 말하며, 증권회사는 시장의 변화를 정확히 추적할 수 있는 능력을 보유하고 있는가? 신용카드 회사는 신용카드 사용상의 의문점을 전화문의시 제대로 알려줄 수 있는가? 등의 질문이 예가 된다.

⑤ 예절성(Courtesy) 일선 근무자의 정중한 태도, 친근감, 호의적 배려 등을 말하며, 의사는 환자에게 무례하지 않은가? 신용카드사의 직원은 나의 전화문의에 항상 정중하게 답하는가? 등의 질문이 예가 된다.

⑥ 신용성(Credibility) 서비스 제공자의 신임성, 정직성, 신뢰감 등을 말하며, 그 은행은 평판이 좋은가? 구입을 강요하지 않는가? 보험회사의 선전과 서비스 내용이 일치하는가? 등의 질문이 그 예가 된다.

⑦ 안전성(Security) 위험, 위기, 의심 등이 없는가를 나타내며, 현금자동입출기(ATM)는 안심하고 사용할 수 있는가? 내 신용카드가 승인 없이 사용될 가능성은 없는가? 수리가 제대로 되었다고 확신할 수 있는가? 등의 질문이 예가 된다.

⑧ 근접성(Acess) 접촉가능성과 접촉용이성을 말하며, 금융거래상 문제가 있을 경우 거래은행의 간부와 쉽게 상담할 수 있는가? 신용카드사는 24시간 언제라도 전화를 받으며 수신자요금부담 전화번호를 갖고 있는가? 서비스 센터는 교통이 편리한 곳에 자리잡고 있는가? 등의 질문이 예가 된다.

⑨ 커뮤니케이션(Communication) 고객의 말을 귀담아 들으며, 고객이 쉽게 알아들을 수 있도록 말하는가를 나타내며, 보험사 직원은 새로 생긴 연금보험제도에 대해 잘 설명해 줄 수 있는가? 의사는 의학적 전문용어를 가급적 피하면서도 알아들을 수 있게 설명해 주는가? A/S 약속시간이 지키기 어려울 때 사전연락을 해 주는가? 등의 질문이 예가 된다.

⑩ 고객이해력(Understanding the Customer) 고객과 그들의 요구를 이해하려는 노력을 말하며, 은행원은 내가 단골손님인 것을 알고 있는가? 수리용역회사는 갑작스럽게 생긴 나의 개인적 사정을 이해하고, 자신의 스케줄을 조정해 보려고 노력할 수 있는가? 등의 질문이 예가 된다.

베리(Berry)는 그들이 도출한 서비스 품질의 10가지 결정요소를 5가지로 재정리하였다. 그들은 이 5가지를 'SERVQUAL(Servie+Quality)'이라고 부르고 있지만, 이 5가지 요소는 머리 글자만 모아서 'RATER'라고 하는 것이 기억하기 좋다(Tenner and DeToro, 1992). 어떤 이들은 서비스품질의 10가지 특성이 너무 장황할 뿐만 아니라 일부는 중복되는 것이라고 보지만, 다른 이들은 서비스품질의 10가지 차원을 5가지로 응축한 결과 상세함을 잃어버렸다고 주장한다. SERVQUAL의 5가지 내용은 다음과 같다.

① 신뢰성(Reliability) 약속된 서비스를 믿을 수 있고, 정확하게 수행할 수 있는 능력을 말한다.

② 신임성(Assurance) 직원의 지식과 예절, 그리고 신뢰와 확신을 줄 수 있는 능력을 말하며, 이것은 서비스품질의 10가지 차원 중 적임성, 예절성, 신용성, 안전성의 4가지 요소를 포괄하고 있다.

③ 유형성(Tangibles) 물리적 시설과 장비 및 서비스 요원, 커뮤니케이션 자료의 모양새를 말한다.

④ 감응성(感應性 ; Empathy) 회사가 고객에게 제공하는 개별적 관심과 배려를 말하며, 이것은 근접성, 커뮤니케이션, 고객이해력의 3요소를 포괄하고 있다.

⑤ 대응성(Responsiveness) 고객을 돕고, 신속한 서비스를 제공하려는 자세를 말한다.

품질의 8가지 차원과 서비스 품질의 10가지 결정요소를 '보다 빨리', '보다 좋게', '보다 싸게'라는 3가지 범주 내에 통합시킬 수 있다. 이 때에는 제품과 서비스를 구분하기보다는 전달특성(Deliverables)과 대면특성(Interactions)이라는 두 가지 성분으로 재분류한다. 전달특성은 고객에게 '어떤 특성(what)'이 제공되는가를 규정하는 반면, 대면특성은 고객에게 전달되는 과정에서 '어떻게(how)' 영향을 미치는가를 나타낸다.

[표 4-3] 품질특성의 분류

	전달특성(Deliverables)	대면특성(Interactions)
더 빨리 (Faster)	가용성(Availability) 편이성(Convenience)	대응성(Responsiveness) 근접성(Accessibility)
더 좋게 (Better)	성능(Perfomance) 특징(Features) 신뢰성(Reliablity) 적합성(Conformance) 서비스성(Serviceability) 심미성(Aesthetics) 품질인지도(Perceived Quality)	신뢰성(Reliablity) 안전성(Security) 적임성(Competence) 신용성(Credibility) 감응성(Empathy) 커뮤니케이션(Communication) 맵시(Style)
더 싸게 (Cheaper)	가격(Price)	

[표 4-4] 품질의 8가지 차원과 관련기능

품 질 요 소	관 련 기 능
성능(Perfomance)	설계
특징(Features)	설계
신뢰성(Reliablity)	설계
내구성(Durability)	설계
적합성(Conformance)	제조
서비스성(Serviceability)	설계 및 AS
심미성(Aesthetics)	설계
품질인지도(Perceived Quality)	마케팅 및 설계

[표 4-5] 소비자의 품질인식에 영향을 주는 요인

구매 이전	구매 시점	구매 이후
회사의 브랜드명 및 이미지	성능과 규격	설치 및 사용의 편이성
과거의 경험	판매원의 설명	수리, 클레임, 보증의 취급
주위의 평판	보증내용	예비품의 입수용이성
점포의 지명도	서비스 및 수리정책	서비스 효과
공표된 시험결과	지원 프로그램	신뢰성
성능 대비 선전가격	성능 대비 견적가격	상대적 성능

4.4 서비스 품질의 평가(품질갭 모델)

품질이란 고객이 가치를 부여하는 서비스명세에 일치를 뜻하는 것이다. 서비스품질은 고객이 인지하는 것이기 때문에 품질개선을 위해서는 고객의 요구사항과 기대, 그리고 기업의 능력간의 갭을 해소해야 한다. 그러나 실제로는 정확한 일치가 어렵고 불일치가 생기게 된다. 자이다믈 등은 이상의 결론을 토대로 품질갭 모델(Quality Gap Model)을 개발했다. 이 모델은 서비스품질을 설명하는 인지와 기대 사이에 발생가능한 5가지 갭을 제시한다. 서비스품질은 얼마나 서비스가 이 갭들을 메울 수 있는가에 의해 측정될 수 있다는 것이다. 품질문제의 원천을 분석하고 서비스품질의 개선을 이해하는 데 도움을 주기 위해서 개발된 이 모델의 요지는 서비스품질의 성패는 고객기대나 니즈를 인지하고 실제 고객의 기대와 충족능력 간의 간격을 좁히는 데 있는 것이다. 이 모델은 우선 어떻게 서비스품질이 생성되는지를 보여준다.

[그림 4-2]의 상위부분은 고객과 관계된 것이고 아래쪽은 서비스 제공자에 해당되는 부분이다. 이와 같이 서비스품질에서는 제공자와 고객의 기대와 인지 및 서비스능력을 모두 측정해야 하는 것이다. 모델의 첫째 요소는 기대한 서비스로 고객의 과거경험과 개인적 니즈, 그리고 구전의 함수이며 기업의 시장커뮤니케이션 활동의 영향을 받는다. 그 다음 인지한 서비스는 경영자의 고객기대 인지에서 서비스 품질명세, 그리고 서비스제공에 이르는 일련의 내부 의사결정과 활동의 결과이다.

고객은 서비스 제공과 생산 과정을 서비스과정 내 품질요소로 경험하며 과정에 의해 받은 기술적 해답을 결과관련 품질요소로 판단하게 된다. 여기서 시장커뮤니케이션은 인지한 서비스는 물론 기대한 서비스에도 영향을 준다. 이러한 기본구조는 서비스품질을 분석하고 계획하는 데 어떤 단계가 고려되어야 하는지를 보여 주며 그 과정에서 품질문제가 미리 탐지될 수 있다.

이상 모델 내 여러 요소간에 4가지의 괴리가 생길 수 있고 이를 품질갭이라고 부르는데 그 이유는 품질경영과정의 일관성이 없어 생기는 괴리이기 때문이다. 물론, 최종적인 갭 5, 즉 인지한 서비스와 기대한 서비스 간의 차이는 전체 과정에서 생기는 다른 갭들의 함수이다.

[그림 4-2] 서비스 품질갭 모델

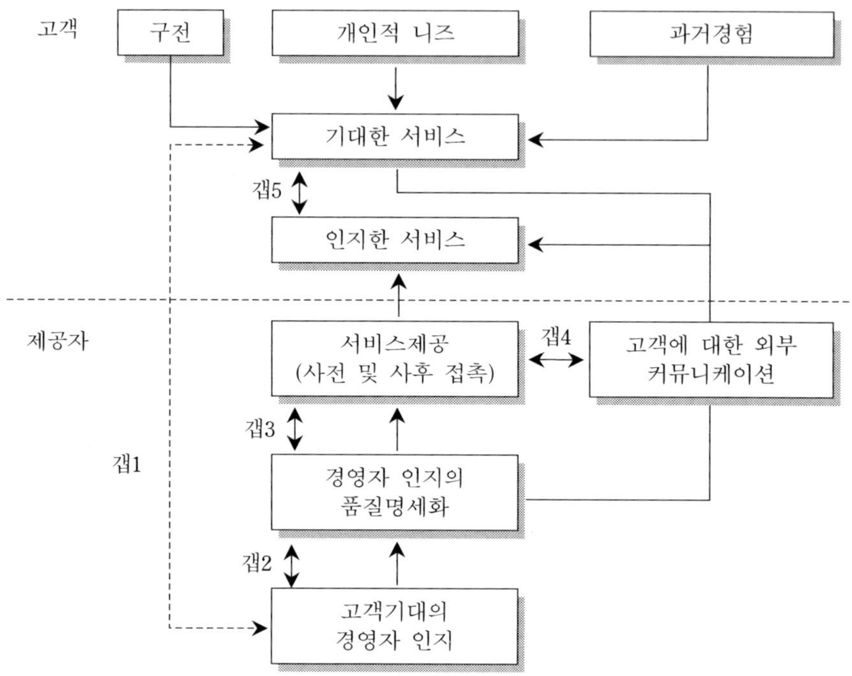

제 5 장

총체적 품질

제 5 장

총체적 품질

5.1 품질의 형성

품질의 형성은 '당연히 있어야 할 품질'을 설정하고 '당연히 있어야 할 품질'을 실현하는 것이다.

품질의 형성과정을 기업의 업무내용과 비교하여 분해하여 보면 다음 [그림 5-1]과 같다. 기업은 시장조사의 결과로 고객의 요구를 인지하게 되고 이때 파악된 품질이 고객 요구품질이다. 기업은 고객의 요구품질을 기초로 하고 자사의 중장기 전략을 고려하여 제품을 기획한다. 이때 설정되는 것이 목표품질이다. 목표품질은 설계과정에서 기업의 자원능력을 고려하여 설계품질이 결정되며 생산활동과정에서 공정능력에 따라 완제품의 품질이 결정되고 검사과정을 거친 보증품질이 판매과정을 거친 후 고객이 인지하는 품질이 된다. 각 단계의 품질은 [그림 5-1]을 참고하면 쉽게 이해할 수 있다.

'당연히 있어야 할 품질'을 설정하는 것이 품질형성과정에서 가장 중요한 과제이며, 고객만족의 출발점이기도 하다.

제품기획이 잘못되면 그 단계에서 이미 고객의 만족을 달성하기 어려운 문제가 발생될 수 있으며, 반면에 기획이 좋아도 이것을 실제로 도면화, 시방화할 기술력이 없으면 품질을 확보하기 어렵게 된다. 도표에서 보는 바와 같이 제품기획에 앞서서 연구, 개발과 시장조사가 필요하다. 다시 말해서 기술적 능력과 시장 요구를 기획단계에서 일치시키는 셈인데, 일반적으로 시장요구는 막연한 것이 많을 뿐만 아니라 생산자가 시장요구를 찾아내는 것이기 때문에 제품의

[그림 5-1] 품질의 형성과정

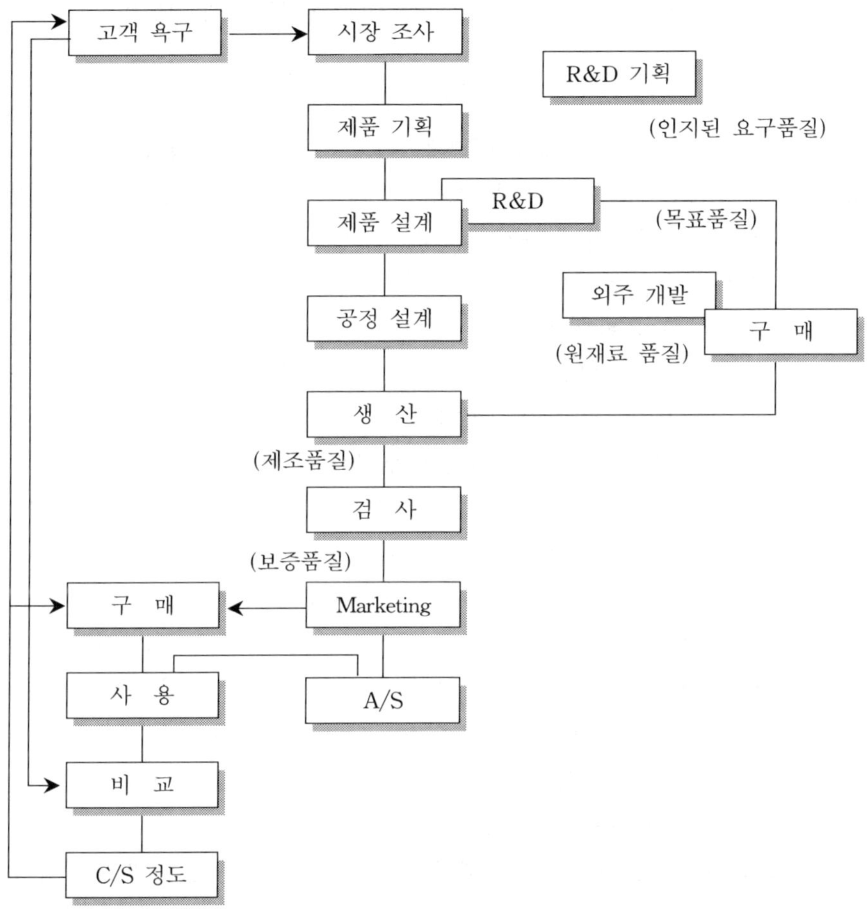

개념형성이 중요하다 제품개념은 카탈로그나 광고 등을 통해서 고객이 기대하는 품질의 이미지를 형성하는 것이다.

제품기획이 끝나면, 혹은 이와 병행하여, 시작, 설계가 이루어지며 그 결과는 설계도나. 시험시방 등으로 문서화가 되어 '있어야 할 품질'이 명시된다.

설계는 일면 기획된 품질의 기술특성치화의 과정이라고 할 수 있다. 예컨대, 필기구의 경우 쓰기 쉽다, 사용하기 쉽다, 오래 쓴다와 같이 추상적인 품질요구를 제조로 연결할 수 있게 구체적 수치나 재료로 변화시키지 않으면 안 된다. 요구 품질의 정리와 기술특성치화, 나아가서 제조방법에의 전개라고 하는 일련의 작업을 체계적으로 행하는 방법으로서 품질기능전개 기법이 실용화되고 있다.

설계도면이나 시방이 '있어야 할 품질'을 규정하게 되고, 이것이 제대로 형성이 되게 하기 위해서는 설계품질을 체크하고 그 품질을 보증할 필요가 있다. 주요 체크 항목으로서는 안전성, 무공해성, 기능, 성능, 신뢰성, 공작성, 보전성, 운반 보관의 용이성 등 여러 가지가 있다.

품질 체크를 하기 위해서는 각종의 체크 시트를 준비하여 설계심사를 중심으로 조직적인 활동이 필요하다.

설계도면에 표시된 '당연히 있어야 할 품질'로서 실현하는 것이 제조 프로세스에 있어서의 최대의 과제이다. 따라서 우선 도면대로 충실히 작업을 추진해 나가지 않으면 안 된다. 그러나 도면상에 부적합한 점이라든가 잘못된 것이 절대로 없다는 보증은 없기 때문에 제조부문은 늘 문제의식을 갖고 일에 임해야 하며, 만약에 잘못을 발견하면 그것을 정정하면서 작업을 해야지 무시해서는 안 된다. 특히 다품종소량생산의 경우에는 더욱 주의해야 한다.

도면대로 충실히 한다 해도 전부를 똑같은 치수로 만들 수는 없다. 따라서 어느 허용 범위 내에 품질의 산포를 억제하는 것이 바람직하다. 그러기 위해서는 여러 가지 작업조건을 바람직한 상태로 유지하도록 관리하지 않으면 안 된다.

작업조건을 관리하기 위해서는 우선 결과로서의 품질과 여러 가지 작업조건과의 인과관계를 파악해 둘 필요가 있다.

제품품질을 관리, 개선하기 위해서는 우선 제품을 만들어 내는 공정의 실태를 파악해 둘 필요가 있다. 프로세스가 관리상태에 있는지, 제품품질이 주어진 규격에 만족한 상태인가, 이들 프로세스가 갖는 제품품질의 달성능력이라고도 할 수 있는 공정능력을 알지 않으면 안 된다. 공정능력은 공정이 어느 일정기간 관리상태에 있을 때 그 프로세스로부터 산출된 제품의 품질특성의 평균치와 표준편차로 나타낸다.

생산부문은 제품이 품질의 시방에 맞게 만들어지고 있다는 것을 보증하는 역할을 갖고 있다. 그 역할을 충분히 달성하기 위해서는 생산 프로세스의 관리를 잘 하여 좋은 제품을 만들어 내도록 노력하지 않으면 안 된다. 그러나 프로세스가 안정되어 있어도 공정능력이 충분하지 못하면 규격 밖으로 나가는 불량품이 발생하게 된다. 또 프로세스에 작업미스와 같은 이상의 발생으로 프로세스가 불안정하면 불량품이 생길 가능성이 높아진다. 이러한 경우, 프로세스 안에서의 중간제조품에 대한 검사, 또는 완성품에 대해 제품검사나 출하검사를 하여 다음 프로세스나 고객에게 불량품이 넘어가는 것을 방지하지 않으면 안 된다.

또 공장에서 필요한 원재료나 부품의 수입에 있어서도 검사를 하지 않고 생산 프로세스에 도입하면 수입한 생산 공정에서 문제를 일으키게 된다. 이것을 막기 위해서는 검사에 의해 나쁜 것을 제거하고, 좋은 것만이 프로세스에 투입되도록 보증하지 않으면 안 된다. 물론 이 검사정보 등을 활용하여 나쁜 물품이 반입되지 않게 원재료 메이커의 체질개선을 도모하는 것도 중요한 활동이다.

이와 같은 검사에 대해서 공통적으로 말할 수 있는 것은, 검사는 시방서 등에 나타난 요구품질에 만족스럽지 못한 물품이 다음 공정이나 소비자의 손에 넘어가지 않게 하는 품질보증상의 중요한 역할을 수행한다는 점이다. 불량품이 발생할 우려가 있는 한, 생산부문의 품질보증활동으로서 검사는 중요한 보증기능의 하나라고 할 수 있다.

그러나 검사가 불량품을 제거하는 역할만을 담당한다면, 그것만으로는 충분한 품질 검사의 기능이 수행되었다고 할 수 없을 것이다. 또 검사활동만으로는 소비자를 만족시킬 수 있는 품질의 제품이 보증될 수 없다. 검사에도 실수가 생길 수 있기 때문이다. 검사에서 양품·불량품의 구분은 할 수 있어도 불량품을 양품으로 만들 수는 없다. 또 발생된 불량품이나 불합격로트는 기업에 경제적인 손해를 끼치게 된다. 따라서 생산현장에서는 불량품을 만들어 내지 않도록, 즉 가급적 검사를 하지 않아도 되는 생산시스템을 만드는 것이 보다 중요하다. 그러므로 검사의 역할을 종전의 '불량품을 찾아내는 검사'로부터 검사정보를 물품의 생산에 관계하는 제조나 기술부문에 제공하여 품질향상에 자극을 주어 불량품을 만들지 않게, 다시 말해서 '품질을 프로세스에 만들어 넣는 검사'로의 전환이 요구된다. 검사를 하지 않아도 보증이 되도록 검사정보가 충분히 활용되도록 하지 않으면 안 된다.

공장에서 제조되었을 때의 품질이 비록 매우 양호한 상태에 있었더라도 실제로 사용하기까지의 과정에서 열화를 가져오는 경우가 가끔 있다. 그 주된 원인은 보관중이나 수송중에 발생된다.

보관이란 본래의 상태를 유지하도록 관리하는 것을 말하며, 보관업무의 목적은 제품이건 혹은 원재료건 간에 그것들을 필요로 할 때에 즉시 필요한 수량을 공급하는 데 있지만, 물론 이 경우 양호품을 양호품인채 공급할 수 있지 않으면 안 된다.

제품은 사용됨으로써 가치를 낳는 것이다. 고객은 어떤 목적에 사용하려고 해서 제품을 사는 것이다. 품질의 판매란 안심하게 사용하고 사용해서 기쁨을 누리게 되는 것이 아니면 안 된다.

한편, 수송중의 취급이 나쁘기 때문에 품질 열화를 가져오는 예도 상당히 많다. 특히 화물의 적환시에 문제가 있다. 이것을 방지하려면 첫째로 물품이 상하지 않도록 하는 포장을 해야 한다.

둘째로 좋은 수송방식 내지는 수송업자의 선정이다.

클레임처리도 애프터서비스의 일종이라고 생각되나 그에 그치지 않고, 매출한 물품이 항상 올바른 '쓰임새'를 발휘해 갈 수 있도록 순회방문 등을 실시할 필요가 있다.

사용자의 수중에서 역할이 끝난 제품의 처분은 매입한 사람의 책임이니까 뜻대로 하라는 식의 처리가 되어서는 안 된다. 그 조처를 원조하거나 혹은 처리방법을 판매시에 조언하는 것이 필요하다.

사용중의 '쓰임새'뿐만 아니라 사용 후의 '쓰임새', 즉 그 기각성에 의해서 사회에 어떠한 영향을 미치는가도 중요한 품질로 생각하지 않으면 안 된다.

고객요구단계에서 고객이 품질을 인지하는 단계까지 기업의 전 부문이 참여하여 품질을 형성하게 된다.

5.2 총체적 품질

지금까지 우리는 품질의 개념을 단계별로 나누어서 보거나, 제품품질과 서비스 품질로 구분해서 보았다. 그러나 ISO 8402의 품질정의에서와 같이 품질을 고객의 요구를 충족시킬 수 있는 특성의 전체로 이해하여야 한다. 예를 들면 가빈이 제안한 8가지 품질차원에 관련된 기능들을 [표 4-4]와 같이 정리할 수 있으며, 나아가 [표 4-5]에서와 같이 고객의 구매 전후 단계까지도 고려 대상에

넣어야 한다. 고객이 인식하는 상품의 품질은 함부가가치(含附加價値)적 성격을 갖는 물품(Hard)과 고부가가치(高附加價値)적 성격을 갖는 서비스의 합으로 생각할 수 있다. 크리스토퍼(Christopher, 1992)는 이러한 관점을 제품품질과 주변품질로 설명하고 있다. 크리스토퍼는 고객의 가치를 충족시켜 주기 위해 고객에게 평균적인 서비스를 제공해 준다는 데에 만족하지 말고, 고객의 요구를 뛰어 넘는 자사만의 독특한 서비스가 있어야 한다고 주장하고 있다. 이것은 품질을 '고객의 기대를 충족시키고도 남는 것(meeting and exceeding customer expection)'으로 보고 현대적 품질개념을 반영하는 것이다. 오늘날 고객만족(CS) 경영에서도 명시적인 고객요구의 충족뿐 아니라, 고객도 미처 생각하지 못하고 있었던 잠재적 욕구까지 충족시켜 주어야만 진정한 고객만족(customer delight)이 가능하다고 보고 있다. 품질을 경쟁우위의 확보를 위한 실질적 수단으로 활용하기 위해서는 미시적인 품질의 결정요소와 거시적인 총체적품질의 개념을 충분히 이해하는 것이 선행되어야 한다.

이상은 전통적 품질의 개념과는 매우 다르게 고객 지향적인 입장에서 품질의 개념을 설정하려는 시도 중 하나를 제시했다. 품질의 개념을 이렇게 설정함으로써 전사적인 접근이 매우 자연스러울 뿐만 아니라 실질적으로 이루어질 수 있다고 할 수 있다.

한편 ISO 9000 시리즈에서는 품질을 제품 또는 서비스가 명시 또는 암시된 요구를 충족시킬 수 있는 능력으로서 가지고 있는 특징 또는 특성의 전체라고 정의하고 이를 위한 활동으로 품질경영과 품질보증의 상호 보완적 품질시스템 내에서의 유기적 결합을 강조하고 있는 것을 보면 품질은 단순한 제품의 기능적 적합도로 보기보다는 좀더 포괄적인 제품 및 서비스의 사회적 욕구충족도로 보아 이를 기업경영철학과 사회기업 간 신뢰 확보의 수단으로 인식하고 있다고 할 수 있다. 이와 같은 품질의 정의들은 결국 고객을 위하여 생산된 제품이나 서비스들은 제 아무리 훌륭한 물성을 가지고 있다고 하더라도 고객들에게 수용되지 않는다면 아무런 의미가 없다고 하는 점을 반영하고 있는 고객 지향적인 정의로 생각되어지는 바, 이러한 정의 시도는 오늘날과 같은 상황에서 매우 타당하다고 할 수 있다.

고객이 원하는 제품이나 서비스를 생산하고 그 질의 평가도 고객에게 의존하고자 하는 고객 지향적인 품질을 정의하는 데 있어서는 품질을 좀더 총체적인 입장에서 바라보는 것이 필요하다. 왜냐하면 고객을 만족시킬 수 있는 품질을 달성하기 위해서는 사람, 원자재, 설비 등을 포함한 투입자원의 질도 높아야 하고 또 그들을 이용하여 재화를 생산하는 과정에서도 최선의 노력을 하여야 하므로, 이러한 면을 고려하여 품질을 정의하는 것이 바람직하다. 다시 말하면 품질은 제품이나 서비스의 품질을 비롯하여 작업품질, 정보품질, 프로세스품질을 포함하고 나아가 작업자, 기술자, 관리자, 경영자를 포함한 사람의 질, 기업품질, 목표품질 등을 망라한 총체적품질을 의미하는 것으로 보아야 한다.

한편 우리가 추진하고자 하는 품질경영은 결국 각 기업이 철저한 고객만족을 목표로 하는 최우량기업으로 나아가는 것이다. 그런데 고객의 만족은 비단 품질(Q : quality)에 의한 것만은 아니고, 비용(C : cost)이나 납기(D : delivery)도 중요한 요소라는 점을 감안하면, 아주 넓은 의미에서 볼 때 이러한 점들도 총체적 품질에 포함되는 것이 바람직하다. 이와 같은 면들을 고려하여 우리는 다음 [그림 5-2]와 같이 품질을 정의한다. 즉 여기서 제품의 품질(Q)는 ISO 9000 시리즈에서와 같이 "제품 또는 서비스가 명시적 또는 묵시적 요구를 충족시킬 수 있는 능력으로서 가지고 있는 특징 또는 특성의 전체"라고 정의한다면, 자원의 질은 기업의 구성요소 중 사람이나 재료, 설비 등의 질을 나타내고, 업무의 질은 기업의 모든 활동에 대한 수준을 나타낸다. 이들 세 가지의 Q를 합하여 '총체적 품질'이라고 정의한다.

한편 제품이 시장에서 경쟁력을 가지려면 앞서 논의한 바와 같이 Q, C, D의 세 요소를 골고루 반영하여야 하므로 우리는 제품의 Q, C, D를 포함하여 '광의의 제품의 질로 정의하며, 자원과 업무의 Q, C, D를 포함시켜서는 '광의의 기업의 질'로 부른다.

고객이 품질을 평가하게 되는 것은 기업활동의 결과로 발생되는 산출물인 재화와 서비스이지만, 산출물의 품질을 확보하기 위해서는 투입되는 자원의 질과 산출과정인 업무의 질이 확보되어야 하기 때문이다. 이와 같이 품질을 광범위하게 정의하는 것은 우리가 추진하고자 하는 품질경영의 목표를 설정하고, 그 추진전략을 수립하는 데에 있어 어떠한 방향으로 나아가야 할 것인가를 밝히고자 하는 시도이며, 향후 이와 같은 정의에 대한 연구검토가 이루어져서 품질경영 확산에 이바지할 수 있기를 기대한다.

한편 우리가 도입하고자 하는 총체적 품질을 기업의 업무내용과 비교하여

[그림 5-2] 품질의 정의

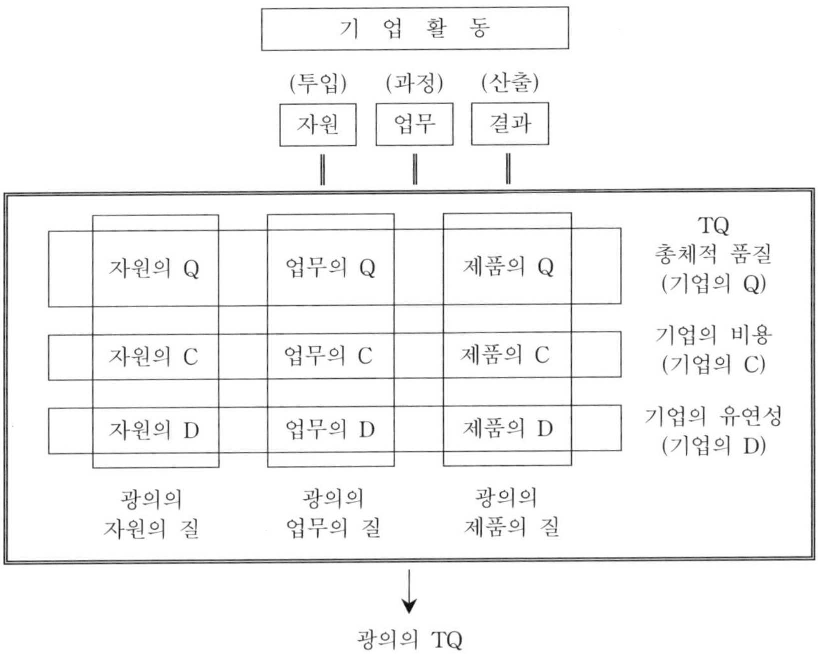

분해하여 보면 [그림 5-2]와 같이 나누어 생각할 수 있다.

생산자는 시장조사의 결과로 고객의 요구를 인지하게 되고 이 때 파악된 품질이 고객 요구품질이다. 기업은 고객의 요구품질을 기초로 하고 자사의 중장기 전략을 고려하여 제품을 기획한다. 이 때 설정되는 것이 목표품질이다. 목표품질은 설계과정에서 기업의 자원능력을 고려하여 설계품질이 결정되며 생산활동과정에서 프로세스능력에 따라 완제품의 품질이 결정되고 검사과정을 거친 보증품질이 판매과정을 거친 후 고객이 인지하는 품질이 된다. 각 단계의 품질은 [그림 5-3]을 참고하면 쉽게 이해할 수 있다.

품질을 경쟁무기로 활용하고자 할 때 나타나는 가장 일반적인 실수는 고객이 중요시하지 않는 품질요소를 강조하는 것이다. 가정용 전화기가 정부의 규제에서 풀렸을 때 AT&T를 비롯한 많은 기업들이 다양한 기능을 가진 고가품을 우수한 품질로 인식할 것이라고 예상하였으나, 내구성과 신뢰성을 갖춘 사용

[그림 5-3] 총체적 품질의 단계별 정의변화

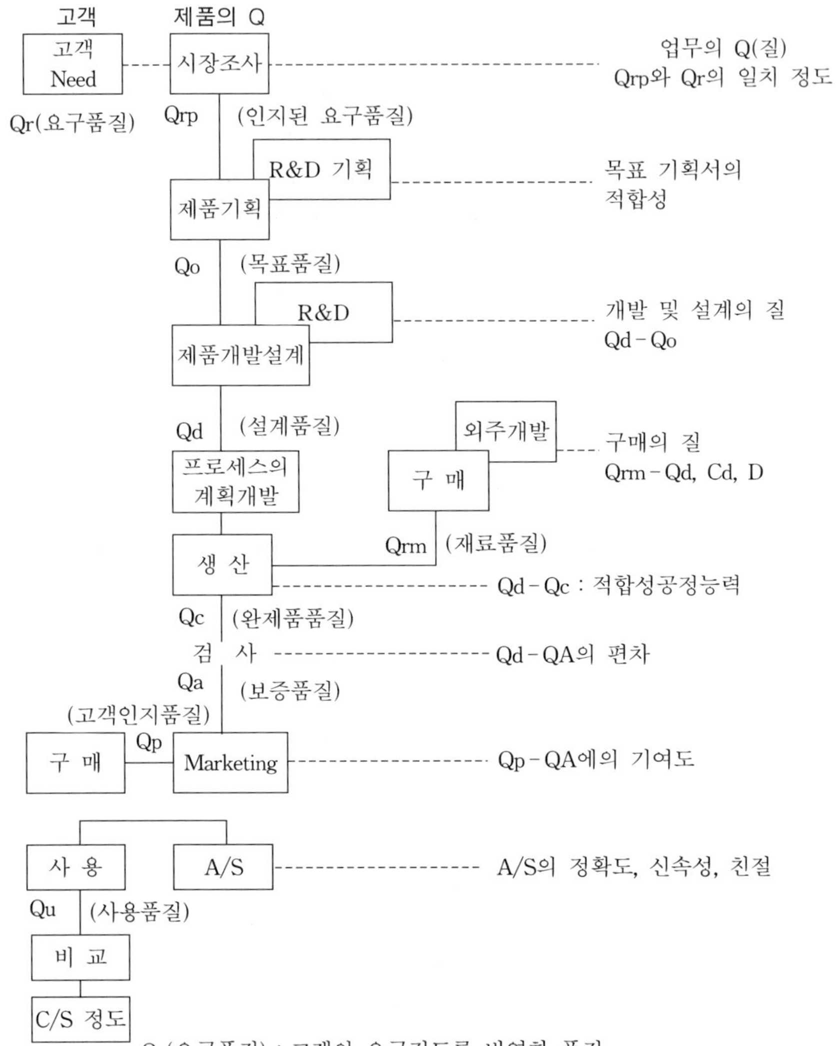

Qr(요구품질) : 고객의 요구정도를 반영한 품질
Qrp(인지된 요구품질) : marketing이나 시장조사로 파악된 소비자 요구품질
Qo(목표품질) : 생산하고자 하는 제품이나 서비스의 품질목표
Qd(설계품질) : 설계에 의한 품질
Qrm(재료품질) : 구입된 재료의 품질
Qc(완제품품질), Qa(보증품질), Qp(고객인지품질), Qu(사용품질)

하기 쉬운 품목들이 높은 시장점유율을 차지하였다고 한다.

외부환경이 이미 변하였음에도 불구하고 오래 전의 품질척도에 집착하는 것도 커다란 잘못이다. 어떤 전화회사는 제품의 품질을 다이얼 작동후 통화가 연결되거나 또한 교환원이 나오는 시간을 갖고 평가하여 온 결과 통화연결의 신속성이라는 면에서는 앞설 수 있었으나, 소비자들은 이제 통화연결시간보다는 송수신음의 명료성과 전화의 혼선에 관심이 더 있다는 것을 나중에 알게 되었다고 한다. 생산전략에서는 경쟁자 중 하나가 되기 위한 '자격기준(Qualifying Criteria)'과 경쟁우위의 확보를 위해 사용할 수 있는 '주문획득기준(Order Winning Criteria)'의 이해를 중시하고 있으며, 이러한 기준들이 시대나 환경에 따라 변하는 것에 주목하라고 충고하고 있다. 품질의 전략적 활용을 위해서도 품질요소 중 자격기준이 되는 것과 주문획득기준이 되는 것을 정확히 파악하여야 한다. 요즈음 우리나라에서 '깨끗한 물'을 주문획득기준으로 활용하여 성공하고 있는 한 맥주회사의 예는 좋은 본보기가 될 것이다.

우리가 사용하는 품질척도에 문제가 있으면 품질의 실태를 제대로 파악할 수 없다. 싱가포르항공사(SIA)는 뛰어난 서비스로 명성을 얻고 있었는데 1980년대 초반에 시장점유율이 하락하고 있는 것을 발견하였다. 고객의 불만편지가 줄어드는 데에도 불구하고 시장점유율이 낮아지고 있는 원인을 조사해 본 결과, SIA의 주요고객은 주로 아시아인들이었는데 이들은 문화적인 차이 때문에 서양 사람들에 비해 불만이 있어도 좀처럼 서면으로 알려주지 않았기 때문이라고 한다.

우리가 깊이 인식해야 할 분명한 사실은 품질이란 불만처리나 제품책임(PL)에서와 같이 피해를 방지하기 위해 필요한 그 어떤 것이 아니라, 고객의 요구를 충족시키고 진정한 고객만족을 실현하기 위한 필수조건이라는 점이다. 품질의 구성요소와 총체적 품질개념을 이해하고, 이를 자격기준과 주문획득기준으로 잘 파악하기만 하면 품질은 얼마든지 경쟁의 기회가 될 수 있는 것이다.

5.3 경영품질

2005년 10월 미국 국방성은 '미국 역사상 가장 큰 400억 달러 국방사업에서 록히드마틴사가 보잉사를 이겼다'고 발표했다. 펜타곤은 보잉사의 제트기 디자인을 놓고 '입을 벌리고 날아다니는 개구리 같다'고 비꼬았다. 이에 발끈한 보잉사는 즉각 반응했다. '우리는 전투기를 만드는 회사이지 고등학생 졸업파티에 참석하는 데 필요한 비행기를 만드는 곳이 아니다.' 실로 대단한 자존심이 아닐 수 없다.

고객이 무엇을 원하든 보잉은 자신들의 철학에 근거해서 경영한다는 주장이다. 그러나 자존심을 내세운 보잉사는 결국 3만명의 직원을 해고해야만 했다. 고객의 입맛을 무시한 데 대한 쓰라린 대가였다.

조직의 목표는 경쟁우위를 선점하는 것이다. 경쟁우위를 결정하는 주체는 고객과 시장이며 그들의 요구는 끊임없이 변한다. 그래서 경영자들은 고객과 시장의 요구에 대응하는 것을 최우선 과제로 삼고 있다. 생산능력이 중요했던 시절에는 생산성이 경영의 화두였다. 제품의 품질이 중요한 시기에는 품질관리나 품질보증으로 대응했다. 서비스 품질에는 고객만족경영, 안전에는 안전경영, 기술개발에는 기술 경영, 프로세스 혁신에는 리엔지니어링, 그리고 디자인 경쟁력에는 창조경영이나, 지식경영이 적용됐다.

다양한 고객과 시장의 요구가 수많은 경영혁신 개념을 탄생시키고 있는 셈이다. 현대 경영과 리더십이 '선택'과 '집중'의 논리에 발목을 잡히게 된 배경이다. 한 가지 경영 혁신방법으로 대응하기에는 한계를 느낄 수밖에 없는 시대가 됐기 때문이다.

약 2.000명의 경영혁신 전문가들이 참가한 2005년 미국 품질대회(AQC)는 바로 경영혁신에 대해 '선택과 집중'을 강조한 대회였다. 선택에 강한 조직을 만들기 위해서 경영품질(Management Quality) 모델이 강조된 반면, 집중에 대해서는 6시그마가 중심축을 이루며 적용되고 있다. 주목할 만한 것은 병원장, 학교 총장, 교장, 지자체 공무원들과 같은 공공부문의 리더들이 대거 참석해 사례발표를 직접 할 정도로 미국의 경영품질 모델은 이미 범 사회적으로 확산됐다는 사실이다.

개별적인 기능 요소가 조직의 경쟁력에 차지하는 비중에 근거하여 어떤 분야가 강하고 어떤 분야가 취약한지를 분석한 후 핵심 부문의 혁신을 위해 도구 적용을 집중시키는게 중요하다는 말이다.

월드클래스 조직들은 이미 경영품질 모델을 선택의 수단으로 활용하고 있으며 그러한 모델을 기반으로 선택과 집중의 최적 밸런스에 대한 조율을 추구하고 있다는 사실에 주목해야 한다. 이번 월드컵에서 강한 팀들은 볼 점유율이나 슈팅수보다는 슛 성공률에 초점을 맞춘 축구를 한다는 사실과 맥락을 같이 한다.

우리나라에서 요즘 유행하는 경영혁신은 단연 6시그마이다. 대기업들은 대대적으로 6시그마를 도입하고 있으며 많은 협력사들도 이에 동참하고 있다.

비용도 만만치 않아서 대기업의 경우 연간 수십억의 컨설팅 및 교육비용을 투자하기도 한다. 국가의 품질 경쟁력을 높일 수 있는 계기이므로 바람직한 일임은 틀림없다. 하지만 간과해서는 안 될 일이 있다. 바로 6시그마의 개념들이 부분적인 문제해결이나 개선수단으로서 각광받고 있다는 사실이다. 즉 선택과 집중에서 집중의 능력을 배양하는 수단으로 쓰이고 있다는 것이다. 우리는 현장 개선능력에 관한 한 세계적인 노하우를 자랑하는 일본기업들이 뒤늦게 미국의 경영품질 모델을 열심히 배우고 있다는 사실을 기억해야 한다. 경영혁신도 선택능력과 집중 능력 간의 밸런스가 필요하다는 것을 깨닫게 된 것이다.

우리나라의 경영혁신은 선택능력에 집중능력이 강하다. 목표가 주어지면 기어코 해내는 강인한 근성이 크게 작용하기 때문이다. 하지만 우리는 부분 최적화에 너무 많은 땀을 흘리는 것을 경계해야 한다. 데밍 박사는 생전에 산업계 지도자들에게 "조직 전체를 하나의 시스템으로 봐야 한다. 시스템요소는 경쟁적인 수단에 의해서가 아니라 전체 시스템에 대한 기여로 측정된다"고 말했다. 부분이 아니라 전체를 보는 안목이 경쟁력의 근원이라는 얘기다.

"단위 부품의 품질이나 생산성은 이제 해볼 만하다. 외국 기업들도 인정한다. 그런데도 경영시스템이 취약해 경쟁 환경은 늘 우리에게 불리하게만 작동한다." 이 말은 유럽회사와 합병한 국내 전자회사의 간부사원의 고백이다. 이제 우리도 경영시스템의 경쟁력을 높이는 데 눈길을 돌려야 한다. 경영품질로 경쟁해야 할 시기가 다가온 것이다.

품질경영과 경영 품질은 같은 것인가, 다른 것인가.

이에 대한 답을 단어적 관점에서 이분법적으로 나눠 생각하기는 어렵지만, 경영품질은 품질경영의 발전에서 생긴 말로 그 배경은 다음과 같다.

먼저 아무리 좋은 용어라도 너무 오래 사용하면 신선감이 떨어진다. 즉 품질이 매우 중요할지라도 품질경영이라는 말을 10년 넘게 사용해 왔기 때문에 새로운 관심을 불러일으키기에는 한계가 있다. 또한 고객의 개념이 이해관계자로 확장되면서, 내부고객과 외부고객이라는 전통적 품질 개념이 주주, 협력업체, 유통업체, 지역사회로 확대된 것도 그 배경이라 하겠다.

특히 품질의 초점이 '운영효율성 제고'에서 '고객가치 혁신'으로 옮겨가면서 생산자들이 '고객을 위한 새로운 가치 창조'의 도구로 인식하고 있음을 반영한 것이다.

이처럼 경영품질이란 품질경영의 일반적 추세를 반영한 것으로 '지속가능한 성장'을 위한 불가피한 변화로 정의된다. 그렇다면 경영품질은 어떻게 측정할 수 있을까. 품질의 오래된 금언 중 하나는 "측정할 수 없는 것은 관리할 수 없다"는 것이다. 이에 대해 미국의 말콤볼드리지 품질상은 오늘날 경영품질을 측정하는 도구로 기업의 지속성장 가능을 예측하는 기준이 되고 있다.

실제 미국 말콤볼드리지 품질상을 받은 기업들의 장기적 주가상승률이 S&P 500대 기업의 상승률보다 3~4배 높다는 것은 경영품질에 대한 측정이 현실적인 성장으로 작용하고 있음을 증명하고 있다.

솔랙트론의 니시무라 사장은 "말콤볼드리지 기준은 질 높은 회사를 구축하기 위한 길잡이가 됐다"며 "말콤볼드리지 기준을 받아들였기 때문에 엄청난 가속도로 발전할 수 있었다"고 말했다.

결국 경영품질이란 "지속가능한 성장을 위해 이해관계자들의 만족을 높여가되 그 균형을 유지하는 것"으로 정의할 수 있다.

오늘날 선진 기업들이 화두로 삼고 있는 '지속 가능한 성장'을 위해서는 '경영품질'을 진지하게 고민해야 할 시기가 된 것이다.

제 6 장

품질경영의 정의와 구성요소

제 6 장

품질경영의 정의와 구성요소

6.1 품질경영의 정의

우리나라에서 품질경영을 추진하고자 하는 목적은 내외적으로 어려운 기업환경을 극복하고 산업의 선진화를 통한 선진국으로의 도약을 위하여 고객 지향적인 경영혁신 풍토를 조성하고 최고경영자를 비롯한 기업 구성원의 의식을 개혁하여 고도산업역군으로서의 자질을 개발하는 동시에 신바람나게 일하는 분위기를 형성하며 한편으로는 끊임없는 기술혁신과 품질개선활동을 위주로한 품질제일주의의 체제를 구축함으로써 산업의 경쟁력을 회복하기 위함이다.

새로운 품질경영의 추진에 있어 우리는 그 동안 추진하였던 일본식의 전사종합품질관리를 부정하고 전혀 새로운 각도에서 시작하고자 하는 것은 결코 아니다. 왜냐하면 그 동안 전사종합품질관리의 성과가 기대한 만큼 되지 못하였던 것은 전사종합품질관리 제도 자체의 문제라기보다는 전사종합품질관리를 정확하게 이해하지 못하고 추진하였던 우리의 미숙함이 더 큰 문제이기 때문에 오히려 기존의 전사종합품질관리를 보다 잘 확산·보급시키려는 시도에서 품질경영을 추진하고자 하는 것이다.

이와 같은 과정에서 우리는 구미의 종합품질경영의 제도를 응용하고자 한다. 왜냐하면 구미에서의 종합품질경영은 ISO 9000 시리즈를 근간으로 한 품질경영을 확대·발전시킨 것이기 때문이기도 하지만은, 더욱 중요한 것은 이와 같은 종합품질경영이 구미제국이 일본의 품질관리제도를 철저히 연구하여 그들 나름대로의 적합한 방식으로 발전시킨 것이기 때문이다. 잘 알려진 바와 같이 구미는 일본이나 우리보다는 이론화 작업이 충실하기 때문에 그들이 추진하고자 하는 종합품질경영은 일본의 전사종합품질관리를 그들의 풍토에 알맞도록 장점을 가려 뽑아 새로운 제도로 탄생시킬 수 있었던 것이다. 따라서 우리는 구미의 종합품질경영으로부터 우리가 간과하였던 전사종합품질관리의 본질을 재조명하여 그간의 우리 품질관리제도를 더욱 발전시키고자 품질경영을 시작하고자 하는 것이다.

품질경영을 시작함에 있어 우리는 또한 구미의 전략경영방식도 아울러 도입하고자 한다. 왜냐하면 일본식 전사종합품질관리의 요체는 기업하부구조를 중시한 체질개선에 있는데, 이와 같은 체질개선은 비교적 장기간에 걸쳐 이루어지는 것이므로, 당장의 열악한 기업환경을 극복하기 위하여는 체질개선과 아울러 생존하기 위한 전략을 계획하고 추진하는 것도 중요하기 때문이다. 즉 날로 치열해지고 있는 국제경쟁에서 우리의 비교우위요소를 어떤 것으로 하여야 할 것인가를 냉철히 선택하여 우리가 나아가야 할 길을 제시하는 것도 중요한 이슈이기 때문이다. 이러한 이유로 앞서 우리는 품질을 철저히 고객지향적이면서 동시에 총체적인 입장에 또한 여러 가지 각도에서 정의하고자 한 것이다.

품질경영은 ISO 9000에서 다음과 같이 정의하고 있다.

> "that aspect of the overall management function that determines and implements the quality policy."(품질경영이란 품질방침을 결정하고, 적용하는 전반적인 경영기능의 측면이다.)

위와 같은 정의에 의하면 가장 우선적으로 규명해야 할 문제가 있다면 'management'가 지니는 의미를 명확히 해두는 것이라고 하겠다. 일반적으로 'management'는 '관리'와 '경영'이라는 번역어를 채택하고 있으나 'administration'과 크게 혼돈이 있어 영어를 사용하고 있는 나라에서도 상당한 기간 동안 어려움이 많았다. 그러나 최근에 이르러 이 두 개념상의 차이는 어느 정도 혼돈을 면할 수 있을 정도로 차별화가 되어 있다. 그렇지만 우리나라의 경우에는 '관리'와 '경영'이라는 번역어상의 차이는 전혀 차별화가 이뤄지고 있지 못하여 크나큰 혼란을 야기하고 있는 것이다.

그러나 우리는 품질문제 영역에서 이미 'quality control'을 일본에서 번역한 말을 그대로 도입하여 품질관리로 번역한 바가 있다. 따라서 'quality management'를 품질경영으로 번역하지 않을 수 없는 상황이 되어버린 것이다.

문헌을 살펴본다면 1950년대 일본의 경우 산업부흥을 위하여 온갖 노력을 경주하고 있을 때 일본과학자와 기술자연맹(JUSE : Japanese Union of Scientists and Engineers)에서도 이를 위한 위원회가 구성되었는데, 구성원은 8명이었으며 모두 교수들이었고, 당시의 리더는 우리가 잘 알고 있는 미즈노 시게루 교수였다. 그리고 일본에서 사계의 권위자로 존경받았던 가오루 이시가와 교수는 이 위원회가 조직된 6개월 후에 참가하였다고 한다.

이 위원회의 첫 번째 사업은 서양으로부터 좋은 품질을 확보할 수 있는 이론이나 기업을 배우는 것이었다. 이를 위해서 최초로 초빙해 온 인물이 바로 데밍이었으며 그로부터 통계학을 응용하는 이른바 statistical quality control(SQC)을 배우게 된 것이다. 이를 기업의 현장에 보급하기 위하여 최초로 발행한 책이 바로 「FQC」(factory and quality control)이었다. 이 당시 'quality control'을 한자로 품질관리로 번역하기에 이른 것이다. 이를 1970년대 초에 산업운동으로서 품질관리운동을 추진하면서 일본의 번역어를 그대로 아무런 비판 없이 도입하면서부터 우리도 'quality control'을 '품질관리'로 사용하게 되었다.

일반적으로 'management'라면 매우 정의하기가 어려운 개념임에는 틀림없지만 학자들에 의하여 정의되고 있는 바를 정리한다면 두 가지로 요약해 볼 수가 있다.

첫째로는 이를 조직 또는 조직계층의 개념으로 정의하려는 흐름이 있다.

둘째로는 인간의 행위개념으로 정의하려는 흐름이 바로 그것들이다. 예를 들어 본다면 기업의 중역들이 포함되어 있는 조직계층을 'top management'라고 부르고 있으며, 우리나라 기업들의 조직에서 부장과 과장이 포함되어 있는 조직계층을 'middle management'라고 부르고 있으며, 이때의 'management' 개념은 바로 조직 또는 조직계층의 개념인 것이다.

반면 보다 일반적인 경우는 이를 인간의 행위개념으로 이해하려는 것이라고 할 수 있다. 그렇다면 행위의 내용이 무엇인가의 문제가 우리의 관심사인 것이다. 이와 같은 행위의 내용을 관리기능(management function)이라고 부르고 있다. 이것도 학자에 따라서 매우 다양하게 분류하고 있지만 가장 간단하게 분류하고 있는 바는 세 가지의 기능으로 나누고 있어 이를 3분법이라고 칭하기도 한다.

즉 그것은 계획(planning), 통제(control), 그리고 조직(organizing)의 기능이다. 특별히 계획과 통제의 관계는 계획된 것이 그대로 이뤄지도록 하는 기능이 있다고 할 수가 있다.

그러므로 본래 'quality control'은 품질통제로 번역했어야 옳았을 것이며, 'quality management'는 품질관리로 번역했어야만 옳았다고 할 수 있다. 이에 따라 전자는 원본 또는 표준과 똑같은 균일성을 확보하는 것이 과제라고 할 수 있으며, 후자는 균일성의 확보뿐만 아니라 개선과 향상의 문제까지를 포함하고 있다고 할 수 있다.

일본의 경우도 이와 같은 혼돈을 회피하기 위하여 'quality control'을 '좁은 의미의 품질관리', 'quality management'를 '넓은 의미의 품질관리'로 구분하고 있다. 그러므로 분명히 이론적으로는 품질통제와 품질관리는 같은 개념이 아니며, 그렇다고 하여 품질통제가 품질경영과 같은 것은 결코 아니다. 품질경영은 품질통제를 포함하는 광범위한 개념이라고 보아야 할 것이다. 즉 ISO 9000에서와 같이 '전반적인 관리기능'(overall management function)임에 유의하여야만 할 것이다.

이상과 같이 우리의 기업들이 일본으로부터 무비판적으로 품질프로그램을 받아들임으로써 오류조차도 그대로 받아들이게 된 것이다. 따라서 구체적으로는 최고경영자의 품질방침을 비롯하여 고객을 만족시키는 모든 활동 즉 'quality planning', 'quality control', 'quality assurance', 그리고 'quality improvement'와 같은 활동을 포함한다고 할 수 있을 것이다.

반면 ISO 8402에 의하면 역시 'quality control'이란 '품질에 대한 요건을 충족시키는 데에 사용되는 기법과 활동'으로 규정하고 있다. 그리고 'quality assurance'에 관해서도 '제품 또는 서비스가 주어진 품질요건을 충족시킬 것이라는 신뢰감을 주기 위하여 품질시스템 내에서 수행되는 모든 계획적이고 체계적인 활동'으로 정의하고 있다.

그리고 이와 관련하여 가장 큰 혼돈은 종합품질경영(total quality management)과 전사종합품질관리(total quality control)에 의해 야기되고 있다. 역시 ISO 8402에 의하면 "품질에 중점을 두고, 전원 참여에 의해 고객만족과 조직구성원 및 사회에 대한 이익 창출로 장기적 성공에 목표를 두는 조직전체의 경영적 접근"이라고 정의하고 있다. 그러므로 종합품질경영은 품질경영을 하기 위한 전사적 접근체계라고 할수 있을 것이며, 전사종합품질관리는 역시 품질관리를 하기 위한 전사적 접근체계라고 할 수 있을 것이다.

그러나 그 동안 우리가 수행해 온 전사종합품질관리는 이상에서와 같은 'QC'의 개념설정으로부터 커다란 오류가 포함되어 진행되어 왔으므로, 방법론상의 편협성을 면치 못했던 것이다. 그러므로 그 동안의 우리의 시도가 실질적으로 TQC＝TQM이었다고 하더라도 방법론상의 차이점은 매우 크다고 보아야만 할 것이다.

즉, 전사종합품질관리 체계하에서 실질적으로 통계학적인 것이 주된 방법론이었다면, 종합품질경영 체계하에서는 통계학적인 것은 물론 조직적이며, 관리론적인 방법론이 주된 것이 될 것이다.

이러한 면들을 모두 고려하여 볼 때 우리가 추진하고자 하는 품질경영은 다음과 같이 정의된다.

핵심항목	한국 품질경영 정의
추진기반	최고경영자의 리더십과 시스템을 기반으로
목 표	고객만족
추진전략	지속적인 개선, 전원참가를 추구하여
궁극적인 목적	조직의 성과를 극대화시키는 경영체계

품질경영이란 '최고경영자의 리더십과 시스템을 기반으로 고객만족, 지속적인 개선, 전원참가를 추구하여 조직의 성과를 극대화시키는 경영체계'이다.

품질경영은 특정한 형태의 경영방식이나 제도이기에 앞서 경영활동을 해 나가는 데 있어서 기본이 되는 정신이며 업무를 수행해 나가는 사고방식이다. 구체적인 제도나 기법은 이러한 철학과 사고를 보다 효과적으로 달성해 나가기 위한 수단으로 택해진 일련의 대안들일 뿐이다. 과거 일본의 전사종합품질관리를 도입·추진하는 과정에서 많이 보여졌듯이 기본적인 정신이나 사고방식은 소홀히 한 상태로 지엽적인 제도나 기법에 매달려서는 품질경영의 진정한 효과를 얻기가 어렵다. 따라서 품질경영은 단순히 제도나 기법을 도입하고 적용하는 방식이 아니라 전 임직원의 가치와 신념의 변화를 전제로 하고 이를 통하여 업무를 수행하는 태도와 행동을 변화시켜 나가는 기업문화의 창달인 것이다.

6.2 품질경영의 구성요소

현재 우리에게 주어진 내외여건을 감안할 때 우리 기업에게 시급한 것은 우선 공존공영의 경영철학과 근면, 성실의 근로윤리를 확립하고 이러한 기반 위에 전 임직원이 뜻을 합하여 기업의 경쟁력을 배양하는 경영풍토를 조성해 나가야 할 것이다. 이러한 풍토의 조성은 최고경영자(기업가)가 물질적 소유의 확대보다는 일의 성취를 통한 보람을 중시하는 기업가정신으로 재무장하고 진실한 경영이념과 경영철학을 재정립하여 품질경영의 제반 활동과 과정에 직접 참여하여 솔선수범하는 리더십을 발휘함으로써 이루어질 수 있는 것이다.

다음으로 시급한 것은 적극적인 인재육성과 기술개발을 통하여 기업의 힘인 자원능력 자체를 끊임없이 강화시켜 선진기업 수준으로 끌어올리는 한편 이를 잘 활용하기 위한 적합한 경영제도 및 관습을 찾아내고 개발해 나가야 할 것이다.

품질경영은 이미 완성된 경영이론이나 경영방식이라기보다는 업계, 정부, 학계가 힘을 합하여 개발하고 발전시켜 나가야 할 한국적 경영방식이라고 볼 수 있을 것이다. 따라서 여기서는 우리나라의 품질경영이 현시점에서 한국적 경영방식으로서 갖추어야 할 구성요소와 기본개념을 제시한다.

품질경영과 관련된 여러 제도나 기법의 채택범위는 기업에 따라 다르고 동일기업 내에서도 발전단계에 따라 변화해 가는 것이다. 따라서 이들의 선정 및 도입, 소화, 정착, 발전은 각 기업의 능력과 노력에 절대적으로 달려 있다. 경영과 관리는 자연현상과 법칙을 상대로 하는 기술과는 달리 끊임없이 변화하는 인간을 주대상으로 하기 때문에 모든 기업에 똑같이 적용되어 동일한 결과를 가져올 수 있는 표준화된 방법이 존재하지 않는다. 다른 국가와 다른 기업의 사례는 참고는 될 수 있어도 그대로 적용할 수는 없다. 따라서 각 기업은 품질경영을 향한 주체적인 노력이 품질경영 성공의 필수요소이자 책임임을 명심하여야 할 것이다.

품질경영의 구성요소로는 경영철학과 경영풍토, 기본 사고 방식, 제도와 기법의 3가지가 있다.

① 품질경영을 해 나가기 위해서 기업가와 경영자, 종업원이 지녀야 할 기본적인 사상과 분위기에 해당하는 경영철학과 경영풍토
② 제반 업무를 수행해 나가는 데 있어서 지침이 되는 기본 사고방식
③ 구체적으로 업무를 수행해 나가는 절차와 방법에 해당하는 제도나 기법 등이 있다.

이 밖에도 경쟁력의 원천이며 기업의 실력에 해당한다고 볼 수 있는 인재력, 기술력, 기타 보유자원 등과 같은 자원능력(=기업의 자원이 지니는 총체적인 힘)의 강화활동이 병행되어야 할 것이다. 품질경영의 구성요소와 그 연관관계를 도시하면 [그림 6-1]과 같다.

[그림 6-1] 품질경영의 구성요소

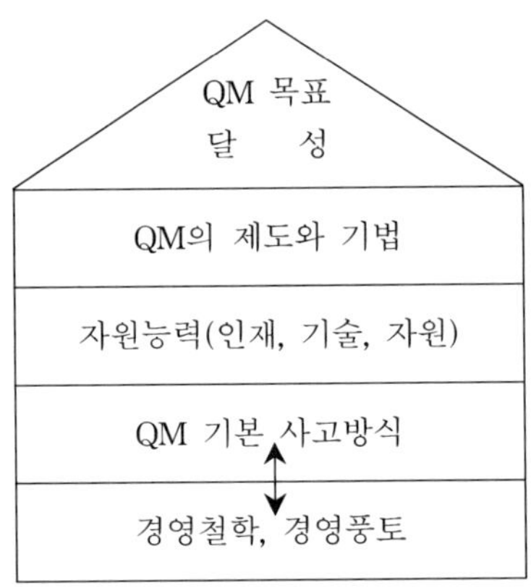

경영철학과 경영풍토는 기업의 전 구성원이 지니는 사회와 기업의 관계, 기업과 경영의 본질, 직업과 일에 대한 인식, 노사간의 역할과 관계를 바라보는 가치나 신념의 종합체로서 경영의 가장 밑바탕이 되는 정신적 토대이다. 품질경영의 기본 사고방식이란 앞에서 언급된 경영철학과 경영풍토를 근간으로 하여 기업 또는 개개인이 일을 수행해 나가는 방식과 일에 임하는 마음가짐 및 태도에 대한 기본지침 또는 원칙에 해당한다.

보통 기업문화란 '그 구성원 사이에 공유된 가치와 신념 및 행동의 체계'라고 정의하므로 우리는 앞의 두 요소를 합하여 품질경영의 기업문화라고 부른다.

일반적으로 경쟁력이란 그 기업이 보유하고 있는 기술력이나 관리능력(또는 관리기술)에 좌우된다. 경영철학과 경영풍토가 기업이란 집의 기초와 토대라면 이것들은 기업을 떠받치고 있는 기둥에 해당한다. 아무리 굵고 튼튼한 기둥이라도 토대가 약하면 제대로 역할을 하지 못하게 된다. 또 이러한 기둥의 육성은 건전한 기업문화에 결정적인 영향을 받는다. 이들이 원천적으로 부족한 우리의 입장에서는 기술과 관리능력을 높이는 것은 경쟁력 강화를 위해서 필수적이다. 또 이를 위해서는 이것들을 소유하고 개발하는 주체인 인재의 육성과 활용에 각별한 관심을 가져야 한다. 따라서 기술과 인재 등 자원능력의 강화는 품질경영의 핵심적 과제이다.

품질경영에 속하는 제도나 기법은 주어진 자원을 활용하여 효과적으로 업무를 수행해 나가기 위한 구조, 절차, 방법 등에 해당한다. 따라서 이것들은 품질경영의 본질적인 것이기보다는 수단에 해당하는 것이며 기업에 따라서 선택, 가감, 개량의 여지가 있는 것이다. 경영이론이나 실무적 관행의 발전에 따라서 이것들도 변화해 가며 또 기업 스스로 개발할 수도 있다. 또 한편으로는 강한 기업문화의 창달이나 자원의 육성도 이를 실행하기 위한 구체적인 제도나 방법에 크게 의존하므로 이들의 중요성을 간과하여서는 안 된다.

6.2.1 품질경영의 경영철학과 경영풍토

(1) 품질경영의 경영철학

품질경영은 최고경영자가 명백한 경영이념이나 경영철학을 가지고 추진될 때 비로서 효과적으로 경쟁우위를 달성할 수 있게 한다. 경영철학은 기업가나 최고경영자가 기업을 경영해 나가는 데 있어서 진정으로 추구하는 가치와 신념을 대변한다. 이것은 종업원들이 피부로 느낄 수 있을 정도로 명시되고 실행되어야 한다. 여러 기업들의 사례에서 경영활동의 방향에 별로 영향을 미치지 못하거나 종업원들이 거의 공감하지 않는 이념이나 철학은 장식에 불과한 것이 분명하다. 따라서 품질경영을 효과적으로 추진함으로써 기대되는 성과를 얻기 위해서는 경영이념이나 철학의 재정립이 전제되거나 병행되어야 한다.

기업의 이익이나 가치의 극대화를 궁극적인 목적으로 하여 종업원이나 고객을 수단으로서 인식하는 주주중심의 사고로부터 사회의 한 구성원으로서의 고객에 대한 봉사를 중심으로 하는 사회적 기능을 강화하고, 주주뿐만 아니라 가치창출의 실질적인 주체인 종업원의 이익과 발전도 동시에 중시하는 사고로의 전환을 의미한다. 품질경영이 추구하는 경영철학의 내용은 다음과 같다.

① 고객중시/고객만족,
② 종업원의 인간성 존중,
③ 사회에의 공헌,
④ 품질제일주의

1) 고객중시/고객만족

기업의 고객에 대한 봉사란 합리적인 가격에 고객이 원하는 좋은 품질의 제품이나 서비스를 제공함을 기본으로 한다. 합리적인 가격이나 좋은 품질이란 경쟁자와의 상대적 관계에서 파악되어야 한다. 경쟁자보다 더욱 효과적으로 고객을 만족시킴으로써 기업은 고객에게 사랑받을 수 있으며 번영할 수 있다. 고객을 수단으로서 생각하거나 조작의 대상으로 삼아서는 일시적 성과를 달성할 수 있을지 모르나 장기적으로 고객을 만족시키기는 어렵다.

고객에게 진심에서 우러나는 관심을 가지고 고객의 니즈를 파악하고 봉사해야지만 고객만족을 효과적으로 이끌어 낼 수 있는 것이다. 이를 위해서 모든 제품과 서비스는 고객만족을 위하여 만들어지고 제공되어야 한다는 생각을 최고경영자에서부터 현장 종업원까지 모두 실천하여야 하며, 이 목적을 달성하기에 적절한 품질시스템을 유지하여야 한다.

2) 종업원의 인간성 존중

전세계에 걸쳐서 전개되는 지구적 규모의 격심한 경쟁 속에서 경쟁자보다 더 우수한 품질의 향상과 생산성의 향상을 지속적으로 이룩하여 성공의 가능성을 높이기 위해서는 기업은 혼신의 힘을 발휘하여야 한다. 혼신의 힘을 발휘한다는 것은 기업의 전 구성원이 에너지를 최대로 끌어내어 힘을 합하는 것이다. 종업원들은 그들의 인간성이 존중되고 있다는 것을 느끼고 일에 대한 진정한 가치를 느낄 때만이 그들의 능력을 최대한도로 발휘한다. 종업원의 자발적 협조와 참여의 기반 위에 노사가 공동의 목표를 향하여 노력하는 분위기를 만들기 위해서는 종업원을 수단으로서의 인간이 아니라 목적으로서의 인간으로 대해야 한다.

또 종업원들이 피고용자 의식에서 벗어나 주인의식을 갖도록 유도하여야 한다. 인간은 주인의식을 가질 때 의욕이 생기며 능동적이 된다. 실질적으로 오늘날과 같이 기업규모가 커지고 주식분산이 많이 진척되는 기업환경에서는 종업원은 주주와 함께 기업의 실질적인 주인으로서의 역할과 책임을 담당해 가는 것이 전반적인 추세이다.

종업원에 대한 인간성의 존중과 공정한 성과분배는 고객 존중과 함께 품질경영의 가장 중요한 기본철학이다.

인간성의 존중이란 단순히 인격적으로 존중하거나 그들의 이익을 중시하는 정도에 그치는 것이 아니라 인간이 지니고 있는 무한한 잠재력을 개발하고 그들로 하여금 성취하고 발전할 수 있는 기회를 마련해 줌으로써 삶에 긍지를 갖고 일에 보람을 느끼며 나아가서는 즐거운 직장이 되도록 하는 것을 포함한다.

3) 사회에의 공헌

고객에 대한 봉사는 기업의 가장 중요한 사회적 책임이자 기능이지만 그 밖에도 기업은 몇 가지 사회적 책임과 공헌을 해야 한다. 첫째로 기업은 기업이 속하고 있는 환경을 보존하여야 하며 이를 위해서는 공해방지에 최대한의 노력을 기울여야 한다. 오늘날의 사회는 발전의 대가로 환경의 파괴를 더 이상 용납하지 않는다. 제품을생산하고 판매함으로써 기업활동이 끝나는 것이 아니다. 판매된 제품의 사용과 폐기에 대한 책임을 포함하여 점점 제품에 대한 무한 책임이 요구되고 있다.

종업원·고객 지역사회의 안전을 중시하는 것은 기업의 또 하나의 사회적 책임이다.

끝으로 기업은 기업이 속하고 있는 지역사회나 국가에 대한 공헌도 고려하여야 한다. 고용의 창출이나 세금의 납부 등이 지역사회에 대한 기본적인 공헌이라 할 수 있을 것이나 이외에도 지역 내에서 자기의 위치와 능력에 맞는 적절한 봉사활동을 전개할 수 있을 것이다.

4) 품질제일주의

기업이 경쟁을 하기 위한 무기로서 택할 수 있는 품질, 가격, 납기, 유연성, 서비스 등과 같은 여러 경쟁 요소 중 품질우위의 확보를 가장 중요한 무기로 택하는 것이 품질제일주의이다. 따라서 품질제일주의는 기업이 선택할 수 있는 경쟁전략의 한 유형이라고 볼 수 있다.

가격이나 납기는 고객의 구매 결정에 순간적인 영향을 미치지만 품질은 고객이 제품을 사용하면서 계속 평가하기 때문에 고객 만족과 재구매시의 의사결정에 직접적인 영향을 미치는 가장 큰 요인은 품질이다. 따라서 오늘날에는 여러 경쟁요소 중 품질이 가장 중요한 요소로 인식되고 있다.

경쟁전략은 환경과 여건의 변화에 따라 변한다. 품질제일주의는 경영철학보다는 격이 낮은 개념이다. 고객만족이 더 이상 고객을 유인하기 위한 수단적 차원에 머물지 않고 경영의 목적 그 자체가 되듯이 품질중시도 경영전략의 차원에서 경영철학의 차원으로 격상되어야 한다.

세계시장에서 볼 때, 우리나라 제품들의 평균적 위치는 중간가격에 중간품질이라고 볼 수 있다. 최고품질의 제품은 가격에 둔감하기 때문에 상당히 높은 가격에도 팔릴 수 있다. 유럽, 미국, 일본 등 선진국의 제품들은 경쟁력을 지니고 있는 분야에서는 최고의 품질을 실현하고 있는 경우가 대부분이다. 그러나 우리의 경우와 같이 중간에 위치하는 제품은 가격면에서 대단히 민감하다.

따라서 우리나라 기업들의 경우는 품질이란 개념을 순수한 품질만을 의미하는 절대적 개념으로서보다는 가격에 비해서 만족스러운 품질이란 상대적 개념으로 보아야 한다. 현재 우리가 당면하고 있는 내외환경에 비추어 볼 때 과거와 같이 상대적으로 저렴한 임금수준과 소품종 대량생산방식에 의한 규모의 경제에 의지해서는 더 이상 경쟁력 있는 가격을 실현하기 힘들다. 그러므로 경쟁력 있는 가격을 실현하기 위해서는 끊임없는 생산성 향상의 노력이 병행되어야 한다. 그러므로 우리는 품질과 생산성이란 두 마리의 토끼를 동시에 잡도록 노력해야 한다.

품질과 원가는 서로 상충적인 부분도 있고 보완적인 부분도 있다. 보완적인 부분(예 : 제조품질의 향상과 원가의 절감, 제조성을 고려한 제품설계)은 동시에 달성하도록 추구하여야 하며 상충적인 부분은 최적조합을 할 수 있는 방법을 찾아 나가야 할 것이다. 일반적으로 전략경영이 주어진 여건(자원능력) 하에서의 양자 사이의 효과적인 선택과 조합을 중시하는 개념임에 비하여 품질경영은 이들을 실현하는 원천인 자원능력(사람, 기술 등) 자체를 강화함으로써 품질과 생산성 양자를 추구하는 개념이다. 따라서 품질경영에서의 Q(Quality : 품질 또는 질)는 제품의 품질뿐만 아니라 프로세스 또는 업무의 질, 사람의 질, 자원의 질, 기업의 총체적인 질(TQ : Total Quality)을 의미하는 것이다. 품질경영에서 경영철학이나 기업문화의 변화를 그 핵심개념으로 삼고 있는 것은 바로 이와 같은 이유에서다.

(2) 품질경영의 경영풍토

품질경영이 추구하는 경영풍토는 기업의 전구성원이 기업발전을 향한 공동의 목표를 가지고 신바람나게 뛸 수 있는 보람의 일터를 만드는 것이며 구체적으로는 다음과 같다.

1) 기업가정신의 재무장

우리나라가 지난 30년간 기적적인 경제발전을 해온 데는 여러 가지 요인이 있지만 그 중에서도 빼놓을 수 없는 것이 기업가정신이다. 우리나라 기업가들의 왕성한 기업가정신은 정부의 의욕적인 경제개발계획과 맞물려 신규사업 진출이나 사업확장에 따라 때때로 비관적인 분위기하에서도 과감한 사업추진을 하는 원동력이 되었다.

결과적으로 실패하여 자원의 낭비를 초래한 사업도 다소 있지만 전반적으로는 우리나라의 발전에 큰 기여를 하였다. 경부고속도로 건설, 포항제철의 건설, 중동진출, 규모의 경제를 실현하기 위한 자동차산업의 대량생산체제 구축, 표준형 반도체 사업진출 등은 대표적인 성공사례로 꼽을 수 있을 것이다. 그러나 지난 몇 년간 노사분규의 과정을 거치면서 많은 기업가들이 사업규모의 안정, 분할, 축소를 꾀하는 등 기업가정신이 눈에 띄게 쇠퇴되어 왔다. 더구나 근래에는 국내외의 기업환경이 매우 악화되었을 뿐만 아니라 이를 타파할 수 있는 활로가 쉽게 찾아지지 않는 상황 속에서 많은 기업가들이 자신감을 상실하고 표류하고 있으며 일부 경쟁력을 상실한 산업분야의 기업들과 자원능력이 취약한 한계기업들은 속수무책으로 도산이란 종착역을 향해 다가가고 있는 실정이다.

역사적으로 볼 때 많은 국가, 민족, 사회, 기업의 발전과정에는 생존과 번영을 위협하는 내외로부터의 도전이 있어 왔으며 이를 효과적으로 극복한 자만이 생존하고 발전해 왔다. 도전의 형태가 다를 때마다 각기 다른 대응방식이 필요하다. 과거의 도전에 대응하는 데 성공적이었던 방식도 새로운 도전에 대한 대안으로는 더 이상 효과적이지 못하다. 경영철학이나 기업가정신도 마찬가지이다.

오늘날 우리 기업에게 주어진 도전을 극복하자는 것이 바로 품질경영의 제창이다.

이러한 위기를 극복하기 위해서 기업가나 최고경영자가 선두에 서야 한다는 것은 너무나도 당연하다. 따라서 기업가들은 쇠락해 가는 기업가정신을 다시 한번 다잡아 왕성한 기업가정신을 되찾아야 한다. 또 사회와 기업에 관련된 사람들이 기업가들이 다시 일어설 수 있도록 함께 힘을 합하여 도와주어야 한다.

그러나 기업가정신을 발휘하는 방식은 옛날과 달라져야만 한다. 과거의 기업가정신이 여기저기 널려 있는 많은 미개척지에 뛰어드는 모험정신, 즉 성장의지를 실현하기 위해서 불확실성 속에서 위험을 무릅쓴 과감한 모험정신이 근간이 되었다면, 오늘날의 기업가정신은 주어진 분야에서 혼신의 노력을 통하여 내실과 실력을 쌓고 그 결과 성공을 얻어 내는 합리적 경영의지를 근간으로 하는 경영정신 또는 혁신정신이 되어야 할 것이다. 오늘날 모험정신만 가지고 뛰어들 수 있는 미개척지란 더 이상 존재하지 않는다고 보아도 무방하다. 새로운 사업의 개척이란 것도 다져진 기술로부터 얻어지는 결과이지 외국에는 이미 존재하지만 우리나라에는 아직 없는 사업분야를 개척하거나 정부로부터의 사업권 획득과 수입규제 등을 통해서 얻어지는 것이 결코 아니다. 국내의 일부 기업들이 전개하고 있는 세계 최고의 상품이나 브랜드 개발노력은 오늘날 우리에게 요구되는 매우 바람직한 기업가정신으로 발휘되어야 할 방향일 것이다.

또 오늘날의 기업가정신은 기업이란 재산을 소유하고 있으며 이 재산을 기업활동을 통해 효과적으로 늘리고자 하는 소유정신보다는 훌륭한 기업경영을 통해 자기를 실현하고 완성한다는 성취정신이 근간이 되어야 한다. 기업가가 충만한 성취정신으로 무장하고 앞장설 때 종업원들도 고용인으로서의 수동적인 입장에서 벗어나 일에 대한 성취의욕을 강화하게 된다.

그 동안 가장 중요한 국가적 목표인 경제적 성공을 이룩하는 데는 모든 기업 구성원들의 헌신적인 노력이 가장 큰 역할을 하였다. 그러나 우리나라 사회는 기업의 리더인 기업가에 대해 국제 경제전에서 승리를 이끌어 낸 영웅으로서보다는 가난한 사람을 상대로 부를 축적한 탐욕스런 소유의 표상으로서 비판적인 시각을 가져왔었다.

기업가들은 그들이 사회에 공헌한 것에 비하여 너무나도 사회로부터 인정을 받아오지 못했다. 이것은 일반 대중에게 기업가들의 소유의지가 주로 인식되었기 때문이다.

그러나 앞으로 기업가들이 진정한 성취정신으로 재무장하고 이에 의해 기업이 성공하고 우리나라가 선진국으로 진입하게 될 때 우리 국민들은 기업가들을 성취인으로서 사랑하고 존경하게 될 것이다. 이것은 부보다는 성취를 통한 명예를 중시하는 가치관을 실현하는 것이다. 부를 궁극적인 목적으로 하는 천민자본주의 사회는 설사 일시적으로 부의 축적에 성공했다 하더라도 쉽게 쇠퇴하나 성취를 통한 명예를 중시하는 사회는 건전하며 오랫동안 번영할 수 있다.

2) 근로윤리의 정립

품질경영의 국가적인 목표는 약화된 국제경쟁력을 강화하여 오늘날 우리가 직면하고 있는 위기상황을 타파하고 선진국으로 진입하는 것이다. 국제화된 사회에서 특정 국가가 다른 국가보다 빠르게 성장한다는 것은 그 국가의 국제경쟁력이 강한 결과라고 볼 수 있다. 국제경쟁력이란 일시적이며 정지적인 개념으로서보다는 장기적이며 변하는 개념으로서 파악되어야 한다. 특정 국가가 지니는 일순간의 경쟁력 우위(국제간 불균형)는 환율과 같은 외생변수만 변하더라도 쉽게 무너진다.

그렇다면 경쟁력의 원천은 무엇인가? 환율의 변동이 국가간의 불균형을 회복하려는 힘으로 작용한다면 균형을 지속적으로 파괴하는 작용을 하는 것은 국가간에 존재하는 혁신능력의 차이라고 볼 수 있다. 국가의 노동생산성을 의미하는 1인당 국민총생산은 그 국가가 보유하고 있는 자원, 자본, 노동투입량, 노하우(기술, 지식, 경영능력) 등에 의해서 정해진다. 노동생산성의 향상을 의미하는 성장이란 주로 자본투자량, 노하우의 변화량에 의해서 좌우된다. 오늘날 자본이란 것은 국경이 없어져 개방화된 많은 국가에서 더 이상 제약조건이 되지 못하므로 결국은 그 국가가 소유하는 노하우의 변화속도, 즉 혁신속도가 성장 또는 국제경쟁력의 결정적인 변수가 된다.

오늘날 국가의 경쟁력은 그 국가에 속한 기업 개개의 경쟁력의 종합이므로 결국 기업 개개의 혁신능력이 국가경쟁력을 결정한다고 볼 수 있을 것이다. 기업의 입장에서 혁신의 주체는 그 기업에 속하고 있는 종업원 각자이다. 종업원 개개인이 소유하는 지식, 기술, 경영능력 등이 변화되어야 기업이 혁신된다. 종업원들의 혁신속도는 혁신에 대한 의지와 태도를 기본으로 하고 그들의 지적능력, 수준 높은 정보(선진기술)의 제공여부 및 그 유입속도에 좌우된다.

과거 성장과정에서 보면 우리 기업들은 높은 교육열, 민족적 동질성과 단일 언어, 배우기 쉬운 한글 등의 요인에 힘입어 도입된 기술과 기능의 소화(이것도 혁신임)에 충분한 지적 능력을 갖춘 인력을 풍부하게 공급받았다. 한편으로는 우리에게 필요한 수준의 기술은 기술도입선으로부터 쉽게, 그리고 값싸게 공급받을 수 있었다. 그리고 종업원들은 잘 살아보자는 의지와 사회적 긴장으로 인하여 열심히 일해 왔다.

반면에 기술선진국들의 혁신속도는 우리가 후발국가로서의 이익을 효과적으로 활용하여 기존기술을 소화하는 속도에 비하여 그다지 빠르지 못했으므로 선진국들과의 기술격차는 서서히 줄어들어 왔다. 그러나 오늘날은 과거에 우리의 혁신능력의 원천이었던 요인들의 다수가 사라져 버렸다. 첫째로는 우리가 원하는 수준의 기술은 이제는 선진 외국이 더 이상 주고 싶어하지 않은 기술이다.

따라서 혁신의 원천인 기술을 우리 스스로 개발할 수밖에 없다. 둘째, 기술을 자체적으로 개발하기 위해서 소요되는 비용은 기술도입의 대가로 지급되는 로얄티 액수에 비해서 엄청나게 크다는 사실이다. 셋째, 과거에는 국민 모두의 높은 교육열에 따라 풍부한 인재공급을 받을 수 있었던 것이 우리의 주요한 강점이었다. 그러나 자체적인 기술개발에 적합할 정도의 우수한 인력의 공급은 질과 양 두 면에서 모두 부족하다. 도입기술을 소화할 수 있는 정도의 능력에 해당하는 수준, 즉 전문분야에 관한 상식을 갖춘 인재를 양산하던 대중교육은 세계 최고수준의 전문지식을 갖춘 엘리트교육으로 전환되지 않으면 안 된다. 넷째, 어느 정도 경제적으로 윤택해졌으며, 서비스업의 성장에 의한 사회 전반적인 일자리 부족현상으로 인하여 해고의 심리적 부담에서 벗어난 종업원들은 더 이상 열심히 일하려 하지 않게 되었으며 직장의 일에 대해서 가치를 덜 부여하게 되었다.

위에서 언급한 바와 같이 우리의 혁신능력이 둔화된 것과는 반대로 기술선진국들의 혁신능력은 과거보다 가속화되고 있다. 많은 산업분야에서 제품의 기술혁신이 가속화되어 신제품이 속속 개발되고 개발된 제품이 생산으로 이어지는 시간이 매우 단축되었다. 결과적으로 하나의 제품유형이 시장에 처음 도입되어 소비자에게 선을 보이고 구매되다가 시간이 지난 후에 다른 경쟁 유형의 제품에 밀리어 시장에서 사라지기까지의 시간을 나타내는 제품의 수명이 점점 단축되고 있는 것이다. 선진국에서 도입했던 제품을 모방·생산하여 시장에 보다 싼값으로 팔려고 할 때에 이미 그 제품은 시장에서 사라지고 있는 것을 우리는 자주 목격하게 된다.

또 다른 변화는 세계적으로 자동화 기술을 주축으로한 생산기술의 혁신이 매우 빠르게 진행되고 있다는 것이다. 자동화 기술의 발달은 전통적인 생산요소인 노동력이 갖는 의미를 급격히 감퇴시켜 나가고 있으며 저임금에 의존한 제품의 저원가 생산이란 경쟁수단을 무력화시키고 있다. 일부 사양화되던 산업분야에서 일본이 경쟁력을 되찾은 현상은 이를 잘 대변해 주고 있다.

우리 기업의 문제로 다시 되돌아와서 살펴볼 때 기업이 혁신능력을 높이기 위해서 할 수 있는 방안은 무엇이 있는가? 스스로의 주체적인 노력에 의하여 혁신을 해 나가야 하며 그 주체는 종업원들이라는 것이다. 오늘날 우리기업들이 자신감을 상실한 중요한 원인의 하나는 국제환경에 비추어 볼 때 과거보다 더 굳센 각오로 임해야 될 상황임에도 불구하고 반대로 종업원들이 일에 대한 의욕과 의지를 상실하였다는 데 있다고 볼 수 있을 것이다. 즉 급격히 높아가는 외부의 위협을 돌파하기 위해서는 과거보다 더욱 큰 내부의 노력과 지원이 필요한데 반대로 우리는 내부의 상황조차도 또 하나의 위협으로 등장한 것이다.

우리는 어떻게 다시 일할 의욕을 되살릴 수 있을까? 이에 대한 책임의 상당 부분은 개별기업보다는 사회 전반에 있다고 보아야 하겠지만 기업은 스스로 할 수 있는 부분을 찾아서 문제를 해결해 나가야 한다. 개별 기업들이 이것을 효과적으로 해결할 때 사회 전체적으로도 좋아질 것이다. 한편 사회에서도 새로운 정부의 출범과 함께 이를 해결하기 위해서 최선의 노력을 하고 있으며 각계 각층의 모든 국민이 이에 동참할 것을 호소하고 있다.

과거에 '잘살아 보자'는 것이 우리를 열심히 뛰게 한 원동력으로 평가되고 있다. 그러나 이것은 빈자(貧者)의 목표이고 철학이다. 잘살아 보기 위해서 일을 한다면 일은 잘살게 될 때까지만 필요한 일시적인 수단에 지나지 않는다. 어느 정도 잘살게 되어 목표가 달성하게 되면 수단이었으며 희생이었던 일은 옆에 제쳐놓고 그 대신 인생의 새로운 목표로 휴식이나 여가선용을 추구하게 된다. 일의 의욕과 양이 줄어든 반면에, 여전히 새로운 목표를 뒷받쳐 주어야 할 수단인 소득은 소비의 증가에 맞추어 상승되기를 바란다.

이제는 잘살기 위한 수단으로서의 일이 아니라, 일 그 자체가 목적이 되어야 한다.

기업의 입장에서 고객만족의 추구나 종업원의 인간성 존중이 기업이익의 증대를 위한 수단으로서가 아니라 목적 자체가 되어야 하듯이, 또 기업가의 입장에서 기업경영은 소유의 증대를 위한 수단으로서가 아니라 경영을 통한 성취가 목적이어야 하듯이, 종업원들은 일을 소득을 얻기 위한 수단으로서의 대가지불이 아니라 그 자체를 통해서 자신을 성취할 수 있는 기회로 삼아야 한다.

기업은 생계의 유지와 여가생활을 위해서 필요한 돈을 버는 일터가 아니라 성취의 기회를 제공하는 보람의 일터가 되어야 한다. 이렇게 일하는 자세가 종업원들이 지녀야 할 근로윤리이며 나아가서는 일 또는 직업을 바라보는 직업윤리인 것이다.

또 하나 우리에게 필요한 직업윤리는 선진국 국민이 되기 위하여 갖추어야 할 자세와 목표인 것이다. 더 이상 우리가 단순노동이나 상식수준의 전문지식을 파는 사람이어서는 우리는 결코 선진국이 될 수 없을 뿐만 아니라 현재의 위치도 보장이 안 된다. 지금 동아시아권에서만도 훨씬 더 싼 임금에 우리가 공급하는 수준의 노동이나 지식을 조만간 공급할 태세를 갖추어 가는 사람들이 10억이 넘는다. 우리는 각자가 자기가 일하고 있는 분야에서는 세계 최고수준의 숙련된 노동, 최고의 전문지식을 갖추도록 노력하여야 하며 또 그렇게 되어야 한다. 우리가 갖추어야 할 직업윤리는 과거보다 더욱 철저하게 프로의식, 전문가의식, 장인정신으로 무장하고 일에 임하는 것이다.

근로윤리는 사회 전반적 분위기와 종업원 각자의 정신과 마음가짐에 달려있는 것이겠지만 이것은 품질경영이 추구하는 고객중시와 인간성 존중의 경영철학과 성취를 중시하는 기업가정신과 맞물릴 때는 비교적 쉽게 형성될 수 있는 것이다. 또 이러한 근로윤리가 형성이 되지 않을 때는 종업원들 사이에 소비자중시의 사고는 이루어지기 어려운 것이다. 근로윤리의 확립도 종업원 각자가 알아서 변화하도록 기다려서는 곤란하다. 기업가나 최고경영자가 앞장서서 이러한 변화를 주도하여야 성공이 가능하기 때문에 품질경영을 향한 기업가나 최고경영자의 역할이 또 다시 강조된다.

3) 노사일체감 조성

기업은 각기 다른 구성원들이 가지고 있는 능력이나 의지를 한 곳으로 모아야 비로소 큰 힘을 발휘할 수 있다. 앞에서 기업가정신의 재무장과 근로윤리의 정립에 관해서 언급했는데 근로윤리를 정립하기 위해서는 우선 노사가 기업경영의 방향과 목적에 대해서 합의하여야 한다(여기서 말하는 노(勞)란 노조에 속해 있는 사람만을 의미하는 것이 아니라 전 종업원을 의미함). 기업이란 울타리 안에서 노사의 관계는 합심하여 경영활동을 해 나감으로써 부를 창출해 가는 협동자의 관계임과 동시에 창출된 부의 분배과정에 있어서는 경쟁자의 관계이다.

혁신을 통한 부의 확대재생산을 추구하는 공동운명체로서의 동반자인식이 노사관계의 주축이 될 경우에는 기업이 성공적으로 운영되지만 부의 분배를 다투는 경쟁관계가 지배적인 분위기가 되면 부의 창출기능이 약해지므로 기업은 결코 발전할 수 없다. 따라서 바람직한 노사관계를 형성하기 위해서는 창출된 부의 평가와 분배에 관한 공정한 규칙이 수립되어 있어야 하며 기업의 활동과 그 결과에 대한 명확한 정보가 제공되고 그에 대한 충분한 의사소통이 되어야 한다. 종업원들은 그들이 더 많은 노력을 할수록 공정한 몫으로 더 많은 것이 그들에게로 돌아온다는 확신이 있을 때 그들은 자발적 노력에 동참할 것이다.

노사일체감의 조성도 기업가나 최고경영자, 나아가서는 기업의 지도층에 있는 사람들의 선도와 희생이 있을 때 더 쉽게 이루어질 수 있을 것이다. 더욱이 우리의 경우는 같은 종업원 사이에서도 계층간(예를 들면 : 화이트칼라와 블루칼라) 또는 직무간(예를 들면 : 사무직과 현장직) 갈등과 위화감이 커다란 문제가 되어 왔으며 지금까지 많이 해소가 되었으나 앞으로도 이의 해소를 위하여 많은 노력을 하여야 한다. 우리 국민은 자본주의 체제로서 발전해 온 어떤 국가보다도 유별나게 높은 평등의식(기회의 균등보다는 결과에 대한 평등 지향적임)과 상승욕구를 지니고 있음으로 이러한 점이 고려되어야 함은 물론 이러한 성향이 지니는 잠재력을 잘 이끌어 내어야 할 것이다.

6.2.2 품질경영의 기본 사고방식

품질경영의 기본 사고방식(Basic Principles)이란 품질경영 추진을 해 나가는 과정과 일반적 업무수행을 해 나가는 데 있어서 경영자 또는 종업원이 지녀야 할 마음가짐이나 원칙으로서 품질경영의 경영철학 및 경영풍토와 함께 품질경영 문화를 구성한다. 품질경영의 기본 사고방식에는 다음과 같이 14가지가 있다.

(1) 최고경영자의 참여 및 의지, (2) 총체적 품질방침, 품질경영 문화의 형성, (3) 고객 지향적 계획과 평가, (4) 기술중시, (5) 인재육성과 인적자원의 활용, (6) 혁신과 지속적 개선의 조화, (7) 경영간부의 리더십 발휘, (8) 전원참여, (9) 부문간 협조, (10) 팀 활동, (11) 시스템적 접근, (12) 과학적 관리, (13) 공급자와의 협력관계 증진, (14) 장기적 관점에서의 성과의 평가

(1) 최고경영자의 참여 및 의지

품질경영을 추진하고 정착시키기 위해서는 최고경영자가 확고한 추진의지를 지니고 추진과정에 직접, 또 깊숙이 참여하여 지휘하여야 한다. 품질경영의 도입과 추진은 경영철학, 경영풍토 등과 같은 기업문화의 변화과정이며 동시에 품질우위 경영전략의 실행과정이다. 특정 기업의 기업문화가 전 구성원들이 보편적으로 지니고 있는 가치, 신념, 행동을 의미하는 것이므로 당연히 최고경영자의 철학과 가치, 태도 및 관심은 기업문화의 시작이다. 기업에서 중간간부들은 최고경영자의 몸짓과 버릇조차도 의식적 또는 무의식적으로 닮아간다. 또 하위관리직이나 사원들은 그들의 직속상관의 가치와 태도를 직장생활의 규범으로 삼는다.

따라서 품질경영은 최고경영자로부터 시작해서 전 종업원이 참여할 때 실행에 옮겨지고 전 종업원이 변화할 때 완성되는 위로부터의 경영혁명이다. 최고경영자의 헌신과 리더십 발휘 없이는 다른 구성원들을 설득시키고 참여시킬 수 없는 것이다.

과거 전사종합품질관리 추진성과가 미진하였던 주요 원인도 바로 최고경영자의 참여 부족이었던 것으로 판단된다. 최고경영자의 의지나 참여가 결여된 채로 타율적으로 도입하고 형식적으로 추진한다면 품질경영의 정착을 기대하기 힘들고 아울러 효과를 기대할 수도 없다.

(2) 총체적 품질방침, 품질경영 문화의 형성

회사의 경영전략이 품질우위 확보를 통한 경쟁력 강화에 있음을 명확히 하고 회사의 품질방침 및 품질경영 추진방침을 설정하여 이를 전 종업원에 주지시킨다. 그리고 이를 달성하기 위한 구체적인 실행계획을 수립한다. 품질방침의

명시란 품질에 대해서 기업 내부의 모든 부문과 구성원이 통일된 시각과 가치를 갖도록 하기 위해서 기업이 갖고 있는 품질에 대한 입장을 명백히 밝히는 것을 말한다. 구체적으로는 품질과 원가, 납기 또는 생산량 간에 상충되는 갈등이 발생했을 때 기업은 어느 쪽을 중시하는가 하는 입장 등을 사전에 밝히는 것이다. 품질경영 추진방침은 또한 품질경영 추진에 대하여 기업이 지니는 기본적인 입장을 의미한다.

품질방침은 제품의 품질을 중시하는 품질경영의 준비단계를 지나 총체적 품질을 추구하는 본격적인 품질경영 단계에 이르면 제품의 품질뿐만 아니라 업무, 사람, 자원, 기업, 원가, 납기 등을 포함하는 총체적 품질방침으로 재정립되어야 한다.

품질경영을 효과적으로 추진할 뿐만 아니라 품질경영이 정착되기 위해서는 기업문화가 품질경영 문화(품질경영의 철학과 경영풍토 및 기본 사고방식)로 이행되어야 한다는 것을 인식하고 전 종업원들의 가치와 신념을 품질경영 문화로 변화시켜 나가야 한다. 이러한 변화는 저절로 얻어지는 것이 아니라 오랜 기간에 걸친 의도적이고 지속적인 조직개발(OD : Organization Development)의 결과로서 가능하다.

(3) 고객 지향적 계획과 평가

업무에 대해서 계획하거나 수행해 나갈 때 자기중심적 또는 생산자 지향적으로 하기 쉽다. 항상 고객의 입장에 서서 업무를 계획하고 수행해 가야 한다. 또 업무의 결과를 평가할 때도 자기의 기준에서가 아니라 고객의 기준에서 평가하여야 한다. 여기서 고객이란 기업의 경우에는 자기가 생산하는 제품이나 서비스의 구매자와 소비자를 말하고, 개인의 입장에서는 차공정이나 상사를 의미한다. 또 자기의 공급자에 대해서는 자기의 요구사항과 평가기준을 명확히 전달하도록 함으로써 공급자가 고객 지향적 사고를 하도록 유도한다.

(4) 기술 중시

앞에서도 언급했듯이 오늘날 기업경쟁력의 원천은 기술이다. 품질경영을 해 나가기 위해서는 비록 해당 산업분야의 최고급 기술은 아니더라도 최소한 제품을 자체적으로 개발하고 설계할 수 있는 능력은 갖추어야 한다. 신제품개발과정에서의 품질관리 활동을 핵심으로 하는 일본의 전사종합품질관리가 우리나라에 도입되어서는 품질통제(QC : Quality Control)에 치우쳐서 부분적인 현장의 공정개선 활동에 머물렀던 큰 이유의 하나는 자체 제품개발능력 부족 때문에 자체적인 품질계획(QP : Quality Planning)을 세울 수 없었기 때문이다. 또 계획을 세우지 못하다 보니 사실 검사 같은 통제활동도 제대로 수행되지 못하게 되었던 것이다.

기술을 제품을 개발하고 설계하는 제품기술과, 생산공정을 개발하고 운영하는 생산기술로 구분하여 생각해 보기로 한다. 제품기술을 대략적으로 기존제품과 크게 달라지는 신제품을 개발해 내는 신기술과 기존제품을 개량해 나가는 개량형 기술로 나누어 볼 수 있는데 전자가 부가가치가 높지만 우리 입장에서는 우선 후자의 개량형 기술의 확보와 활용에 힘을 기울여야 하겠다. 물론 업종에 따라 차이가 있겠지만 일반적으로는 고객 니즈를 잘 파악하면 개량형 기술만을 활용해서도 고객이 원하는 제품을 효과적으로 개발해 낼 수 있다.

생산기술의 측면에서 볼 때도 기존의 설비나 치공구를 개량하고 작업방법을 개선하거나 간이자동화를 해 나가는 수준의 기존 기술의 점진적 향상과 활용이 당장의 과제가 되겠지만 혁명적으로 변하고 있는 FA(Factory Automation)나 CIM(Computer Integrated Manufacturing) 같은 자동화 기술에 관한 정보와 기술의 축적에도 관심을 기울이고 준비를 해 나가야 할 것이다.

현재의 경쟁력은 현재 보유하고 있는 기술력에 좌우되나 내일의 경쟁력은 현재의 혁신력이 좌우한다. 기술은 혁신이 누적된 결과이므로 기술중시는 결국 혁신의 중시이다. 관리능력도 그 자체로서의 의미도 있지만 결국은 고유기술의 혁신을 보조하고 촉진하지 못하면 의미를 갖지 못한다. 후술하는 인재육성, 전원참여 등도 결국 기술, 또는 혁신을 위한 수단일 뿐이다.

(5) 인재육성과 인적자원의 활용

고유기술과 관리기술조차도 도입할 수 있었던 때는 인적자원이 지니는 의미가 상대적으로 적었었다. 그러나 자체적으로 기술을 확보하고 혁신을 해 나가기 위해서는 결국 그 주체인 사람의 문제가 중요해진다. 그러므로 오늘날 장기적인 관점에서 기업의 자원 중 가장 주요한 자원은 사람이다. 우리나라와 같이 인력의 이동이 적은 기업풍토에서는 더욱더 인재육성이 중요하다. 소양을 갖추고 자질 있는 인재를 채용하여 그들의 잠재능력을 어떻게 끊임없이 개발하고 향상시키냐 하는 것은 매우 중요한 과제이다. 또 그들의 능력을 개발시킴으로써 보다 많은 창의성을 발휘할 기회를 주는 것은 그 자체가 인간성을 존중하는 것이다.

현장 작업원의 직무에 대해서는 미리 주어진 절차대로만 단순 시행하도록 함으로써 인간성을 무시한 테일러리즘 이후에 기업에 만연된 엘리트주의를 종식시키고 모든 사람에게 자기발전과 개선의 기회를 주어야 한다. 즉 기업내 모든 인적자원을 적극적으로 개발하고 활용해야 한다. 이를 위해서는 교육 및 훈련에 대한 적극적인 투자가 이루어져야 한다.

기업은 고용된 인력에 대해서 계속적인 교육과 훈련을 통하여 인재의 가치를 높여야 하겠지만 그 이전에 질(인간의 소양보다는 전문지식과 기술의 수준을 말함) 높은 인재를 채용하는 것이 먼저일 뿐만 아니라 가장 비용이 적게 드는 방법이다. 사회, 교육기관, 취업희망자는 인력을 공급하는 공급자이다. 우리나라의 교육열이 높다는것은 공급자간의 경쟁이 치열하고 따라서 공급되는 인력의 질과 양적인 측면에서 기업은 아주 유리한 위치에 놓여 있다는 것을 의미한다. 기업은 필요한 고급인력을 효과적으로 공급받을 수 있는 길이 있음에도 불구하고 과거 기술을 외국에 의존하던 시절의 채용관습에서 벗어나지 못하고 있다.

미국기업들은 사회의 교육기관에서 충분히 개발된 인재를 채용하나 입사 후의 개발을 소홀히 한다면 일본기업들은 사회에서 개발이 덜된 인재를 채용해서 입사 후에 사내개발을 적극적으로 한다. 미국식으로 부가가치가 높은 인력을 채용해서 일본식으로 사내교육을 열심히 하는 것이 인재의 가치를 극대화하는 길이며 따라서 빨리 선진화하는 길이다. 우리나라 사회와 교육기관은 기업의 채용패턴 변화에 의해서 얼마든지 고부가가치 인재를 공급할 자세를 갖출 수 있다고 판단된다.

(6) 혁신과 지속적 개선의 조화

품질경영을 통하여 품질의 유지와 향상, 생산성의 향상, 납기의 효율적인 준수를 위해서 공정, 제품, 서비스 및 업무에 대한 지속적 관리와 개선활동은 필수적이다.

자그마한 개선들이 오랫동안 쌓이면 경쟁자가 쉽게 모방하기 힘든 강한 힘이 된다.

전원참여에 의한 지속적 개선은 품질경영이 추구하는 핵심적인 경쟁력의 원천이다.

그러나 외부환경의 변화에 의하여 커다란 변화가 요구될 때는 이에 맞추어 대폭적인 혁신(여기서의 혁신은 점진적 개선과 대비되는 큰 혁신을 의미한다. 그러나 앞에서 언급되었던 혁신은 양자를 다 포함한다)을 도모해 나가야 한다. 일본에서 전사종합품질를 추진하는 기업들이 환경의 변화에 의하여 구조적 혁신이 필요한 상황에서도 전사종합품질의 특징인 점진적 개선을 더 잘하여 이에 대응하려는 경우가 자주 눈에 띄는데 이는 비효과적인 대응방법이다.

현실적으로는 주어진 환경이 혁신이 필요한 상황인지 개선에 의해서 돌파할 수 있는 상황인지 판단하기는 쉽지 않다. 예를 들어 우리나라 성숙산업의 경우 외국의 저가 제품과 경쟁하기 위하여 사양산업으로 보고 공장의 해외이전, 업종전환과 같이 국내 생산을 포기할 수도 있고, 반대로 기존상품을 포기하는 대신 고부가가치 상품을 개발하거나 대폭적인 자동화 등을 통해서 다시 한번 경쟁해 볼 수도 있을 것이다. 이같은 방법들이 혁신에 의한 대응방법이라면 기존제품의 개량, 기존설비를 이용한 품질과 생산성의 향상을 추구하는 것은 개선에 의한 대응방법일 수 있을 것이다.

미국기업들은 지나치게 혁신을 선호하다 보니 사업을 너무 쉽게 포기하는 경향이 있고 일부 일본기업들은 개선을 선호하다 보니 신속한 구조조정에 실패하는 경우가 눈에 띈다. 우리는 평상시는 지속적 개선을 추구하고 필요시 혁신을 가미하는 방식의 현명한 조화를 할 수 있도록 하여야겠다.

(7) 경영간부의 리더십 발휘

모든 경영자와 관리자들은 품질경영의 추진을 위한 계획과 시스템을 고안하여야 한다. 이 같은 시스템과 방안들을 통해 조직 구성원의 참여와 창의력이 발휘될 수 있도록 이끄는 리더십을 발휘하여야 한다. 품질경영 추진을 위해서 각자가 해야 할 업무, 책임, 목표 등을 명확히 부여하고 계획의 진척도와 결과를 평가할 수 있는 시스템을 고안하고 이에 따른 적절한 보상을 제공하며 권한위양이나 참여적 경영을 통해 동기부여를 한다. 방침관리의 활용은 위에서 언급한 것들을 실행하기 위한 효과적 수단이다.

(8) 전원참여

품질은 품질관리 전문가의 책임이 아니라 기업내 모두의 책임이다. 기업내의 모든 구성원은 제품의 품질을 중심으로 하여 업무, 사람, 자원, 생산성, 납기 등 총체적인 품질의 향상을 위한 개선활동에 참여하여야 한다.

또 참여의 범위는 기업의 범위를 벗어나 관련 외주업체, 유통업체에까지 확대되어야 한다. 그들을 가격 협상과정에서의 적으로서가 아니라 공존공영을 추구하는 동반자로서 인식하고 품질경영활동에 참여시켜야 한다.

(9) 부문간 협조

모든 조직에는 섹션날리즘이 존재하며 이것은 기업의 통합력을 약화시킨다. 각 부문이 독립적으로 최선을 다한다고 해서 전체적으로 효율이 극대화되는 것이 아니다.

우리나라 기업들에서 나타나는 전형적인 조직인 기능별 조직은 필연적으로 부문을 구분하고 구분된 부문은 서로간의 협조를 거부하기 쉽다. 일본에서 전사종합품질관리를 도입했던 이유의 하나도 섹션날리즘의 장벽을 타파하기 위한 것이었다. 매트릭스 조직, 기능별 관리(Cross Functional Management), 사내 공급자·고객 관계, 즉 차공정은 나의 고객이라는 의식의 확립은 이를 위한 방안들이다.

사내 공급자·고객 관계에서 앞공정은 자기가 서비스해야 하는 뒷공정에 대해서 뒷공정이 자기에게 원하는 것이 무엇인지를 살펴서 뒷공정을 만족시킬 수 있도록 해야 한다. 반대로 뒷공정은 앞공정의 입장에 서서 앞공정의 입장과 애로사항이 무엇인지를 이해하도록 노력해야 한다. 한편 상대방이 나를 이해해 주기를 기다리기보다는 상대방에게 나의 입장과 요구가 무엇인지를 명확하게 전달하는 것이 좋다. 즉 사내공급자·고객 관계란 서로가 충분한 의사소통을 통하여 상대방의 입장에서 바라볼 수 있도록 하는 것이다.

(10) 팀 활동

한 사람의 지식과 사고보다는 여러 사람의 지식과 사고를 모으는 것이 문제해결에 더욱 효과적이다. 품질경영은 기업 내에서 개인간의 경쟁심 자극에 의한 동기부여보다는 협동에 의한 시너지효과의 창출과 성취를 권장한다. 팀활동은 품질경영을 수행하는 핵심적 활동단위이다. 그러나 지나치게 팀활동을 강조하다 보면 개인이 해야 효과적인 개선활동을 방해하거나 비능률을 초래한다. 따라서 개인적 개선활동과 팀활동이 적절히 조화되는 것이 좋다.

(11) 시스템적 접근

시스템적 접근이란 사물을 전체의 입장에서 파악하고 구성요소 간의 상호 관련성을 잘 분석하여 주어진 문제를 해결해 나가는 사고방식을 의미한다. 사물을 부분적으로 보는 데서 종합적인 시각으로, 문제의 영역을 좁게 설정하는 좁은 시야에서 넓은 시야로, 단기적 시야에서 장기적 시야로, 문제의 정적(static)인 파악에서 동적(dynamic)인 파악으로 가야 한다. 이렇게 하기 위해서는 문제를 파악할 때 충분한 시간을 갖고 검토, 분석하고 종합적인 계획을 수립하여 단계적으로 추진하여야 한다.

우리는 그 동안 고도성장 과정에서 너무 급하게 서둘렀고 따라서 생각이나 계획을 소홀히 했으며, 충분한 검토 없이 즉흥적으로 도입하여 획일적으로 추진하고, 종합적으로 접근하지 못하고 부분적 접근에 치우쳤으며, 부분적 구성요소들 사이에 연결도 잘 되지 않았다. 또 사전에 여러 대안을 검토하지 못하고 한 대안을 일단 택해 보고 벽에 부딪치면 쉽게 방향전환을 해버렸다.

전체적인 업무를 접근하는 방법에서도 위와 같은 현상들이 나타났지만 전사종합품질관리를 추진하거나 품질을 접근하는 시각에서도 위와 같은 문제점들은 심각하게 발전을 저해했다. 예를 들어 품질을 바라보는 시각도 설계품질, 제조품질 하는 식으로 각 부문의 입장에서 보고 기업 전체의 입장에서 바라보는 시각이 부족했다든가, VE, IE, TPM 등 부분상뿐만 아니라 품질관리대상과 같은 종합적인 성격의 활동이 종합적인 시각에서 연계되지 않고 각각 따로따로 추진된다든가 하는 식이었다. 또 Q(품질), C(원가), D(납기) 간의 균형 있는 추진 감각도 결여되고 별개로 접근했다.

품질경영의 도입과 추진을 위해서는 충분한 사전검토를 통하여 가능한 대안을 충분히 분석·비교하고 종합적이고 전사적인 계획에 의거하여 단계적으로 도입, 추진하여야 한다. 또 모든 업무를 수행해 나가는 데 있어서도 시스템적 접근은 적극적으로 추구되어야 할 것이다. 다음에 언급되는 공급자와의 협력관계 증진도 시스템의 범위를 사외에까지 확대한 개념에 해당한다.

(12) 과학적 관리

모든 업무에는 그 업무를 수행하기 위해서 요구되는 전문지식이 있다. 이러한 전문지식이 관리에 관한 지식과 유기적으로 결합할 때 업무는 훨씬 효과적으로 수행되고 발전한다. 예를 들어서 특정 공정의 개선활동에 기계에 관한 고유기술과 통계적 방법과 같은 관리기술이 결합될 때 효과적이고 고유기술도 빨리 발전한다. 모든 업무의 수행과 개선활동에 고유기술 또는 전문지식을 기초로 하여 과학적인 관리방법이나 접근방법을 적극적으로 활용해야 한다.

(13) 공급자와의 협력관계 증진

한 기업은 품질을 결정하는 전체 시스템의 한 부분만을 담당하고 있다. 따라서 총체적인 품질을 향한 참여의 범위는 해당 기업의 물리적인 범위를 벗어나 관련 외주업체, 유통업체에까지 확대되어 관련된 모든 기업이 참여하도록 유도하여야 한다. 관련산업의 국제경쟁력은 자사의 국제경쟁력을 향상시키는 주요한 원천의 하나이다.

예를 들어 일본 완제품 조립업체들이 확보하고 있는 경쟁력의 상당 부분은 부품공급업체들의 경쟁력에서 기인한다.

외주업체, 유통업체를 가격 협상과정에서의 적으로서가 아니라 공존공영을 추구하는 동반자로서 인식하고 그들과 파트너관계를 형성하여 최종소비자의 요구를 충족시키고, 장기적인 이윤을 공유하며 장래를 보장하기 위한 품질경영에 동참하도록 유도하여야 한다. 특히 우리나라의 경우는 원가에서 차지하는 외주품 비중이 높은 반면 외주업체들의 기술수준이나 관리력이 낮아 품질의 주요 애로요인이 되고 있는 경우가 많다. 계열화된 외주업체의 품질경영 참여 유도나 육성도 모기업의 책임이다.

(14) 장기적 관점에서의 성과의 평가

회사 내의 각 계층이 전반적인 업무 중에서 성과 및 부의 창조에 대한 자신의 역할과 기여 정도를 인식하고 평가할 수 있어야 한다. 이때에는 채산성, 시장점유율, 각종 품질지수, 생산성 지수 등과 같이 과거와 현재의 성과를 비교할 수 있는 각종 평가지표(관리항목)를 활용하여야 한다.

또 품질경영의 추진에 있어서는 회사의 전략, 계획, 자원배분, 인재육성, 기술개발 등 경영지표와 관련된 제 요소들을 장기적 관점에서 평가하고, 세계 최고수준과 비교하여 목표를 설정하고 평가하는 벤치마킹(Benchmarking) 방식을 도입하여 국제적 수준으로 끌어올리도록 하는 것도 중요하다.

6.2.3 품질경영추진을 위한 제도 및 기법

품질경영을 추진하기 위한 주요한 제도와 기법에는 다음과 같은 4가지가 있다.

① 품질경영의 기반구축제도 및 활동
② 품질관리 및 품질시스템 요소
③ 원가, 생산성 및 납기관리
④ 개선활동 및 문제해결기법

첫째, 품질경영의 기반을 구축하기 위한 제도와 활동에 관련된 요소들로서 여기에는 조직을 관리해 나가는 기본골격에 해당하는 전반관리시스템, 자원의 확보와 육성에 관련된 제도와 기법, 기업문화 혁신을 추진하기 위한 방법 등이 있다.

둘째는 제품의 품질을 향상시키는 데 직접적으로 관련이 되는 제품의 개발 및 설계 단계에서부터 판매 후의 서비스단계에까지 이르는 품질루프나 품질시스템에 관련되는 제도나 기법들이 있다.

셋째로는 소비자에게 있어서 품질이란 절대적인 기준보다는 가격에 비유한 상대적 품질의 개념일 수밖에 없다. 품질과 가격은 상호 보완적인 부분도 있고 반대로 상호 배타적인 부분도 있지만 경쟁력의 관점에서 본다면 두 가지를 모두 성취하려고 노력을 해야 한다. 그러므로 품질우선이란 개념은 선품질 후원가와 같은 개념으로서 품질이 전륜구동 자동에 있어서 앞바퀴라면 원가는 뒷바퀴 정도의 관계라고 보아야 할 것이다. 또 총체적 질이란 개념에서 원가나 납기에 관련된 요소들도 당연히 품질경영의 영역에 포함된다.

마지막으로는 종업원들이 팀 또는 개인적으로 개선활동을 전개해 가도록 하는 제도인 개선활동 제도들과, 문제를 해결해 나가는 절차와 문제해결에 도움이 되는 여러 가지 통계적, 과학적 관리기법들이 품질경영 추진을 위한 제도나 기법들에 속한다.

앞에서 언급한 4가지 분류에 속하는 각각의 제도나 기법들은 다음과 같다.

(1) 품질경영의 기반구축 제도 및 활동

품질경영을 구축하는 데 필요한 제도와 활동에는

1) 전반관리시스템 구축 측면
2) 자원의 확보와 육성 측면
3) 기업문화의 혁신 측면으로

분류되며 구체적인 내용은 다음과 같다.

1) 전반관리시스템(General Management System) 구축

① 일상(유지)관리 체계
- 직무분석과 기능전개
- 관리항목 개발
- 정보관리 체계
- 사내 표준화 제도

② 방침관리시스템
- 장기계획, 연도사업계획, 예산제도 등을 통합한 종합관리체계 구축
- 평가 및 보상시스템

③ 기능별 관리시스템
- 기능별 관리시스템(조직, 절차, 방법)
- 기능별 방침과 개선활동계획 수립

- 기능별 위원회 등 기능별 조직

④ 고객대응 체제
- 고객의 니즈 파악
- 고객 만족도 평가

2) 자원의 확보와 육성

① 인적자원의 채용과 육성
- 전문성과 질 중시의 채용 및 배치
- 교육·훈련 : 품질교육, 전문직무교육 강화, 다기능화
- 경력관리 및 자기계발 제도

② 기술의 개발과 관리
- 연구개발
- 기술수입 및 모방(역 엔지니어링)
- 기술제휴
- 특허관리

3) 기업문화의 혁신

① 품질경영을 위한 경영철학의 정립
② 성과배분제도 : 보너스제도, 이익분배제도, 우리사주
③ 협력적 노사관계 조성
④ 조직개발(OD : Organizational Development)
⑤ 관리자 능력개발 : 동기부여 기법, 의사소통 방식, 권한위양 및 자율관리

(2) 품질관리 및 품질시스템 요소

품질관리 및 품질시스템 요소는

1) 전반적인 품질관련 시스템
2) 품질방침 및 계획
3) 제품의 개발과 설계과정
4) 프로세스의 계획과 개발과정
5) 구매 및 외주개발과정

6) 생산과정
7) 판매 및 애프터서비스 단계

인 7가지로 분류되며 구체적인 내용은 다음과 같다.

1) 전반적 품질관련 시스템

① 품질정보시스템
- 정확성 : 정보의 범위, 구체성(총량 또는 모델별, 부위별, 로트별)
- 신속성 : 정보의 피드백 속도, 보고주기
- 보고체계 : 품질정보가 공장 책임자에게 직접 보고되는 것이 좋음
- 품질정보유형 : 제품성능의 규정과 공정 불량률, 완제품 불량률(소비자 크레임), 현장에서의 제품성능 측정
- 품질코스트

② 제품별 관리체제
③ 품질조직 : 독립부서, 품질보증부서의 존재 여부

2) 품질방침 및 계획

① 품질의 정의
② 총체적 품질정책(방침), 품질목표의 설정
- 품질방침 : 최고경영자에 의하여 공식적으로 표명된 품질에 대한 총체적인 의지와 지시

③ 품질경영의 추진을 위한 실행계획 수립

3) 제품의 개발과 설계과정

① 마케팅조사 및 시장조사 기법
② 시장·상품전략과 기술개발 전략수립
③ 품질기능전개(QFD : Quality Function Deployment)
⑤ 설계 FMEA(신뢰성 설계), 공정 FMEA
⑥ 생산을 고려한 설계(DFM : Designing For Manufacturability)
- 설계심사 : 관련부서 참여(기술, 구매, 생산, 설비)

4) 프로세스의 계획과 개발 과정

① 프로세스설계 및 프로세스개발

② 설비선정과 설비배치

③ 작업방법 설계 및 작업표준 작성

④ QC 공정도 작성

5) 구매 및 외주개발 과정

① 외주개발

② 외주업체 육성 및 관리

- 계열화와 집단화
- 품질지도, 계측지도 및 공정 지도
- 출장 검사와 무검사 제도
- 수입검사제도
- 직납제

6) 생산과정

① 환경 및 안전관리 : 5S 운동, 환경개선

② 통계적 프로세스관리 : 공정능력 관리, 공정계획, 공정통제, 공정개선, 6 시그마

③ 설비관리 : TPM(Total Productive Maintenance), 예방보존(PM : Preventive Maintenance)

④ 프로세스검사 체계

⑤ 규격의 관리 : 규격 미달품의 관리, 공정능력 관리, 규격의 현실화

7) 판매 및 애프터서비스 단계

① 포장 및 운송 관리

② 애프터서비스 체계

- 서비스 망
- A/S 부품 관리체계

(3) 원가, 생산성 및 납기관리

원가, 생산성 및 납기관리에 관련된 방식에 따라 분류하면

1) 설계단계의 원가관리

2) 생산성 및 납기관리

로 분류되며 구체적 내용은 다음과 같다.

1) 설계단계의 원가관리

① 생산을 고려한 설계(DFM : Designing For Manufacturability)

② VA/VE

2) 생산성 및 납기관리

① 컴퓨터 통합생산(CIM : Computer Integrated Manufacturing)

② 자동화 : 완전자동화, 간이자동화

③ 유연생산시스템(FMS : Flexible Manufacturing System)

④ JIT/MRP/Lean System

⑤ 다품종 소량생산형 생산시스템

- 생산계획 및 통제

(4) 개선활동 및 문제해결기법

개선활동 및 문제해결기법의 종류는 다음과 같다.

1) 개선활동

① 팀활동 제도

- 품질기술 분임조(현장분임조, 수직적 팀, 부문• 부서간 팀, 경영자 팀)
- Project Team, Task Force
- SMTs(Self Management Teams), SDTs(Self Directed Teams)

② 개인별 개선활동제도

- 제안제도
- 기타 예 : 1인 1테마 제도, 개인별 사업부제, 연구보고제도

③ 직제를 통한 개선활동

- 방침관리
- 기능별 관리

2) 문제해결 기법

① 문제해결 과정

- 관리사이클 운행
- QC 스토리, 문제해결 절차
- 신QC기법

② 과학적 관리(문제해결) 기법

- 통계적 품질관리, 통계적 사고방법, 품질관리 기초수법, 다구찌 기법, 조사방법론
- OR, IE, VE, TPM, EE

6.3 품질경영의 구성요소간의 관계

품질경영구성요소 중 경영철학, 경영풍토, 기본 사고방식 등은 기업문화적 요소로서 품질경영문화라고 볼 수 있으며 주로 기업활동의 밑바탕이 되는 정신과 행동양식과 같은 하부구조를 형성한다. 기업문화는 기술, 인재와 같은 자원능력(기업의 힘)과 개선력 또는 혁신력의 육성과 강화에 큰 영향을 미친다. 강한 기업문화에 의하여 경쟁사에 비해서 탁월한 자원능력과 혁신력을 갖추게 된 기업은 외부환경의 변화에 쉽게 대응하고 버틸 수 있는 능력을 갖춘 우량기업이 되는 것이다. 품질경영이 추구하는 궁극적인 목적은 소비자 중시와 인간성 존중을 핵심으로 하는 '품질경영문화'란 형태의 기업문화를 구축하고 이를 기반으로 강한 자원능력을 키워서 우량기업이 되자는 것이다.

변화하는 환경에 적절히 대응해 나가는 것을 목적으로 하는 경영을 전략경영이라 부르는데, 경쟁자에 비하여 탁월한 자원능력을 갖춘 우량기업이 외부환경의 변화에 대해서도 시의적절한 대응을 해 나간다면 금상첨화격이라고 볼 수 있다. 따라서 전략적 경영도 소홀히 하면 안 될 것이다. 또 한편으로는 강력한 자원능력이 뒷받침되면 전략의 대안을 찾기도 쉽고 계획된 전략을 성공적으로 실행하기가 용이해진다.

품질경영에서는 [그림 6-2]에서 보듯이 건실한 기업문화를 창달하여 강한

[그림 6-2] 품질경영의 구성과 접근의 개념도

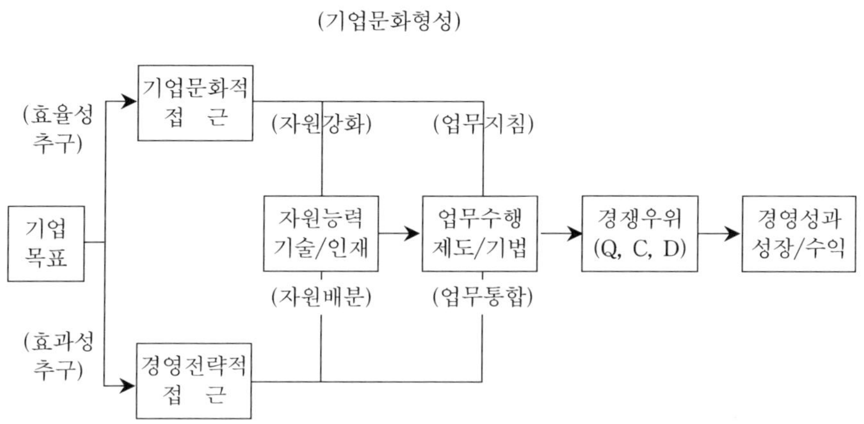

힘(자원능력)을 갖춘 기업을 만들어 가자는 기업문화적 전술적 접근방식과 주어진 자원을 효과적으로 배분하여 성과를 올리자는 경영전략적 접근방식을 병행한다. 기업문화적 접근방식이 주로 '현재 하고 있는 일을 더욱더 잘하자(DO THINGS RIGHT : Know How)'는 식의 효율성을 중시하고 있는 데 비하여 전략적 접근은 변화하는 환경에 대응하여 현재상황에서 '무슨 일을 하는 것이 가장 효과적인지 찾아서 하자(DO THE RIGHT THING : Know What)'는 식의 효과성을 중시하고 있다.

[그림 6-2]에서 보면 자원능력을 육성하고 이것을 기업의 전략과 조직구조에 맞추어 배분한 후에 생산, 판매, 재무, 인사 등 각 기능별로 각각의 주어진 자원을 활용하여 업무가 수행되게 되는데 이 과정에서 품질경영의 제도와 기법이 활용된다. 즉 제도와 기법은 부문내 또는 부문간에 걸친 업무의 수행을 돕는 지식과 방법들이라고 볼 수 있다. 품질경영의 각종 제도와 기법은 주어진 자원을 보다 효과적으로 활용하여 보다 나은 경쟁우위와 경영성과를 얻게하는 데 기여할 것이다.

또 앞에서 언급되었던 품질경영의 14가지 기본사고방식은 각종 업무수행을 효과적으로 해 나가게 하는 행동 및 의사결정의 지침이 될 것이다. 그 밖에 하위수준으로 전개되고 구체화된 경영전략과 그에 따른 각종 프로그램은 각 부서의 업무를 기업이 나아가고자 하는 방향으로 나가게 하는 통합력을 제고시킴으로써 업무수행의 시너지(상승효과)를 창출할 것이다.

업무수행 활동에는 인사제도, 교육 및 훈련제도, 기술개발 및 관리와 같이 자원의 확보와 육성활동이 포함된다. 방침관리, 품질기술분임조, 제안 등과 같은 특정한 제도는 전사적으로 개선의식을 높이고 개선활동을 전개하도록 유도함으로써 자원능력을 높이고 나아가서는 개선지향적인 기업문화를 구축하는 큰 역할을 하기도 한다.

또 방침관리와 같은 제도는 경영전략의 수립과 실행을 목적으로 하므로 경영전략적 접근을 체계적으로 전개하는 것을 뒷받침하는 제도이기도 하다.

그러면 지금부터 경영목표를 달성하기 위한 두 가지 접근방식인 기업문화적 접근과 경영전략적 접근을 보다 구체적으로 설명하기로 한다. 양자는 상호 대립된 개념이 아니라 보완적 개념이며 동시에 추구될 때 그 효과는 극대화된다. 두 가지 접근방식은 실행과정에서 큰 차이를 나타내게 되는 데 구체적인 차이는 [표 6-1]과 같다. 전략적 접근방식은 주로 대폭의 도약적인 변화를 추구하는 데 비하여 문화적 접근방식은 점진적 향상을 추구한다. 그러나 도약적인 변화는 환경의 변화에 맞추어 간헐적으로 필요한 데 비하여 점진적 개선은 평

[표 6-1] 기업문화적 접근방식과 경영전략적 접근방식의 비교

	경영전략적 접근	기업문화적 접근
개선목적	전략적 도약	점진적 향상
개선방법	효과성(Effectiveness)	효율성(Efficiency)
개선유형	혁신	개선
필요시기	간헐적	지속적
지향성	외부 환경 대응	내부효율 제고
개선주체	창의적 소수	전원참여
소요시간	중장기	장기
효과의 지속성	환경 변화에 좌우됨	장기적, 누적적 효과
경쟁우위 요소선택	중점주의	종합적 접근
경쟁력 확보수단	자원의 배분, 획득, 처분	자원 육성
통제변수	구조변수 선호	하부구조 변수 선호
추진수단 선택	경쟁전략에 따라 변화	일관성 있게 지속적 추진
기술유형	신제품, 신공정 기술	개량형 기술
스타일 믹스	효율성 가미 어려움	효과성 가미 용이
선호국가	미국	일본

상시의 모든 업무수행과정에서 끊임없이 진행될 수 있다. 그러므로 가장 바람직한 양자의 병행은 평상시에 주어진 업무에 있어서의 점진적이나 지속적인 개선을 추구해 나가다 큰 변화가 필요한 시점에서 혁신적 변화를 가미하는 것이다. 그러나 양자는 서로 다른 스타일을 가질 뿐만 아니라 때로는 선택적이므로 미국과 일본 기업의 기업활동에서 자주 나타나듯이 한 쪽에만 편중되기 쉽다. 예를 들어 지금 시점이 기존시설 개량이나 간이자동화를 해야 할 시점이냐 아니면 대폭적인 자동화가 필요한 시점이냐, 기존제품 개량이 적합하냐 아니면 보다 혁신적인 신제품을 개발하는 것이 바람직하냐 하는 것은 상호 선택적인 문제가 될 수 있으며 상황에 따라 어느 것이 더 올바른 결정인지가 판단되어져야 한다. 그러나 무엇이 조직과 의사결정자에게 익숙한가 하는 것에 따라, 즉 그 기업의 의사결정 스타일에 따라 심사숙고 없이 편향적으로 선택되기 쉽다.

스타일의 측면에서 볼 때 전 구성원의 의식, 행동, 체질의 변화를 핵심으로 하는 문화적 접근은 시간도 오래 걸리고 어렵다는 단점이 있는 반면에 누적적 효과를 가져온다. 평상시에 문화적 접근에 기반을 두고 실력을 쌓아 온 기업은 필요시 전략적 접근을 구사할 수 있고 또 수립된 전략을 쉽게 성공적으로 실행시킬 수 있는 힘도 갖게 된다. 그러나 너무 여기에 의존하다 보면 변화가 필요한 시점에서도 환경의 변화에 능동적으로 대응하기보다는 환경을 극복하기 위해서 노력하기 때문에 경우에 따라서는 커다란 변화의 흐름에 밀리어 낙오될 위험도 있다.

반면에 전략접 접근은 상대적으로 쉽고 기간이 적게 걸리며 효과도 크지만 기업 문화적 기반이 없는 경우에는 자원능력이 뒷받침되지 않아 택할 수 있는 전략이 제한받게 될 뿐만 아니라 전략실행에 실패할 확률이 높고, 한 번 잘못된 전략을 구사하면 생존조차 위협받기 쉽다는 것이다. 또 여기에만 익숙한 기업은 문화적 접근을 새롭게 시도하기가 매우 어렵다는 단점이 있다. 전략에 관한 이론과 방법론이 앞선 많은 미국기업이 일본기업의 도전 앞에 쇠퇴한 것은 단적인 예라고 볼 수 있을 것이다.

우리나라가 지금 놓여 있는 현재의 내외환경을 살펴보면 앞의 1장에서도 언급하였듯이 선진국의 강력한 견제와 후발국들의 급격한 추격 속에 매우 어려운 지경에 처해 있으며 점진적인 개선 정도만을 가지고 난관을 극복하기가 곤란해 보인다. 이것은 우리나라 기업들이 장기적으로 문화적 접근을 통하여 기업의 자원능력을 선진국 수준에 맞게 끌어올려야 하나 중기적으로는 전략의 변화를 통하여 보다 혁신적인 타개책을 모색해야 할 필요성이 크다는 것을 의미한다.

우리나라 기업의 전략유형을 살펴보면, 물론 기업마다 상황이 다르겠지만 평균적인 기업들을 대상으로 과거 전략유형과 앞으로 가야 할 전략유형을 포터의 유형에 따라 살펴본다. 과거 우리나라 기업들의 전형적인 경영전략은 소품종 대량생산형 제품계열에서 비교적 낮은 임금, 규모의 경제를 갖춘 생산설비, 일본식 생산방식의 모방 등에 기초한 비교적 저렴한 생산원가와 국내가격보다 낮은 수출가격 책정에 근거한 가격경쟁력을 기반으로 하는 전략(원가우위형 전략 : Cost Leadership, 또는 방어형 전략 : Defender)이었다. 품질은 그런 대로 중급 또는 중상급의 평가를 받았으며, 여기에 신축적인 조업률을 이용한 납기에서의 강점이 경쟁력을 뒷받침하였다. 그러나 근래에 제품의 고부가가치화가 진행되는 속도에 비하여 가격의 상승이 더 빠르게 진행되었다. 또 신축적인 조업에 의한 납기 강점도 많이 사라졌다. 여기에 선진국들의 세계화 전략이 급격히 전개되면서 선진국들의 기술 및 자본과 후진국의 낮은 임금이 결합하여 품질에 비하여 가격이 저렴한 제품이 많이 등장하였다.

이외에도 저급 기술 분야에 중국과 같은 낮은 임금에 기초한 매우 값싼 상품이 대거 세계무대로 뛰어들게 되었다. 이에 따라 우리나라 제품은 가격경쟁력을 상실하여 원가우위 전략(cost leader)이 더 이상 유효하지 않게 되었으며, 이를 대체할 새로운 전략을 확보하지 못한 채 전략의 실패유형인 어중간한 상태(stuck in the middle) 또는 주체적 대응능력을 상실하고 대책이 없는 무계획한 반응형(Reactor)으로 전락하였다.

선진국들과 주로 경쟁이 되는 산업에서는 우리 기업 자체의 개발 및 설계능력을 갖추고 있는 경우가 많으므로 그들의 고품질에 의한 경쟁력에 대항하기 위해서는 뚜렷한 가격우위를 유지할 수 있도록 생산현장의 생산성 향상을 우선적으로 중시하는 한편 품질격차를 줄여 나가야 한다. 즉 기본적으로는 생산기술에 입각한 원가우위 전략 또는 방어형 전략을 추구하면서 보조적으로는 보유하고 있는 중급수준의 제품기술(mid-technology)을 효과적으로 활용해서 개량형 제품개발을 해 나갈 수 있도록 고객의 니즈를 중시하는 방향으로 가야 하겠다.

후발국들과 경쟁이 되는 분야 중 근본적으로 해당분야의 제품기술이 이미 성숙되어 있어서 기술적 우위를 확보할 수 없는 경우는 업종전환이나 공장의 해외이전을 검토하든가, 고도의 자동화 기술을 확보하여 생산성을 획기적으로 올리는 전략을 검토하여야 할 것이다. 우리가 자체적인 제품기술을 확보하지 못하여 저부가가치 제품밖에 생산을 못하는 경우는 제품기술력을 확보함으로써 품질을 고급화하여 그들이 당분간 쫓아오기 어려운 고부가가치 시장으로 전환하는 방식을 추구해야 할 것이다.

우리 기업들이 나아가야 할 방향을 개략적으로 종합하여 보면 과거에 생산현장을 기반으로 추구해 오던 원가우위형 전략이 약화된 것을 보다 적극적인 생산현장 개선활동의 전개와 안정된 임금을 통해 원가우위를 회복하고, 여기에 덧붙여 자체적인 제품을 개발·설계할 수 있는 기술력을 확보하고 이를 활용하여 소비자 니즈를 기민하게 찾아 개량형 제품을 개발하는 소비자/시장지향적 차별화 전략유형을 덧붙여 가야 한다. 이것을 우리는 품질전략이라 부르는데, 보다 구체적인 것은 다음 장에서 언급한다.

제 7 장

품질경영의 발전과정

제 7 장

품질경영의 발전과정

품질경영은 앞의 구성요소에서도 살펴보았듯이 개념적으로 포함하는 범위도 광범위하고 추진방법도 다방면으로부터의 체계적이고 종합적인 접근법이 필요한 경영방식이다. 또 품질경영이 궁극적으로 추구하는 수준에 이르기 위해서는 오랜 시간에 걸친 끊임없는 노력이 필요하며 성과도 그러한 노력의 과정에서 조금씩 누적되어야 장기적으로 큰 힘을 발휘하는 것이다. 또 품질경영을 추진하는 과정에서는 그 기업의 능력이나 수준에 따라 중점을 두는 방향과 목표가 조금씩 달라져야 한다. 이러한 점을 고려하면 품질경영의 추진을 위해서는 단계적인 접근이 효과적이다.

이를 위하여 품질경영의 발전과정을 4단계로 구분한 모델을 제시하기로 한다. 모든 기업이 여기서 제시하는 모델의 각 단계를 똑같이 밟아야 하는 것은 아니며 각 단계별로 제시되는 특정기법을 꼭 채택해야 하는 것은 더욱 아니다. 각 기업은 환경과 여건(예 : 수출중심 또는 내수중심, 산업특성, 경쟁환경, 기업규모, 보유한 자원능력, 최고경영자의 의지, 기업의 현행 시스템과 기업문화 등)에 맞추어 조정해 나가야 하겠다.

7.1 품질경영의 발전단계

여기서 제시하는 품질경영 발전단계모델은 [그림 7-1]에 보이는 것과 같이 4단계로 구성된다. 각 단계는 앞 단계의 활동을 포함하면서 추가적인 활동이

[그림 7-1] 품질경영의 발전과정

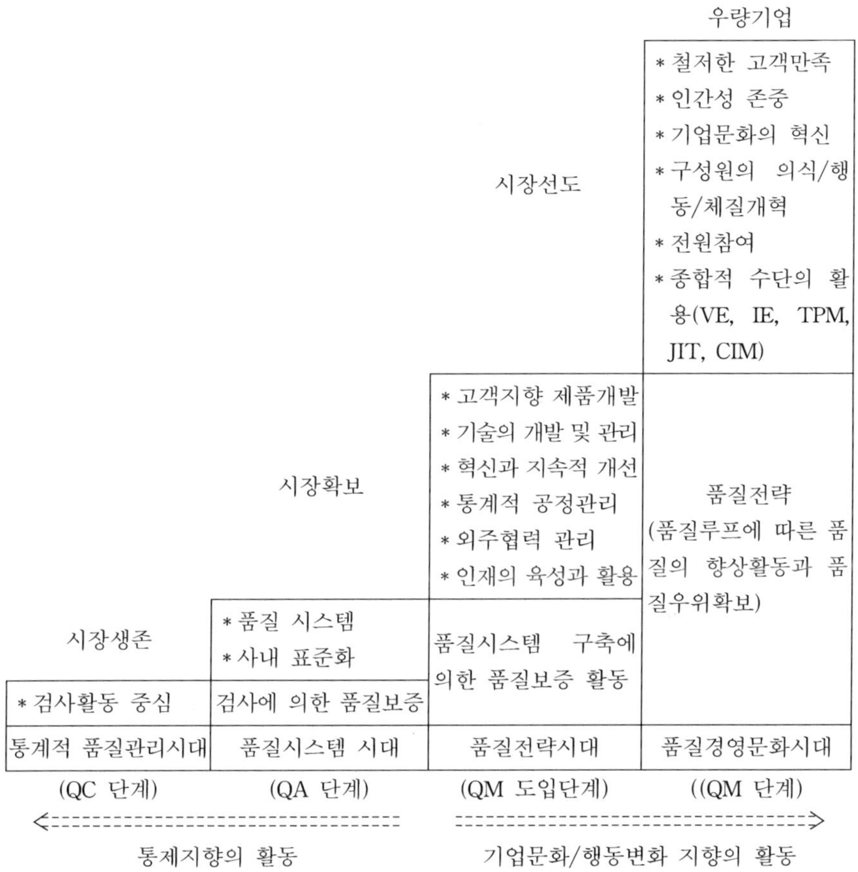

덧붙여지는 식으로 표현되어 있다.

이것은 현 단계의 활동이 어느 정도 정착하게 되면 다음 단계의 활동으로 이행되게 되는데 이 과정에서 전 단계 활동을 중지하는 것이 아니라 그대로 유지하면서 다음 단계의 활동을 새롭게 추가해 나간다는 것을 의미한다. 각 단계별 추진내용과 특성을 설명하면 다음과 같다.

7.1.1 **품질관리단계** : 통계적 품질관리시대

이 단계는 품질에 관련한 가장 초보적 수준의 단계로서 설계단계에서 정해진 제품규격에 따른 검사활동을 중심으로 목표로 하는 품질을 확보해 나가는 단계이다. 다시 말하자면 생산된 제품을 원본(설계시방)과 비교하여 원본과 일치하기만 하면 만족하는 단계로서 원본과의 일치에 도달되는 수단으로써 검사를 철저히 수행한다. 그리하여 제품의 균일성을 확보하게 된다. 이 단계에서는 품질이 경쟁무기가 될 수 없으며 품질에 의한 부정적 영향을 방지하는 것이 품질통제(여기서는 영어의 Control을 관리보다는 통제로 해석하는 것이 적절함)에 관련된 최선의 목적이다. 따라서 기업이 추구하는 전략도 '시장생존 전략'의 수준에 머문다. 이 단계는 품질경영 발전과정의 1단계이기는 하지만 어느 기업이 이 단계의 활동을 하고 있다고 해서 품질경영을 시작하고 있다고 보는 것은 곤란하다. 왜냐하면 품질경영의 목표 중 하나인 고객이 만족하는 제품을 생산하는 것은 '검사로서는 품질을 만들어 넣을 수 없다'라는 말처럼 단지 검사만으로는 해결되지 않는 것이기 때문이다. 따라서 이 단계는 품질경영을 시작하기 이전의 단계라고 보는 것이 옳을 것이다.

이 단계는 실질적으로 통제 위주로 품질관련 활동이 진행되므로 품질관리라는 용어보다는 품질통제라는 용어가 더 적합하다. ISO에서 정의하는 품질관리(QC)의 개념은 우리 모델의 2단계와 3단계에 속하는 개념이며 이 단계에서 사용하는 품질경영 개념은 ISO의 정의에서 사용하는 품질경영 개념보다는 협의의 개념이다.

이 단계가 품질경영의 이전 단계라고 해서 품질경영의 추진에 있어 검사의 중요성을 무시하거나 생략하는 것은 곤란하다. 왜냐하면 검사는 제품의 양·불량 판정의 역할도 있지만 오히려 검사의 과정에서 발생하는 각종 정보를 설계, 기술, 제조, 판매, 구매의 각 부문에 피드백하는 역할이 더욱 중요하기 때문이다.

우리는 과거 잘 만들었다고 판정하였던 제품들이 외국의 까다로운 검사에 불합격하여 곤란을 겪거나 검사에 합격하여도 사용 도중 일찍 고장나는 등의 뼈아픈 경험을 많이 갖고 있다. 이는 우리 기업의 설계능력이나 제조능력의 한계를 나타낸 것이기도 하지만 한편으로는 우리의 기업이 정보에 어두웠고 또

설계나 제조가 사내 특정한 검사규격만을 목표로 이루어졌다는 것을 나타내기도 한다. 검사규격은 품질을 확인하기 위한 표준이기는 하지만 그 제품의 모든 것을 다 확인하기보다는 부분적인 평가에 그치고 말 수밖에 없는 것이 보통이다. 따라서 특정검사규격에 합격을 위한 설계나 제조는 반드시 한계가 있을 수밖에 없는 것이다.

이러한 점들을 고려하여 볼 때, 고객이 원하는 바가 무엇인가를 잘 파악하여 생산을 하고, 그러한 점들을 확인할 수 있는 검사규격을 확립하는 것이 중요한 것이다. 검사규격을 설정하고 또 그 설계과정이나 검사과정에서 얻어지는 모든 정보를 생산의 모든 단계에 피드백하는 것은 우리가 부족한 기술력을 확보하는 데에 큰 역할을 하게 될 것이다.

7.1.2 **품질보증단계** : 품질시스템시대

품질보증단계는 검사에 의한 품질보증과 아울러 품질경영을 실행하기 위한 조직구조, 책임, 절차, 프로세스, 자원 등으로 이루어진 품질시스템을 구축하여 고객에게 품질보증을 해 나가는 단계이다. 다시 말하면 프로세스조건과 작업조건을 설정한 후 동일한 조건을 유지함으로써 제품의 균일성을 확보하는 단계이다. ISO 9000에서는 이러한 품질시스템을 구축하기 위한 품질루프, 품질시스템의 구조, 문서화, 품질시스템 감사 등에 관한 원칙을 제시하고 있다. ISO 9000에 의한 품질시스템이 가장 완벽한 것인가는 재론의 여지가 있지만 국제적으로 통용되는 제도이므로 품질시스템을 구축하고자 할 때 가장 적절한 모델이다.

품질시스템의 구축을 위한 이 단계는 주어진 품질을 유지하거나 보증하기 위한 통제위주의 기법과 절차를 중심으로 하는 단계이다. 아직 품질에 의한 경쟁력의 우위는 기대하기 힘들며 경쟁자와 동등한 수준 정도의 품질을 확보하여 시장을 유지하고 확보하는 것이 목적이다. 아직도 소극적이고 방어적인 단계이므로 품질경영이 본질적으로 추구하는 단계라기보다는 본격적인 품질경영으로 가기 위한 기본을 구축하는 단계라고 볼 수 있을 것이다.

구축된 품질시스템이 힘을 발휘하기 위해서는 이 단계에서 사내표준화를 실시하고 일상관리를 안정시키는 것이 필요하다. 사내표준화는 과거 우리의 많은 기업들이 추진하여 왔던 제도인데, 품질보증이나 개선을 위하여 반드시 필요한 활동이다. 품질시스템의 구축을 위해서는 기업의 목표와 방침을 수립하고 이를 전사적으로 전개하여 실행해 나가는 방침관리와 같은 제도의 도입도 필요하다.

이들 제도들과 아울러 이 단계에서는 품질분임조를 도입하는 것이 필요하다. 품질분임조는 품질경영을 새롭게 시작하면서 제창된 기업내 개선을 추구하는 팀활동을 총칭하는 고유의 제도이다. 이 제도는 과거 우리의 개선활동이 기업 전반에 걸친 참여보다는 생산현장의 하층부에 국한된 경우가 많았기 때문에 이를 개선하고자 하는 제도로서, 현장근로자는 물론 최고경영자를 위시한 관리자, 기술인력 등이 모두 참여하는 팀활동인 것이다. 이와 같은 팀활동은 품질경영을 실천하는 기본이라고 할 수 있다.

7.1.3 **품질경영 도입단계** : 품질전략시대

품질경영 발전의 1, 2단계는 통제중심의 활동을 통해 제품의 균일성을 확보하여 고객에게 품질에 대한 최소한의 신뢰를 보증하는 단계이다. 따라서 여기서는 기업의 전략적 입장에서 볼 때 품질이 기업의 경쟁력에 장해가 되는 것을 최소화시키는 것이 목적이지 제품품질의 우위를 통한 경쟁력을 강화하는 단계는 아니다. 2단계 활동으로서 방어적 의미의 통제활동이 마무리되면 다음으로는 공격적인 입장에서 적극적으로 경쟁력을 강화시키는 활동으로 이행되어야 한다.

앞의 6.2절에서도 언급하였듯이 현 위치에서 우리나라 기업들이 경쟁력을 강화하기 위해서 나아가야 할 방향은 생산현장에서의 개선활동을 지속적이면서도 보다 체계적으로 전개해 나가는 한편 기술확보와 고객 중시적 경영을 통하여 고객지향의 제품개발력을 높여 가는 것이다.

품질경영 발전과정의 제3단계는 품질경영 도입단계로서 '품질전략'을 통하여 시장의 점유율을 높여 가고 나아가서는 시장을 선도하는 단계이다. 품질전략이란 제품품질의 우위를 통해서 경쟁력을 확보하고자 하는 제반활동을 의미한다. 이 단계에서는 고객을 중시하고 항상 고객에게 관심을 기울임으로써 경쟁사에 앞서서 고객의 니즈를 정확히 파악하고 고객 지향적 제품의 개발과 설계, 프로세스의 지속적 향상과 관리를 통한 적합품질의 확보, 외주업체의 육성과 관리를 통한 적합한 외주 품질의 확보, 판매 및 유통과정에서의 품질의 관리, 서비스 등 품질루프(품질의 가치사슬)의 모든 과정을 통해서 품질을 종합적으로 향상시켜 나가는 단계이다. 따라서 본격적인 품질경영이 기업의 총체적 질을 높여 가자는 것이라면, 총체적 질 중에서도 가장 중요한 요소인 제품품질의 향상과 이를 통한 경쟁우위를 위주로 한 이 단계는 협의의 품질경영 단계라고 보아도 좋을 것이다.

품질을 경쟁우위요소로 만들어 가기 위한 가장 중요한 핵심적 개념은 품질루프의 전과정을 통한 혁신과 지속적 개선이다. 혁신이라 함은 기업의 구조적 요소들을 변화시키는 것으로 기업의 도약을 위한 활동이다. 따라서 혁신을 위해서는 환경변화에 적절히 대응하고자 하는 전략의 수립이 중요하다. 그러나 이러한 혁신은 필요한 시기에 적절히 이루어져야 하므로, 일단 혁신이 이루어지고 나면 지속적 개선을 통하여 제품품질과 업무의 질 또는 사람을 포함한 자원의 질을 향상시키는 것이 필요하다. 즉 이 단계에서는 혁신과 지속적 개선의 적절한 조화가 중요한 것이다.

혁신과 지속적 개선이 실현되기 위해서는 이를 뒷받침할 기술과 인재 등 자원능력의 강화가 선행되거나 병행되어야 한다. 왜냐하면 혁신과 지속적 개선은 기술의 개발이 이루어질 때 그 효과가 가장 크고, 기술의 개발은 결국 사람에 의해서만 가능하기 때문이다. 그러나 이와 같은 자원능력의 확보와 강화는 단기간 내에 이루어지는 것이 아니므로 끊임없는 교육과 훈련으로 인재를 육성하는 것이 중요하며, 이를 위하여 기업의 자원을 어떻게 배분할 것인가에 관한 적절한 전략과 계획의 수립이 필요하다.

한편 이 단계에서는 이미 시작된 품질분임조 등의 내실화를 기하는 것이 필요하고, 방침관리는 일상관리와 기능별 관리 등과 연계시켜 정착시키는 것이 필요하다.

이들과 아울러 이 단계에서 필요하다고 생각되는 다른 관련 제도와 기법 등을 들어보면 마케팅 및 시장조사, 품질기능전개, 다구찌기법, 설비관리, 프로세스능력 관리, 통계적 프로세스관리(SPC), 문제해결능력 제고 등이다.

7.1.4 **품질경영단계** : 품질경영 문화시대

이 단계는 품질경영의 완성단계로서 철저한 고객만족과 기업구성원의 인간성을 중시하며, 전 종업원의 참여하에 종합적 수단을 활용하여 제품의 품질뿐만 아니라 프로세스 또는 업무, 사람, 자원 등의 질과 (품)질뿐만 아니라 원가, 납기 등 기업의 총체적인 질(TQ : Total Quality)의 향상을 추구하는 품질경영문화의 단계이다. 철저한 고객만족에 도달되기 위해서는 고객의 니즈를 파악하여 제품이나 서비스에 반영하는 정도로만은 부족하고 스스로가 고객이라는 입장에서 고객의 니즈를 파악하고 해결하여야만 된다. 3단계의 실행을 위해서도 기업문화의 변화는 필요하지만 제4단계는 거의 전적으로 고객중시, 인간성 존중을 통한 혁신의식과 개선의식이 충만한 기업문화를 구축되는 단계이다. 이와 같은 기업문화 위에 구축된 강력한 자원능력과 혁신능력은 해당 기업을 우량기업으로서 지속적으로 번영할 수 있도록 만들어 주는 단계이다. 이 단계에서는 기업들이 공통적으로 채택하는 전략유형은 존재하지 않으며 이것은 기업마다 다를 것이다. 기업들은 특정한 전략의 유형으로서가 아니라 강한 기업문화와 자원능력에 기초한 경쟁력 확보라는 공통점으로 대변된다.

또 이 단계는 일본의 전사종합품질관리나 구미의 종합품질경영이 궁극적으로 추구하는 단계이기도 하다. 양자가 다 좋은 경영모델이기는 하지만 우리 입장에서는 단순히 전사종합품질관리나 종합품질경영의 모방만으로는 그들과 경쟁할 수 있는 세계적 우량기업의 수준으로 도달할 수가 없으므로 다른 나라의 좋은 것은 배우되, 배우는 데 그쳐서는 곤란하고 독창적인 우리의 경영방식을 만들어 감으로써 우리 고유의 품질경영이 얻어질 것이다.

7.2 품질경영단계와 경영전략

기업의 생존 및 번영의 방법론적인 관점에서 볼 때 1단계에서 3단계까지는 주어진 자원을 효과적으로 배분함으로써 생존하고 발전하는 경영전략의 추구단계라고 볼 수 있다. 그러나 4단계는 기업의 장기적 성공을 효과적인 전략의 구사보다는 경쟁자보다 월등한 자원능력에 의존하는 기업문화의 추구단계라고 볼 수 있다.

1단계의 전략유형은 취약한 자원능력과 품질수준을 가지고 시장생존을 추구하는 전략이라고 볼 수 있다. 2단계 전략은 경쟁자와 비슷한 수준의 자원능력과 품질수준을 지니고 시장의 현상유지를 추구하는 전략이라고 볼 수 있을 것이다. 3단계는 자원능력을 강화하면서 시장과 고객에 초점을 맞추어 시장에서 점유율을 높이고자 하는 전략이라고 볼 수 있다. 이것은 기업의 본원적 전략유형 중 원가우위를 유지하면서 마케팅 차별화를 강화시켜 나가는 전략에 해당한다.

품질경영이 궁극적으로 추구하는 마지막 단계인 품질경영단계는 품질경영문화의 구축을 통해 강력한 자원능력을 육성하는 단계이다. 이 단계에서도 물론 효과적인 전략의 선택도 중요하지만 전략의 개념을 넘어선 단계라고 볼 수 있다. 여기서는 경쟁사와 비교하여 총량적으로 비슷한 자원을 이용하여 효과적인 경쟁방법을 선택하여 이에 맞추어 자원을 합리적으로 배분함으로써 차별적인 분야에서의 경쟁우위를 추구하는 전략경영의 단계에서 벗어나 근본적으로 경쟁력의 원천인 강력한 자원(기술력, 인재)을 확보함으로써 전천후 경쟁력을 확보하자는 것이 이 단계의 궁극적인 목적이다. 강력한 자원의 육성은 혁신 및 개선지향적인 기업문화의 결과로 얻어지는 것이다.

경쟁자에 비해서 탁월한 자원을 보유하고 여기에 효과적인 전략(경쟁방법)이 더해진다면 훨씬 좋은 성과를 낼 수 있으며 설사 전략이 적절하지 못했더라도 최소한의 성과는 유지될 수 있다. 그러나 기본적으로 자원 자체가 열세라면, 수립된 전략은 자원의 능력이 뒷받침 될 때라야 성공적으로 실행되기 쉽기 때문에 전략의 선택도 제한받게 된다. 다행히 선택된 전략이 효과적이었을 때는 그런대로의 성과를 얻을 수 있을지 모르나 만약 전략이 부적절하였을 경우에는 기업의 생존조차 위협받게 된다.

이와 같은 이유로 우리는 품질경영문화를 구축해서 강력한 자원능력을 확보하고 이를 기반으로 환경변화에 잘 대응하여 쉽게 흔들리지 않는, 기초가 튼튼한 우량기업을 만들어 가자는 것을 품질경영의 최종단계로 설정한 것이다. 이러한 기업은 품질, 원가, 납기의 종합적 경쟁이 강하고 아울러 이러한 결과를 장기적으로 보장하는 과정이 우수하다.

그러나 품질경영문화를 구축하고 그에 의해서 강한 자원능력을 키우기까지 오랜 기간이 소요된다. 따라서 장기적으로 품질경영 문화의 구축을 추진해가는 한편 중기적으로는 상대적으로 시간이 적게 소요되고 비교적 단기간에 확보 가능한 자원을 가지고 해 낼 수 있는 전략적 도약의 기회를 추구하는 것이 시급한 과제이다. 우리가 추구하는 전략적 도약이 앞에서 설명한 품질전략인 것이나 이것을 성공적으로 수행하는 것이 쉽지 않은 과제임을 명심하여야 한다.

어떠한 측면에서는 추진단계에 따라 비중은 다르나 품질전략을 추구하는 단계인 품질경영 도입단계나 품질경영 문화를 구축하고자 하는 품질경영단계의 추진은 동시에 시작하여야 한다. 단지 추진의 결과로서 품질전략의 성공적 실행이 먼저 나타나고 품질경영 문화의 효과는 보다 서서히 나타나는 것이다. 양자의 동시추진이 어려운 경우나 상호 배타적인 요소에 대해서는 품질전략의 추진에 보다 우선 순위를 두어야 할 것이다.

7.3 단계별 추진시 유의사항

품질경영을 추진할 때는 다음 사항에 유의하여야 한다.

첫째, 다음 단계로의 이행은 현 단계 활동의 포기나 경시가 아니라 현 단계까지의 제도나 활동이 어느 정도 정착되어 커다란 관심을 기울이지 않아도 안정적으로 관리되는 것을 의미한다. 따라서 단계의 이행은 현 단계의 수준을 유지해 가면서 관심과 자원의 중점을 다음 단계의 활동으로 옮기는 것을 의미한다.

둘째, 다음 단계로의 이행은 현 단계를 완전히 끝을 맺은 후에 하는 것이 아니라 현 단계 활동이 어느 정도 성숙되면 다음 단계로 이전한다.

셋째, 현 단계에서는 다음 단계의 활동은 전혀 고려할 필요가 없는 것이 아니라 다음 단계의 사항에 대해서도 어느 정도 고려가 되어야 한다. 예를 들어, 품질경영문화단계는 4단계이지만 3단계에서도 기업문화의 변화 등에 관심을 갖고 이를 점진적으로 추진해 나가야 한다. 앞에서 설명된 내용을 종합하여 도입 후 추진경과에 따라 각 단계별 활동에 어느 정도의 비중을 두고 추진하여야 하는지에 관한 개념은 [그림 7-2]와 같다.

넷째, 각 기업은 자기 수준에 맞추어 선택해야 하는데 전반적으로 우리가 과거에 해왔던 활동은 2, 3, 4 단계에 걸친 부분적 활동 영역에 한정되어 있었다고 볼 수 있겠다. 예를 들어 EC지역에 수출을 하고자 하는 기업은 반드시 2단계부터 구축하여 ISO인증을 획득한 다음 단계로 넘어가야 할 것이다.

다섯째, 품질경영을 위한 기업풍토의 구축과 업무추진시에 기본사고방식을

[그림 7-2] 단계별 추진비중

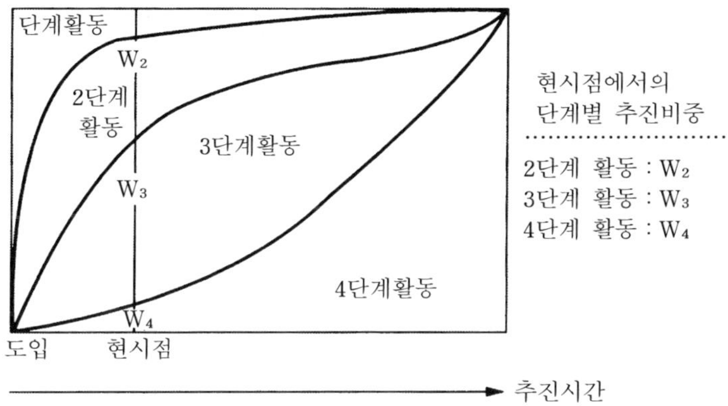

잘 지키는 것과 같은 의식의 개혁이 품질경영의 핵심이고 제도는 이를 실현하기 위한 수단에 불과하다. 따라서 핵심을 무시하고 제도나 기법에 치우치면 성과가 잘 안 나타난다.

여섯째, 제도나 기법은 각 기업의 여건에 따라서 선택의 폭이나 적용방식이 달라지는 것이 바람직하다. 따라서 각 기업은 표준화된 제도를 무조건 도입하지만 스스로의 노력이 성공의 열쇠임을 자각하여 스스로 제도를 선택, 개발, 개량하여야 한다.

이상에서 품질관리, 전사종합품질관리, 품질경영 등에 관해서 개략적인 내용을 살펴보았다. 그러나 각각의 개념을 상호관계측면에서 비교하여 설명하면 개념을 이해하는 데 더욱 용이할 것이므로 품질관리와 품질경영, 전사종합품질관리와 품질경영, 그리고 품질경영과 ISO 9000시리즈를 각각 비교해 보기로 한다.

먼저 품질관리와 품질경영을 정의, 목표, 개념, 추진방법에 따라 비교한다.

품질관리와 품질경영을 개념상으로 비교해 보면 [표 7-1]과 같이 품질관리는 Quality Control, 즉 품질통제로 번역하여야 하고 품질경영은 Quality Management, 즉 품질관리로 번역하여야 한다. 그러나 일본이 먼저 QC를 품질관리로 번역하여 사용하고 있었기 때문에 우리도 그대로 사용하다가 품질경영이 활성화되기 시작하자 품질관리를 품질경영으로 사용하고 있다. 그러나 일본에서는 QC를 협의의 품질관리, QM을 광의의 품질관리로 사용하고 있다.

[표 7-1] 품질관리와 품질경영의 비교

구 분	품질관리	품질경영
이 론	품질통제	품질관리
일 본	품질관리(좁은 의미)	품질관리(넓은 의미)
한 국	품질관리	품질경영

품질관리는 요구품질을 만족시키는 실시기법을 말하고 품질경영은 고객만족을 얻기 위하여 최고경영자의 품질방침에 따라 실시하는 모든 부문의 총체적 활동을 말한다.

활동목표에 따라 비교해 보면, 품질관리는 규격(시방)의 설정과 적합성을 추구하는 활동을 말하고 품질경영은 품질향상을 통하여 기업의 경영목표를 달성하는 것을 말한다.

추진방법상의 차이점을 비교해 보면, 품질관리는 생산현장중심, 품질관리 전문가중심으로 자율적으로 행하는 제품중심적 관리기법이며, 품질경영은 전원참여에 의한 품질방침실행을 말하며, ISO를 따르고 있으며, 고객 지향적 기업문화를 창달하기 위해 구성원의 행동의식을 변화시키는 것을 추진방법으로 하고 있다.

또한 품질경영과 전사종합품질관리에 대한 개념도 비교적 논란이 계속되고 있다. 이 두 가지 용어를 비교해 보면, 전사종합품질관리는 발전단계에 따른 복합전략으로서 풀 프루프, 안돈, 품질관리기법, 개선활동, 관리사이클 등의 수단을 전략적으로 구사하여 원가절감과 품질개선을 도모하고 있으며 품질경영은 차별화 전략으로서 차별화된 제품의 품질로서 경쟁하게 된다.

지금까지 우리가 애써 수행해 온 전사종합품질관리가 일본에 비해서 성과가 미흡한 이유는 여러 가지가 있으나 특히 경영자들의 참여가 부족하고 성급하게 성과를 기대하는 데 있었다. 따라서 제도적으로나 정신적 측면에서 우리의 약점을 보완할 대책을 수립하여야 할 것이다.

품질경영과 전사종합품질관리를 좀더 자세히 비교한 것이 [표 7-2]이다. 품질경영과 ISO 9000시리즈와의 관계를 살펴보면 ISO 9000시리즈의 개념은 ISO, 즉 국제표준화기구에서 제정한 품질경영 및 품질보증에 관한 국제규격으로서 제품의 생산과정 전반에 걸친 국제규격이며 모든 산업분야에 적용되고 있다.

ISO 9000시리즈는 품질경영을 뒷받침하기 위한 기본적 수단이며 고객만족의 출발점이다. 또한 ISO 9000시리즈체제는 품질경영추진의 주요한 구성요소이다.

[표 7-2] 품질경영과 전사종합품질관리의 차이점

전사종합품질관리	품질경영
Feigenbaum 개인의 주장	국제표준화기구의 공식적인 정의
공급자 입장에서의 일반적인 품질보증 시스템	구매자 요구를 충족시키기 위한 품질보증 시스템
설계로부터 서비스 제공자까지의 전단계 QA 시스템(품질보증은 TQC에 의해서만 가능함을 강조)	구매자 요구에 따라 품질보증시스템을 차등화 (1) 설계로부터 서비스제공까지의 전단계 QA 시스템(ISO9001) (2) 제조단계를 중심으로 한 QA시스템 (ISO9002) (3) 검사 및 시험을 중심으로 한 QA시스템 (ISO9003) (4) 품질경영을 위한 사내품질시스템 (ISO9004)
공급자의 품질인증	제 3 자 품질인증
품질문제(불량률, 클레임률, A/S건수)의 극소화와 재발방지가 궁극목표	Zero Defect가 궁극목표(품질문제의 발생억제)
품질정책의 필요성 강조	품질정책은 필수요건
최고경영자를 비롯한 전원참가를 강조함	최고경영자의 참가를 의무화하고, 전원 참가를 강조
기업의 체질개선 수단	경영목표 달성의 수단

7.4 품질경영의 관점에서 본 여러 혁신운동

나름대로의 경영혁신 운동을 추진하고 있는 기업들은 적지 않다. 품질경영이 궁극적으로는 우리 체질에 맞는 한국적 경영방식을 만들어 가자는 것이므로 각 기업 나름대로의 독특한 운동이나 제도는 그 명칭이나 방법론이 차이가 나더라도 품질경영의 영역에 속한다고 볼 수 있을 뿐만 아니라 좋은 품질경영 모델의 씨앗이 되리라 기대된다.

이 책에서 제시된 품질경영 모델은 오늘날의 내외환경 속에서 효과적으로 성공을 거둘 수 있다고 판단되는 모델을 제시하고 있으나 그것은 완성된 것이 아니라 출발을 위한 가이드인 것이다. 그러나 여기서 제시되는 모델은 기업 나름대로의 경영혁신 운동전개방향이나 방법설정에 좋은 참고가 되리라 생각된다. 여기서 제시된 모델을 따르더라도 각 기업들의 자체적인 노력과 창의력의 발휘는 매우 바람직할 뿐만 아니라 성공적 정착을 위한 필수요소라고 볼 수 있을 것이다.

본절에서는 우리나라 기업들이 자체적으로 전개해 온 혁신운동 중 근자에 많이 추진되어 왔던 기업문화운동, 고객만족경영, 일류화 운동 등에 대해서 품질경영 모델과 비교하여 다루기로 한다.

7.4.1 기업문화운동과 품질경영

여러 해 전부터 기업문화의 중요성이 대두되면서 수많은 기업들이 크고 작은 범위로 기업문화운동을 전개하였다. 소기의 성과를 거둔 기업도 일부 있지만 만족할 만한 성과를 거두지 못하고 일과성 운동에 그친 경우가 더 많다. 실패의 유형을 살펴보면 구체적인 제도나 수단에 의하여 뒷받침되지 못하고 지나치게 정신적 구호같은 수단에만 의존했다던가, 나아가고자 하는 방향이 불명확하거나 기업동질성 확보에 치우쳐 기업문화가 본질적으로 추구하여야 할 방향인 혁신과 개선의 추구를 소홀히 했다던가, 종합적인 장기계획하에 단계적으로 추진하지 못하고 급하게 서둘러 결과를 기대했다던가 하는 것들이다.

반면에 다소간에 성과를 거둔 기업들은 명확한 방향을 설정하고, 정신적 의식개혁운동과 함께 구체적인 제도나 추진절차가 결합되어 있었으며 최고경영자가 앞장서서 선도하였던 기업들이다. 구체적으로 보면 이러한 운동이 품질향상, 생산성 제고, 노사일체감 조성, 분임조활동 활성화, 5S운동, 감량경영 등과 같이 명확한 방향과 목표를 가지고 추진되었던 기업들이다.

기업경영의 요체는 유행하는 고급스러운 제도나 기법의 도입, 활용에 있는 것이 아니라 기본적인 것을 충실히 잘 하는 데서부터 출발하는 것이다. 경영이나 관리측면에서 갑자기 한 순간에 좋아질 수 있는 방법이란 거의 존재하지 않는다. 따라서 어떠한 제도나 운동이든 충분한 검토와 종합적 추진계획의 준비 없이 즉흥적으로 유행처럼 따르는 것은 시행착오를 초래하기 쉽다.

품질경영은 경영철학, 경영풍토, 기본사고방식, 관련제도와 기법, 추진단계와 방법에 관한 종합적인 시각과 방법론을 제시하므로 기존의 기업문화운동에 품질경영은 좋은 모델이 되리라 생각된다. 품질경영의 최종적인 본질은 '품질경영 문화'란 기업문화의 형성에 있다는 점에서 이미 추진되었던 기업문화운동의 성패는 좋은 참고가 된다. 품질경영을 추진해 가는 과정에서도 품질경영문화의 형성을 위한 방법으로 기업문화운동을 전개해 가는 것은 바람직하다.

7.4.2 고객만족경영과 품질경영

최근에 일부 기업들을 중심으로 전개되는 '고객만족경영'은 많은 기업들의 관심을 끌고 있다. 고객중시와 고객만족의 추구는 인본주의에 입각한 인간성 존중의 경영과 함께 품질경영철학의 두 기둥이다. 따라서 '고객만족경영'은 품질경영이 추구하는 큰 흐름의 하나를 중점적으로 실천해 나가는 것이라고 볼 수 있다. 제시된 품질경영 모델의 틀에 비추어 판단한다면 이것은 '고객만족'을 품질경영추진방침으로서 책정하여 추진하는 것이라고 볼 수 있다.

품질경영의 입장에서 볼 때 고객만족경영은 품질경영 추진의 좋은 사례이다. 또 품질경영을 추진하는 과정에서 고객만족경영 추진사례를 통해서 배울 점은 품질경영에 언급되어 있는 요소들을 가볍게 생각하고 간과하지 말고 그 하나하나에 대해서 나름대로의 충분한 검토와 준비를 통해서 실천해 나가야 된다는 것이다. 다만 품질경영의 모든 것을 한꺼번에, 단기에 달성하는 것은 불가능하므로 종합적인 계획하에 단계적으로 실천해 가는 것이 바람직하다.

7.4.3 일류화 운동과 품질경영

특정한 국가가 선진국이 되기 위한 필요충분조건은 품질로서 세계에서 일류인 상품을 만드는 일류기업이 많이 존재해야 한다는 것이다. 일류의 상품은 일류의 기술에서 얻어지고 일류의 기술은 그 분야에 관한 일류의 인재로부터 얻어진다.

선진국 진입을 목적으로 하는 품질경영은 당연히 그 목표와 달성수준을 일류화에 두고 있다. 우리가 품질경영에서 누차 주장했던 메시지는 일류가 되기 위해서는 남의 것을 모방하는 것만 가지고는 부족하고 무엇인가 자기의 것을 가져야 한다는 것이며 이것을 찾고 만들어 가자는 것이었다.

근래에 들어 몇몇 기업들이 추구하는 세계 속의 일류기업운동, 일류상품운동, 일류의 인재운동은 현실을 무시한 지나치게 의욕적인 목표처럼 보일 수 있으나, 이것은 바로 품질경영이 추구하는 당위적인 목표인 것이다. 그러나 이러한 운동은 그 목표가 주어졌다 하더라도 구체적인 과정과 방법이 결여된다면 일과성 구호에 그칠 수밖에 없을 것이다.

따라서 이러한 운동을 펼치는 기업들은 선진기업들의 벤치마킹을 통하여 단계별 목표를 설정하고 그러한 수준으로 가기 위한 구체적인 장·단기계획과 프로그램을 마련하여 꾸준하게 추진을 해나가야 할 것이다.

7.5 품질시스템과 ISO 9001 : 2000

1947년에 출범한 ISO(international organization for standards)는 현재 150여개 국가로 구성된 국가표준들의 연합이며, 1987년에 제정된 ISO 9000 품질경영시스템(QMS ; quality management system)은 공급자가 규정된 요구사항을 만족하는 제품 및 서비스를 설계, 제작하여 인도하고자 하는 데 그 목적이 있다. 이후 ISO 9000 QMS는 1994년에 1차 개정되었으며, 2000년에 2차 개정되어 모든 사업부문에서 손쉽게 활용 가능하도록 기존의 ISO 9001, 9002 및 9003을 ISO : 2000으로 통합하였다.

국내에서는 1990년대 초부터 도입되어 현재까지 운영되고 있으며, 2005년 5월 현재 전 산업분야에 걸쳐 12,840여개 업체가 인증을 획득, 유지하고 있다. 1998년 IMF를 기점으로 정부가 중소기업청, 노동부, 지방 자치단체 등을 통해 교육, 컨설팅 및 인증비용을 지원함으로써 영세한 중소규모 기업에서도 자금력,

조직력, 추진력이 다소 미흡한 상태에서 어렵지 않게 인증을 획득할 수 있게 되었으며, 이로 인해 교육, 컨설팅, 인증심사 기관들의 경쟁은 심화되었다. 그 결과 ISO 9000 QMS의 최초 도입취지와 목적과 달리 피동적 혹은 형식적으로 인증 상태만을 유지하고 있는 기업들이 늘어나게 되었으며, ISO 9000 QMS 인증 획득을 통한 국제경쟁력 강화, 일관성 있는 문서 관리 및 주기적인 내부감사를 통한 지속적 품질경영 개선활동의 실시 등의 긍정적 효과 외에 많은 부정적 효과도 나타나고 있는 실정이다.

[표 7-3] 규격의 통합

기존 규격	개정 규격	비 고
ISO 9001 ISO 9002 ISO 9003	ISO 9001 : 2000	품질경영시스템-요구사항
ISO 8402 ISO 9000-1	ISO 9000 : 2000	품질경영시스템-기본사항 및 용어
ISO 9004	ISO 9004 : 2000	품질경영시스템-성과지침
ISO 10011-1, 2, 3 ISO 14010 ISO 14011 ISO 14012	ISO 10011	품질경영시스템/환경경영시스템 심사지침 (현재 CD 단계)

양적 측면으로 볼 때 ISO 9000(패밀리 규격을 통칭하여) 1994년판 규격은 패밀리 규격이라하여 그 수와 양이 많았으나 2000년 개정판은 현대 CD 단계인 심사 지침을 포함하여 4개의 규격으로 통합되어 사용자의 편의를 도모하였다.

ISO 9000(패밀리 규격을 통칭하여) 2000년판 규격의 질적 측면은 PDCA 싸이클 개념을 적용하였고, 성공적인 결과를 낳은 구미의 경영시스템 중 상당 부분을 도입하였다고 볼 수 있다. 세계적 기업인 General Electric의 CEO인 잭 웰치 회장은 2002년부터 ISO 9000을 도입하겠다고 선언한 바 있다. 이는 ISO 9000규격이 경영환경의 변화에 따라 적절하게 발전되어 간다고 할 수 있겠다.

국내의 다수 기업에 의해 대외적인 홍보용으로 활용되어 온, 그래서 ISO 9000규격의 수명이 끝났다고 주장하는 많은 이들에게 이 점은 그 시사하는 바가 크다고 볼 수 있다.

[표 7-4] ISO 9001 : 2000과 ISO 9001 : 1994의 대조표

단계	ISO 9001 : 2000	ISO 9001 : 1994
(P) 계획	1. 적용범위 1.1 일반사항	1.
	1.2 적용	
	2. 인용규격	2.
	3. 용어 및 정의	3.
	4. 품질경영시스템	
	4.1 일반요구사항	4.2.1
	4.2 문서화요구사항	
	4.2.1 일반사항	4.2.2
	4.2.2 품질매뉴얼	4.2.1
	4.2.3 문서관리	4.5.1 + 4.5.2 + 4.5.3
	4.2.4 기록관리	4.1.6
	5. 경영책임	
	5.1 경영의지	4.1.1
	5.2 고객중심	4.3.2
	5.3 품질방침	4.1.1
	5.4 기획	
	5.4.1 품질목표	4.1.1
	5.4.2 품질경영시스템의 기획	4.2.3
	5.5 책임, 권한 및 의사소통	
	5.5.1 책임 및 권한	4.1.2.1
	5.5.2 경영대리인	4.1.2.3
	5.5.3 내부의사소통	
	5.6 경영검토	
	5.6.1 일반사항	4.1.3
	5.6.2 검토입력	
	5.6.3 검토출력	
	6. 자원관리	
	6.1 자원확보	4.1.2.2
	6.2 인적자원	
	6.1.1 일반사항	4.1.2.2
	6.1.2 적격성, 인식 및 능력	4.18
	6.3 기반구조	4.9
	6.4 업무환경	4.9

단계	ISO 9001 : 2000	ISO 9001 : 1994
(D)	7. 제품실현	
실시	7.1 제품실현의 기획	4.2.3 + 4.10.1
	7.2 고객관련 프로세스	
	7.2.1 제품에 관련된 요구사항의 결정	4.3.2 + 4.4.4
	7.2.2 제품에 관련된 요구사항의 검토	4.3.2 + 4.3.3 + 4.3.4
	7.2.3 고객과의 의사소통	4.3.2
	7.3 설계 및 개발	
	7.3.1 설계 및 개발 기획	4.4.2 + 4.4.3
	7.3.2 설계 및 개발 입력	4.4.4
	7.3.3 설계 및 개발 출력	4.4.5
	7.3.4 설계 및 개발 검토	4.4.6
	7.3.5 설계 및 개발 검증	4.4.7
	7.3.6 설계 및 개발 타당성 확인	4.4.8
	7.3.7 설계 및 개발 변경관리	4.4.9
	7.4 구매	
	7.4.1 구매 프로세스	4.6.2
	7.4.2 구매정보	4.6.3
	7.4.2 구매한 제품의 검증	4.6.4 + 4.10.2
	7.5 생산 및 서비스 제공	
	7.5.1 생산 및 서비스 제공의 관리	4.9 + 4.15.6 + 4.19
	7.5.2 생산 및 서비스 제공에 대한 프로세스	4.9
	타당성 확인	4.8 + 4.10.5 + 4.12
	7.5.3 식별 및 추적성	4.7
	7.5.4 고객재산	4.15.2 + 4.15.3 + 4.15.4 + 4.15.5
	7.5.5 제품의 보존	4.11.1 + 4.11.2
	7.6 모니터링 장치 및 측정장치의 관리	
(C&A)	8. 측정, 분석 및 개선	
확인	8.1 일반사항	4.10.1 + 4.20.1 + 4.20.2
&	8.2 모니터링 및 측정	
조치	8.2.1 고객만족	
	8.2.2 내부심사	4.17
	8.2.3 프로세스의 모니터링 및 측정	4.17 + 4.20.1 + 4.20.2
	8.2.4 제품의 모니터링 측정	4.10.2 + 4.10.3 + 4.10.4 + 4.20.1
	8.3 부적합 제품의 관리	+ 4.20.2
	8.4 데이터의 분석	4.13.1 + 4.13.2
	8.5 개선	4.20.1 + 4.20.2
	8.5.1 지속적 개선	
	8.5.2 시정조치	4.1.3
	8.5.3 예방조치	4.14.1 + 4.14.2
		4.14.1 + 4.14.3

제 8 장

품질경영 추진방법

8.1 품질경영 추진목적과 방법

8.2 품질경영 추진단계

8.3 품질시스템 개발단계

8.4 품질경영 전담부서의 설치

8.5 품질경영교육 및 전문가 양성

8.6 관련규정 제정 및 추진매뉴얼 작성

제 8 장

품질경영 추진방법

8.1 품질경영 추진목적과 방법

품질경영을 추진하려는 목적은 국가적으로 볼 때는 선진국 대열에 진입하기 위함이고, 기업으로 볼 때는 철저한 고객만족과 기업구성원의 인간성을 존중하는 품질경영문화를 정착시켜 사회에 공헌하며 총체적 품질의 향상을 기하여 어떠한 환경변화에도 흔들리지 않는 최우량기업으로 성장하기 위함이다.

이러한 품질경영을 추진하기 위해서는 품질경영의 기본토대를 구축하고, 품질경영의 기본사고방식이 기업의 모든 업무와 활동에 배어들게 하여야 한다. 품질경영의 기본토대는 기업가 정신의 재무장, 근로윤리의 정립, 노사 일체감 조성 등 세 가지이고, 품질경영의 기본사고방식은 다음과 같은 14가지이다.

① 최고경영자의 참여와 의지
② 총체적 품질방침, 품질경영문화의 형성
③ 고객지향적 계획과 평가
④ 기술중시
⑤ 인재육성과 인적자원의 활용
⑥ 혁신과 지속적 개선의 조화
⑦ 경영간부의 리더십 발휘
⑧ 전원참여
⑨ 부문간 협조
⑩ 팀 활동

⑪ 시스템적 접근
⑫ 과학적 관리
⑬ 공급자와 협력관계증진
⑭ 장기적 관점에서 성과평가

이와 같은 사고방식의 전환은 장기간에 걸쳐 지속적으로 이루어지는 것이므로, 품질경영추진에 있어서는 각 기업에 알맞은 적절한 계획을 수립하여 시행하여 나아가야 할 것이다.

따라서 품질경영을 추진하기 위해서는 품질경영을 추진하기 위한 기업내 분위기를 성숙시키는 준비가 필요하다. 즉 기업의 최고경영자는 물론 모든 구성원들이 품질경영을 추진하는 길만이 기업이 생존·발전할 수 있는 유일한 수단이라는 것을 깊이 인식하고, 품질경영추진에 적극적으로 동참할 수 있는 분위기를 조성하여야 한다. 이렇게 하기 위해서는 먼저 최고경영자의 확고한 의지가 절대적으로 필요하며, 최고경영자의 품질경영추진 선언과 더불어 각종 홍보와 교육 또는 집회 등을 통하여 기업구성원에게 품질경영추진의 필요성을 주지시키는 등의 노력이 필요하다.

품질경영추진에 대한 분위기 조성과 함께 이루어져야 할 것은 현재 그 기업이 처한 상황을 철저히 분석·진단하고, 앞으로 나아갈 방향과 목표를 명확하게 설정하는 것이다. 품질경영은 기업의 하부구조를 위시한 여러 자원능력을 발전시켜 기업의 체질을 개선할 뿐만 아니라, 경우에 따라서는 기업환경변화에 적절히 전략적인 대응을 하는 것이 핵심적인 요소이므로, 이를 위해서는 그 기업이 처한 환경이나 기업 내부의 실정을 정확하게 파악하는 것이 중요하다. 또한 품질경영을 시작하는 것이 과거에 추진하였던 품질관리운동을 부정하고 새로운 출발을 하자는 것이 아니고, 오히려 그 동안의 얻어진 여러 경험과 지식을 바탕으로 취할 것은 취하고 고쳐야 할 것은 과감히 고쳐 더욱 발전시키는 것이 목적이므로 기업이 현재의 환경이나 능력을 고려하여 세부적으로 파악하고 개선하는 것이 더욱 중요하다.

경영자가 포함되는 별도의 품질경영추진 준비팀을 구성하여 현재 그 기업의 경영풍토, 노사관계, 근로의식 수준 등은 물론 기업의 자원능력, 기능별 부문별 업무활동, 품질관리를 비롯한 기존의 관리제도 및 기법 등을 진단하여 그 장단점을 품질경영의 기본개념과 사고방식을 기반으로 고객입장에서 평가하는 것이 필요하다.

진단이 이루어지면 품질경영을 추진하기 위한 장단기 목표를 설정하여야 한다. 왜냐하면 기업의 자원능력은 하루 아침에 발전될 수 있는 것이 아니라 비교적 장기간에 걸쳐 많은 노력이 수반되어지는 것인데, 우리의 기업 현실을 볼 때 다른 일은 모두 중단하고 그와 같은 체질개선만을 목표로 하는 것은 열악한 기업환경에서 살아남지 못할 것이라는 것이 분명하기 때문이다. 따라서 품질경영문화정착이라는 장기적인 목표를 달성하는 과정에서 우리의 기업이 어떻게 살아남을 것인가에 대한 전략을 설정하는 것도 필요하다. 즉 장기적으로는 각 기업의 자원능력을 향상시키는 노력을 하면서도 그 진행과정에서 그때그때 적절한 생존전략을 수립하여 환경변화에 대처하여 나가는 것이 필요하다는 것이다.

앞에서 우리는 품질경영추진에 있어 필요한 품질의 정의로서 제품의 Q, 업무의 Q, 자원의 Q를 포함하는 광의의 질(Q), 제품의 Q, C, D를 포함하는 종합적 제품의 질, 그리고 제품과 자원, 업무의 Q, C, D를 모두 포함하는 개념으로서의 총체적 질인 TQ 등을 제시하였다. 그리고 품질경영이 정착된 품질경영문화시대에는 TQ가 품질의 정의로서 채택되어야 하며 또한 이러한 품질의 평가는 반드시 소비자의 입장에서 이루어져야 함을 강조하였다. 그러나 이러한 TQ의 요소들 중에서도 소비자에게 현시되는 것은 종합적 제품의 질이고, 업무나 자원의 Q, C, D 등은 이를 뒷받침하고 있는 바탕이라는 점을 살펴볼 때, 우리의 기업에서 취할 수 있는 생존전략은 결국 제품의 종합적 질의 요소인 Q, C, D 중에서 어느 요소에 중점을 두는가에 달려 있다고 할 수 있다. 물론 이러한 제품의 Q, C, D를 모두 향상시킬 수 있다면 그것이 가장 바람직한 방향이 되겠으나, 단기적으로 볼 때 우리는 이들 중의 일부를 선택하여 경쟁우위요소로 할 수밖에 없을 것이다.

제품의 Q, C, D 중 어느 요소를 선택할 것인가 하는 것은 각 기업의 실정에 따라 달라질 것이다. 그러나 앞서 살펴본 바와 같이 우리의 국내외의 열악한 기업환경은 현재 대다수의 우리 기업들로 하여금 제품의 Q를 경쟁우위 요소로 선택하도록 강요하고 있다고 볼 수 있다. 즉 현재 우리의 제품과 같이 중급의 Q, 중간 정도의 C로서는 만만치 않게 추격해 오는 개도국들의 저렴한 제품이나 이미 기술적으로 압도하고 있는 선진국들의 품질과 경쟁하기에는 너무 힘겹다는 것이다. 이러한 입장에서 품질경영에서는 품질을 우선으로 하는 품질제일주의를 주창하고자 하는 것이다. 따라서 각 기업에서의 품질경영도입의 단기적 목표는 그 기업의 제품의 Q를 경쟁우위 요소로 채택하여 그것을 향상시키는 데 모든 노력을 기울이는 데 두어야 한다.

제품의 Q를 경쟁우위요소로 채택하여야 한다고 해서 품질경영추진에 있어 다른 요소인 C와 D를 무시는 것은 아니다. 품질경영을 추진하는 이유는 우리 기업이 경쟁력을 확보할 수 있도록 하는 것이므로, 만일 어느 기업이 현재 C나 D에서 비교우위를 점할 수 있다고 판단되면 그를 포기하여서는 안 된다. 오히려 그러한 장점은 계속 유지하도록 노력하는 것이 바람직하며, 향후에는 Q의 향상을 통해 더욱 경쟁력을 가질 수 있도록 하고, 그렇지 못한 기업들은 시작을 제품의 Q의 향상에 두어야 한다는 것이다.

품질경영추진에 대한 진단과 목표설정이 이루어지고 나면, 그 다음에는 품질경영을 추진하기 위한 구체적 계획이 수립되어져야 한다. 이러한 품질경영의 추진을 위한 추진조직의 구성과 품질경영추진의 기본방향과 절차들을 제시하는 추진계획과 이를 구체적으로 실행하여 갈 실행계획으로 나누어 생각할 수 있다.

추진계획은 품질경영에 대한 진단과 목표를 설정하였던 추진준비팀이 수립하여야 하며, 실행계획은 별도로 조직된 품질경영 추진팀에서 수립하는 것이 바람직하다. 계획수립에는 반드시 최고경영자의 적극적인 참여가 있어야 하며, 기업의 실정을 충분히 고려한 체계적인 것이 되어야 한다. 또 품질경영의 정착은 단기간에 이루어질 수는 없는 것이므로 장단기에 걸친 실행이 가능한 것이어야 하며, 추진과정에서 발생하는 제반 문제점들에 적절히 대응하여 나아갈 수 있어야 한다. 이를 위해서는 품질경영추진에 대한 기업 전체적 입장에서의 감사 또는 진단제도의 확립이 필요하다. 따라서 품질경영 추진계획에는 반드시 추진에 대한 감사계획도 포함되어야 하며, 감사의 결과 지적된 문제점은 다음의 실행계획에 반드시 고려되어져야 할 것이다.

한편 품질경영을 추진하는 데에 있어서는 앞에서 논의된 것과 같은 여러 가지 제도와 기법, 품질경영의 기반구축제도 및 활동, 품질관리 및 품질 시스템 요소, 원가, 생산성 및 납기관리, 개선활동 및 문제해결기법 등을 도입하여야 한다. 제도와 기법들은 이미 많은 기업에서 도입하여 활용하고 있지만, 여기서 강조하려는 것은 이들에 대한 풍토화 과정이다. 즉 제도와 기법들은 대부분 외국에서 개발되어진 것들이므로 우리의 실정에 적합한 것인가에 대한 철저한 검토를 통하여 그 기업여건에 알맞도록 적절히 개량하고, 일단 도입하기로 결정되면 기업의 풍토도 그 제도나 기법이 요구하는 바대로 조화시켜 나가는 노력이 있어야 한다. 이와 같은 풍토화 과정, 즉 우리의 것으로 소화해 내는 과정이 장기적으로, 체계적으로 이루어져야만 성공 가능성이 높다. 이러한 과정에서 또한 중요한 것은 혁신과 개선의 조화이다. 새로운 제도의 도입은 그 자체가 혁신적인 요소를 내포하고 있는 것인데, 이와 같은 제도가 성공하기 위해서는 그 제도와 기업여건에 대한 개선과 아울러 관련이 있는 다른 제도나 기법들도 그에 맞게 적절히 대응되어져야 하는 것이다. 따라서 제도나 기법의 도입은 정형화된 방식을 기대하는 것은 힘들다고 판단되며, 각 기업이 실정에 알맞도록 필요하면 혁신적으로 수행하고 또 그 사이에는 적절한 개선을 조화시켜 나가야 한다.

이러한 면에서 볼 때, 품질경영추진에 필요한 제도와 기법을 단시간 내에 정착시키는 것은 여러 가지로 무리가 따를 것으로 생각된다. 따라서 이러한 제도와 기법의 도입과 추진은 기업실정에 알맞도록 단계적으로 추진하는 것이 바람직하다. 단계별 추진에는 먼저 논의된 품질경영의 추진단계와 연관시켜 생각하는 것이 중요하다. 다시 말하자면 앞서 품질경영의 발전과정이 품질관리단계, 품질보증단계, 품질경영도입단계, 품질경영단계 로 구분지워질 수 있다는 점을 밝혔는데, 이와 같은 발전과정은 각 기업이 품질경영을 추진하는 데 좋은 지침이 될 것이다. 즉 각 기업에서 품질경영을 추진하기 위한 기본적인 전략을 결정하는 데에는 가급적 품질경영의 발전단계에 맞추어 가는 것이 용이할 것으로 생각된다. 물론 이와 같은 과정도 각 기업의 상황에 따라 달라지게 될 것이다.

왜냐하면 그 동안 국내 각 기업은 나름대로 품질관리활동을 전개하여 왔지만, 그 동안의 진행 정도는 기업에 따라 많은 차이를 보이고 있기 때문이다. 따라서 품질경영추진의 단기목표와 방향을 결정하기 위해서는 앞서 실시한 기존의 품질관리 체제나 내용에 대한 진단결과에서 현재 그 기업이 품질경영체제의 발전의 제 단계에서 채택하여야할 개념, 제도, 기법, 수단, 활동업무들을 얼마나 수행하고 있는가를 파악하는 것이 중요하다. 이와 같은 분석이 이루어지고 나면 각 기업의 필요와 실정에 따라 각 단계의 요소들을 체계적으로 도입하고, 그 기업의 특성에 적합하도록 보완하여야 할 것이다.

이와 같은 면에서 품질경영의 추진은 정형화된 모델을 기대하기는 곤란하고, 각 기업이 나름대로 적합한 추진방향과 체계를 설정하여 단계적으로 수행하는 것이 필요하다.

따라서 정도와 내용의 차이가 있기는 하겠지만 품질경영의 단계별 추진은 품질경영의 효율적 정착을 위한 가장 용이한 길이라고 할 수 있다. 그러나 이와 같은 단계별 추진에 있어 주의하여야 할 것은 다음 단계로의 이행은 현단계 활동의 종결이나 포기가 아니라 현단계의 제도나 활동이 어느 정도 정착되어 특별한 관심을 기울이지 않아도 안정되게 관리되는 것을 의미한다는 것이다. 따라서 단계의 이행은 현단계의 수준을 유지해 가면서 관심과 자원의 중점을 다음 단계의 활동으로 옮기는 것을 의미한다. 또한 다음 단계로의 이행은 현단계를 완전히 끝을 맺은 후에 하는 것이 아니라 현단계 활동이 어느 정도 성숙되면 다음 단계로 이전하는 것이 필요하며, 따라서 현단계에서는 다음 단계의 활동에 대해서도 어느 정도 고려가 되어야 한다. 예를 들어 3단계에서도 기업문화의 변화 등에 관심을 갖고 이를 점진적으로 추진해 나가야 한다. 앞에서 설명된 내용을 종합하여 도입후 추진경과에 따라 각 단계별 활동에 어느 정도의 비중을 두고 추진하는지는 [그림 7-2]와 같다.

이러한 면에서 볼 때 기업들은 품질경영의 추진을 ISO 9000에 의한 인증을 획득하는 것부터 착수하는 것이 바람직하다고 판단된다. 왜냐하면 잘 알려진 바와 같이 ISO 9000시리즈는 전 세계의 규격으로 자리잡혀 가고 있고, 정부에서도 이의 중요성을 인식하여 날로 높아가고 있는 무역장벽을 극복하기 위한 대책으로서 국내 각 기업이 이 체제를 도입하기를 권장하고 있기 때문이다. 따라서 그 동안 이 ISO 9000체제를 도입한 일부 기업들도 아직은 정착단계에 진입하기는 이르다고 생각되므로 정착에 힘을 써야 하겠고, 아직까지 도입하지 않은 다른 기업들은 ISO 9000체제가 요구하는 요건을 구축하는 방향으로 경영목표를 세워야 하겠다. 물론 ISO 9000체제의 인증획득이 반드시 필요하지 않은 기업들도 있을 것이지만, ISO 9000체제의 요체는 고객이 만족하는 제품이나 서비스를 생산하기 위하여 최고 경영자의 품질방침 아래 외부 품질보증과 내부 품질경영체제를 기반으로 하는 품질시스템을 구축하고자 하는 것이므로 이러한 이념을 기업경영에 적절히 반영하여 품질향상을 통한 경쟁력 확보에 보다 많은 노력을 기울여야 하겠다.

ISO 9000체제에 의한 인증획득이 필요하다고 해서 검사중심인 품질관리단계를 생략하거나 무시하자는 것은 아니다. 오히려 ISO 9000에서도 가장 간단한 품질보증으로 검사에 의한 품질보증을 요구하고 있다. 품질활동이 활성화되지 못한 기업에서는 검사를 중심으로 하는 통계적 품질관리활동부터 시작하는 것이 필요하다. 또 기존에 통계적 품질관리활동이 확립된 기업에서도 현재의 방식이 적절한 것인가에 대한 검토가 선행되어야 ISO 9000시리즈가 요구하고 있는 진정한 품질보증을 시작할 수 있다고 생각된다.

ISO 9000에 의한 인증획득 등으로 품질시스템이 구축되고 나면, 그 다음에는 품질경영도입단계의 품질경영을 추진하는 것이 바람직하다. 대부분의 국내의 기업들은 이미 오래 전부터 검사중심의 품질관리와 품질보증단계의 요소 중의 하나인 사내표준화를 실시하고 있기 때문이다. 품질경영도입단계에서는 품질설계, 기술의 개발과 관리, 과학적 프로세스관리, 외주협력업체 관리, 인재의 육성과 활용을 통한 제품품질의 유지와 향상이 그 요건이므로, 이는 곧 개발중심의 품질관리, 프로세스 중심의 품질관리를 의미하는 것이다.

또한 이 단계는 제품의 Q를 경쟁우위요소로 하는 이른바 품질전략 시대이다. 그런데 제품의 Q를 향상시키는 데에 있어 가장 효과적인 것은 완전히 새로운 기술을 개발하는 것이다. 즉 선진국들이나 후발개도국들이 확보하지 못한 새로운 기술을 개발할 수만 있다면 이것이 경쟁에서 승리할 수 있는 가장 용이한 방법이다. 따라서 우리의 기업이 이러한 기술을 개발할 수 있다고 판단되면 당연히 그 방향으로 나아가야 할 것이다. 또 설혹 신기술개발이 현재는 다소 어렵다 하더라도 장기적으로 볼 때 이러한 신기술을 개발하는 것은 최우량기업으로 발전하기 위한 필수적인 요소이다.

신기술 중에서도 특히 신제품을 개발하는 것은 제품의 경쟁력을 높이는 데 가장 효과적인 것이다. 다른 나라에서 생각하지 못한 새로운 제품을 개발할 수만 있다면 그 효과는 실로 막대할 것이다. 그러나 신제품 개발만을 고집한다면 기술력이 우리보다 월등히 앞선 선진국과 경쟁하는 데 여러 가지 어려움이 따른다. 즉 우리 사회 전반에 걸친 기술적인 토양은 아직도 선진국을 따라잡기에는 기초과학이나 제품기술이 튼튼하게 뿌리내려져 있다고 보기 어려울 뿐더러, 또 그에 대한 장기적 투자를 하는 것은 기업의 노력만으로는 힘들다. 따라서 신제품 개발에 대한 투자가 가능한 기업들은 단기적인 이익은 유보하더라도 연관기업끼리 상호협력하는 체제를 구축하여 장기적인 성공을 꾀하는 것이 필요하며, 또 사회적으로는 이러한 신제품 개발을 추진하는 분위기가 성숙될 수 있도록 우리 사회의 구성요소가 모두 노력하여야 하겠다.

하지만 신제품 개발은 우리 기업이 반드시 성취하여야 하는 것이다. 단지 신제품 개발에 대한 투자와 노력은 비교적 장시간이 걸리고, 또 기업만의 노력으로 이룰 수 있는 것은 아니다. 따라서 대부분의 기업은 신제품 개발보다는 기존제품의 개량이나 생산기술의 혁신, 고객에 대한 서비스의 개선 등에 많은 노력을 해야 할 것이다. 왜냐하면 이러한 기술들은 신제품 개발보다는 비교적 용이하면서도 제품의 Q의 향상에 이바지하는 바가 크기 때문이다. 또 개선을 위해서는 PDCA사이클에 근거한 관리방식을 더욱 활성화시켜야 하겠으며 사내표준화도 더불어 추진하는 것이 바람직하다.

이와 같은 과정으로 품질전략시대가 성숙되면 이는 곧 ISO 9000에서 규정하고 있는 품질경영, 즉 협의의 품질경영체제가 확립된 것이고, 이는 곧 총체적 품질 위주의 품질경영단계가 출발된 것이라고 할 수 있다.

품질경영문화시대에서는 철저한 고객만족을 목표로 최고경영자를 비롯한 기업내 전 구성원의 참여하에 총체적 수단의 활용과 고도수준의 관리를 기하자는 것이다. 그런데 그 동안 우리 기업에서는 QC, IE, VE, TPM, JIT 등 여러 수단들을 도입하여 사용하여 왔지만, 이들을 수단으로 활용하지 못하고 오히려 도입하는 것을 목표로 하려는 경향이 있었다. 그러나 TQ단계의 품질경영에서는 이들을 도입하는 이유가 고객만족이라는 목표를 달성하기 위한 것이라는 지침을 주고 있다. 따라서 향후에는 이와 같은 수단을 도입할 때에는 수단부터 도입하고 문제를 해결하고자 하는 모순된 사고방식을 바꾸어 일정한 수준으로 결합시켜 총체적으로 활용하는 사고방식으로 체질화하여야 한다. 이를 해결하기 위해서 품질경영에 필요한 제반 제도나 기법 또는 수단들을 철저히 연구·검토하고 교육과 훈련을 통해 보급시키는 것이 중요하다.

단계별 추진에서 유의하여야 할 다른 사항은 품질경영을 위한 기업풍토의 구축과 업무추진시에 기본 사고방식을 잘 지키는 것과 같은 의식의 개혁이 품질경영의 핵심이고 제도는 이를 실현하기 위한 수단에 불과하다라는 점이다. 기업은 표준화된 제도를 무조건 도입하지 말고 스스로의 노력이 성공의 열쇠임을 자각하여 자기 나름대로 제도를 선택, 개발, 개량하여야 한다.

품질경영추진에 필요한 제도나 기법의 선택도입과 함께 반드시 고려되어야 할 요소는 이들을 추진하기 위한 기반요소인 기업경영철학이나 근로윤리, 기업의 자원능력의 확보이다. 품질경영의 최종목표인 최우량기업으로 성장하기 위해서는 구성원의 행동의식개혁을 통한 기업문화의 혁신과 자원능력의 비약적 발전이 중요한 요건으로 대두되게 된다. 그런데 이러한 요소들은 그렇게 쉽게 변화한다든지 어느 한 두 사람의 노력으로 창조되는 것은 아니다. 오히려 구성원의 오랜 기간에 걸친 헌신과 임무수행, 또 발전하려고 하는 의지에 의하여 정착될 수 있는 것이다. 즉 이들은 모든 구성원의 합심에 의한 노력과 행동, 오랜 기간 동안 취하여져 온 의사결정방식이나 정책, 공식적이건 비공식적이건 일이 추진되어져 온 과정(process)으로 특징지워질 수 있는 것이다.

따라서 진정한 품질경영을 위해서는 이러한 기업문화의 혁신과 자원능력의 향상을 위한 장기적인 정책수립과 실시가 필요하며, 이를 위해 품질경영이 잘 이루어질 수 있는 조직의 특성을 파악하여 우리 기업도 그러한 특성을 가질 수 있도록 노력하는 것이 정도라고 생각된다.

위에서 설명한 품질경영추진방법을 다시 정리하면 다음과 같다.

① 품질경영을 추진하기 위한 기업내 분위기를 성숙시킨다.
② 기업이 처한 상황을 철저히 분석·진단하고, 앞으로 나아갈 방향과 목표를 명확하게 설정한다.
③ 품질경영추진 준비팀을 구성하여 기존의 제도를 진단·평가한다.
④ 품질경영을 추진하기 위한 장단기적 목표를 설정한다.
⑤ Q, C, D 중에서 경쟁우위를 선택한다.
⑥ 품질경영추진계획을 수립한다.
⑦ 품질경영추진에 필요한 제도와 기법들을 풍토화한다.
⑧ 기업실정에 알맞도록 단계적으로 실천한다.

이 내용을 다시 한번 상술해 보면 다음과 같다.

첫째, 품질경영을 추진하기 위한 기업내 분위기를 성숙시킨다. 최고경영자는 물론 모든 구성원들이 품질경영을 추진하는 길만이 향후 그 기업이 살아나갈 방향이라는 것을 인식하고, 품질경영추진에 적극적으로 동참할 수 있는 분위기를 조성하여야 한다. 최고경영자의 품질경영추진 선언과 더불어 각종 홍보와 교육 또는 집회 등을 통하여 기업구성원들로 하여금 품질경영추진의 필요성을 주지시키는 노력이 필요하다.

둘째, 기업이 처한 상황을 철저히 분석·진단하고 앞으로 나아갈 방향과 목표를 명확하게 설정한다. 품질경영은 기업의 하부구조를 위시한 여러 자원능력을 발전시켜 기업의 체질을 개선할 뿐만 아니라, 경우에 따라서는 기업환경변화에 전략적으로 철저히 대응을 하자는 것이 핵심적인 요소이므로, 그 기업이 처한 환경이나 기업 내부의 실정을 정확하게 파악하는 것이 중요하기 때문이다. 또한 품질경영을 시작하면서 과거에 추진하였던 품질관리운동을 전면적으로 부정하고 새로운 출발을 하자는 식이 되어서는 곤란하며, 오히려 그 동안의 얻어진 여러 경험과 지식을 바탕으로 하여 취할 것은 취하고 고쳐야 할 것은 과감히 고쳐서 더욱 발전시키자는 것이 목적이므로 각 기업의 현재의 환경이나 능력을 세부적으로 파악하고 반성하는 것이 중요하다.

셋째, 경영진을 포함하는 품질경영추진 준비팀을 별도로 구성하여 기존의 제도를 진단·평가한다. 현재 그 기업의 경영풍토, 노사관계, 근로의식 수준 등뿐만 아니라 기업의 자원능력, 기능별 부문별 업무활동, 품질관리를 비롯한 기존의 관리제도 및 기법 등을 진단하여 잘된 부분과 잘못된 부분을 품질경영의 기본개념과 사고방식의 기본 아래 철저한 고객입장에서 평가하는 것이 필요하다.

넷째, 품질경영을 추진하기 위한 장단기적 목표를 설정한다. 기업의 자원능력을 발전시키는 것은 하루 아침에 이루어질 수는 없으며 비교적 장기간에 걸쳐 많은 노력이 필요하다. 그러나 우리의 기업현실을 볼 때 그와 같은 체질개선만을 목표로 하는 것은 열악한 기업환경에서 살아남지 못할 것이라는 것이 분명하기 때문이다. 따라서 이를 위해서는 품질경영문화 정착이라는 장기적인 목표를 달성하는 과정에서 우리의 기업이 어떻게 살아남을 것인가에 대한 전략을 설정하는 것도 필요하다. 즉 장기적으로는 각 기업의 자원능력을 향상시키는 노력을 하면서도 그 진행에 따른 변화에 대처하여 나가는 것이 필요하다는 것이다.

다섯째, Q, C, D 중에서 경쟁우위요소를 선택한다. TQ의 요소들 중에서도 고객에게 현시되는 것은 제품의 종합적인 질이고, 업무나 자원의 Q, C, D 등은 이를 뒷받침하고 있는 바탕이라는 점을 살펴볼 때, 우리의 기업에서 취할 수 있는 생존전략은 결국 제품의 종합적 질의 요소인 Q, C, D 중에서 어느 요소에 중점을 두는가에 달려 있다고 할 수 있다. 물론 이러한 제품의 Q, C, D를 모두 향상시킬 수 있다면 그것이 가장 바람직한 방향이 되겠으나, 단기적으로는 우리는 이들 중의 일부를 선택하여 경쟁우위요소로 할 수밖에 없을 것이다.

여섯째, 품질경영추진계획을 수립한다. 계획은 품질경영의 추진을 위한 추진조직의 구성과 품질경영추진의 기본방향과 절차들을 제시하는 추진계획과 이를 구체적으로 실행하여 갈 실행계획으로 나누어 생각할 수 있다. 추진계획은 품질경영에 대한 진단과 목표를 설정하였던 추진준비팀이 수립하여야 하며, 실행계획은 별도로 조직된 품질경영 추진팀이 수립하는 것이 바람직하다. 이러한 계획의 수립에는 반드시 최고경영자의 적극적인 참여가 있어야 하며, 기업의 실정을 고려한 체계적인 것이 되어야 한다. 또 품질경영의 정착은 단기간에 이루어질 수는 없는 것이므로 장단기에 걸친 실행가능한 것이어야 하며, 추진과정에서 발생하는 제반 문제점들에 적절히 대응하여 나아갈 수 있어야 한다. 품질경영추진에 대한 기업 전체적 입장에서의 감사 또는 진단제도의 확립이 필요하다고 볼 수 있다. 따라서 품질경영추진계획에는 반드시 추진과정에 대한 감사계획도 포함되어져야 할 것이다.

일곱째, 품질경영추진에 필요한 제도와 기법을 풍토화한다. 이러한 제도와 기법들은 대부분 외국에서 개발되어진 것들이므로 우리의 실정에 적합한 것인가에 대한 철저한 검토를 통하여 그 기업여건에 알맞도록 적절히 개량도 하고, 일단 도입하기로 결정되면 기업의 풍토도 그 제도나 기법이 요구하는 대로 조화시켜 나가는 노력이 있어야 한다. 이와 같은 풍토화 과정, 즉 우리의 것으로 소화해 내는 과정이 장기적으로, 체계적으로 이루어져야만 그 성공 가능성이 높다고 하겠다.

이러한 과정에서 중요한 것은 혁신과 개선의 조화이다. 새로운 제도의 도입은 그 자체가 혁신적인 요소를 내포하고 있는 것인데, 이와 같은 제도가 성공하기 위해서는 그 제도와 기업여건에 대한 개선과 아울러 관련이 있는 다른 제도나 기법들도 그에 맞게 적절히 대응되어져야 하는 것이다. 따라서 제도나 기법의 도입은 정형화된 방식을 기대하는 것은 힘들다고 판단되며, 각 기업이 실정에 알맞도록 필요하면 혁신적인 방향으로 추진하며, 또 혁신과 혁신 사이에는 개선을 조화시켜 가는 방향으로 추진하여야 할 것이다.

여덟째, 품질경영추진에 필요한 제도와 기법을 단시간 내에 정착시키는 것은 무리이므로, 기업실정에 알맞도록 단계적으로 이루어지는 것이 바람직하다.

8.2 품질경영 추진단계

앞에서 살펴본 바와 같이 기업 내에서 품질경영을 위해서는 먼저 품질경영을 추진하는 목적을 명확히 하고 적절한 추진계획을 세우는 것이 중요하다. 먼저 품질경영을 추진하기 위한 분위기를 조성하고, 추진에 대한 철저한 준비를 한 뒤 추진계획에 따라 추진을 하며, 추진과정을 평가하여 향후 나아갈 방향을 설정하는 것이 필요하다.

품질경영을 추진하는 방향을 설정하는 것이 필요하다. 과정을 시기별로 구분하여 보면 도입기, 추진기, 정착기 등으로 나누어 볼 수 있다.

8.2.1 도 입 기

품질경영추진의 시작인 도입기에서는 품질경영추진에 따른 기업 내의 분위기를 조성하고, 추진준비팀을 결성하여 기업진단과 추진방향의 설정, 추진목표 및 계획의 수립, 추진전담조직의 결성 등이 이루어지는 시기이다.

이와 같은 준비기에서 무엇보다도 중요한 것은 최고경영자의 의지라고 할 수 있다. 왜냐하면 품질경영은 최고경영자의 능동적인 참여와 지원 없이는 성공을 기대할 수 없기 때문이다. 앞에서 살펴본 바와 같이 품질경영은 기업가정신과 경영철학, 근로윤리, 노사일체감 등을 기초구성요소로 하고 있는데, 특히 우리나라에서는 유교사회의 전통이 강하게 자리잡고 있으므로 최고경영자의 품질경영을 실천하겠다는 확고한 의지와 솔선수범이 품질경영추진의 제일 앞자리에 놓여져야 하겠다.

품질경영의 시작은 최고경영자가 품질경영을 추진하겠다는 방침을 정하고 이를 선언하는 데에서 비롯되며 최고경영자는 물론 기업경영의 핵심멤버들이 품질경영이란 무엇인가에 대하여 확실한 개념을 파악하고 있어야 한다.

이를 위해서도 품질경영에 대한 교육을 받거나 선도기업방문, 또는 전문가에게 자문을 구하는 등의 노력 등을 기울여야 하며, 기업 각 구성원들에게 품질경영 추진의 필요성을 주지시켜, 자발적으로 참여할 수 있도록 유도하여야 한다.

품질경영 추진팀은 경영전략이나 기획, 관리에 대한 지식을 갖추고 있고, 기업의 전반적 업무를 파악하고 있으며, 품질경영의 정신과 철학, 사고방식, 제도와 기법 등을 잘 이해하여 최고경영자나 기업구성원들에게 조언과 설득, 지도상담이 가능한 인사들로 구성되어져야 한다. 따라서 추진팀의 구성은 기업 전 부문에서 선발하여 설치하는 것도 바람직하다. 만일 추진전담부서를 설치하는 경우에는 기업의 기획실과 같은 정도의 수준으로 설치하거나, 아니면 아예 기획실을 개편하여 그 조직의 일부로 할 수도 있다.

추진팀의 첫 임무는 품질경영에 대한 연구활동이다. 즉 추진팀은 외부 교육이나 연수 등을 통하여 품질경영에 관한 지식을 축적하는 한편 관련자료들을 수집하고 연구하는 것이 바람직하다. 또 이 과정은 품질경영추진과정을 통하여 계속되어야 한다.

추진팀의 다른 임무로는 그 기업이 가지고 있는 능력과 환경 등 품질경영 추진에 영향을 미치는 근로의식, 노사관계, 기업목표, 기업의 발전방향 등을 포함하는 경영풍토에 대한 검토와 가치사슬에 따르는 기업의 업무활동, 기술 및 제품수준, 설비와 시설 등의 하드웨어, 활용되고 있는 제도와 기법, 관리체계 등을 포함하는 기업 내적 요소들의 진단, 그리고 국내외적 기업환경, 사회여건, 공급자관계 등을 포함하는 기업 외적 요소들에 대한 진단 등을 망라한 것이어야 한다. 여기서 가치사슬이라는 것은 기업의 다양한 업무를 기술적 경제적으로 구분할 수 있는 몇 개의 가치활동으로 나누어 연결시킨 것을 말한다. 가치활동은 크게 주활동과 보조활동으로 나눌 수 있는데, 주활동이란 원재료를 구입, 제품의 생산, 고객에로의 전달, 그리고 판매후 서비스 등 기업의 기본적인 업무를 말하고, 보조활동은 이러한 주활동이 원활히 이루어질 수 있도록 돕는 제반 업무, 즉 조직관리, 기술관리, 인력관리, 자재조달 등의 업무를 일컫는다. 따라서 가치연쇄에 따른 업무활동진단은 주활동, 보조활동의 구별 없이 기업전반에 걸친 업무들을 검토하여야 하는 것이다.

이와 같은 진단은 먼저 기업 전체의 입장에서 실시하고 그를 바탕으로 부문별로 세부적인 입장에서 검토하는 것이 바람직하다. 진단과정에서는 그 기업의 품질경영 추진의 강점과 약점 등을 품질경영의 기본 사고방식 입장에서 평가하여 도출하여야 한다. 이러한 결과들은 향후 추진방향 설정에 기초적인 역할을 하게 될 것이다.

기업현황에 대한 진단이 이루어지고 나면 품질경영을 어떻게 추진할 것인가에 대한 방향설정이 이루어져야 한다. 이와 더불어 장차 진정한 품질경영시대에 돌입하기 위해서는 어떻게 그 내용을 변화시켜 갈 것인가 하는 품질경영전략도 있어야 한다.

추진방향설정에서 이루어져야 할 요소에는 품질경영을 추진하기 위하여 어떠한 활동들을 할 것인가에 대한 방향설정도 포함된다. 기업에서 품질경영활동을 실시하기 위해서는 그에 따른 적절한 체제인 품질경영추진체제의 구축이 필요하다. 그런데 대개의 체제의 특성이 그러하듯 품질경영추진체제에도 체제의 목표, 구성요소, 체제의 기능 및 처리절차에 대한 명확한 설정이 필요하다. 그러나 앞에서 보듯이 품질경영 추진은 광범위한 활동들을 포함해야 하는 것이므로, 이러한 체제구축은 각 개별활동에 대한 하부체제를 먼저 구축하고, 이들이 적절히 조화되도록 이루어져야 할 것이며, 이러한 방향설정이 추진팀이 해야 할 중요한 임무라고 할 수 있다.

품질경영추진의 방향이 설정되면 그 다음은 설정된 방향에 알맞도록 품질경영추진계획을 수립하여야 한다. 추진계획을 수립하는 데에는 추진의 목표와 방침설정이 우선 되어야 하며, 또 이러한 목표와 방침은 반드시 최고경영자의 이해와 승인이 있어야 한다. 또한 추진계획에는 장단기 품질경영추진활동의 우선순위가 결정되어야 하는데, 가급적 연도별로 중점추진항목들을 구분하는 것이 바람직하다. 이러한 추진계획에는 품질경영추진시까지 이루어질 수 있을 것인가에 대한 기간도 예측되어져야 한다.

추진계획수립시 다시 강조되어야 할 사항은 그 기업의 품질경영추진수준이 품질경영 발전단계의 어디에 있는가, 또 그 동안 각 단계의 활동을 어느 정도 실시하여 왔는가를 잘 파악하여 가급적 단계별로 이루어져야 한다는 것이며, 단계추진에 있어서도 다음 단계로 나아간다든가, 새로운 활동을 시작하기 위해서는 다시 상세한 진단과 준비, 계획수립, 추진 및 정착 등의 과정을 반복하는 것이 바람직하다.

8.2.2 추 진 기

이 시기는 수립된 추진계획에 따라 구체적으로 품질경영을 실시하는 단계이다. 먼저 미리 수립된 추진계획을 구체적으로 실행할 수 있는 실행계획을 작성하여야 한다.

이러한 실행계획은 최고경영자의 방침과 기업실정을 감안하여 장단기적으로 작성되는 것이 바람직하다.

[그림 8-1]은 실행계획 수립절차를 예시한 것이다.

1) 현황분석

① 기업이 처해 있는 환경으로부터의 품질경영추진의 위협적 요소와 기회적 요소추출 및 분석

② 기업 내부의 강점, 약점 분석

[그림 8-1] 실행계획 수립절차(예시)

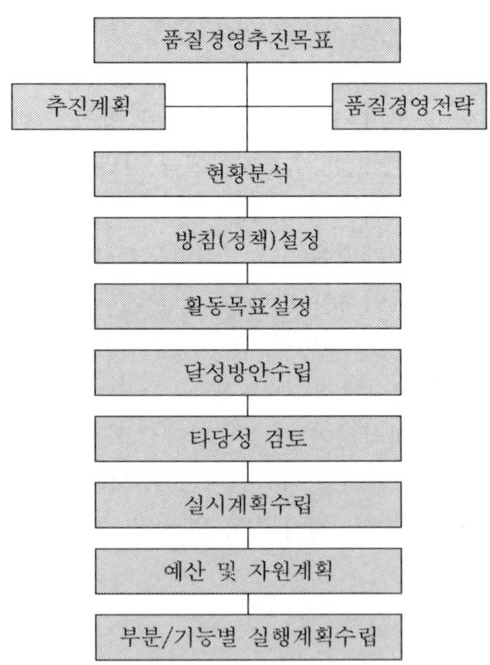

③ 품질, 품질경영체제, 활동내역, 계획 및 실시상의 제반 문제점 분석

2) 방침(정책)설정

① 현상분석을 바탕으로 한 방침의 설정

② 품질경영

3) 활동목표설정

① 중장기목표와 연도목표

② 목표의 수준

③ 목표달성의 우선순위

4) 달성방안수립

목표달성의 구체적 방법 및 수단의 설정

5) 타당성 검토

① 목표달성방안의 타당성 검토

② 체계적 접근

6) 실시계획의 수립

① 달성방안의 활동내용과 단계 세분화

② 전개된 제반 활동에 대하여 시간, 순서, 부문 또는 기능별 배분

7) 예산 및 자원계획

① 예산편성

② 자원의 조달 및 배분

또한 품질경영추진을 효율적으로 달성하기 위해서는 추진의 전과정을 통하여 계속적인 점검과 조처가 필요하다. 즉 추진과정에서 그 진행 정도를 정기적으로 보고하고 또 진단할 수 있는 체제의 구축도 필요하다는 것이다.

한편 품질경영의 추진에 있어서는 기업구성원이 전원 참여하여 체계적인 접근을 하여야 하고, 또 각 세부활동은 추진팀에서 실시하는 것이 아니라 일시적 혹은 영구적으로 조직된 실천단위팀에서 담당하게 될 것이다. 따라서 추진계획의 수립시에는 최고경영자를 비롯한 기업구성원의 의식을 제고하고 전문적인 기술이나 제도기법들을 교육하는 교육계획과 실천조직에 대한 조직계획도 포함

되어져야 한다.

① 교육계획　　품질경영교육에는 경영철학이나 근로의식, 품질경영의 사고방식 등을 교육하는 정신교육과 문제를 해결하거나 개선에 필요한 제도와 기법, 기술을 교육하는 기술교육이 있다. 이 둘의 중요성은 그 우열을 가름하기가 어려우나, 우리 식의 품질경영을 추진하기 위해서는 인재의 육성과 기술의 개발이 중요한 과제이니만큼 전문적 기술교육에 특히 신경을 써야 한다. 품질경영추진 담당부서에서는 교육을 실시하기 위한 계획을 수립하고, 실시시기, 예산, 대상, 장소, 방법 등을 결정하여야 한다. 이러한 교육을 통하여 기업의 인력자원을 최대한 활용할 수 있고 모든 구성원에게 새로운 일을 찾아낼 수 있는 기회를 제공하게 된다.

② 조직계획　　품질경영을 위한 조직, 즉 지원하여야 할 스태프의 설치, 각 부서의 담당자 선정 및 배치, 품질분임조 편성, 품질경영에 관한 협의기관 등의 설치에 대한 준비와 그들의 실시 및 발전에 관한 계획을 수립한다.

③ 관련업무　　실시계획품질경영을 실시하기 위해서는 관련규정을 제정하고 추진매뉴얼을 작성하는 등의 업무가 필요하고, 또 각종 제도와 기법의 실시절차, 품질시스템의 개발 및 제반 요소의 관리계획을 수립하는 것이 필요하다.

이와 같은 실행계획이 작성되면 구체적인 실시방안에 따라 품질경영을 추진한다. 구체적인 추진에 있어서는 항상 품질경영의 기본사고방식을 염두에 두고 실시하는 것이 중요하며, 각 세부활동들은 PDCA와 같은 관리사이클을 적용하여 체계적으로 관리해 나가는 것이 요구된다.

8.2.3 정 착 기

세부적인 품질경영추진활동이 시작되고 나면 그 다음은 그러한 활동들이 정착되어 안정적으로 실시되어지는 정착기로 나아가야 한다. 물론 이러한 과정에서는 계획수립시에 생각하지 못하였던 여러 가지 문제에 봉착할 수도 있고, 또 그 진행 정도도 계획과 차질을 빚을 수도 있다. 이러한 난관들은 향후의 실행계획 수립이나 달성방안 도출시 활용될 수 있는 귀중한 경험이다. 따라서 이들에 대한 원인이나 이유들을 철저히 분석하여 품질경영추진의 피드백이 되어야 한다.

품질경영활동의 정착을 위한 필요요소 중의 하나는 품질경영추진에 대한 평가이다. 평가는 관리사이클의 입장에서 보면 주로 통제를 위하여 필요한 것인데, 이러한 평가활동을 통하여 계획 및 실시과정 자체와 그 성과를 점검하고, 평가결과를 바탕으로 다음의 계획실시과정에 적절한 수정을 가함으로써 품질경영추진목표를 보다 효율적, 효과적으로 달성할 수 있게 된다.

품질경영추진의 평가를 위해서는 먼저 평가팀을 조직하고 평가항목을 마련하는 것이 필요하다. 평가팀에는 최고경영자가 어느 형태로든지 참여하는 것이 바람직하다.

품질경영추진의 평가는 평가자가 조직 내의 어느 계층 또는 어느 부서에 속하여 있는가에 따라 그 내용이 달라질 수 있다. 즉 평가자에 따라 중점을 두는 평가항목 및 평가지표가 다르다. 또한 평가과정에 있어서도 선택적 인지도의 차이로 인해 동일한 평가항목에 대한 평가결과가 달리 나타날 수 있다. 이와 같은 면에서 볼 때 품질경영추진의 평가항목설정시에는 기업내 여러 부서의 광범위한 참여과정을 거치는 것이 바람직하다. 이러한 과정을 통하여 평가항목에 관한 기업 내의 의견수렴을 활성화하고 평가결과에 대한 구성원들의 수용도를 제고시킬 수 있을 것이다.

이러한 평가항목의 선정은 본질적으로는 목표를 기준으로 한 목표대비 실적평가라는 관점에서 이루어져야 한다. 그런데 결과중심의 평가만을 실시할 경우에는 그 평가항목이 품질경영추진 전반에 걸쳐 폭넓게 선정되지 않으면 자칫 단편적인 평가가 되기 쉬우므로, 이와 아울러 품질경영 제반 구성요소가 어떻게 활동하고 있는가 하는 과정중심의 평가를 병행하는 것이 바람직하다.

품질경영추진의 평가가 합리적으로 시행되기 위해서는 평가와 관련된 여러 활동이 품질경영추진의 각 요소로 제도화되어 정기적으로 평가가 실시되는 것이 필요하다.

평가절차는 일반적으로 평가의 기본방향과 지침의 설정 및 평가항목선정, 평가지표개발, 평가조직구성 및 계획수립, 평가지표별 측정자료수집, 평가자료의 체계적 축적, 평가자료분석, 개선안 모색 및 수립, 개선작업수행 등과 같은 단계로 구성된다. 따라서 품질경영추진의 평가는 정기적으로 절차에 입각하여 실시하는 것이 바람직하며, 합리적인 평가를 위하여 반드시 고려되어야 할 요소이다.

8.3 품질시스템 개발단계

앞에서 살펴본 것처럼 우리의 기업에서 취하여야 할 제일 처음과제는 ISO 9000인증 획득이다. 따라서 여기에서는 먼저 인증을 위한 요체인 품질시스템 개발단계에 대하여 살펴보고자 한다.

대표적인 품질시스템인 ISO 9000 품질시스템 개발단계를 예시하면 [표 8-1]과 같다.

[표 8-1] ISO 9000 품질시스템 개발단계

단계	품질시스템 개발단계: 투입	품질시스템 개발단계: 과정	품질시스템 개발단계: 산출
초기단계	고객요구 관련기관자료 동종업계현황	정보수집 및 분석	조사보고서
준비단계		현황파악	
		계획수립	추진계획서
		추진조직구성	TET팀
	외부교육수강 사내교육유지 자체교육실시	추진자 교육	
작업단계		시스템수립/문서화	품질매뉴얼 품질계획서 절차서 등 보조문서
시행단계		품질시스템 시행	
		품질시스템유지/발전	

8.3.1 정보수집 및 분석

품질시스템을 개발하기 위해서는 먼저 ISO 9000의 내용을 정확히 파악하여야 한다. 따라서 ISO 9000에 대한 정보수집은 필수적인 업무이다. 정보수집이 어느 정도 이루어지면 그 동안 수집한 정보를 근거로 분석작업을 해야 한다. 즉, 보고서를 작성하기 위해 정보를 취합하고 요약하여 정보수집 지시자의 의도에 충족되도록 가공한다. 이 때 부족한 정보가 있으면 추가로 입수하고 종합하여 보고서를 작성해야 한다.

이 보고서를 기초로 경영자의 방침이 결정된다고 해도 과언이 아닌 만큼, 중요한 사항은 반드시 근거자료를 첨부하여 객관적이면서도 명확하게 작성해야 한다.

8.3.2 현황파악

수집한 정보를 분석하여 보고서를 작성하여 품의하게 되면, 이에 따라 바로 추진방침이 결정되어 계획수립단계로 직행하는 경우도 있겠지만, 인증 획득 요구에 의해 추진하는 경우에는 반드시 거쳐야 하는 과정이 현황파악단계이다.

8.3.3 계획수립단계

품질시스템을 수립한다는 결정이 이루어지면 세부적인 작업을 위해서는 세부추진계획을 수립하여야 하는데, 이 계획서에는 가급적 다음과 같은 사항들이 포함되도록 하는 것이 바람직하다.

8.3.4 추진조직구성

품질에 관련된 업무분야의 핵심요원을 선발하여 추진조직(Task Force Team 형태)을 구성하여 준비하는 것이 가장 효과적이다. 이 추진조직은 인증 획득의 중심적 역할을 수행해야 하는 조직이며 해당분야의 실무사항을 충분히 파악하고 있는 인원이어야 하므로 각 분야의 중간관리자급 이상으로 구성할 필요가 있다.

회사규모와 여건에 따라 이 추진조직의 하부조직으로 품질매뉴얼 초안작성 등 실무작업을 전담하는 작업반(Working Group)을 편성하여 구체적인 준비사항을 단기간 내에 효과적으로 수행하도록 하는 것도 고려할 수 있다.

특별한 경우가 아니라면 상위직급의 간부들만으로 구성하는 위원회 성격의 추진조직만으로는 효과적이지 못하며, 경영간부들이 참여하는 정기적인 검토회의를 통해서 실무추진조직의 진행상황을 점검하고 중대한 문제점을 해결하는 식으로 추진해 나가야 할 것이다.

[표 8-2] 추진계획서 목차

추진계획서 목차
① 추진배경 및 목적 ② 기대효과 ③ 추진일정 ④ 추진조직 및 관련인원 ⑤ 추진방법 • 교육 · 훈련 • 진단 · 지도 • 인증 ⑥ 예　산 • 교육 · 훈련비용 •진단 · 지도비용 • 인증비용 – 신청수수료 – 예비심사비(필요시) – 공장심사비(외국인증기관의 경우 출장비 포함) – 등록비 – 사후관리비용 • 기타비용 ⑦ 기타사항 – 동종업계 동향 – 기　타

8.3.5 추진자 교육

품질시스템을 효율적으로 수립하고 이것의 시행에 있어 일관성을 유지하기 위해서는 반드시 추진조직과 관련인원에 대해서 ISO 9000에 대한 공감대를 확립하는 것이 중요하다. 추진자들에 대한 교육이 선행되지 않으면 추진과정에서 의견일치가 이루어지지 않아 요건해석에 대한 논란이 계속 발생하게 된다.

관련 직원 모두에게 ISO 9000에 관한 개념뿐만 아니라 상세한 내용을 이해시켜야만 인증을 준비하고 추진할 수 있으므로 추진자들이 무엇을, 왜, 누가, 어떻게 해야하는지에 대한 확실한 이해를 돕기 위해서 교육을 필히 실시하여야 한다.

교육방법으로는 추진자들로 하여금 외부기관의 교육과정을 수강토록 하거나, 전문가를 초빙하여 회사의 여건에 맞는 독자적인 프로그램을 계획하여 사내교육을 시행하는 것도 방법 중의 하나이다.

8.3.6 품질시스템 수립 및 문서화

(1) 품질시스템 수립

품질시스템은 결코 형식적이거나 전시적인 체계여서는 안 되며 실제 기업 내에서 살아 움직일 수 있는 품질시스템을 만들어야 한다. 따라서 처음에는 비록 세련되지 못한 것일지라도 실제 시행할 수 있는 시스템을 만든다는 것이 무엇보다도 중요하다.

향후 이 시스템을 운영하면서 발생하는 제반 문제점들은 다시 피드백하여 보다 충실한 시스템으로 변화시켜 나가면 된다.

(2) 품질시스템의 문서체계

일반적인 품질시스템의 문서체계는 다음과 같다.

[그림 8-2] 품질시스템의 문서체계

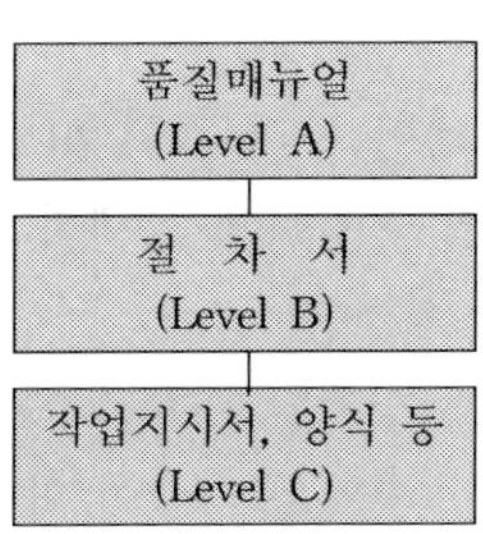

(3) 품질매뉴얼 작성

품질매뉴얼은 품질시스템의 기본적 사항을 기술한 문서로서 내부적으로는 품질시스템의 시행을 위해서, 외부적으로는 고객이나 인증기관에 제출하기 위한 목적으로 작성되기 때문에 구체적인 사항을 상세히 기술할 필요는 없다. 그러므로 간명하면서도 관련된 요건을 빠짐없이 기술하여야 한다.

품질매뉴얼 작성은 다음과 같은 세부적인 절차로 이루어지는 것이 바람직하다.

[표 8-3] 품질매뉴얼 작성절차

품질매뉴얼 작성절차
① 적용규격의 결정
② 관련된 사내표준 목록작성
③ 관련된 사내표준에 대한 정보수집
④ 현 상황에 대한 조사분석
⑤ 추가 또는 수정해야 할 사항파악
⑥ 품질매뉴얼 체제/형식결정
⑦ 추진팀의 초안작성/업무분장
⑧ 초안작성
⑨ 작성된 초안의 회람 및 보완

8.3.7 품질시스템 시행

(1) 시행전 교육

품질매뉴얼이 만들어지면 이를 시행에 옮겨야 하는데, 사전에 관련인원에게 수립된 품질시스템에 대한 충분한 설명을 하지 않으면 시행에 차질을 빚게 된다. 추진조직은 개발한 시스템이 무리 없이 시행할 수 있도록 충분히 검토된 것이라는 확신을 가지고 관련된 직원에게 상세히 설명하는 과정을 반드시 거치는 것이 바람직하다.

시행전 교육에 관련된 부서장뿐만 아니라 경영간부들도 참석하도록 하여 경영진의 확고한 의지를 전달하는 것은 더없이 바람직한 일이다. 실제로 대다수의 직원들은 우리 회사에서 ISO 9000을 추진하고 있는데 이것은 주관하는 품질부서만의 열성일뿐 과연 경영자의 의지도 이와 같은지에 대해 의구심을 가지고 있을 수도 있기 때문이다.

(2) 시　　행

시행 전에 충분한 설명을 하고, 전직원에게 경영자의 관심과 의지를 분명히 하면 공식시행에 들어가게 된다. 여기서 한가지 고려할 것은 시행시점이다. 언제를 기준으로 시행할 것인가를 분명히 하되, 이 시점을 선택할 때는 내부의 여러 가지 상황을 고려하여 정하는 것이 좋다.

(3) 수정·보완

품질시스템이 시행에 들어가 보면, 개발한 시스템이 정착할 수 있는지 아니면 수정하지 않으면 안 될 것에 대한 반응이 있게 된다. 관련부문/부서로부터 아무런 응답이 없다면 오히려 이상하다고 생각해야 한다. 이런 경우는 처음에 완벽한 시스템을 구축했기 때문이라고 생각되기보다는 관련부서에서 아예 적용을 미루고 있다고 보는 것이 타당할 것이다.

시행과 아울러 여러 가지 문제점이 나타나게 되므로 수정보완을 위해서는 요소별로 PDCA사이클을 돌리는 과정이 수반되어야 한다. 자체적인 수정보완이 어렵다고 판단되면 외부의 전문가에 진단 지도를 의뢰하는 것도 좋다.

8.3.8 품질시스템 유지개선

품질시스템을 유지한다는 것이 수립하는 것 못지 않게 어렵다. 특히 인증을 획득하고 나면 어렵게 구축해 놓은 시스템을 너무 쉽게 허물어 버리는 경향이 없지 않다. 물론 품질코스트의 증가를 감당할 수 없다는 확실한 결론이 내려져서 스스로 포기한다면 모르되, 타당한 이유도 없이 인증서가 도착한 지 얼마 안 되어 품질매뉴얼을 캐비넷 깊숙이 넣어버리고 주관했던 직원들을 타부서로 보직변경시키는 일은 없어야 할 것이다.

이런 상황을 방지하기 위해서 인증기관이 사후관리감사를 실시한다고 해도 그다지 틀린 이야기가 아닐 것이다. 또 인증기관이 인증업체의 내부를 속속들이 알 수 없으므로 내부직원으로 하여금 자사의 품질시스템에 대한 시행점검을 하도록 내부품질검사를 ISO 9000 요건의 하나로 넣은 것이다.

8.4 품질경영 전담부서의 설치

품질경영의 기본사고방식에는 최고경영자의 참여와 의지, 전원참여라는 항목들이 있다. 이러한 항목들이 의미하는 것은 결국 품질경영은 기업 내의 어느 특정한 사람들의 과제가 아니라 최고경영자를 위시한 기업의 구성원 전체의 일이라는 것이다. 따라서 품질경영추진에 있어서는 이를 전담할 부서를 별도로 조직하는 것은 가장 이상적인 상태에서 볼 때에는 오히려 바람직하지 못한 것이다. 품질경영의 바람직한 상태는 최고경영자나 모든 기업구성원이 현재의 조직구조에서 일상적인 업무를 처리함에 있어 품질경영의 정신과 사고방식을 항상 스며들게 하여 이들을 일체화시켜 일상업무 자체가 품질경영활동이 되는 상태라고 할 수 있다. 이러한 면에서 볼 때, 별도 전담조직이 있다는 것은 품질경영추진과 활동의 성공적 수행책임이 그 전담부서에 있다는 오해를 최고경영자나 기업구성원들에게 줄 수 있기 때문에 전담부서라는 말 자체부터 바람직하지 않다는 것이다. 그러나 현실적으로 볼 때에는 품질경영의 추진에 있어서 기존의 기업여건을 반영하여 목표와 계획을 수립하기 위해 전담부서 결성이 필요하기도 하다. 이러한 별도 추진조직의 역할은 어디까지나 품질경영의 추진을 총괄하는 데에 있는 것이지 기업내 모든 품질경영활동을 전담하자는 것은 물론 아니다.

품질경영 추진조직은 각 기업의 실정에 알맞게 팀조직일 수도 있고 또는 전담부서일 수도 있다. 그러나 이러한 추진조직은 기존에 유사한 기구가 있다면 이들을 활용하는 것을 먼저 생각하고 새로운 기구의 신설에 급급하여서는 안된다.

이러한 추진조직은 앞에서도 살펴본 바와 같이 기업 전반에 걸쳐 업무와 일정을 잘 파악하고 있는 사람들로 구성되어져야 한다. 즉 품질경영은 기업 내의 어느 특정한 부문에서 별도의 활동이 아니라 기업활동 전반에 걸친 혁신과 개선을 꾀하고자 하는 것이므로, 이를 위해서는 생산, 설계, 영업, 구매, 조달, 기획, 관리 등 기업 내의 모든 부문에서 그 실정과 장단점을 잘 파악할 수 있는 전문가들로 추진조직을 결성하여야만 추진목표나 계획의 수립, 추진활동의 선정과정 등이 가장 정확하고 효율적인 방향으로 이루어질 것이기 때문이다. 또 만일 그 기업 내에 과거의 전사종합품질관리와 같은 품질관리활동을 추진하였던 인원이 있다면 추진조직에서 이들도 흡수하여야 한다. 왜냐하면 이들은 이미 유사한 활동을 추진하였던 경험이 있으므로, 추진과정에서 발생할 수 있는 제반 문제점을 미리 예상하여 조처할 수 있는 능력이 있을 것이기 때문이다. 다만 이들이 과거에 추진하였던 제도만을 고집하여 새로운 변화에 적절히 대응하지 못한다면 그러한 경우에는 당연히 배제되어야 할 것이다. 이를 위해서도 추진조직에는 이를 대표하고 리드할 경영진의 참여가 반드시 필요하다.

품질경영 추진조직의 활발한 활동을 위해서는 이들이 기업 전반에 걸쳐 후원과 지지를 얻을 수 있어야 한다. 여기서 무엇보다도 중요한 후원은 최고경영자에 의한 것이라고 볼 수 있다. 따라서 최고경영자는 이 추진조직에 적절한 권한과 책임을 부여하여 이들이 품질경영을 소신껏 추진할 수 있도록 하는 배려를 잊지 말아야 하겠다.

한편 최고경영자는 이러한 추진조직을 기업내 어디에 위치시킬 것인가를 결정하여야 한다. 물론 이 결정도 기업의 사정에 따라 달라지겠지만, 품질경영은 그 자체가 전략적 경영활동으로 가급적 기업의 기획 파트에 위치시키는 것이 바람직하다. 이 경우 기존의 일상적인 기획업무는 기획부서의 부분적 활동이 되고 오히려 품질경영추진이 그 핵심적 활동으로 되어야 한다.

추진조직의 역할과 기능으로는 앞에서 논의된 바와 같이 그 기업에 알맞은 품질경영의 위상을 정립하고 진단활동을 통한 추진방향을 결정하는 등의 추진준비와, 추진계획과 전략을 수립하느냐 등의 추진계획 업무, 품질경영활동의 점검과 방향제시 등의 추진활동선도 등과 아울러 필요한 경우 최고경영자에 대한 자문활동, 품질경영 추진시 발생하는 문제점 극복, 품질경영추진에 필요한 조직구성과 구성원의 의식개혁과 능력배양을 위한 교육추진 등을 들 수 있다.

① 전담부서의 역할

② 기존조직의 활용

③ 조 직 화

㉠ 품질경영달성을 위한 조직정비
㉡ 책임과 권한의 명확화
㉢ 커뮤니케이션이 잘 되도록 긴밀한 유대관계

8.5 품질경영교육 및 전문가 양성

① 품질경영 추진축 중 중요한 요건이 교육임
② 정신교육과 기술교육
③ 인재육성 : 전문적 기술교육/훈련
④ 기법이나 제도를 교육시킬 때에는 충분한 검토를 거쳐야 함
⑤ 교육계획
⑥ TQ교육 프로그램 예시

품질경영을 도입할 때 가장 큰 작업 중의 하나는 품질경영에 대한 교육과 보급훈련이다. 특히 각 기업에서 품질경영을 추진하는 데에 있어 구성원들 사이에 품질경영에 관한 개념이 일치되어 있지 않으면 추진에 많은 혼란이 야기될 것이므로 품질경영에 관한 교육은 품질경영추진 전 단계에 걸쳐 지속적으로 이루어져야 한다.

기업 내에서 인재를 육성하는 길은 구성원의 의식개혁만으로는 달성이 힘들고 오히려 자발적으로 자기능력을 개발하겠다는 의지가 필요하고 적절한 교육기회를 부여함으로써 비로소 가능해진다. 더욱이 품질경영추진의 한 접근방식인 기업문화적 접근은 기업의 하부구조변수들은 튼튼히 하고자 하는 것이므로 이를 위해서도 기업구성원에 대한 계속적인 교육은 품질경영추진성공을 위한 필수적인 요소라 할 수 있다.

품질경영을 추진함에 있어 필요한 교육과 훈련으로는 구성원의 의식개혁을 위한 정신교육, 각종 제도와 기법에 관한 교육, 전문기술교육 등을 들 수 있는데, 이들은 그 중요성 면에서 볼 때 어느 하나도 생략할 수는 없는 것들이다. 먼저 정신교육은 품질경영의 개념과 필요성, 구성요소와 사고방식 등 품질경영의 기본적인 요소를 교육함으로써 기업구성원들로 하여금 품질의식을 고취하

고, 경영철학이나 기업가정신을 재정립하고, 근로윤리와 노사일체감을 조성하기 위한 의식개혁을 주로 실시하는 것이다.

한편 각종 제도와 기법에 관한 교육은 품질경영추진시 도입하고자 하는 각종 관리제도나 혁신과 개선, 팀활동, 문제해결에 필요한 각종 기법의 내용과 실시요령을 교육하고 적용에 대한 훈련 등을 말한다. 이러한 제도와 기법에 관한 교육은 기초적이고 간단한 내용부터 실시하는 것이 바람직하다. 또 기법교육은 문제를 바라보는 시각과 적용절차, 활용결과 등을 가급적 적용사례를 중심으로 실시하여야 하며, 기법에 대한 원론적 소개에 그쳐서는 안 된다. 각 제도와 기법에 대하여 충분한 연구검토가 품질경영 추진팀에 의해 이루어져야 하며, 따라서 품질경영 추진팀은 이러한 제도와 기법에 대하여 외부전문교육기관이나 단체에서 교육을 받거나 연구회 활동들을 통하여 누구보다도 먼저 정확하게 그 내용과 장단점, 적용시 유의사항 등을 알고 있어야 한다.

전문기술교육은 기업구성원이 맡은바 업무를 추진하는 데 있어서나 또는 품질의 향상 등 문제해결에 필요한 각종 전문기술을 교육함으로써 장차 그들이 해당분야의 전문가로서 발전할 수 있도록 하는 교육으로, 장차 업무의 질과 자원의 질, 제품의 질을 혁신 또는 개선할 수 있는 핵심적 역할을 수행하기 위하여 필요한 교육이다.

이러한 교육과 훈련은 기업구성원 모두에게 행하여져야 하는 것이지만, 대상자의 직위와 역할에 따라서는 그 내용이 차이가 있어야 한다.

먼저 최고경영자를 비롯한 경영진에 대한 교육내용으로는 품질경영을 도입하여야 하는 필요성, 품질경영의 개념, 품질경영 추진시 경영진의 역할, 경영전략 수립방법, 품질경영추진의 점검과 평가방법, 팀활동 요령, 품질경영추진에 필요한 제도와 기법의 종류 등을 들 수 있다. 이러한 교육을 위해서는 경영자가 솔선하여 외부전문교육기관에서 실시하는 교육훈련, 강연회, 연구회 등에 참여하고, 품질경영을 모범적으로 실행하고 있는 기업을 방문하기도 하며, 또 필요하면 외부전문가의 자문을 구하는 등의 노력을 해야 한다.

또한 부과장 등 관리자들과 근로자들에게는 품질경영의 기본개념과 필요성, 사고방식 등에 관한 교육과 제도와 기법에 관한 교육, 전문기술교육, 리더로서의 역할 등을 공통적으로 실시하여야 하지만, 대상에 따라서는 개념에 충실할 것인가 구체적인 내용과 적용 실시에 치중할 것인가를 달리하여야 한다.

이와 같은 교육의 추진은 품질경영을 추진하는 조직에서 계획하고 조정하여야 할 것인데, 필요에 따라서는 교육전담부서를 별도로 설치하여 운영하는 것도 바람직하다. 이러한 추진자들은 이들이 누구보다도 교육실시 이전에 이들에 대한 훈련부터 이루어져야 할 것이다.

품질경영에 관한 교육에서 유의하여야 할 사항으로는 교육실시에 앞서 먼저 적당한 교육계획이 수립되어 있어야 한다는 점을 들 수 있다. 즉 교육하여야 할 내용, 교육대상자, 교육일정 등에 관한 확실한 계획을 먼저 입안하고 그 계획에 맞추어 교육을 실시해야지 무계획적으로 일단 배우고 보자는 식의 교육은 곤란하다는 것이다.

과거에 보면 각 기업에서는 맡은 바 업무에 관련 없이 임의로 교육대상자를 선발하여 현재 또는 미래에 맡게될 업무에 관련 없는 교육을 무조건적으로 시킴으로써 대상자의 적극적인 의지와 관심을 불러일으키는 데에 실패하는 경우가 종종 있어 왔다. 이와 같은 형식적인 교육은 지양하여야 하며, 교육부터 기업과 구성원의 요구에 맞는 방향으로 이루어져야 하겠다.

품질경영교육에서 유의하여야 할 점은 반드시 교육은 지식을 주는 것이 목적이 아니라 실행시키는 것이 목적이므로 기업 내의 현장에서 실제적으로 적용시켜 사후관리하는 것이 중요하며, 또한 효과적인 교육이 되기 위해서는 교육에 대한 적절한 평가도 실시해야 한다.

8.6 관련규정 제정 및 추진매뉴얼 작성

8.6.1 관련규정 제정

① 규정 : 업무의 원활한 수행을 위하여 그 업무에 관계되는 부문의 책임과 권한, 업무의 절차, 장표류의 양식과 일의 흐름 등에 대하여 정한 표준을 말한다.

② 규정의 제정

③ 규정의 관리

④ ISO 9000 시리즈에 필요한 규정, 문서, 기록

8.6.2 추진매뉴얼 작성

(1) 품질매뉴얼의 구성

품질매뉴얼의 체제를 결정하는 데 있어서 특별한 기준은 없으나, 일반적으로 몇 가지 유형으로 분류된다. ISO 10013에서 추천하는 형식이 있으며, 기존 품질매뉴얼의 형식도 이와 특별한 차이는 없으나 약간씩 다른 점이 있다.

참고로 몇 가지 유형을 소개하면 [표 8-4]와 같다.

여기서 명심해야 할 사항은 '품질매뉴얼 작성의 정답은 없다'는 점이다. '우리 회사의 것은 우리의 손으로 만든다'는 신념 아래 어떻게 만들 것인가를 고심하고 내손으로 만들어야만 내것이 된다는 점을 항상 인식하여야 한다.

[표 8-4] 품질매뉴얼 구성

품질매뉴얼 구성(예)		
ISO형	일 반 형	조 합 형
1. 제목, 적용범위/분야	1. 품질방침	1. 표지(제목, 적용범위)
2. 품질매뉴얼 목차	2. 목　　차	2. 목　　차
3. 서　　문	3. 품질매뉴얼 적용범위	3. 서　　문
4. 품질방침	4. 문서관리 체계	4. 품질방침
5. 조직 및 책임/권한	5. 조 직 도	5. 권한에 관한 사항 (권한의 위임)
6. 품질시스템 요소	6. 업무설명	6. 용어의 뜻
7. 용어의 정의(필요시)	7. 품질관리 책임/권한	7. 조　　직
8. 품질매뉴얼 안내(색인)	8. 일반사항	8. 품질시스템 요소
	9. 요소별 절차	9. 양식(견본)
	10. 검토 및 감사	10. 품질매뉴얼 색인
	11. 양식(견본)	11. 개정 이력
		12. 기록/보고/화일링
		13. 관련문서/조견표
		14. 품질매뉴얼 색인

(2) 품질매뉴얼 항목기술형식

품질매뉴얼의 항목별로 기술하는 형식은 회사의 고유 체제가 있으므로 정형화할 필요가 없으나, 신규로 작성해야 하는 업체를 위해서 일반적인 기술형식을 소개하면 다음과 같이 몇 가지 유형으로 분류된다.

ISO 10013에서 추천하는 형식이 있으며, 기존 품질매뉴얼의 형식도 이와 특별한 차이는 없으나 약간씩 다른 점이 있다.

참고로 몇 가지 유형을 소개하면 [표 8-5]와 같다.

[표 8-5] 품질매뉴얼 항목별 기술형식

항목별 기술형식(예)		
ISO형	일 반 형	조 합 형
1. 목적 및 적용범위 2. 책　　임 3. 절차(단계별 설명) 4. 문서화(관련문서/양식) 5. 기　　록	1. 적용범위 2. 목　　적 3. 책임과 권한 4. 절차(본문내용) 5. 관련규정 (보관장소/보존기간) 6. 양　식	1. 목적 및 적용범위 2. 책임과 권한 3. 절차(단계별 설명) 4. 기　　록 5. 관련규정

제 9 장

경영계층 및 부문의 역할

9.1 경영계층의 역할

9.2 부문별 역할

제 9 장

경영계층 및 부문의 역할

9.1 경영계층의 역할

9.1.1 품질경영을 위한 경영계층별 역할

기업의 경영계층은 임원에 해당하는 최고경영층, 주로 부과장을 의미하는 중간경영층(중간관리자), 현장을 직접 관리하는 하위경영층(현장관리자)으로 구분하는 것이 관례이다. 모든 계층의 경영자 또는 관리자가 관리라는 업무를 담당하고 있지만 각 계층별로 그 역할은 조금씩 달라진다.

최고경영층은 각 기능 부서에서부터 수립된 정보를 가지고 기업수준에서의 전략계획을 세우고 이를 실행하는 전반관리기능이나 부문을 관리하는 부문관리기능을 주로 담당한다. 또 내부조직의 효율적 통합을 위한 방침(policy)의 책정과 부문간의 이해와 갈등을 조정하는 기능을 담당한다.

중간경영층은 상하간 및 부문 상호간의 커뮤니케이션을 담당하는 역할을 하게 되며 구체적으로는 최고경영층이 결정한 방침이나 계획을 구체화하며, 이를 하층경영층에 전달함과 동시에 수립된 계획이 실행에 옮겨지도록 지시, 감독하며 리더십을 발휘한다. 실행되는 업무에 대해서는 그 진행상태와 결과를 최고경영층에 보고하게 된다. 그 외에도 중간경영층은 부문간의 상호조정과 협력에 의하여 조직 전체의 통합력을 높이는 활동을 하며 자신의 소관부문에 대해서는 종합조정자의 역할을 수행한다.

하층경영층은 중간경영층의 방침과 계획에 따라 생산현장에 있어서 작업을 직접 지휘·감독하는 역할을 수행함으로써 작업성과와 작업능률에 직접적인 영향을 미치게 됨은 물론 현장 종업원들의 인재육성, 의식형성, 사기에도 매우 큰 영향을 미친다.

경영자나 관리자가 수행해야 할 기능은 크게 보아서 기본이 되는 관리적 기능 이외에도 인간적 기능, 기술적 기능의 3 가지로 구분된다. 관리적 기능이란 계획, 조직, 통제를 해나가는 기능을 의미하며, 계획기능에는 외부환경에 대응하기 위한 전략을 수립하고, 문제나 목표를 정의하며, 기업의 활동을 하나의 시스템으로 보게끔 도와 주는 개념적 활동이 포함된다. 인간적 기능이란 경영조직 내에 있어서의 온갖 인간관계적 기능을 말하며 한 그룹의 리더로서의 역할을 의미한다. 기술적 기능이란 해당분야의 업무를 효과적으로 수행하는 데 필요한 전문적인 지식이나 고유기술을 의미한다.

각 수준의 경영자나 관리자들은 이 세 가지 기능을 적절히 수행해야 하나 각 수준별로 해야 할 역할의 비중이 달라지는데 하위수준으로 갈수록 실무적 지식인 기술적 기능의 발휘가 강조되며 상위수준으로 갈수록 전략 및 방침의 수립 같은 관리능력의 발휘가 더욱 요구된다. 이것을 백분율로 나타내면 [그림 9-1]과 같다.

경영자는 개념적 기능과 인간관계 기능, 기술적 기능의 비율을 7 : 2 : 1 정도로 하고 중간관리자는 3 : 4 : 3 정도, 현장관리자는 1 : 2 : 7 정도가 적합하다고 판단된다. 그러나 최근의 경향은 경영자는 투자의욕을 상실하고 중간관리자들은 의기소침해져 직장에서의 리더십발휘에 상당한 문제를 야기하고 있다.

이러한 현상을 타파하고 선진국으로의 성공적인 진입을 위해서는 과거와

[그림 9-1] 경영계층 수준별 역할

같은 현장 위주의 획일적 분임조를 지양하고 목적에 따라 다양한 형태의 분임조로 편성을 하여야 할 것이다.

품질경영(QM)이란 최고경영자가 고객우선이라는 품질방침에 따라 사내의 품질목표를 설정하고, 이를 달성하기 위하여 전사적으로 활동하는 것을 말한다. 따라서 기업 내에서 고객우선의 품질방침에 따라 품질목표를 설정하고 그 달성을 책임지는 것은 당연히 최고경영자의 역할이라 하겠다.

품질경영은 단순히 제품의 질과 서비스를 향상시키기 위한 차원을 넘어서서 설계의 질, 업무의 질, 나아가 사람의 질(質)까지를 포함하는 총체적 품질향상을 통해 고객만족, 종업원만족, 회사만족을 동시에 확보함으로써 기업의 경영목표를 달성하기 위한 종합적이고 전사적인 수단이다.

따라서 품질경영은 철저히 고객 지향적이며, 품질에 대한 경영간부의 리더십과 전사원의 참여와 창의력 발휘를 통해서 이루어져야 한다. 또한 품질경영에 대한 책임은 최고경영자에게 있으나, 요구되는 품질을 달성하기 위해서는 조직 전원의 헌신적 노력과 참여가 중요하다.

기업간의 경쟁에서 품질은 총체적 품질로서 경영의 차원에서 이루어져야 하며, 기업전략도 고객우위 전략으로 나가지 않고는 결코 살아남을 수 없다. 고객제일의 기업문화가 우리 산업계에 정착되어야만 현재 우리가 안고 있는 모든 문제가 해결될 것이며, 잃어버린 경쟁력을 되찾는 확고한 기반이 마련될 것이다.

효과적인 품질경영추진을 위해서도 모든 경영자나 관리자는 계층별 역할에 충실해야 한다. 예를 들어서 제품의 품질우위를 확보하기 위한 품질전략을 실현하기 위해서는 품질방침과 품질목표를 품질지향적으로 설정하고, 구체적인 실행계획을 수립하여 전사적 활동이 전개되어야 한다. 이 과정에서 기업 내에서 고객우선의 품질방침과 품질목표를 설정하고 그 달성을 책임지는 것은 당연히 최고경영자의 역할이라 하겠다. 구체적인 실행계획을 수립하고 활동이 실행되도록 지휘하며 소관 부서내 전원의 의식변화와 참여를 유도하는 것은 중간관리자의 역할이 될 것이다. 또 현장관리자는 현장에서의 작업실행과 개선활동을 통하여 품질의 유지와 개선에 직접 진두지휘해야 할 것이다. 각 계층별 역할을 구체적으로 살펴보면 다음과 같다.

9.1.2 최고경영자의 역할

품질경영은 모든 경영계층의 책임이기는 하지만 최고경영자에 의해 주도되어야 하며 품질경영에서 '품질'의 개념은 경영목표의 달성과 관련되므로, 최고경영자의 강력하고 지속적인 리더십과 모든 구성원에 대한 교육훈련은 이러한 접근방식의 성공을 위한 중요한 요소이다. 또한 '사회에 대한 이익'은 기업이 사회의 요구를 충족시켜야 한다는 의미를 내포한다.

품질은 소비자가 결정하는 것이며 품질에 대한 소비자의 요구는 무한하다. 즉, 최상의 품질, 최저의 가격의 것을 희망할 것이다. 따라서 제조의 상황을 조사하고, 경제성을 조사한 다음 경영자의 정책적 고려에 의해 설계의 품질을 결정하는 일이 긴요하다. 이를 위해서는 다른 회사제품의 품질상황을 알아야 할 필요가 있다. 한 때의 매출을 증대시키기 위해, 함부로 제조원가를 줄여서 품질수준의 저하를 가져오는 결과가 되었다고 한다면 이는 결과적으로 잘못된 것이다.

품질의 의의는 복잡하고 광범위한 것임에도 불구하고, 많은 기업에서는 개발해야 할 품질의 결정이 단순한 기술자, 연구자에게 맡겨지고 있는 경우가 많다. 품질은 전사적 문제이며, 어떤 품질의 제품을 만들려고 하는가, 어떤 것을 실현하려고 하는가 하는 것들의 사항이, 관계자들 사이에서는 잘 이해되고 통일된 견해가 나와야 할 필요가 있다. 그러나 대부분의 경우, 각 부문마다 해결방책이 다르며, 갖가지 다른 견해가 나오는 경우가 적지 않다. 이러한 문제를 해결하기 위해서 리더십을 발휘하여 조정하고 이끌어 가는 것이 바로 최고경영자의 역할이다.

최고경영자는 품질경영시스템을 도입해서 잘 운영하도록 하기 위해서 적절한 품질경영조직을 계획하고 운영하여야 한다. 품질계획에서 고려할 사항은 다음의 두 가지이다.

① 품질정보의 흐름계획
② 품질활동을 위한 자원동원계획

품질정보에는 사외로부터의 품질정보, 이를테면 고객으로부터의 요구품질에 관한 정보, 사내부문간에서 전달·활용되어야 할 정보, 이를테면 제조부문에서 설계부문으로 전달되는 프로세스품질능력에 관한 정보 등이 있다. 그런데 이들 정보의 전달활용이 불충분한 경우는 굉장히 많다. 품질정보의 통신계통을 정비하고, 품질정보를 정확, 신속하게 전달하고, 그 효율적 활용을 도모하는 것은 품질활동의 출발이라고 할 수 있다. 전담부서를 설치하고, 거기서 품질정보를 수집한다 해도 각 부문에서 그것을 활용하기 위한 시스템이 마련되고, 그것이 운영되고, 각 부문의 품질업무가 명확해지지 않으면 품질정보를 활용할 수 없다. 마찬가지로 품질활동을 위한 각 부문의 업무와 그 관리방법이 명확해진 다음에 실시하지 않으면 품질확보는 불가능하다. 품질업무와 그 관리업무를 명확하게 해서 각 부문에 업무를 할당하는 것이 조직계획이다. 조직계획은 최고경영자가 할 일이다.

최고경영자는 품질경영시스템을 원활히 운영하기 위하여 부하들의 교육에 관심을 가져야 한다. 최고경영자 자신도 품질경영교육을 받아야 하며 또한 부하들의 교육을 담당하여야 한다. 또한 부하를 선발하여 외부전문기관에 교육을 받게 하고 그들이 사내교육을 담당할 수 있도록 적절한 지원을 하여야 한다.

9.1.3 중간관리자(부 · 과장)의 역할

품질경영활동이 활성화되기 위해서는 기업조직 내의 전 계층, 전 부문의 사람 모두 품질경영활동에 참여해야 되는데 그 중에서도 특히 경영조직의 구조상 최고경영자와 현장관리자를 연결하는 중핵적인 위치에 있는 중간관리자는 품질경영에 대한 충분한 이해와 품질경영 추진을 위해서 자기가 무엇을 해야 하는가를 잘 분별해서 행동하지 않으면 안 된다.

중간관리자가 품질경영을 위해 해야 될 일은 다음과 같다.

① 최고경영자의 방침을 전개하고, 그것을 달성하기 위한 실제적 활동 프로그램을 개발할 것
② 그 프로그램에 따라 품질관리활동을 하고, 혹은 부하로 하여금 활동하게 하여 효과가 오르게 할 것
③ 그 결과를 평가, 검토하여 차기계획안을 작성할 것
④ 제품품질, 그것을 확보하기 위한 업무, 그것을 실시하기 위한 계획 등에

대해 평가, 검토, 진단, 해석을 하여 중요 품질문제를 파악하고 그것을 부하에게 알려줄 것

⑤ 내외의 품질정보를 수집, 해석하여 설계품질을 결정하기 위한 자료를 작성할 것(설계품질의 결정은 상급관리자가 해야 할 일이다.)

⑥ 품질분임조의 육성을 위해 노력하고 품질분임조에 의한 개선결과의 검토, 표준화, 수평 전개 등을 할 것

⑦ 제품의 품질(양, 코스트 등을 포함한 종합적인 품질)확보를 위한 업무표준(품질표준, 기술표준, 작업표준, 관리표준 등)을 설정, 개정할 것

⑧ 기능별 관리에 대해서도 경영자의 방침에 따라 그 효과적인 실시를 위해 노력할 것

9.1.4 현장관리자의 역할

기업의 생산성은 물질적인 면과 정신적인 면의 결집체이며, 품질 역시 종업원 모두의 노력이 결집되어야 효과적이다. 제조현장에서 기업의 물질적인 요소와 사람의 정신적인 요소를 가장 효과적으로 결합할 수 있는 지름길은 소집단 활동이다.

소집단 활동을 통하여 종업원 개개인의 소양과 자질을 계발함으로써 고도 산업사회를 주도할 수 있는 인재육성이 가능하게 되고 양질의 인력집단만이 품질개선과 생산성 향상을 지속적으로 창출할 수 있게 된다. 현장에서의 인재를 육성하고 소집단활동을 활성화하기 위해서는 현장관리자의 관심과 지도가 매우 중요하다.

현장관리자는 또 기업의 방침과 목표, 기업이 안고 있는 여러 가지 문제점, 기업이 처해 있는 환경과 상황을 현장사원들에게 인식시킴으로써 자발적 참여를 유도하여야 한다. 또 현장사원들의 요구와 애로사항들을 관리자와 경영자들에 전달함으로써 현장사원들의 목소리가 경영에 반영되어 사기를 높이는 데 앞장서야 한다. 이와 같이 상하간의 교량적 역할을 담당함으로써 노사간의 일체감을 조성하는 데 기여하고 이러한 풍토를 바탕으로 전 사원이 참여하는 품질경영에 현장사원이 적극 참여토록 지도, 감독하여야 한다.

9.2 부문별 역할

9.2.1 품질고리와 부문의 관계

기업의 총체적 질(TQ) 중에서 특히 제품품질의 관리를 중심으로 한 각 부문의 역할을 언급하면 다음과 같다. 품질경영체제에서 경영자는 명시한 방침 및 목표를 달성하는 수단으로서 품질시스템을 개발하고 운영해 나가야 한다. 품질시스템이란 전사적으로 품질관리를 수행하기 위한 조직구조, 책임, 절차, 프로세스 및 자원이다. 품질시스템은 제품 또는 서비스의 품질에 관계되는 모든 활동에 정형적으로 적용되어 활동과 상호작용한다. 그것은 [그림 9-2]에서 보듯이 고객의 요구사항과 기대를 명확히 하는 품질의 계획수립에서 시작하여 최종적으로는 제품사용 후의 폐기까지 고객을 만족시키기 위한 모든 활동단계를 포함한다. 이 단계 및 활동에는 다음의 것이 포함된다.

① 마케팅 및 시장조사
② 설계/시방의 기술적 검토 및 제품개발
③ 조달

[그림 9-2] 품질고리

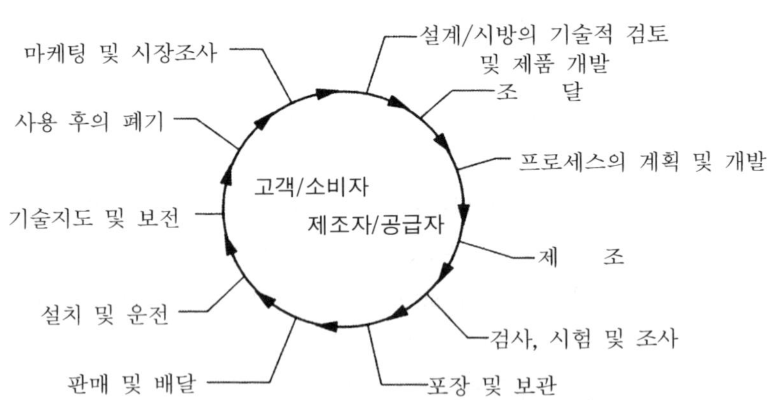

④ 프로세스의 계획 및 개발
⑤ 제조
⑥ 검사, 시험 및 조사
⑦ 포장 및 보관
⑧ 판매 및 배달
⑨ 설치 및 운전
⑩ 기술지도 및 보전
⑪ 사용 후의 폐기

9.2.2 마케팅 및 시장조사(영업부)

영업부문은 경영전략의 주요요소로서 결정된 자사의 활동영역에 해당하는 시장/제품의 영역의 각각에 대해서 해당 시장에서의 고객의 제품에 대한 품질 요구 사항을 확립하는 데 선도적 역할을 수행하여야 하며 구체적 실시사항은 다음과 같다.

① 제품 또는 서비스에 대한 요구사항을 파악한다.
② 시장의 수요와 분야를 정확히 정한다. 왜냐하면, 그것이 제품 또는 서비스의 등급, 수량, 가격 및 판매시기 견적의 결정에 대하여 매우 중요하기 때문이다.
③ 계약 또는 시장요망의 재확인에 따라 고객의 요구를 정확히 파악한다. 이 활동에는 고객의 잠재하는 기대 또는 편견에 관한 평가를 포함한다.
④ 고객의 모든 요구사항을 회사 내에 명확히 전한다.

영업부문은 회사에 대하여 제품요약서와 같은 제품에 대한 요구사항을 기록한 문서 또는 그 개요서를 준비하는 것이 바람직하다. 제품요약서는 고객의 요구 및 기대를 다음 설계작업을 위한 근거로서 예비적인 시방서의 형식으로 나타낸다. 제품시방서에 포함되는 요소로서는 다음의 요구사항이 있다.

① 성능특성(예를 들면, 환경조건, 사용조건 및 신뢰성)
② 관능특성(예를 들면, 스타일, 색, 맛, 냄새)

③ 설치의 구성(configuration) 또는 끼워 맞춤(fit)
④ 적용하는 기준 및 법적 규제
⑤ 포장
⑥ 품질보증/검증

영업부문은 계속적으로 정보를 수집하고, 피드백하는 시스템을 확립하는 것이 바람직하다. 제품 또는 서비스의 품질에 관계되는 모든 정보를 정해진 순서에 따라 분석, 조합, 해석, 전달하는 것이 좋다. 이와 같은 정보는 고객의 경험 및 기대에 관계되는 제품 또는 서비스의 문제에 대하여 그 성질 및 정도를 결정하는 데에 도움이 된다. 더욱이, 피드백 정보는 경영자에 의한 적절한 조치와 함께 설계 변경에 활용하여야 한다.

9.2.3 **시방 및 설계에서의 품질**(연구/개발부)

시방작성 및 설계부문은 그대로 나타난 고객의 요망을 재료, 제품 및 프로세스의 기술시방서로 기술하여야 한다. 이 결과로 기업이 그 투자를 충분히 회수할 수 있는 타당한 가격으로 고객을 만족시키는 제품이 되는 것이 바람직하다. 시방 및 설계는 제안된 제조, 설치, 시운전 또는 사용조건하에서 제품 또는 서비스를 생산, 검증 및 관리할 수 있는 것이 바람직하다.

경영자는 사내 및 사외활동에 대한 다양한 설계직무에 대한 책임을 명확히 할당하는 동시에 설계에 종사하는 모든 사람이 품질을 달성하는 데 자신의 책임을 자각하도록 하여야 한다. 품질에 대한 책임을 위임할 때 경영자는 설계부문이 조달, 작업의 실행과 제품 및 프로세스가 요구시방에 적합하다는 것의 검증을 위하여 특정 기술 데이터를 확실히 제공하고 제품의 성질에 적합한 체크포인트를 갖춘 설계의 시계열적인 계획을 작성하는 것이 바람직하다.

각 단계의 범위 및 설계심사 또는 평가를 하는 시점은 제품의 용도, 설계의 복잡도, 도입된 새로운 방식 및 기술의 정도, 표준화의 정도와 기준설계와의 유사성에 따른다. 설계자는 고객의 요망에 대하여 안전, 환경 및 기타 규제에 관한 요구사항을 충분히 고려하여야 한다. 회사의 품질방침이 현재의 법규상의 요구사항을 상회할 수 있는 항목에 대해서도 고려하는 것이 좋다.

설계의 품질적 측면은 품질에 대하여 중요한 특성을 합부판정 기준과 같이 명확하고 적절히 정하는 것이 바람직하다. 목적에 대한 적합성 및 오용에 대한 안전 대책을 고려하고 필요에 따라 고장의 영향을 완화하거나 제거하는 대책도 포함하고 합리적인 기대수명기간에서의 신뢰성 보전성 및 서비스가능성 등을 포함하여도 좋다.

설계과정에서 중요한 단계는 주기를 정하여 설계를 평가하는 것이 바람직하다. 이와 같은 평가는 원형, 실제 제조, 샘플의 검사 혹은 시험과 같은 고장모드해석(FMEA), 고장나무구조해석(FTA) 또는 시험성 평가와 같이 해석방법의 형태를 취할 수 있다. 시험의 양 및 정도는 설계계획에서 정해진 위험의 정도에 따르는 것이 좋다. 최초로 행한 계산을 검증하기 위하여 대체계산을 제공하거나 또는 시험을 하기 위해 필요에 따라 독립된 평가를 하여도 좋다. 결과에 대하여 적절한 통계적 신뢰성을 얻기 위하여 시험 및 검사에서는 적절한 수량의 샘플을 조사하는 것이 좋다. 시험에는 다음 활동을 포함하면 좋다.

① 예상되는 보관 및 사용조건에서의 성능, 내구성, 안전성, 신뢰성 및 보전성의 평가
② 모든 설계 내용이 의도와 같을 것 및 승인된 설계 변경이 완료되고 기록되어 있는 것을 검증하기 위한 검사
③ 컴퓨터 시스템 및 소프트웨어의 검인

모든 시험 및 평가의 결과는 인정시험의 전기간을 통하여 원칙적으로 문서화하는 것이 바람직하다. 시험결과의 재확인에는 결함 및 고장의 해석을 포함하면 좋다.

설계개발의 각 단계의 종결시에 설계결과의 공식적이며 문서화된 심사를 체계적으로 하는 것이 바람직하다. 이 심사는 시간 및 비용을 주된 관심사로 하는 프로젝트 추진회의와는 구별하는 것이 좋다. 각각의 설계심사에 참가하는 인원에는 심사단계에 따라 품질에 영향을 주는 모든 부문을 포함하는 것이 좋다. 설계심사에는 문제가 있는 영역 및 부적절한 점을 명확히 하고 예측하는 동시에 최종설계 및 보충데이터가 고객의 요구를 만족시키는 것을 확보하기 위해 시정조치를 개시하는 것이 바람직하다.

설계심사에는 설계의 단계 및 제품에 따라 다음에 기술하는 요소에 대하여

고려하는 것이 좋다.

1) 고객의 요망 및 만족에 관계되는 항목

① 제품요약서에 표시되어 있는 고객의 요망과 재료, 제품 및 프로세스에 관한 기술시방서와 비교
② 원형(prototype)을 사용한 시험에 의한 설계의 검인
③ 예상되는 사용조건 및 환경조건하에서의 성능
④ 목적된 이외의 사용 및 오용에 대한 배려
⑤ 안전성 및 환경과의 양립성
⑥ 법적 규제사항, 국가규격 및 국제규격과 회사의 관행 준수
⑦ 경합하는 설계와의 비교
⑧ 유사설계와의 비교, 특히 문제의 재발을 방지하기 위한 내부·외부의 과거문제의 해석

2) 제품의 시방 및 서비스 요구사항에 관계되는 항목

① 신뢰성, 서비스성 및 보전성의 요구사항
② 공차 및 프로세스능력과의 비교
③ 제품의 합부 판정기준
④ 설치성, 조립성, 보관상의 필요사항, 보관기한 및 폐기성
⑤ 고장의 영향완화 및 페일세이프(fail safe)에 관한 특성
⑥ 겉모양에 관한 시방 및 합격 기준
⑦ 고장모드 영향 분석(FMEA), 고장의 나무구조분석(FTA)
⑧ 문제를 진단 및 시정하는 역량
⑨ 라벨, 경고, 식별, 추적성에 관한 요구사항 및 취급설명서
⑩ 표준부품의 심사 및 사용

3) 프로세스의 시방 및 서비스 요구사항에 관계되는 항목

① 설계의 작업성, 특수프로세스에 관한 필요사항, 기계화, 자동화, 구성부품의 조립 및 설치를 포함한다.
② 검사 및 시험의 능력, 특수한 검사 및 시험에 관한 요구사항을 포함한다.
③ 재료, 구성부품 및 부분조립의 시방, 승인된 구입품 및 공급자와 이용의 편리함을 포함한다.

④ 포장, 취급, 보관 및 보관기한에 관한 요구사항. 특히 반입반출에 관한 안전상의 요인

9.2.4 조달(구매부)

구입하는 재료, 구성부품 및 조립품은 자사 제품의 일부가 되고 제품품질에 직접 영향을 준다. 구입자는 각 공급자와의 사이에 긴밀한 연계와 피드백 시스템을 확립하면 좋다. 이에 따라 계속적인 품질개선 프로그램의 유지 및 품질에 관계되는 분쟁의 방지 또는 조기 해결이 가능하다.

구입자의 품질 프로그램에는 적어도 다음 요소를 포함하는 것이 바람직하다.

① 시방서, 도면 및 주문서에 관한 요구사항
② 공급자의 선정기준
③ 품질보증상의 합의사항
④ 시험방법에 관한 합의사항
⑤ 품질문제의 해결에 관한 규정
⑥ 구매검사계획
⑦ 구매관리
⑧ 구매품질기록

조달활동에서는 구입품에 대한 요구사항을 명확히 정하여 전달하고, 그 중에서 가장 중요한 것은 공급자에게 요구의 내용을 완전히 이해시키도록 적절한 방법을 준비하는 것이 바람직하다. 방법에는 시방서, 도면 및 주문서를 준비하기 위한 절차서, 주문서 발행에 앞서 공급자와 구입자의 협의와 조달하려고 하는 구입품에 적합한 다른 방법을 포함하여도 좋다. 조달문서에는 발주하는 제품 또는 서비스를 명확히 기술한 데이터를 포함하는 것이 좋다. 포함되는 요소로서는 다음과 같은 사항이 있다.

① 형식 및 등급의 명확한 식별
② 검사지시서 및 적용하는 시방서
③ 적용하는 품질시스템 규격

조달문서는 발행하기 전에 정확성과 완전성에 대하여 재확인하는 것이 좋다.

각 공급자는 시방서, 도면 및 주문서의 모든 요구사항을 만족시키는 구입품을 납입할 수 있는 입증된 능력을 갖고 있는 것이 바람직하다.

이 능력은 다음 항목의 여러 가지 조합에 의해 입증하여도 좋다.

① 입회에 의한 공급자의 능력 및 또는 품질시스템의 사정 및 평가
② 유사구입품의 과거 이력
③ 제품샘플의 평가
④ 유사구입품의 시험결과
⑤ 공포된 다른 사용자의 경험

품질보증상 공급자의 책임에 대하여 공급자 사이에 명확한 이해를 얻어두는 것이 바람직하다. 공급자가 하는 보증은 다음과 같이 다양하다.

① 공급자가 구매자의 품질보증 시스템에 맞다.
② 출하품에 지정한 검사, 시험데이터 또는 프로세스관리기록을 첨부한다.
③ 공급자에 의한 전수검사·시험
④ 구매자가 지정한 정식 품질보증 시스템의 실시
⑤ 공급자가 하는 샘플링에 의한 로트 수입검사, 로트 수입시험
⑥ 아무것도 하지 않는 경우 구매자가 구매검사 또는 자사 내에서 선별에 의지한다.

구매품이 정확히 관리되도록 하기 위하여 적절한 방법을 확립하는 것이 바람직하다. 이들의 절차에는 합격으로 인정되지 않는 수입품이 부주의로 사용되는 것을 방지하기 위하여 구역의 지정 또는 다른 적절한 방법을 함께 하면 좋다.

수입검사를 실시하는 범위에 대하여 주의 깊게 계획하면 좋다. 검사가 필요하다고 생각되는 경우 검사의 수준은 전체비용을 고려하여 결정하는 것이 좋다. 더욱이 검사를 실시한다고 결정한 경우에는 검사하여야 할 특성을 주의하여 선택하는 것이 필요하다.

수입품이 도착하기 이전에 충분히 훈련된 검사원을 대기시키고 필요한 모든 공구, 게이지, 계기, 기기 및 장치의 준비 및 교정을 확실히 해 두는 것이 필요하다.

공급자의 능력과 품질의 경향을 사정하기 위한 이력 데이터의 유효성을 확립하기 위하여 적절한 수입품질기록을 유지하는 것이 바람직하다.

9.2.5 **프로세스계획 및 개발**(생산기술부)

제조작업의 계획은 작업이 규정된 방법 및 절차에 따라 관리된 조건하에서 확실히 실시되는 것이 바람직하다. 관리된 조건에는 재료, 제조설비, 프로세스 및 절차, 컴퓨터 소프트웨어, 요원과 관련 보급품, 유틸리티 및 환경의 적절한 관리가 포함된다.

제조작업은 작업지시서에 따라 필요한 범위까지 규정하는 것이 좋다. 공장의 잠재적인 유효성을 판정하기 위하여 프로세스능력 조사를 하는 것이 좋다. 제조공장 전반에 적용되는 공통사항에 관한 규정은 같은 형식의 문서로 작성하고 개개의 작업지시서로 인용하면 좋다. 이들의 지시서에는 작업이 만족하게 완료되고 있을 것과 그 성과가 시방서 및 규격에 적합함을 판정하기 위한 기준을 기술하면 좋다. 과오의 영향을 최소로 하여 생산량을 최대로 하기 위하여 제조의 흐름 중 중요한 곳에서 제품, 프로세스, 소프트웨어, 재료 또는 환경의 품질상황의 검증에 대하여 고려하는 것이 바람직하다. 관리도 및 통계적 샘플링방법의 사용은 제조·프로세스의 관리를 하기 위해 사용하는 기법의 보기이다. 각각의 단계에서 검증은 적절한 최종제품의 시방 또는 내부적인 요구사항과 직접 관련시키는 것이 바람직하다. 만일 프로세스 자체의 특성을 검증하는 것이 물리적 혹은 경제적으로 실제적이 아니고 또는 가능하지 않은 경우에는 제품시험결과를 활용하면 된다. 모든 경우, 프로세스 내의 관리, 프로세스 시방서 및 최종제품의 시방서 사이의 관계를 명확히 하고 제조 및 검사작업자에게 전달하는 동시에 문서화하는 것이 좋다. 모든 프로세스내 검사 및 최종검사는 계획하고 규정하는 것이 바람직하다. 시험과 검사의 절차는 확인하여야 할 각각의 품질특성에 관한 규정요구사항 및 성과의 기준과 함께 그와 같은 확인·시험을 하기 위한 특수장치를 포함하면 좋다.

제조의 품질 및 제조능력을 개선하기 위한 새로운 방법을 개발하는 노력을 촉진하는 것이 바람직하다.

제조프로세스에 대하여 제품시방에 적합한 제품을 제조하는 능력의 여부를 검증하는 것이 바람직하다. 제품품질에 중대한 영향을 주는 제품 또는 프로세스 특성에 관계되는 작업을 명확히 하면 좋다. 특성이 규격 내에 들어 있는 것 또는 적절한 수정변경을 하는 것을 확실하게 하기 위하여 적절한 관리를 하는 것이 좋다.

제조프로세스의 검증에는 재료, 장치, 컴퓨터 시스템 및 소프트웨어, 절차와 요원을 포함하는 것이 좋다.

보조적인 재료 및 프로세스에서 사용하는 물, 압축공기, 전력, 화학약품과 같은 유틸리티의 품질특성에 대하여 중요한 경우에는 프로세스에 대한 효과의 균일성을 확보하기 위하여 이것을 관리하고 정기적으로 검증하는 것이 바람직하다. 온도, 습도 및 청정도와 같은 제조환경이 제품 품질에서 중요한 경우에는 적절한 한계를 규정하여 관리하고 검증하는 것이 좋다.

9.2.6 **제조**(생산부)

모든 재료 및 부품은 제조에 들어가기 전에 해당하는 시방서 및 품질규격에 적합한 것이 바람직하다. 그러므로 필요한 시험 및(또는) 검사의 양을 정할 때에는 비용에 대한 영향과 기준 이하의 재료의 품질이 제조흐름에 미치는 영향에 대하여 고려하는 것이 좋다.

재료는 그 적절성을 유지하기 위하여 제조 프로세스 중에 적절히 보관해서 격리, 보호하면 좋다. 보관기한 및 품질열화의 관리에 대해서는 특별한 배려를 하면 좋다. 공장 내에서 제료의 추적성이 품질에 대하여 중요한 경우에는 재료 식별 및 품질상태에 대한 추적성을 확보하기 위하여 전 제조프로세스를 통하여 적절한 식별방법을 유지하는 것이 좋다.

고정된 기계, 지그, 부착구, 공구, 틀판, 틀 및 게이지류를 포함하여 모든 제조설비는 사용 전에 치우침 및 정밀성에 대하여 조사하여 두는 것이 바람직하다. 프로세스제어용 컴퓨터에는 특별한 주의를 하고, 특히 관련되는 소프트웨어의 보전에 주의하면 좋다.

설비는 다음에 사용할 때까지 적절히 보호하는 것이 바람직하고 또, 그 치우침을 억제하고 정밀성을 확보하기 위하여 적절한 간격으로 검정 또는 재교정하면 좋다.

프로세스능력을 계속적으로 확보하기 위하여 예방보전의 계획을 확립하면 좋다. 주요한 품질 특성에 영향을 주는 설비의 특성에 대해서는 특별한 주의를 하는 것이 바람직하다.

제품품질에서 그 관리가 특히 중요한 제조프로세스에 대해서는 특별한 배려를 하는 것이 바람직하다. 이와 같은 특별한 배려는 쉽게 또는 경제적으로 측정할 수 없는 제품특성, 작업시 혹은 보전시에는 필요하게 되는 특수기능 또는 이후의 검사 및 시험에서는 그 결과를 완전하게는 검증할 수 없는 제품 혹은 프로세스에 대하여 필요하다. 특수프로세스에 대해서는 다음 사항의 점검을 위하여 보다 자주 검정하는 것이 좋다.

① 설치 및 조절을 포함하여 제품의 제조 또는 측정을 위하여 사용하는 설비의 정확성 및 산포
② 품질에 관한 요구사항을 만족시키기 위한 작업자의 기능, 능력 및 지식
③ 품질에 영향을 주는 특수한 환경, 시간, 온도 또는 다른 요인
④ 적절한 경우 요원, 프로세스 및 설비의 인증기록

9.2.7 검사 · 시험 · 조사(품질보증부)

설계와 제조의 양단계에서 제품 및 프로세스의 평가에 사용하는 측정시험의 방법 및 합격기준을 시방으로서 정하는 것이 바람직하다. 요소로서는 다음의 것이 포함되는 것이 좋다.

① 성능의 목표치, 공차 및 속성
② 합부판정기준
③ 시험 및 계측의 방법

장치, 치우침 및 정밀성에 관한 요구사항과 제조설비에 수령하는 구입 재료, 구성부품 및 조립품의 품질을 확보하기 위하여 사용하는 방법은 품질에 대한 그들의 중요도, 관리의 상태 및 공급자에게서 얻은 정보와 비용에 미치는 영향의 정도에 따라서 좌우된다.

적합성을 검증하기 위하여 프로세스 중의 적절한 점에서의 검사 또는 시험

을 고려하는 것이 바람직하다. 검사를 하는 장소 및 빈도는 특성의 중요성 및 제조단계에서의 검정의 용이성에 따른다. 일반적으로 검정은 그 특징 또는 특성을 만든 점에 될 수 있는 한 가까운 곳에서 하는 것이 좋다.

검정에서 다음과 같은 점검이 포함된다.

① 설치 및 초물의 검사
② 기계의 조작원에 의한 검사 또는 시험
③ 자동검사 또는 시험
④ 프로세스 중에 설치된 일정한 장소에서의 검사
⑤ 규정된 작업을 감시하는 검사원에 의한 순회검사

프로세스 내에서 실시된 검사 및 시험을 보충하기 위하여 완성품에 의한 다음 2가지의 최종 시험의 방법을 사용할 수 있다. 다음 한쪽 또는 양쪽을 적절히 채용하여도 좋다.

① 제조된 품목 또는 로트가 성능 및 기타 품질요구사항을 만족하고 있는 것을 확보하기 위하여 제품 검사 또는 시험을 사용하여도 좋다. 출하되는 제품이 형식 및 수량에서 적절하다는 것을 시험하기 위하여 주문서를 인용하여도 좋다. 제품검사의 보기에는 로트선별(품목전수), 로트샘플링이 있다.
② 완성품 로트의 대표로서 선택한 샘플의 제품품질검사는 연속적 또는 정기적인 어느 것도 좋다.

제품검사 및 제품품질검사는 제품 및 프로세스에 대한 시정조치를 위한 신속한 피드백을 하기 위해 사용하여도 좋다. 불합리 또는 규격에서 벗어나는 것은 보고하는 동시에 재가공 또는 보수하면 좋다. 수정된 제품은 재검사 또는 재시험하면 좋다.

측정데이터에 따른 판정 및 조치를 신뢰하기 위하여 제품의 개발, 제조, 설치 및 서비스로 사용하는 모든 측정시스템에 대하여 충분한 관리를 유지하는 것이 바람직하다. 관리는 게이지에서 계기, 센서, 특수시험 장치 및 관련되는 컴퓨터 소프트웨어에 이르기까지를 대상으로 하면 좋다. 더욱이 제품, 프로세스 또는 서비스의 규정된 특성에 영향을 줄 가능성이 있다. 제조 지그, 부착구 및 프로세스의 계측장치는 적절히 관리하면 좋다. 장치, 절차 및 작업자의 기능을 포함하여 측정프로세스 자체를 감시하고 통계적인 관리상태로 유지하기 위한 절차를 확립하면 좋다. 측정오차를 요구치와 비교하고 정밀성 및 치우침에 관한 요구사항이 만족되지 않는 경우에는 적절한 조치를 취하면 좋다.

9.2.8 판매과정에서의 품질(영업부)

(1) 포장 및 보관

공장에서 제조되었을 때의 품질이 비록 매우 양호한 상태에 있었더라도 실제로 사용하기까지의 과정에서 열화를 가져오는 경우가 가끔 있다. 그 주된 원인은 보관중이나 수송중에 발생된다.

어떠한 물품이라도 제조되고 나서 사용되기까지에는 다소간에 시간적으로 간격이 있고, 상품에 따라서는 이 시간의 장단이 품질상의 중대한 영향을 미치는 수가 있다.

수주생산품 등에서는 납기에 맞추도록 생산일정을 짜서 완성된 다음 사용되기까지의 기간을 거의 두지 않도록 하고 있는 수도 있지만, 일반적으로 특히 예측생산품 등에서 어느 정도의 보관기간을 각오하지 않으면 안 된다.

보관이란 본래의 상태를 유지하도록 관리하는 것을 말하며, 보관업무의 목적은 제품이건 혹은 원재료이건 간에 그것들을 필요로 할 때에 즉시 필요한 수량을 공급하는 데 있지만, 물론 이 경우 양호품을 양호품인채 공급할 수 있지 않으면 안 된다.

(2) 판매 및 배달

제품은 사용됨으로써 가치를 낳는 것이다. 고객은 어떤 목적에 사용하려고 해서 제품을 사는 것이다. 이것은 너무나 당연한 일이기 때문에 자칫하면 망각하기 쉽지만, 대단히 중요하다. 품질의 판매란 단순히 수요자에게 상품을 넘겨주고, 수요자로부터 대금을 받는 것이 아니다. 편리하게 사용하고 사용해서 기쁨을 누리게 되는 것이 아니면 안 된다. 이미 말한 바와 같이 사용자가 사고 있는 것은 겉보기에는 상품이라는 물건이지만 실은 그 상품이 발휘하는 '쓰임새'

이다. 반대로 메이커로서의 '쓰임새'를 팔아 보증하고 있다고 할 수 있다. '쓰임새'는 상품고유의 성질에 사용법의 요소가 가해져서 결정되는 것이므로 올바른 사용법을 전달할 필요가 있다. 사용자의 입장에서 친절한 사용설명서 등을 첨부하는 것도 한가지 방법이지만 경우에 따라서는 판매원이 직접 설명하는 것이 효과적이다. 또, 상품에 따라서는 수주시 혹은 판매시 보증하려고 하는 품질항목이나 그 수준과 아울러 사용조건이나 애프터서비스의 조건 등을 명확히 기재한 계약서를 주고받는 것도 중요하다.

수송중의 취급이 나쁘기 때문에 품질이 나빠지는 경우도 상당히 많다. 특히 화물의 적환시에 문제가 많다. 이것을 방지하려면 첫째로 물품이 상하지 않도록 포장을 잘 해야 한다. 그러나 무턱대고 튼튼하게 하는 포장은 불필요한 코스트를 들게 할 뿐만 아니라 사용 후의 포장의 뒷처리에도 문제가 많다. 따라서 수송중의 취급이나 재고중의 상황을 고려해서 될수록 간소하게 하는 것이 바람직하다. 적정포장방법을 찾아내기 위해서도 상당한 시험을 해야 하고, 또 취급방법을 자세히 전달할 필요가 있다. 또한 포장의 단위도 소홀히 할 수 없다.

둘째로 좋은 수송방식 내지는 수송업자의 선정이다. 해상수송과 육상수송 간에 큰 차이가 있을 수 있으며, 같은 육상에서도 화차와 트럭에서는 상당히 달라지기 마련이다.

(3) 애프터서비스

클레임 처리도 애프터서비스의 일종이라고 생각되나 그에 그치지 않고 매출한 물품이 항상 올바른 '쓰임새'를 발휘해 갈 수 있도록 순회방문을 실시할 필요가 있는 상품도 많다.

일반적인 고장시에 어느 정도 재빨리 수리해 주는가는 사용자에 있어서 대단히 관심이 높은 문제이다. '어떤 회사는 부탁하면 즉시 수리해 준다'는 평판이 널리 퍼져 그 회사의 모든 제품이 급속하게 팔리게 되었다는 예도 있다. 반대로 A/S부품의 준비가 불충분해서 정부품을 사용하지 않았기 때문에 수리후 상태가 더욱 나빠져 그 이후 그 사용자뿐만 아니라 그 지역에서는 타사제품만이 팔리게 되었다는 예가 있다.

그렇지만 애프터서비스는 고장이 발생하고 나서 수리 해주기 때문에 만족이라고 할 수 없다. 적어도 주요한 사용자에 대해서는 정기적인 순회서비스의 계획을 세워서 실천하는 것이 긴요하다.

모든 사용자에 대해서 정기적으로 사용상황을 문의하는 방법을 취하고 있는 메이커도 있다.

이와 같은 사용중의 품질수준이나 사용조건 등을 파악하는 것이 상당히 장기간에 걸쳐서 사용하는 제품의 경우에만 필요한 것은 아니다. '사용자는 사용법의 명인이다'라는 말이 나올 정도로 예상할 수 없는 엉뚱한 사용법을 쓰고 있는가를 알아봄으로써 사고의 발생을 미연에 방지하는 것이 바람직하다.

(4) 사용후 폐기

사용자의 수중에서 사용되는 역할이 끝난 제품의 처분은 매입한 사람의 책임이니까 마음대로 하라는 식의 처리가 되어서는 안 된다. 처리방법을 지원하거나 혹은 판매시에 처리 방법을 조언하는 것이 필요한 상품이 늘어나고 있다.

좀더 적극적으로는 제품기획시에 폐기방법을 생각해 두는 것이 중요하다. 앞으로는 사용중의 '쓰임새'뿐만 아니라 사용 후의 '쓰임새' 즉, 그 기각성에 의해서 사회에 어떠한 영향을 미치는가도 중요한 품질로 생각하지 않으면 안 된다. 이것은 상품 그 자체뿐만 아니라 이미 말한 바와 같이 포장이나 용기에 대해서도 마찬가지이다.

항간의 문제를 불러일으켰던 플라스틱 용기, 자동차나 냉장고의 스크랩, 하수처리에 악영향을 미치는 세제 등 많은 예를 들 수 있다. 또 사용이 끝난 후의 문제라고 할 수 없지만 이와 관계가 깊은 것으로 중고 교환품 가격이나 중고품의 문제도 중요하다.

중고교환가격이나 보수해서 재판매하는 경우에 있어서의 품질의 보증은 그때그때의 경우에 따라서 생각하지 않으면 안 되지만 메이커로서는 그 기준을 명확히 결정해 두는 등의 수단에 의해서 최종까지 지켜 볼 필요가 있을 것이다.

제10장

품질경영전략

제10장

품질경영전략

전략은 조직의 목표, 정책, 실행과정 등을 응집력 있게 하나로 통합할 수 있는 계획이라고 할 수 있다. 전략을 체계적으로 수립함으로써 경영환경변화와 경쟁자의 움직임을 예측하고 내부의 강점과 약점에 비추어 필요한 곳에 경영자원을 배분할 수 있다.(Quinn, 1980)

공식적인 전략들은 일반적으로 다음과 같은 세 가지 요소를 포함하고 있다.

① 성취하고자 하는 목표
② 실행을 유도하기 위한 정책
③ 목표를 달성하기 위한 실행과정

전략은 집중할 수 있는 주요개념을 개발함으로써 효과적으로 추진될 수 있다. 전략은 본질적으로 예기치 못한 외부환경변화에도 불구하고 조직의 목표를 달성할 수 있도록 강력한 위치를 구축하는 것이다.

전통적으로 경영전략은 재무기능이나 마케팅기능에 집중되어 왔다. 이것은 두 가지 경쟁우위의 원천인 원가우위와 차별화 우위에 연관되어 있다. 종합적 품질(total quality)은 이 두 분야를 향상시키는 데 중요한 역할을 하며, 따라서 품질은 본질적으로 전략이라고 할 수 있다.

경영전략에 있어서 품질의 역할은 1980년대 이래로 두 가지의 중요한 단계를 거쳐왔다.

첫째, 품질에 의한 전략은 시장에서의 경쟁우위를 실질적으로 이끌어 낼 수 있는 것으로 광범위하게 인식되어 왔다.

둘째, 품질전략과 본원적 경영전략 사이의 구분이 점점 사라지고 있다. 최근의 추세는 품질계획을 정규사업계획에 통합하는 것, 즉 TQM을 기본적인 운영철학으로 삼는 것이다.

TQM을 전략계획에 통합하는 것은 대부분의 기업들에게 있어서 자연스러운 발전과정의 결과라고 할 수 있다. 그러나 신규기업이나 단기적인 성공기준을 좋아하는 기업들은 품질보다는 판매증가, 생산설비확장 및 생산량 증가 등을 중요시한다. 기업들은 일반적으로 전략계획으로 재무전략과 마케팅 전략에 집중하는 경향이 있다.

경쟁이 치열해지고 소비자의 기대수준이 높아지면서 원가절감목표가 중요시되었다. 어떤 경우에는 품질향상노력이 강조되기도 하였지만 품질이 회사의 전략계획에 통합되지는 못했다. 1970~80년대 유류파동과 경기불황을 겪으면서 최고경영자들은 전략운영계획으로서 품질의 중요성을 깨닫기 시작하였다. 그러나 이때에도 품질은 재무계획이나 마케팅 계획과 분리되어 있었다. 그러나 세계적인 일류기업을 추구하는 기업들은 품질을 종합적인 전략계획에 통합시키고 중추적인 운영전략으로 인식함으로써 최고의 발전과정에 도달하고 있다.

우리나라 기업들도 품질전략을 포함하는 운영전략의 중요성을 인식해야 한다.

10.1 경영전략

전략은 전사적 관점에서 고려해야 할 제약조건을 만족시키면서 주어진 사업영역이나 제품시장의 환경분석 및 기회포착을 위해 어떻게 자원을 이용할 것이며, 어떻게 경쟁할 것인가를 제시해 주는 의사결정을 의미한다. 여기서 제약조건이란 기업의 자원능력, 경쟁력 관련요소 및 기타 외부환경으로부터 주어지는 위협과 기회에 대처할 수 있는 기업구성요소의 집합을 말한다. 전략은 기업경영에서 의사결정의 계층체계에 따라 기업전략, 사업전략, 기능전략 등과 같이 세 가지 수준으로 나눌 수 있다.

① **기업전략** 기업 전체적 입장에서 여러 다른 사업 분야 중 어느 사업에 진출 또는 투자할 것인가를 결정하는 사업포트폴리오 전략이다.

② **사업전략** 주어진 사업분야에서 변화하는 환경에 대처하고 경쟁에서

우위를 점할 수 있도록 가용자원을 활용하는 경쟁방법을 결정하는 전략이다.

③ 기능전략　　조직을 구성하는 개개의 기능적 부문, 즉 마케팅, 재무, 생산부서 등의 생산성이나 효율을 극대화하기 위한 전략이다.

기업전략은 기업 전체적 입장에서 여러 다른 사업 분야 중 어느 사업에 진출 또는 투자할 것인가를 결정하는 사업포트폴리오 전략을 말하는데, 따라서 이 수준의 전략에는 사업범위와 사업 간의 자원분배, 조직구조에 대한 기본설계 등이 주요관심사가 된다.

또 사업전략이란 주어진 사업분야에서 변화하는 환경에 대처하고 경쟁에서 우위를 점할 수 있도록 가용자원을 활용하는 경쟁방법을 결정하는 전략을 말한다. 이 수준의 전략에서는 특정산업이나 시장, 특정제품부문에서 어떻게 경쟁할 것인가에 초점을 맞추게 되며, 따라서 가장 중요한 구성요소는 탁월한 차별적 능력과 경쟁우위의 확보이다.

기능전략은 조직을 구성하는 개개의 기능적 부문, 즉 마케팅, 재무, 생산 부서 등의 생산성이나 효율을 극대화하기 위한 전략을 말하며, 이 전략수준의 가장 큰 임무는 상위계층에서 결정된 전략적 계획을 효과적으로 효율성 있게 실행하는 데에 있다.

한 기업이 다른 기업들과의 경쟁에서 비교우위를 가질 수 있도록 하는 경쟁우위요소들은 제품품질, 원가, 납기, 유연성, 서비스, 상품이미지 등이 있다. 여기서 제품품질은 신제품개발형 기술(high tech)나 기술혁신을 통하여 발현되어지는 고성능품질, 기존제품을 소비자 니즈에 적합하도록 개량(high touch)한 차별적 성능품질과 제조품질 등의 입장에서 나누어 생각할 수 있고, 유연성이란 제품변경의 유연성이나 생산량 변화의 유연성 등을 말한다. 또 서비스라 함은 A/S나 정비, 제품책임(PL) 등을 포함하는 개념이다. 그런데 유연성은 납기와 밀접한 관계가 있는 요소이고, 서비스나 상품이미지는 현대적 개념의 제품품질에 포함될 수 있는 요소들이므로, 이러한 면들을 종합할 때 결국 사업전략에서 채택할 수 있는 경쟁우위요소는 앞에서 종합적 제품의 질을 정의할 때 고려되었던 Q, C, D의 세 가지라고 할 수 있다.

경영전략의 핵심은 기업의 장기적 존속이나 중기적 성장 및 단기적 이익확보 등의 목표를 달성하기 위해, 환경으로부터 기회와 위협을 잘 포착하고 이에 기업의 자원능력을 최대한 효과적으로 이용하여 대처하는 데에 있다. 이러한 전략은 그 유형별로 볼 때 가격경쟁력의 확보를 통한 원가주도형 전략, 기술적 혁신이나 마케팅에 의한 차별화로 독특한 장점을 확보하려는 차별화 전략, 남보다 잘 할 수 있는 특정시장에서의 특화를 기하는 집중화 전략으로 나누어진다. 경영전략의 또 다른 분류로는 신제품개발에 주력하는 공격형 전략, 기존제품의 가격이나 품질우위에 주력하는 방어형 전략, 그리고 이들을 혼합하여 대처하는 분석형 전략과 전혀 계획이 없이 그때그때 대처하여 가는 반응형 전략 등을 들 수 있다.

기업이 어떠한 전략을 취하는가에 따라 경영관리에 있어서 경쟁우위요소가 달라진다. 원가주도형 전략에서는 엄격한 원가통제와 공정관리 등이 중요하며, 차별화 전략에서는 마케팅능력, 연구개발능력, 설계 및 생산기술, 제품품질에 대한 고객들의 만족이 중요하게 된다. 이렇듯 각 전략유형에 필요한 기업의 자원투입이나 관리의 방향이 다르므로 제한된 자원으로 경쟁에서 우위를 확보하기 위해서는 이들 전략유형에서 최소한 한 가지 이상에서는 우위를 차지할 수 있어야 한다.

여기서 경영전략에 대한 논의를 하는 이유는 품질경영에서는 앞서 제시한 바와 같이 목표달성을 위하여 기업문화적 접근과 경영전략적 접근의 두 가지 접근방식이 조화롭게 추구되어야 하기 때문이다. 그런데 기업문화적 접근은 주로 기업의 하부구조변수를 위주로 하여 기업의 체질개선 등과 같은 장기적·지속적 개선으로 효율을 극대화하자는 것이고, 경영전략적 접근은 기업의 구조변수를 변화시키는 것이다. 과거에 우리가 추진하고자 하였던 일본식 전사종합품질관리는 주로 기업문화적 접근방식이라고 할 수 있는 반면, 경영전략적 접근은 구미식 경영방식의 특징이라고 할 수 있다.

앞에서 논의된 바와 같이 우리가 추진하고자 하는 품질경영은 기존의 일본식 전사종합품질관리제도의 장점과 구미식 품질경영의 장점을 우리의 실정에 맞도록 조화시키고자 하는 것이다. 경영전략적 접근은 과거의 품질관리운동에서는 경험하지 못하였던 구미식 품질경영의 장점이라고 할 수 있는 것이다. 따라서 우리의 품질경영에서는 일본의 전사종합품질관리제도는 기업의 체질개선과 같은 기업하부구조변수들의 점진적 능력향상에 활용하고, 그와 같은 체질개선이 이루어지는 과정에서 기업이 생존하기 위하여서는 구미식의 경영전략적 접근방식을 활용하자는 것이 요체라고 할 수 있다.

품질경영을 추진하는 기업이 경영전략적 접근을 실행하기 위하여는 그 기업이 처한 환경과 자원능력으로부터 어떠한 경쟁우위요소를 중점으로 선택할 것인가를 결정하고 또 전략유형 중 어떠한 유형을 추구할 것인가도 결정하여야 한다. 과거의 우리나라 기업들이 채택한 전략은 대부분 저임금을 바탕으로 저원가에 의한 경쟁우위를 추구하는 원가주도형 또는 방어형 전략이었다. 그러나 최근 국내임금수준의 인상과 후발개도국들의 진출 등에 의하여 이러한 저원가의 경쟁우위는 급격히 상실되어 가고 있는 실정이다. 따라서 현재 우리나라 기업들의 전략적 과제는 현장의 생산성 향상, 원가절감 등에 의한 저원가 유지와 제조품질의 향상 등으로 당장의 경쟁력을 유지하면서 빠른 시일 내에 제품개량형 응용기술을 확보하고 이를 바탕으로 소비자 니즈에 만족스럽게 부응하는 차별적 제품을 공급하는 방향으로 변화하는 것이다. 이는 즉 과거의 전략은 원가주도형 전략이었던바, 현재는 제품품질을 경쟁우위요소로 하는 고객지향적 마케팅 차별화 전략으로 바꾸어 가야 한다는 것이다.

이러한 전략적 접근을 품질경영의 발전단계와 비교하여 보면 품질관리단계는 제품의 Q, C, D 중에서 어느 한 요소를 중심으로 하나 주로 Q보다는 C나 D에 치중하는 단계라고 할 수 있다. 또 품질보증단계는 시장에서의 생존을 위하여 제품의 Q를 경쟁우위요소의 중심으로 하고 이에 기업의 업무나 자원의 Q들을 부분적으로 가미하는 단계라고 할 수 있으며, 품질경영도입단계는 제품, 업무, 자원의 Q를 망라한 총체적 제품품질을 경쟁우위요소로 채택하여 고객 지향적인 제품을 개발함으로써 시장을 선도하는 단계이다. 한편 마지막 단계인 품질경영단계는 총체적 제품품질뿐만 아니라 다른 경쟁우위요소인 C와 D를 모두 포함한 기업의 종합적 질을 경쟁의 무기로 삼아 어떠한 환경변화에도 대처할 수 있는 최우량기업의 단계이다.

이와 같은 면에서 살펴 볼 때 현 단계에서는 우리가 선택하여야 하는 전략이 제품의 Q를 위주로 하는 것이라고 해서, 이러한 전략만을 앞으로도 계속 고집하는 것은 품질경영추진의 목적에 위배되는 것이다라고 할 수 있다. 오히려 이러한 품질경영발전단계에 알맞은 전략을 채택하고 또 시의적절한 전략의 선택으로 품질경영의 단계적 발전을 촉진하는 상호보완적인 품질경영전략수립을 할 수 있는 방향으로 나아가야 할 것이다.

10.2 전략경영

전략경영이란 환경의 변화에 대하여 조직 전체의 측면에서 전략적으로 대응해 나가는 경영을 말한다. 즉 조직 전 계층과 전 부문의 구성원들의 자율과 조화를 기본으로 전략적으로 행동하고 경영의 구조나 체질개선을 지속적으로 추진하여 가는 경영이다. 따라서 전략경영은 경영전략이나 전략계획대로가 아니라, 그 전략을 구상하고 추진하는 사람, 시스템, 조직환경 등을 포함하여 조직 전체의 입장에서 전략적 대응력을 발휘하는 경영을 말한다.

전략경영의 조건으로는 전 계층, 전 부문의 자율과 조화, 전략적 행동, 구조개혁의 지속적 추진 등이 이루어져야 한다.

① 전 계층, 전 부문의 자율과 조화 기업내 전 계층, 각 부문의 사람들이 각기 역할에 따라 자율과 조화를 기본으로 분담을 하여 시너지효과를 발휘

② 전략적 행동 전략행동의 5원칙 - 상황발상, 전체성, 중점지향, 장기지향, 실시간(real time)에 따라 행동

③ 구조개혁의 지속적 추진 경영자는 기본전략을 수립, 실행하고, 관리자는 자주적으로 담당부문의 구조개혁을 추진하며, 담당자는 업무의 개선을 자주적으로 실시한다.

이러한 의미에서 볼 때 우리가 추진하고자 하는 품질경영은 전략경영의 한 부분이라고 볼 수 있다.

10.3 사업전략유형

사업전략의 내용은 제품/시장영역(사업범위)과 경쟁우위요소를 결정하는 것이다.

1) 경쟁우위요소의 종류

① 품 질

㉠ 제품의 고성능 : 신제품 개발형 기술(high tech.)

기술혁신의 추구

㉡ 제품의 차별적 성능 : 기존제품 개량형(high touch)

소비자니즈 발견과 제품개발

㉢ 제조품질

② 원 가

③ 납기 적시납기 또는 빠른 납기

④ 유 연 성

㉠ 제품변경의 유연성

㉡ 생산량변화의 유연성

㉢ 서비스(A/S)

㉣ 상품이미지

2) 전략유형

① 포터의 경쟁전략

㉠ 원가주도형 전략 : 가격경쟁력 확보

㉡ 차별화 전략 : 독특한 장점의 확보

혁신에 의한 차별화 : 기술력에 의한 차별화

마케팅에 의한 차별화

㉢ 집중화 전략 : 남보다 잘할 수 있는 특정 시장에서의 특화

② 마일즈와 스노우의 전략유형

㉠ 공격형 : 신제품개발에 주력

㉡ 방어형 : 기존제품의 가격, 품질우위에 주력

㉢ 분석형 : 공격형과 방어형의 혼합형

㉣ 반응형 : 무계획

10.4 품질경영전략

과거의 우리나라 기업들은 저임금을 바탕으로 한 저원가(원가주도형 또는 방어형 전략)에 의한 경쟁우위를 추구하였으나, 국내임금수준의 인상과 후발개도

국들의 진출 등에 의하여 경쟁우위를 급격히 상실해 가고 있다. 따라서 향후 우리나라 기업들의 전략적 과제는 현장의 생산성 향상에 의한 저원가 유지와 제조품질의 향상에 주력함으로써 당장의 경쟁력을 확보하는 한편 제품개량형 응용기술을 확보하고 이를 바탕으로 소비자 니즈를 철저하게 파악하여 이에 부응하는 차별적 제품을 공급하는 방향으로 변신하는 것이다. 이는, 즉 과거의 전략은 원가주도형 전략이었으나, 향후에는 중장기적으로 품질을 경쟁우위요소로 하는 고객지향적 마케팅 차별화 전략으로 바꾸어 가고, 전략적 변화를 위해서는 시간이 필요하므로 단기, 중기적으로는 원가주도형의 경쟁우위요소를 유지하도록 노력하여야 한다는 것을 의미한다. 품질경영은 이러한 전략변화를 위하여 필요한 전략경영이다.

품질경영체제의 발전단계를 제품 위주의 품질경영(검사중심 단계, 품질보증단계, QI단계)과 총체적 품질경영인 TQ단계로 구분하여 보면, 전자는 경쟁우위요소를 제품의 품질로 하자는 것인 데 비하여 후자는 총체적 품질로 하자는 전략적 의미를 갖는다고 볼 수 있다.

한편 총체적 품질의 구성요소는 곧 경쟁우위요소와 일치함을 알 수 있다. 따라서 우리가 추구하고자 하는 품질경영의 최종단계인 품질경영단계에서는 경쟁우위요소를 복수로 설정하여야만 한다는 것을 알 수 있다. 그런데 이러한 경쟁우위요소의 예로서 제조품질과 원가, 또는 납기와 같은 요소들은 상호배타적이라기보다는 상호보완적이라는 것을 일본의 기업들이 보여 주었다. 즉 예를 들면 과거에는 품질을 높이려면 반드시 원가가 상승한다라고 생각했었는데, 일본의 기업에서는 품질을 고급화하면서도 공정개선, 생산성 향상 등을 통하여 원가의 부담을 줄일 수 있음을 증명하였다. 따라서 향후에는 우리도 복수의 경쟁우위요소를 갖는 품질경영 전략 실천에 온 힘을 기울여야 하겠다.

10.5 전략모형

(1) 스키너의 상쇄모형(Trade-off Model)

1969년에 스키너는 기업이 모든 영역에서 뛰어날 수 없으므로 하나의 영역에서 더 뛰어나기 위해서는 다른 영역에서 그 성과를 교환해야 한다는 상쇄모형(Trade－off Model)을 주장했다. 달리 말하면 한 영역에서의 개선은 다른 영역의 성과를 저하시킨다는 것이다. 예를 들면 높은 품질, 납품의 확실성과 신속성 및 유연성은 낮은 원가와 상쇄관계가 있다고 생각된다. 즉 리드타임(lead time)을 짧게 하기 위해서는 재고를 두어야 하는데 이는 원가의 상승을 의미한다. 또한 유연성을 증대시키기 위해서는 생산능력(capacity)이 커야 하며 범용기계를 필요로 하기 때문에 원가를 상승시킨다.

80년대에 일본인들은 상쇄모형에 결점이 있음을 보였다. 80년 초 몇 년 동안의 소비자 보고서는 일본 자동차의 품질이 미국 자동차의 그것보다 높은 것으로 보고하고 있다. 또한 연구보고서에 의하면 일본에서 캘리포니아로 수입된 일본 자동차는 유사한 미국 자동차보다 원가가 2,000달러가 싸며, 새로운 모델을 시장에 내놓는데 걸리는 시간은 미국이 5～7년 정도인 것에 비해 일본은 3년이다. 요약하면 일본과 미국의 자동차를 비교하면 일제 자동차는 원가가 더 낮고 품질이 더 높으며 훨씬 더 유연하다. 상쇄모형은 한 차원의 질적 저하를 통한 다른 차원의 개선을 가정하고 있다. 이 상쇄모형으로는 일본이 여러 부분에서 성과를 개선시키고 있는 능력을 설명할 수가 없었다.

80년대 생산전략 연구가들은 일본의 성과개선이 여러 측면을 동시에 개선함으로써 가능했던 것인지 또는 개선의 계층화가 가능한지를 궁금해 했다. 달리 말하면 기업이 어떤 한 차원을 개선하기 위해서는 다른 차원도 동시에 함께 개선을 해야 하는지 또는 개선을 위한 차원의 순서가 있는지를 궁금하게 여겼다.

(2) Nacane의 누적모형

Nacane(1986)는 일본의 기업들이 특정 순서에 따라 생산능력을 구축했음을 밝힌 누적모형(cumulative model)을 제안했다. 누적모형은 개선의 각 차원을 피라미드의 구성 블록으로 보고 있으며 품질을 모든 개선의 기초 블록으로, 유연성을 최상위의 블록으로 가정하고 있다.

누적모형에 의하면 어느 기업이 유연성(flexibility)을 개선하고자 한다면 그 이전에 품질, 신뢰성(dependability), 원가효율성(cost efficiency)이 개선되어 있어야 한다. 즉, 품질이 임계수준까지 도달하면 신뢰성이 개선될 수 있으며, 신뢰성이 개선되어야 그 다음에 기업은 원가효율성을 개선할 수 있고 마지막으로 유연성을 개선할 수 있게 된다. 만약 기업이 원가절감을 강조한다면 그 블록이 너무 커져서 그 아래의 품질과 신뢰성 블록이 지지할 수 없게 되어 장기적으로 원가의 절감은 유지될 수 없게 된다. 역으로 기초가 폭넓게 다져져 있다면 경영은 위층의 블록에만 주의를 집중할 수 있게 되어 위의 층을 개선할 수 있게 된다.

이 모형은 토요다 자동차 회사에 의하여 유용성이 입증되고 있다. 제2차 세계대전 후 맥아더 장군에 의해 일본 기업들은 품질프로그램을 시작했다. 품질프로그램에 의해 품질이 개선되면서 토요다는 피라미드의 신뢰성 블록으로 옮겼고, 적시시스템(Just In Time System)에 의해 원가/효율성 블록으로 이동하였다. 이러한 개개 차원의 개선은 동시에 밀접하게 이루어졌으며 그 시스템은 적시시스템/종합적 품질 관리(Just In Time/Total Quality Control)로 불리게 되었다. 더욱이 최근에 일본 회사들은 경쟁자들보다 빠르게 신제품을 시장에 내놓음으로써 유연성 면에서 경쟁우위를 확립하게 되었다.

(3) 퍼도우스와 드 마이어의 모래원뿔모형

퍼도우스(Ferdows)와 드 마이어(De Meyer)는 누적모형을 수정하여 모래원뿔모형(Sand Cone Model)을 주장하였다. 이들 역시 품질이 계속되는 개선의 기초라고 주장하였다. 앞 모델과의 차이점은 어느 한 층의 개선을 위해서는 아래층의 개선도 동시에 이루어져야 한다는 점이다. 일단 품질의 기초가 구축되면 경영은 신뢰성에 초점을 둠으로써 모래원뿔을 더욱 높게 쌓을 수 있게 된다. 그러나 신뢰성을 개선하는 동안 품질도 동시에 개선해야만 한다. 그 다음에는 유연성에 초점을 둘 수 있다. 유연성이 개선되는 동안 품질과 신뢰성을 개선하기 위해 더 많은 모래가 원뿔에 부어져야 한다. 원가효율성을 개선하는 것은 가장 나중에 이루어져야 하고 다른 세 개의 차원에서도 각각 개선이 계속 이루어져야 한다.

다시 말해 어느 기업이 원가를 10%개선하려 한다면, 유연성에서 더 큰 개선(15%)을 달성해야 하고, 신뢰성에서 훨씬 더 큰 개선(20%)을, 그리고 품질에서 가장 큰 개선(30%)을 달성해야 할 때에야 가능하다. 그러나 이것은 기업이 이미 각 영역에서 극한까지 노력을 들이고 있을 때에만 가능하다. 만약 열악한 공장 배치나 좋지 않은 계약조건으로 묶여 있을 때와 같이 명백한 비효율성이 존재하면 원가는 다른 부분의 동시적인 개선 없이도 개선될 수 있다.

두 가지 모델들은 서로 비슷하지만 매우 흥미로운 점은 둘 다 장기적으로 지속되는 모든 개선의 기초는 품질이라고 가정하는 것과, 품질을 임계수준까지 올리지 못하면 다른 차원의 어떤 개선도 유지될 수 없다는 것이다.

제11장

고객만족

제11장

고객만족

11.1 고객만족의 정의

11.1.1 고객은 왕

종합품질경영은 고객의 요구에 초점을 둔다. 고객들은 그들을 잘 만족시키는 음식점에 다시 가고, 그들의 사이즈를 잘 맞추는 상점에서 계속 구매한다. 그들은 친절하고 효율적인 비행기를 탄다. 산업재 고객도 마찬가지로 공급자가 반복적 거래를 유지하기 위해서 맞추어야 할 일련의 기대와 요구를 갖는다. 산업재 고객도 최종소비자와 마찬가지로 같은 감정의 폭으로 실망하기도 하고 사기당한 느낌도 받는다. 열등한 서비스에 대한 산업재 고객의 반응도 유사하다 - 거래를 취소하고 다른 곳에서 구매한다.

고객은 왕이라고 한다. 고객 입장에서는 듣기 좋은 말이다. 고객주권, 고객만능의 시대를 대변하는 것 같기도 하다. 그런데 과연 그런가? 현실적으로 고객이 왕으로 대접받는 시대인가?

물론 과거에 비하면 '엄청난' 고객 시대이다. 그러나 왕은 커녕 왕자도 아니다. 아직도 고객들은 자신들을 왕이라고 생각지 않는다.

사례를 들어 보자. 지난 6월 16일 한 고객이 냉장고를 구입했다. 그런데 구입 초기부터 냉장고의 문이 뒤틀리고 간헐적인 소음이 계속 반복되어 어렵사리 7월 4일 교체를 받았다. 교체된 냉장고는 더했다. 소음이 시끄러워 식사를 못할 정도였던 것이다. 8월 초 휴가를 다녀온 고객은 소음이 잠을 이루지 못할 정도로 심각하자 밤에는 아예 전기 플러그를 빼놓고 아침에 꽂아두곤 하였다.

참다못한 고객은 8월 19일 서비스 기사를 불렀다. 그런데 서비스 기사가 하는 말이 구입 후 한 달이 넘었으므로 아무리 본사에 얘기를 해도 절대 교체불가라는 것이다. 괜히 시간낭비 하지 말고 수리해서 그냥 쓰라며 엄포성 발언까지 서슴지 않았다. 그리고는 간단히 부품을 수리하고 돌아갔다. 본사에 전화를 걸었더니 윗사람과 상의한 뒤 전화를 주겠다고 하고는 그 뒤 감감무소식이었다. 이는 실제로 있었던 일이다.

고객은 :

- 고객은 어떤 일에서나 가장 중요하다.
- 고객이 우리에게 의존하는 것이 아니다. 우리가 고객에게 의존하는 것이다.
- 고객은 우리 일의 방해자가 아니고 우리 일의 목적이다.
- 고객이 들어올 때 우리에게 호의를 베푸는 것이지 우리가 고객에게 호의를 베푸는 것이 아니다.
- 고객은 우리 일의 국외자가 아니고 우리 일의 일부분이다.
- 고객은 통계치가 아니고, 우리처럼 감정과 느낌을 가진 인간이다.
- 고객은 필요와 요구를 가지고 우리에게 온다. 그것에 맞추는 것이 우리의 일이다.
- 고객은 우리가 할 수 있는 가장 예절바르고 주의 깊은 대접을 할 가치가 있다.
- 고객은 모든 일에 있어서 활력의 근원이다. 고객이 없으면 우리는 즉시 문을 닫아야 한다.

고객의 내면적 심리상태를 연구하여 보다 근원적인 소비욕구를 알아 내고 이에 근거하여 제품 또는 서비스를 개발하여 성공하는 사례가 있다. 내면의 잠재의식 속에 감추어 둔 고객의 욕구를 끌어 내어 현실화하는 것이다. 김칫독 냉장고의 개발이 이런 과정을 통해 이루어졌다는 얘기가 있다.

김칫독 냉장고는 우리 고유의 상품이다. 김치의 숙성된 상태를 잘 보관할 수 있는 별도의 공간이 있었으면 하는 주부의 잠재된 바램을 읽어 내고 만든 김칫독 냉장고는 출시된 해 최고의 히트상품이 되었다. 이러한 예는 얼마든지 있다. 인간의 얄팍한 사행심을 조장하는 복권 상품들도 바로 이런 내면의 강한 욕구를 반영한 결과가 아니겠는가?

세계적으로 유명한 유통업체인 노드스트롬 백화점의 일화를 보자. 한 고객이 노드스트롬 백화점에 타이어를 들고 와서 반품을 요구했다. 패션의류 전문점인 이 백화점은 타이어는 취급하지 않는다. 그러나 반품을 요구받은 직원은 고객에게 가격을 묻고는 흔쾌히 환불해 주었다. 고객서비스에 대한 교육과 강연에서 예외 없이 소개되는 노드스트롬 백화점의 일화 중 하나이다.

고객만족 경영의 핵심은 고객을 최우선으로 고려하는 철학적 기반을 우선적으로 생각한다는 것이다. 그것이 기본 중의 기본이다. 전략 또는 구체적 방법 이전에 우성 가장 중요한 것이 고객중시 철학인 것이다.

미 캘리포니아 교외에 소재한 벨에어 교회의 목사인 캐롤린 크로포드 목사는 노드스트롬 백화점의 고객최우선 철학의 한 단면을 이렇게 증언했다.

〈노드스트롬 백화점의 고객최우선 철학〉

지난번 휴가기간 동안 저는 놀라운 경험을 하였습니다. 기분전환을 위해 노드스트롬 백화점을 둘러보기로 하였는데 백화점에 들어서자 향기로운 냄새, 턱시도를 차려입은 연주자의 감미로운 피아노 선율, 아름다운 장식과 사람들의 행복한 표정들이 저의 기분을 상쾌하게 만들어 주었습니다.

그때 누더기를 걸친 한 여인이 백화점으로 들어왔습니다. 그 여인은 노드스트롬의 고객이 아닌 노숙자가 분명하였습니다. 저는 빈민 선교를 담당하고 있는 목회자로서 여인이 쫓겨나지나 않을까 걱정스레 지켜보았습니다. 그러나 그녀에게 눈총을 주는 노드스트롬의 직원은 찾아볼 수 없었습니다.

1층을 둘러본 여인은 에스컬레이터를 타고 2층으로 올라가더니 매우 값비싸고 호화로운 특별매장으로 가는 것이었습니다. 혹시나 그녀가 도둑으로 몰리는 것은 아닐까 하는 저의 걱정과는 달리 판매원은 오히려 "무엇을 도와드릴까요?" 하고 상냥하게 묻는 것이었습니다. 순간, 저는 생각했습니다. '판매원이 도대체 왜 저러나? 그녀는 거지란 말이야.'

여인은 판매원에게 축제에 입고 갈 드레스를 사고 싶다고 했습니다. 스타일과 색상 및 치수에 대해 서로 의논하더니, 판매원은 우아한 드레스를 찾아 주었습니다. 그러자 으쓱해진 그녀는 옷을 잠시 보관해 줄 수 있느냐고 물었습니다. "물론이죠, 손님. 얼마 후에 오시겠습니까?" 판매원이 묻자 그녀는 두세 시간쯤 걸릴 거라고 대답하고는 백화점을 나갔습니다.

저는 그 판매원에게 가서 물었습니다. "실례합니다만, 저는 방금 일어난 일을 이해할 수가 없군요. 내 눈에는 아까 그 여인이 도무지 노드스트롬의 고객이라고는 보이지 않았어요. 당신은 정말로 그녀가 옷값을 지불하러 다시 올 것이라고 생각합니까?" 판매원의 대답은 저를 부끄럽게 만들었습니다. "저의 직무는 누가 노드스트롬의 고객인지 판단하는 일이 아닙니다. 찾아주신 손님들을 친절과 봉사로써 모시는 것이 임무입니다."

크로포드 목사는 노드스트롬의 매장에서 판매원 본분인 '봉사와 섬김'의 참 모습을 발견하였다. 심금을 울리는 목사의 설교는 그 후 <뉴욕타임즈>의 일요판 비즈니스 섹션 특집기사로 소개되었고, 이를 접한 독자들의 엄청난 반응으로 크로포드 목사의 설교를 담은 녹음테이프가 전국 각처에 보급되었다고 한다.

문화적으로 대 고객서비스에 대한 인식이 낮을 때, 품질을 약속된 고객요구에 완전히 맞추는 것으로 정의하는 것은 곤란하다. 사람들은 그들의 사적인 거래에서 높은 서비스수준을 기대할 조건을 갖추지 않았기 때문에, 경영이나 업무내용으로 쉽게 이전될 수 있는 방법이 없다.

10여년 전에 영국은 대 고객서비스수준이 매우 낮아 최악의 상태를 나타내었는데 예를 들어 영국항공(BA)의 모토는 "우리는 봉사하기 위해서 비행한다"이지만 실제로 BA가 서비스측면에서 일관성 있게 잘해 온 것은 단지 10년 전부터이다. 상점에서 판매원들은 고객을 전적으로 무시한 채 그들끼리 모여서 잡담을 나누는 것이 예사였다. 예를 들어, 여성 고객이 구매하려는 옷에 대해 물어보기 위해 접근한다면, 그녀가 마치 그들의 대화를 방해하고 있는 것처럼 느끼게 된다. '이옷 사이즈 10 있습니까?'라고 물어보면, '그 진열대에 없으면 없는 것입니다'라고 대답하는 것이 보통이다. 판매원이 진열대를 찾아본다든지, 컴퓨터로 재고를 체크한다거나, 재주문한 것이 언제 도착할 것인가 또는 다른 지점에 있는지를 확인함으로써 고객에게 관심을 기울이는 일은 거의 하지 않는다.

그 당시 영국에서 고객에 대한 봉사는 굴종과 혼동되었으며, 계층간에는 넘을 수 없는 장벽이 있었다. 소매상점에서 일하는 사람들의 급료와 다른 보상이 다른 업종에 비해 너무 낮아서 고객을 돌볼 만큼 동기가 부여되지 않았고, 기술적으로도 훈련되거나 관리되지도 않았다. 서비스직에 낮은 지위를 부여하는 것은 그 종사자들이 열등한 서비스를 제공하도록 프로그램되는 것이다. 그 일부분은 원하는 것을 주장하지 않는 고객 자신들에게 돌아온다. 그러나 시대는 고객 편으로 바뀌고 있다. 1991년 7월에 발표된 보수당의 시민헌장은 서비스의 기준을 설정하고, 보다 큰 경쟁과 책임을 갖게 하고, 낮은 서비스의 희생자였던 고객을 위해 분위기를 바로 잡으려고 노력하고 있다. 시민헌장은 고객의 권리를 1990년대의 국민생활의 핵심적인 주제가 되도록 만들었다.

적어도 종합품질경영의 목표가 정부에서 명백하게 나타난 것이다.

일반 대중을 위해 제안된 새로운 보호는 국가 보건서비스, 교육과 수송, 민영화된 가스, 수도, 전기 및 통신까지 확대되었다. 정부백서는 공익사업 관리자의 힘을 최대한으로 강화시키는 법을 제정하기로 약속하였다. 이렇게 함으로써 공익사업관리는 정당한 고객불만에 대해서 보상할 것을 요구할 수 있는 적절한 힘을 확보하게 되었다.

그것은 서비스의 질, 확실한 예약시간, 신중한 고객불만 처리 등을 마련하는 데 보다 명백하게 기여한다는 것을 의미한다. 공공서비스 품질에 대한 헌장기준이 있어서, 이 기준을 맞추고 있는 사람은 이 사실을 입증하는 새 '헌장마크(charter mark)'를 이용할 자격이 주어진다. 헌장마크는 고객이 기대할 수 있는 서비스기준과 그 기준에 대한 성취를 표시하는 것이다. 그것은 또한 서비스를 이용하는 사람들의 관점이 고려되었다는 증거이다. 제공되고 있는 서비스의 범위에 대한 명백한 정보가 정체 없는 관료주의로부터 벗어나 일반시민에게 자신의 이름을 밝힐 준비가 되어 있는 관료들에 의해 주어진다 – 공무원들은 적당한 곳에 이름표를 단다.

영국 정부의 헌장마크를 받기 위해, 공공서비스 및 공익사업은 고객이 만족하지 못할 때 이용할 수 있는 명백한 불만해결의 통로를 정립하고, 가능할 때마다 독립적인 검사가 이루어져야 한다. 물론 마지막 요구조건은 기준달성 여부에 대한 판단이 독립적인 타당성을 가지며, 지출되는 내용에 비해 가치를 개선하는 데 명백하게 기여해야 한다.

메이저 수상이 헌장을 발표하면서 모든 공공서비스 분야에 있는 조직들은 명백한 달성의 기준(매년 개선을 위해 설정된 목표)과 실제 달성한 결과를 공표해야 한다고 강조하였다. 이것이 고객에게 어떤 혜택을 주는가에 대한 예는 다음과 같다.

- 운전면허시험 전 대기시간이 감소될 것이다.
- 자동차노선에 관해 여러 사업자로부터 보다 많은 제안을 받아들이게 될 것이다.
- 도로 청부업자들이 작업을 하고 있지 않을 때 도로를 차단하는 것은 처벌

받게 될 것이다.

- 시민들의 작지만 성가신, 그러나 커다란 좌절이 될 수 있는 불만의 신속한 해결을 위해서 비전문 심판자들의 정보망을 확립할 것이다.

존 메이저 수상은 프로그램을 다음과 같이 요약해서 말한다.

> 그것은 앞으로 10년에 걸친 프로그램이다. 헌장프로그램은 주어진 돈을 더 좋은 서비스로 전환하는, 보다 훌륭한 방법을 발견하게 될 것이다. 나는 이 나라 사람들이 시민으로서 자부하고, 공무원 자신도 자부심을 갖는 서비스를 누릴 수 있기를 바란다.

시민헌장은 1991년 7월에 다음 선거를 의식하고 시작되었지만, 품질서비스에 관한 한 국가의 분위기를 잡았다. 어느 일간지 대표는 다음과 같이 표현한다.

> 메이저 수상이 말한 많은 좌절의 예는 현실적으로 가슴 후련한 사실이다. 그는 불필요하게 오랫동안 차단된 도로에 대해서 불평했다. 그는 의사의 편의를 위해서 수십명의 외래환자를 동시에 예약받아 환자들을 오래 기다리게 하는 병원행정에 대해서 이야기하였다. 전화기술자나 가스, 전기, 수도에 관한 서비스 제공자가 확실한 예약을 해주지 않음으로써 하루 종일 집에서 기다리는 사람들에 대해서도 이야기했다.

몇몇 논평가들은 수상의 세련되지 못함을 비난했으나 그들이 사실을 정확히 보지 못한 것이다. 일상에 관한 수상의 선입관은 수백만 시민들과 공통이었다. 그들은 생산자 위주의 공공서비스와 민영화된 공익사업에서 특징적으로 나타난 무능함과 거만함에 조용히 분노하고 있다. 그들은 그들의 서비스가 무시되거나 굴욕감을 받게 되는 것을 원치 않으며, 개선되기를 희망한다. 여기에 많은 표가 몰려들었다.

11.1.2 고객의 힘

종합품질경영을 향한 추진력의 일부분은 보다 강하고, 보다 잘 구성된 고객의 요구에서 비롯된다. 고객보고서는 55년전, 1930년대 무역조합으로 출발한 소비자연맹(CU)의 출판물로 발행되기 시작하였다. 고객조합은 수천종의 상품과 서비스(자동차에서 생명보험까지, 세제에서 냉장고까지)에 대해서 CU등급을 매겨

발행했다. 이 월간잡지의 발행부수는 4백만 이상이다. 구독자, 그의 친구, 친지 등은 그 잡지를 참고하기 전에는 어떤 것도 구매하지 않으려 한다. 비행기표에 관한 예를 보자. 1991년 7월호 고객보고서는 미국항공사 중 델타가 대서양을 건널 때 가장 훌륭하며, 팬암이 가장 나쁜 것으로 보고했다. 이 결과는 미국 국내선에 대해 14만 독자를 대상으로 조사한 것이다.

미국의 항공산업에 대한 그들의 전반적인 의견은 그다지 좋지 않았다. 그 내용은 다음과 같다.

> 승객은 만원인 비행기를 타고, 좁은 공간에 앉아 있다. 그들은 지연된 비행기를 혼잡한 공항에서 기다리며, 단지 비행기를 갈아타기 위해서 원하지 않는 도시를 거쳐야 한다.
>
> 요약해서, 그들이 오늘날 구매하는 상품은 항공산업에 대한 규제를 해제시킨 13년전 그들이 구매할 수 있었던 상품의 그림자이다….
>
> 미국 정부는 고양이나 개를 비행기로 운반하는 데 적용되는 공간기준을 설정해 놓고 있다. 그러나 사람을 운반하는 데는 어떤 법규도 적용되지 않는다. 독자의 30%가 그들 비행의 문제점으로서 '매우 붐빈다'를 들고 있으며 응답자의 거의 반이 좌석의 안락감이 좋지 않음을 지적했다.

주요 불만영역은 다음과 같다. 좌석 안락감 49%, 기내음식 37%, 공기 순환과 객실온도 21%, 기내서비스 13%, 체크인 10%로 나타났다.

영국은 훨씬 늦게 소비자보호활동에 들어섰다. 소비자협회(CA)가 마이클 영, 지금은 달링톤의 영에 의해서 1957년 3월에 시작되었다. 7개월 뒤에 「Which?」지의 1호가 발행되었다. 처음부터 CA(런던 동쪽 끝에 있는 개조한 차고에서 메릴본 로드에 있는 현대식 사무실)는 1년에 3천 8백만 이상의 수입과 1백만 회원을 가진 영향력 있는 조직으로 성장하였다.

소비자 연구협회(ACR)는 제품과 서비스에 대한 연구와 비교 검사를 수행하는 등록된 비영리단체이다. 이 단체의 부속기관인 Customers' Association Limited가 결과를 발표하고, 고객이익을 대변하고, 제품과 서비스 개선을 위한 캠페인을 벌인다.

매달 「Which?」지는 검사와 연구를 바탕으로 독립적인 판정을 내리고, 그 연구의 대부분은 허포드셔의 하펜든에 있는 ACR의 검정 연구실에서 이루어진다. 그리고 약의 임상적 이용에 관한 의사들의 공평하고 전문적인 정보를 제공하는 「Drug and Therapeutics Bulletin」(격주지)도 발행한다.

11.1.3 고객은 미국식 방법을 원한다

미국을 방문하는 대부분의 영국인 여행자들은 음식점에서 접하게 되는 친절하고, 효율적인 서비스에 감명을 받는다. 예를 들면, 청하지 않아도 얼음물을 갖다 준다거나 '저는 웨이트리스, 쉐릴입니다. 커피를 더 원하시면 불러주십시오'와 같은 여종업원의 자기 이름 소개 등이다. 미국에서는 고객의 기대가 높다.

고객에게 봉사하려는 의지가 거기서 나오는 것이다. 디즈니나 맥도날드와 같은 놀라운 예도 있고, 두터운 중산층을 가지며 서비스직에 계층장벽이 거의 없다. 그러나 미국에서조차 고객에 대한 봉사에 주목할 만한 문제가 있다. 「타임」지의 커버스토리는 서비스가 어떤지를 다루고 있는데, 그것은 빈약한 서비스에 대한 풍자로 시작된다.

> 해리 해프리스에게 오늘은 서비스경제가 엉망인 날이었다. 그의 차, 피아스코 400이 고속도로에서 털털거리기 시작해서, 그는 주유소에 달려가서 도움을 요청했다. '미안합니다만, 기름만 취급하지 정비공은 없습니다!'라고 종업원이 대답했다. '당신들은 어떻게 이것을 주유소라고 부릅니까?'라고 해리가 소리를 질렀다. 그는 견인 트럭을 부르기 위한 약간의 비상금을 찾으려고 은행으로 갔으나, 자동인출기가 고장인 것을 알았다. '정말 훌륭한 서비스군'라고 투덜거렸다. 그리고 나서 신용카드를 이용해서 정비도구를 사려고 칩포할인점에 갔으나 아무도 없었다. '여보세요, 누구 계십니까?' 정말 시련의 날이었다. 해리는 집으로 가는 버스에서, 적어도 다음 주에는 아내와 플로리다로 여행갈 수 있을 것이라고 생각했다. 그러나 '해프리스 씨, 바이웨이 항공사와의 합병관계로 플로리다행 비행기가 취소되었습니다'라는 전화가 플라이웨이 항공사로부터 걸려왔다. 그는 너무 화가 나서 연방항공국에 전화를 걸려고 했다. 바로 그때 그의 전화가 불통이었다-그는 벨 시스템의 고장때문이라고 생각했다. 그는 더 이상 참을 수 없었다. 몇 분 뒤에 그는 눈을 부릅뜨고 신문사로 뛰어 들었다. '당신들을 위한 기사가 있습니다.', '미국에는 이미 서비스가 존재하지 않습니다!'

점점 더 많은 고객이 위 사례의 해리 해프리스와 거의 비슷한 좌절을 느끼고 있다. 개인서비스는 미국시장에서 매우 드문 상품이 되고 있다. 비행기 승무원, 점원, 은행 출납계원들은 너무 인원도 적고 바쁘기 때문에 고객에게 관심을 기울일 수가 없다. 다른 많은 서비스 종사자들은 그들에게 도움을 요청하는 고객이 화나도록 훈련이 덜 되고, 동기부여가 부족하며, 낮은 급여가 지급된다. 개인서비스의 개념은 양적으로 정확히 측정하기 어렵다. 미국 정부는 경제적 통계치 속에 예절지수나 도움지표를 포함하지 않는다. 그러나 고객은 서비스가 나빠지면 알게 되며, 이제 그것을 회복하기만을 바란다.

서비스감퇴의 근본원인은 경제상태이다. 오일 파동에서 시작된 1970년대의 인플레이션 때문에 기업들은 가격앙등을 막기 위해서 서비스수준을 낮추기 시작하였다. 규제들의 해제조치가 뒤따랐고, 이것은 경쟁을 증가시키고, 보다 큰 서비스감축을 가져왔다. 여러 분야에서 노동자 부족은 서비스분야에서도 부족현상을 가져왔고, 비용절감이 되는 한 컴퓨터와 셀프서비스로 대체되었다. 회사내 회계사들은 고객을 희생하여 기쁘게 되었고 고객들은 가격을 낮게 유지하기 위해서 셀프서비스를 즐겼으나 이제는 과거의 서비스품질을 원하고 있다.

고객서비스에 대한 요구는 미국 내에서 제조업이 서비스업에 비해서 중요도가 낮아지기 시작한 때부터 커진다. 미국 내에서 1천 2백 6십만의 새로운 직업이 1982년부터 1987년 사이에 생겨났다. 미국경제가 서비스분야에 더 의존하게 되면서, 서비스 조직이 품질에 대해서 제조업이 했던 것과 똑같은 전략적 실수를 범하게 될 우려가 있다. 미국은행에게는 일본은행들이 이미 위협이다. 「타임」지는 다음과 같이 쓰고 있다.

> 서비스분야에서 낙후될 가능성은 심각하다. 왜냐하면 실용적으로 대규모 시장규모로 좋은 서비스의 개념을 창출시킨 것은 바로 미국이기 때문이다.

신뢰성 있는 서비스에 대한 국가적 욕구는 AT&T, IBM, 아메리칸 익스프레스같은 선구자를 탄생시켰다.

서비스분야의 최근 역사를 보면, 학습할 만한 충분한 사례연구가 있다. 1970년대 말 품질분임조는 미국에서 꽃피웠다…. 1980년대 중순 「포춘」지의 500개 회사의 90%가 품질분임조 프로그램을 가지고 있었다. 그러나 대부분의 회사에는 그들이 찾고 있는 빠른 해결을 만들어 내는 것이 아니라는 것이 명백해지면서 곧 사라지는 하나의 유행이었다. 흔히 품질분임조 프로그램은 상층부가 중간계층이나 하층부에게 하도록 원하는 어떤 것이 되었다. 그들에게 확고한 전사적 지원이 부족하였다. 오늘날 기업들은 총체적 품질이 전 기업 문화의 철저한 일신, 기업철학에 있어서 완전한 변화, 그리고 지속적 개선에 확고한 참여를 의미한다.

미국이 강력하게 경쟁할 수 있는 항공과 농업을 제외하고는 국제시장에서 경쟁력을 유지할 수 있는 시장은 별로 없다. 제품과 서비스의 저품질이 국가의 생산성과 세계시장에서의 경쟁력에 가장 큰 걸림돌이 되고 있다. 자동차 제조업자들이 이 점을 깨달은 것은 미국인들이 일본자동차를 구입하는 이유가 싸기 때문이라는 것을 깨달은 1980년 초기였다. 미국은 지금 그 차이를 좁혀가고 있다. 반도체 제조업자들은 일본인들에게 컴퓨터 메모리 칩 부문의 시장을 잃었고, 품질을 개선하기는 했으나 아직 회복하지 못하였다.

GM, 포드와 크라이슬러가 고객에 초점을 두고, '미국제'가 품질의 상징이었던 때로 돌아가기 위해서 종합품질경영을 대규모로 착수하는 것은 결코 놀라운 일이 아니다.

11.1.4 고객무시

1991년 봄에 어느 선도적 기업가에 의한 논평이 고객에 대한 무시를 노출시켰다. 1991년 4월 23일 지도자협회에서 라트너즈보석 체인점의 총수인, 제랄드 라트너는 청중들에게 그 자신이 했듯이 폐물을 판매함으로써 불경기를 극복할 수 있다고 말하였다. 그는 그의 할인 보석상점들은 사람들이 원하는 것, 즉 99페니로 귀걸이 한 쌍을 사는 즐거움-품질과는 거리가 먼 그리고 마크와 스펜서에 나오는 보리새우 샌드위치만큼 오래 지속되지도 않는-을 주었다고 말했다. 그는 그의 상점들이 가장 인기 없었던, 오래된 먼지가 쌓이고 모서리가 말려 올라간 모조품에 관한 책을 25만부 팔았다고 말하였다. 또 다른 제품 — 은쟁반, 포도주병과 6개의 유리컵을 4.99 달러에 처분 — 을 다음과 같은 방법으로 설명한다.

> 사람들은 이것을 어떻게 그렇게 싼 가격으로 팔 수 있는지에 대해서 말한다. 그것은 모두 고물이다. 우리 라트너 상점은 어떤 디자인 상을 수상하지도 않을 것이며 고객기호에 맞추지도 않는다. 그러나 모든 사람이 반가워하는 이 상점들은 유럽의 어떤 상점보다 제곱 피트 면적당 소득이 크며, 이것은 고객에게 원하는 것을

주었기 때문이다.

1,000개에 이르는 라트너영국 체인점 안에 제일즈와 사무엘도 속한다. 2,400개 상점을 갖고 있는 세계적인 라트너가 세금전 이익이 1억 1천 2백만 파운드에 이른다고 발표한 그 주에 한 잡지사에서 그가 고객을 모욕한 것으로 고발하였다. 라트너는 자신을 옹호하는 데 다음과 같이 말했다.

> 나의 접근법은 고객에게 정직한 것이었고, 길거리에 있는 사람도 보석장식을 살 수 있도록 하는 것이었다. 어떻게 7년 동안 50억의 보석장식을 팔 수 있었겠는가? 속임수로는 그렇게 할 수 없었을 것이다.

라트너의 논평은 상점에서 갖고 있는 고객에 대한 관심수준과 일치하지 않을 수도 있으며, 라트너가 제공하는 제품과 서비스의 수준에 대한 고객 인식이 실제로는 수용할 만한 것일 수 있다. 그러나 확실하게 고객이 가지고 있는 기준 중의 하나는 그들이 존중되면 무시되지 않는다는 것이고, 여기서 라트너의 논평이 우스갯거리가 된 것은 당연한 것이다. 그는 그의 주주들에게 연차 총회에서 사과를 했으나 1991년 10월 중순경 왜 그의 회사가 전년도 같은 기간에 7백 3십만 파운드의 이익을 거둔 것에 비해서 1991년의 초반 6개월 동안에는 1천 7백 5십만 파운드의 세금전 손실을 가져왔는지를 설명해야만 했다. 재무전문가들은 적어도 손실의 일부분은 라트너의 신중치 못한 논평에 기인한다고 추정하였다.

영국의 주요 은행들은 불경기와 잘못된 부채와 투자를 다루기 위해서 고객을 골탕먹이는 듯하다. 1991년 5월 26일, 선데이신문에 고객을 대상으로 은행들이 취하고 있는 응징적 조처에 제동을 거는 캠페인을 벌이고, 표제를 '은행은 파산이 증가될 정도의 과태료로 고객을 맹타한다'라고 하였다. 표지 스토리는 다음과 같은 비난으로 시작한다.

> 큰 은행들은 기본이자율이 15%에서 11.5%로 낮아졌음에도 불구하고 기업들에게 이자율을 18%까지 부과하여 경영을 어렵게 하고 있다.
>
> 「선데이」지 조사는 연속적인 기본이자율 인하로 발생되는 이득을 대부분의 경우 은행 자체의 이윤율을 증가시키는 데 쓴다는 것을 밝혔다. 몇몇 중소기업들은 그들의 부채나 당좌수표에 대해서 기본이자율이 더 높았던 전년도보다도 높은 이자를 지불하고 있었다.

「선데이」지에 이어 다른 신문들도 은행들이 친절하고 지원적인 기관으로 보이기 위해 값비싼 광고를 내고 있지만, 저질의 고객서비스에 대한 기록이 쌓여가고 있음을 비난하는 데 동참하였다. 캠페인 두 번째 달에 「선데이」지는 수천 독자로부터, 특히 중소기업으로부터 은행에 대한 불만서류들이 계속 쌓아나갔다.

[표 11-1] MORY 여론조사의 결과 : 당신은 은행에 대해서 어떻게 생각하십니까?

은행은 너무 조급하게 중소기업을 폐쇄시킨다.
동의한다 : 65%
동의하지 않는다 : 17%
어느 쪽도 아니다/모르겠다 : 18%
큰 은행들간에 실제적인 차이가 없다.
동의한다 : 59%
동의하지 않는다 : 19%
어느 쪽도 아니다/모르겠다 : 22%
은행은 중소기업들에 대한 그들의 태도를 바꿔야만 한다.
동의한다 : 79%
동의하지 않는다 : 11%
어느 쪽도 아니다/모르겠다 : 10%
은행은 중소기업들에게 과잉 징수함으로써 악성 채무를 만회하고 있다.
동의한다 : 71%
동의하지 않는다 : 14%
어느 쪽도 아니다/모르겠다 : 15%

「선데이」지가 Market and Opinion Research International(MORI)을 통해서 실시한 여론조사 결과가 캠페인을 지지하기 위해 신문에 인용하였다([표 11-1] 참조). 그 조사는 이 나라의 중소기업들은 은행의 대접에 크게 불만을 가지고 있다는 것을 밝혔다.

그들은 은행이 그들에게 과잉 부담시키고, 그들의 니즈를 이해하지 못하고, 경제가 나빠지면 너무 빠르게 문을 닫게 한다고 믿었다.

바틀레이의 총수, 존 킨톤 경은 지난 주에 그의 중소기업고객 중 1% 미만이 불만을 표시해 왔기 때문에, 99% 이상이 비교적 그 은행에 만족하고 있다고 추정했다. 여론조사는 이것이 상당한 과소평가라는 것을 보여 준다. 반 이상이 불만을 갖고 있으며, 은행이 그들을 이해하지 못한다고 응답했다.

MORI는 기업가들은 그들이 은행의 과거 실수를 갚아 주고 있다고 믿고 있음을 밝혔다. 즉 은행이 잘못된 대출로 인한 손실을 만회하기 위해서 그들에게 높은 이자율과 과잉요금부담을 시킨다고 믿고 있었다.

아마 은행이 경영에 대해서 중요한 것을 배우려고 한다면 상황이 상당히 좋아질 것이다. 마케팅 관계자들은 회계사, 은행가, 재무자문가들이 회사의 자산가치를 계산할 때 고객관계와 고객에 대한 충성도를 고려할 것을 촉구해왔다.

그러한 접근법의 필요성이 인터내셔널 레져 그룹(ILG)이 4억 이상의 부채를 안고 파산되었을 때, 다소 격렬하게 조명되었다. 이 중 약 8천만 파운드는 로이드 은행이 투자한 것임이 누설되었다. ILG가 부채를 갚을 수 있다는 것을 확신하는 데 어떤 측정치가 이용된 것일까?라는 의문이 생긴다.

첫 번째 행정관 청문회에서, ILG가 1년에 50,000 이상의 고객불만을 받아왔음을 밝히기에 이르렀다. 어떤 사람이 — 회계사, 재무자문가, 시장상인, 휴일의 유흥객까지 — 그런 끔찍한 기준을 버티며, 그들을 떠난 사람들을 대체하기 위해 새로운 고객을 끄는 데 막대한 비용을 들이고 있는 그런 회사의 운명을 예측하지 못하겠는가?

'품질은 나에게 적당치 않다'는 것은 의사결정문이 아니라 묘지의 비석에 적는 일종의 비문이었다. ILG의 도산은 이 점을 입증한다.

1991년 7월 중순에 재무상인 노만 라몬드에 의해 발행된 조사보고서는 큰 은행들이 카르텔을 결성하며, 중소기업에게 과잉징수한다는 주장에 대해서 조사했으나 은행들의 과잉징수주장은 부인되었다. 그러나 8개의 큰 은행들에게 고객을 위한 행동방식을 고안하도록 지시하였다. 그는 은행들에게 서비스를 개선하는 7점 척도 평가법을 제시하였고, 6개월 후에 재무부가 진전상태를 체크하도록 하였다.

그 보고서는 중소기업의 거의 3/4이 이자율 감소의 혜택을 받고 있다고 밝혔다. 그 조사는 은행이 과잉징수하기 위한 카르텔을 형성하지 않음을 입증하는 반면, 중소기업에 대한 요금을 전년도에 55%까지 그들에게 알리지도 않고 올렸음을 밝혔다.

규약에 대해서 각 은행들은 그들의 계정용어가 합리적임을 확신한 후 고객에게 문서로 명백하게 전달해야 한다. 특히 중소기업에게는 은행 이용요금의 요금표가 제시되고, 예외적인 요금에 대해서는 미리 알게 하여 보호하여야 한다. 고객은 이자책정에 대한 설명과 불만해결방법에 대한 조언을 들을 권리가 있다.

대출계약을 2년 또는 3년 전에 체결한 중소기업 경영자들에게 – 아마 그의 집까지 담보로 한 – 부채를 청산할 능력이 없을 때 청구금액을 올리는 것은 '착취'와 같다고 「비즈니스 뉴스」의 편집자는 말한다. 결국, 정부가 기본이자율을 조정시킬 수 있다고 은행이 그들의 이윤율을 마음대로 조정할 수 있다면 일반 대출 계약에서 동의해야 할 것은 별로 남지 않는다.

고객만족 경영에는 두 가지 유형의 방법론이 있다. 하나는 고객이 불만을 쉽게 토로할 수 있는 통로를 제공하는 것이다. 예를 들어 고객용 직통전화를 열어 둔다든지 고객상담실과 같이 고객의 불편이나 불만을 해결해 주기 위한 서비스 지원조직을 만드는 것이 여기에 속한다. 이러한 방법은 기본적으로 '고객이 먼저 불만을 제기하면 필요한 사후조치를 해 주겠다'는 것이므로 '대응형 시스템'이라고 한다.

고객만족 제 1 법칙은 대응형 시스템의 중요성을 말해 주고 있지만 여기서 한 가지 중요한 사실이 간과되기 쉽다. 일반적으로 불만이 있는 고객 중 자신의 불만을 공식적인 경로를 통해 해당 기업에 전달하는 사람은 전체의 5%에 불과하다. 따라서 고객이 제기한 불만처리에만 관심을 둔다면 전체 고객불만의 95%가 그대로 방치되고 만다. 이러한 '빙산의 일각 현상'을 극복하기 위해서는 고객이 말해 주지 않더라도 잠재되어 있는 그들의 불만을 알아낼 수 있는 '선행형 시스템'이 필요하다.

리츠칼튼 호텔의 '고객인지프로그램'은 정보기술을 이용한 탁월한 선행형 시스템이다. 가령 알러지가 있는 손님이 고객인지프로그램에 등록되었다면, 세계 어느 곳에 있는 리츠칼튼 호텔에 투숙하게 되더라도 그가 머무르게 될 방의 욕실에는 무자극성 베이비샴푸가 미리 놓여지게 된다. 이것은 '고객이 말해 주지 않는 요구와 소망까지도 찾아내어 충족시킨다'는 리츠칼튼 호텔의 신조가 구호에 그치는 것이 아니라는 것을 입증해 준다.

오늘날 고객만족 경영을 표방하지 않는 조직은 찾아보기 힘들다. 그러나 민간기업의 고객상담실이나 공공기관의 민원실과 같은 서비스 지원조직이 맡고 있는 주된 업무는 고객의 불평과 불만을 경영진에게 전달하는 일이다.

이것은 경영진이 고객의 목소리를 있는 그대로 듣고 필요한 조처를 취함과 아울러, 이러한 정보를 경영관리 개선에 반영하기 위한 것이다. 그러나 서비스 지원조직의 역할이 단지 경영진에게 고객의 목소리를 전달하는 것이라면 고객의 불만처리에는 상당한 시간이 소요된다. 고객만족경영에 있어서 불만처리의 신속성은 매우 중요한 기준이다. 불만족한 고객이라도 자신의 불만이 신속하게 해결되면 충성된 단골고객으로 변한다. 흔히들 이것을 '고객만족 제1법칙'이라고 한다.

신속한 불만처리를 위한 리츠칼튼의 확고한 의지는 다음과 같은 업무지침에 잘 나타나 있다.

> 고객의 불만이나 불편을 접수한 직원은 자신의 업무영역이 아니더라도 직접 책임지고 조처한다. 동료직원이 고객의 불만해소나 요구충족을 위해 도움을 요청하면 자신이 맡은 업무가 무엇이든지 간에 반드시 협조해야 한다.

또한 리츠칼튼 호텔에서는 고객의 불만해소를 위해서라면 상사의 사전승인 없이도 2,000달러까지 지출할 수 있도록 종업원들에게 권한이 위임되어 있다. 예를 들어 실수로 손님의 옷에 커피를 쏟았다면 직접 옷을 사 주기도 하고, 객실 배정에 착오가 있었다면 정중한 사과의 의미로 포도주나 과일 바구니를 손님에게 선물할 수도 있다. 이처럼 세계적 수준의 조직에서는 '고객과 현장을 가장 잘 아는 사람이 일선 직원이기 때문에 그들에게 마땅히 권한을 위임한다'라는 서비스철학을 갖고 있다. 리츠칼튼 호텔의 사례는 이러한 철학이 실제로 어떻게 구현되고 있는가를 잘 보여 주고 있다.

11.1.5 관계마케팅

1980년대에 대부분의 주요 회사들은 '고객보호' 프로그램(매우 다양한 성공결과를 보임)으로 고객의 주장이 커지고 그들의 품질에 대한 기대가 증대함에 대처하였다. 많은 회사들이 진정으로 고객요구에 맞추려는 목적에 대해 전사적 정비도 하지 않은 채, 서둘러 그들의 활동에 고객보호 프로그램을 접목시키고 있다.

관계마케팅은 고객서비스의 역할을 확대시키고 그것을 품질과 마케팅기능에 통합하려는 것이다. 세 명의 크랜필드 마케팅 교수들이 제시한 아이디어이다. 관계마케팅은 그것의 개념으로서 고객을 얻고 유지하는 이중적 초점을 갖는다. 전통적으로 마케팅은 고객의 유지보다는 유치에 중점을 두었다. 관계마케팅은 그 루프를 폐쇄하려는 것이다.

11.2 고객요구조건

고객은 무엇을 원하는가? 고객은 의식적 또는 무의식적으로 5가지 질문을 가질 것이다. 이것이 품질의 5가지 차원이다. 품질에 대한 전통적인 견해는 단순히 '시방 일치성'이다. 그러나 이것은 단지 품질의 일부분에 지나지 않는다. 고객을 만족시키기 위해서는 품질이 다섯 가지 차원 모두를 포함해야 한다. 품질측정은 이러한 요소들 각각을 반영한다(시방, 일치성, 신뢰성, 비용(가치)과 배달).

다섯 가지 질문은 다음과 같다.

1. 내가 당신의 제품을 살 때 나는 무엇을 기대할 수 있는가? — 제품이나 서비스에 대한 시방

예를 들어, 자동차용 진공청소기는 큰 쓰레기가 아닌, 차에 떨어져 있는 작은 조각들을 청소하도록 디자인된다. 작은 건전지로 작동되며, 자갈이 아닌 작은 빵조각, 먼지 및 차를 더럽히는 작은 쓰레기를 흡입하기에 적합한 시방이 작성된다.

2. 그것이 내가 기대했던 것인가? — 시방에 대한 일치성

예를 들면, 말이 끄는 트레일러는 책자나 매뉴얼에 나와 있는 기술적 시방과 일치해야 한다. 시속 55마일로 경제적 연료 소비량을 내세웠던 차는 그 약속을 지켜야 한다. '구시대'의 화려함과 서비스를 광고했던 호텔은 적절한 수준의 풍요와 우수한 서비스를 제공하여야 한다.

3. 그것이 내가 기대했던 것을 계속할 것인가? — 신뢰성

예를 들면, 제품은 쉽게 고장나서는 안 된다 - 사람은 단지 몇 주 동안 이용하려고 라디오를 사지 않는다. 그것은 몇 년 동안 사용될 수 있어야 한다. 보증제도에 관한 법규들은 일반적인 신뢰성 요구를 지원하며, 노동당의 시민헌장은 보증에 관한 고객보호규정을 포함하고 있다.

4. 얼마를 지불해야 할 것인가? — 돈에 대한 가치 측면

예를 들면, 플로리다에 있는 디즈니월드를 방문한 사람들은 입장료에 대해

불평하지 않는데, 이유는 볼거리가 멋지고, 고객에 대한 배려가 눈부시고, 하루 종일(오전 8시 30분부터 심야까지) 즐길 수 있기 때문이다.

5. 언제 내가 그것을 가질 수 있는가? — 배달(빨리 그리고 정시에)

예를 들어, 배달 날짜가 합의되면, 그것을 반드시 지켜야 한다. 어떤 고객은 가능한 한 빠른 것을 원한다. 다른 고객들은 정확한 것을 원한다. 일반적으로 배달의 속도가 주요 요소이므로, 경쟁자 보다 빠르게 배달할 수 있다면 그만큼 이점을 갖는 것이다. 그러나 반드시 그렇지 않을 수도 있다 - 사람들은 모건차를 주문하고 8～9년을 기다린다. 이 자동차 회사는 많은 주문을 거절하고 매년 200대만 수출하고, 또 200대만 국내시장에 판매한다. 그러나 정상적으로는 신속하고, 지킬 수 있는 정확한 배달날짜를 가져야 한다.

그러면 품질은 무엇인가? 어떻게 정의되는가? 품질이란 동의한 고객요구를 가장 낮은 내부비용으로 완전히 만족시키는 것이다.

정의에서 표현된 이 단어들, 각각은 중요하고 의미 있는 것이다.

두 사람을 위한 저녁식사로 40～100파운드를 쓰는 사람은 그 음식점이 완전히 만족스러울 것을 기대한다. 주위 환경과 서비스가 알맞고, 음식이 훌륭하고, 잘 준비되어 있어야 한다. 저녁 식사의 어떤 한 가지만 잘못되어도 - 찬 수프, 너무 익혀진 고기, 잘못 가져온 포도주, 무뚝뚝한 종업원 - 만족은 감소되고 저녁을 망치게 된다.

컴퓨터 보수 및 유지 사업에서 급성장하고 있는 솔버스의 관리책임자인, 켄 쿠삭은 그의 회사내 어떤 사람도 고객만족이라고 말하는 것을 허용하지 않았다. '우리는 단순히 고객을 만족시키는 것이 아니고, 긍정적으로 기쁘게 하고자 한다.' 그 점에 있어서 그는 데밍의 가장 최근 사고와 일치한다. 데밍은 다음과 같이 말하고 있다. '마음이 상한 고객은 다른 거래처로 바꿀 것이다. 만족한 고객도 거래처를 바꾸는 것이 적게 잃고, 많이 얻을 수 있을 것이라는 생각에서 바꿀 수도 있다. 경영에서의 이익은 반복 고객, 즉 당신의 제품과 서비스에 대해서 호평하면서, 친구들을 데려오는 고객을 통해서 거둔다. 종종 데밍을 포함한 전문가들은 현재와 미래의 고객 니즈를 만족시키는 것에 대해서 말한다. 이 아이디어는 고객을 앞서 가는 것, 앞으로 몇 년 동안의 고객 니즈를 예측하자는 것이다. 그러면 소비자가 니즈를 명확히 할 때, 기업은 경쟁자에 앞서서 이미 그것에 대비하고 계획하였을 것이다.

켄 쿠삭은 옥스포드 호텔에 도착했을 때, 매우 기쁘게도 그의 방에 신선한 얼음이 담겨져 있는 그릇을 발견했던 이야기를 한다. 그는 저녁 8시에 호텔에 도착하였는데, 호텔측에서 그의 도착시간을 모르고 있었을텐데 어떻게 신선한 얼음이 준비되어져 있었는지 궁금하였다. 물어본 후에 그는 오후 3시부터 그의 도착시간까지 매 30분마다 얼음 그릇이 교체되었다는 것을 알게 되었다.

힐튼 호텔 설립자인 콘래드 힐튼은 그의 책, 「내 고객이 되어 주십시오」에서 보여 주듯이, 고객의 요구를 맞추는 데 있어서 '세밀한 것에 관심을 기울일 것'을 강조했다. 그는 해외에 있는 호텔을 포함해서 모든 호텔로부터의 일상적인 보고서를 자세히 살펴본다.

고객의 요구는 반드시 받아들여야 한다. 웨이터가 잘하는 질문 '당신의 스테이크를 어떻게 해 드릴까요?'는 고객의 요구에 합의하는 간단한 예이다. 그것은 대부분의 사람들이 아무렇게나 말하지 않는 중요한 질문이다. 살짝 익거나 중간 정도로 익은 스테이크를 주문한 사람은 잘 익거나 탄 스테이크를 받으면 기뻐하지 않을 것이다. 적절하게 준비되지 못한 스테이크는 주방장에게 도로 보내질 것이다.

고객요구에 대한 강조는 회사가 고객에게 떠맡기고 싶은 것이 아니고 소비자가 요구하는 것에 있다. 위에서 보았듯이, 고객 요구는 요구의 일치성, 신뢰성, 가격에 대한 가치, 적시 배달을 포함한다. 최근 보험회사들은 고객요구에 맞춘다는 개념에 눈을 뜨고 있다 - 소비자와는 거의 별도로 신상품을 개발하여 시장에서 강요하던 것과는 정반대이다.

끝으로, 품질제공 과정의 한 부분으로, 가장 낮은 내부비용이란 비용통제에 관련된 것임이 틀림없다. 품질을 개선하기 위해서 제품에 투자할 자금을 갖는다는 것은 거의 드문 현상이며 점점 더 드물어지고 있다. 경영과정 프로그램에서 IBM의 품질초점은 비용을 감소시키면서 모든 과정을 개선하는 것이다.

11.2.1 내부고객

고객요구에 맞춘다는 것은 고객에게 귀를 기울이고 그들이 원하는 것과 동의한 것에 응하는 것이다. 그러나 고객이 회사 외부에만 있는 것이 아니다—회사제품과 서비스의 최종고객인 회사 외부에 있는 사람들만이 아니다. 내부고객—즉 회사 내에서 다른 사람의 작업을 받아서 또 다른 사람에게 넘기기 전에 제품이나 서비스에 자신의 공헌을 부가시키는 사람—도 있다. 제조업에 있어서 내부고객은 제품을 만드는 라인에서 바로 다음에 있는 사람이다. 예를 들어, 노르빅에 있는 발리 슈즈에서 신발 한 켤레는 첫 작업에서 최종 제품이 되기까지 수백 쌍의 손을 거쳐야 한다—내부고객의 연쇄는 공장을 빙 둘러 뻗어 있다. 소프트웨어 공학에서 인년(man years)이 증대됨에 따라 컴퓨터 프로그램은 완벽한 프로그램이 외부고객에게 제공될 때까지 한 내부고객에서 다른 내부고객에게 넘겨진다. 음식점에서, 웨이터는 요리사의 내부고객이며, 요리사는 고객을 기쁘게 하기 위해서 웨이터가 전부인 것처럼 그들의 요구에 맞추어야 한다.

내부고객들의 요구조건이 동의되고 지켜진다면, 외부고객에까지 품질연쇄가 이어질 것이다. 작업집단이 산출하는 주요 산출물의 내부고객을 확인하는 것이 총체적 품질과정의 시작이다. 내부고객과 내부공급자 사이의 대화를 촉진시켜 고객요구에 동의하게 이끄는 것이 총체적 품질문화의 시작이다. 켄 쿠삭은 그의 관리자들에게 '당신은 내부적으로 품질을 이룩할 때까지 외부적으로도 품질을 달성할 수 없을 것이다'라고 말한다. '당신들이 서로 신뢰하는 방법이 궁극적으로는 엔지니어가 현장에서 도구가방을 들고 고객을 어떻게 대우하는가로 연결된다'고 말한다.

제12장

지속적 개선

제12장

지속적 개선

품질경영에서 품질을 개선하기 위한 효과적인 방법은 제품을 제조하는 데 사용되는 프로세스를 개선하는 것이다. 왜냐하면 모든 제품이나 서비스는 프로세스의 결과이기 때문이다. 프로세스중심은 종속변수인 결과에 초점이 있는 것이 아니다. 어떠한 프로세스이든지 간에 결과는 종속적으로 따라오는 것이다.

이 방법은 목적만을 강조하는, 종합품질경영을 실행하지 않는 대부분의 기업에 사용되는 방법과는 근본적으로 차이가 있다. 종합품질경영은 단지 목표관리만으로 바람직한 결과를 산출할 수 없음을 가르친다. 목적의 가치는 요구되는 결과를 적시에 생산할 수 있도록 프로세스에 투입하는 결정에 도움을 준다. 그 프로세스는 결과를 결정한다.

12.1 프로세스관리

종합품질경영은 프로세스에 초점을 두는 프로세스관리이다. 프로세스관리에서 결과는 프로세스로부터 오는 것이고 요구되는 결과를 생산하기 위한 프로세스를 설계하고, 프로세스를 수행하고, 다음 프로세스에 사용되도록 개선하는 피드백을 한다.

프로세스관리는 다음과 같은 직무를 수행한다. 첫째, 목표를 설정하고 참여하는 사람들의 임무와 목표를 달성할 수 있는 수행계획을 개발한다.

[그림 12-1] 프로세스관리

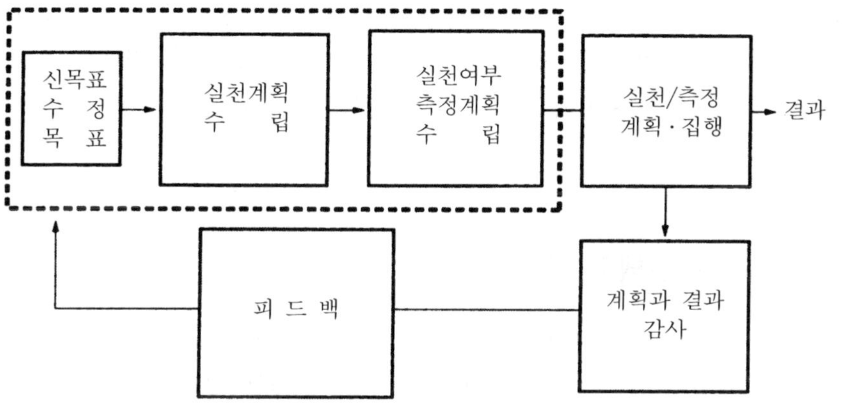

둘째, 계획을 실행하고 요구되는 결과를 평가하는 측정시스템을 개발한다.

셋째, 계획과 결과가 일치하는지를 감시한다. 이런 정보와 함께 왜 계획을 지키지 못하는지 또는 계획을 실행하지 않는지 분석한다. 그리고 실행계획과 측정계획의 목표를 재조정하기 위해 이 분석을 사용한다. 프로세스변화와 요구되는 결과를 달성하기 위한 투입요소의 변화를 강조한다. 산출물은 프로세스가 어떻게 작용하는지를 파악하는 데 중요하다.

프로세스초점의 개념에서 암시하는 것은 만일 개선을 유기적으로 계획하고 현재 실행 상태를 이해하고 결과를 피드백하여 그 원인을 분석하고 다시 그 사이클이 이루어진다면 어떤 활동도 개선할 수 있다는 사고이다. 종합품질경영은 고객의 욕구를 충족시키기 위하여 기업의 프로세스를 개선하고 구성원의 수행능력을 개선하기 위한 과학적 접근법을 적용한다. 이 장의 남은 부분은 효과적으로 개선하고 학습하는 수단으로서, 의사소통을 단순화하고, 여러 가지 원인으로 나타나는 변동성을 줄이고, 직관과 창조를 설계하고, 미래를 예측하기 위한 능력을 개선하기 위한 수단으로서 프로세스의 예를 보여준다. 종합품질경영 자체는 기업의 학습과 개선에 도움을 주기 위한 프로세스로 생각할 수 있고 통제가능하거나 통제 불가능한 항목을 변화시키기 위한 프로세스로서 생각될 수 있다.

프로세스관리의 일반적인 프로세스중심사고는 종합품질경영활동을 통한 순환과정이다. 관리자에게는 자신의 일일작업을 이해하고 개선하는 관점이 필요하다. 그리고 이 장에서 암시하는 것처럼 관리자는 개선활동에 관련 종업원을 참여하도록 지원하기 위한 프로세스로서 개선프로세스를 활용하여야 한다. 관리자의 직무는 이 장 후반에 기술되는 것처럼 개선을 위한 문제해결프로세스를 다루어야 한다.

12.1.1 시스템적 개선

개선은 과학적 접근법과 도구, 그리고 팀과 개인의 노력을 종합하여 달성된다. 과학적 접근법은 최선의 문제해결이 실제로 확인될 때까지 많은 가능한 문제해결을 고려해야 한다. 팀의 구성은 전 구성원의 참여를 촉진하고 모든 구성원으로부터 정보를 유도하는 것이다.

개선의 첫 단계는 지속적인 개선을 하기 위한 방법들을 되풀이하여 사용하는 것이다. 쇼지시바는 종합품질경영에 가와기타의 W모델을 수정하여 시바WV 모델이라고 하였다. 이 모델은 문제해결프로세스로서 개선과 관계된 개념을 설명하는 데 적절하다.

종합품질경영은 문제해결프로세스로서 개선의 사고를 강조하기 위해 지속적인 개선이라는 용어를 사용한다. 지속적인 개선은 시스템개선과 반복개선이라는 두 가지 주요 사상을 기반으로 한다.

지속적인 개선 = 시스템 개선 + 반복 개선

WV모델은 지속적 개선의 중요이슈를 쉽게 설명하기 위해 사용한다.

WV모델은 어떤 특별한 개선을 의미하는 것이 아니다. 품질유지와 품질개선에 일반적으로 사용되는 세 단계를 모두 이해하는 데 도움을 준다. 또한 문제해결프로세스를 통하여 경험자료와 추상적 사고 간의 유기적인 관계를 조사한다. 모든 모델처럼 추상화와 현실화는 현재에서 다음으로 가는 데 필요한 것을 나타내는 데 유용하다.

WV모델은 사고(숙고, 계획, 분석)와 경험(인터뷰와 측정을 통한 실세계에서 정보획득) 간의 대안으로서 문제해결의 전반적인 형태를 서술하는 것이다. 시간의

[그림 12-2] 문제해결을 위한 WV모델

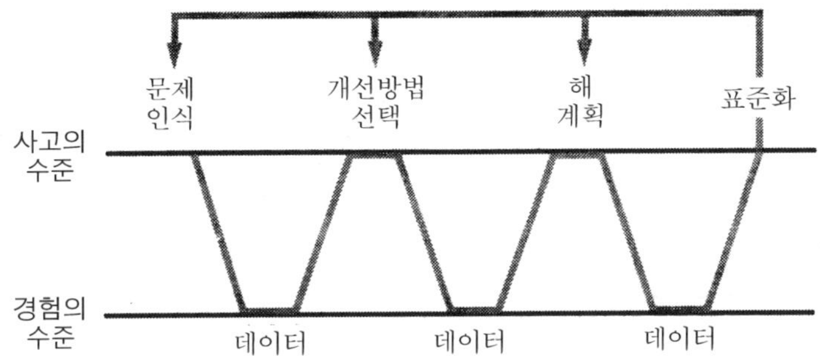

경과에 따라서 사고의 수준과 경험의 수준 간의 경로는 W와 V의 모양의 형태이다. 그래서 이를 WV모델이라고 한다.

예를 들어 [그림 12-2]에서 보여지는 것처럼 문제의 의미를 알아서 특정한 개선활동을 선택하여 자료를 수집해야 한다. 그리고 잘못된 것이 무엇인지 정확히 자료를 수집하고 새로운 해를 발견하여 표준화한다. WV모델은 '문제의 의미로부터' '해의 표준화'까지 일련의 과정을 한 과정도 빠뜨리지 않고 체계적으로 검토하게 한다.

(1) 개선의 세 가지 유형

WV모델은 사고와 경험 간의 상호작용을 나타낼 뿐 아니라 [그림 12-3]에서 보여지는 것처럼 문제해결의 세 가지 유형을 나타내기도 한다.

개선의 3유형—프로세스통제, 반응적 개선, 사전적 개선—은 아래에 기술한다. 품질통제는 1930년대 미국과 1950년대 일본에서 시작했다. 반응적 개선은 1960년과 1970년대에 추가되었고 1980년대에는 사전적 개선이 나타났다.

1) 프로세스통제

경영 또는 제조기능을 수행하기 위한 효과적인 표준프로세스를 가정한다. 의도하는 작업을 적합하게 하기 위해 프로세스를 감시하고 만일 적절하지 못하면 적절한 조치를 취해야 한다.

[그림 12-3] 문제해결의 세 가지 유형

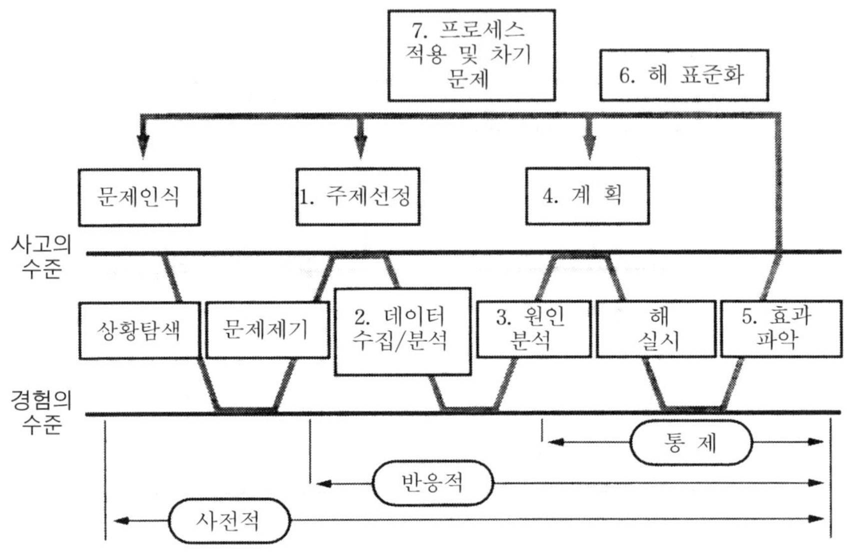

작업자는 [그림 12-3]에서처럼 관리도를 사용하여 프로세스의 상태를 표로 나타내야 한다. 그림에서 프로세스결과는 시간에 따라 왼쪽에서 오른쪽으로 그려 나간다. 결과표의 한계를 벗어난 점은 받아들일 수 없는 것이다. 만일 프로세스의 결과가 통제한계 외에 있다면 작업자는 프로세스의 결점을 수정하기 위해 매뉴얼에 따라 기술하고 수정행동을 취한다. 이 사이클은 [그림 12-4]에서 V형태로 보여지는 SDCA(Standard, Do, Check, Act)사이클이다. 예를 들어 표준원가 계산프로세스가 있다(S). 표준을 사용하거나 행한다. 계산하여 지불할 타당한 값을 결정한다(D). 자료를 취해서 연체비용이 없이 현금수준을 평가하거나 체크한다(C). 그리고 부정확한 계산을 하면 표준프로세스로 되돌아간다(A).

그래서 표준프로세스 방법은 제품이 규격과 일치하는지 여부를 체크하는데 사용한다. 그리고 표준프로세스로 되돌아간다. 이 개념은 사이클처럼 작용한다. 생산절차가 계속되는 것처럼 표준도 계속 적용되기 때문이다. 프로세스통제시스템은 품질관리 7기법 중 몇 가지 검사기법을 사용한다. 프로세스통제 자체는 이 장 후반에 더 자세히 기술한다.

[그림 12-4] SDCA사이클

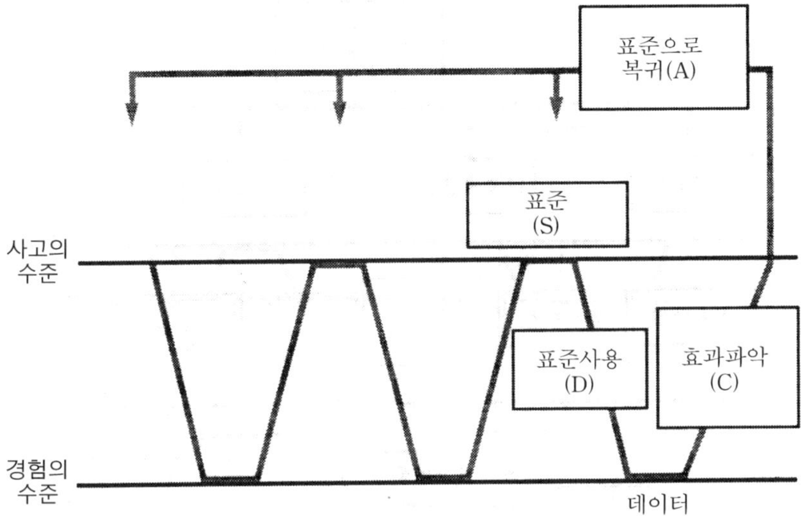

2) 반응적 개선

WV모델의 다음 단계는 취약한 프로세스의 개선이다. 관리도의 관리한계 밖에 많은 점이 있는 경우 작업자가 프로세스 매뉴얼에 따라 프로세스를 수정하더라도 관리한계 밖에 타점이 나타난다면 프로세스에 명백히 어떤 잘못이 있다는 것이다.

이 경우에 작업자는 자료를 가지고 분석하여 문제의 근본원인을 찾아야 한다. 그리고 적절한 역추정을 수행해야 한다. 다른 말로 작업자는 개선을 위한 문제해결프로세스를 사용함으로써 특정문제에 반응하는 것이다. 이 경우에 종합품질경영은 다음과 같은 표준방법론을 사용한다.

[그림 12-5]에서처럼 방법론의 단계는 다음과 같다.

① 주제선정(제품 X에서 보고된 선적 후의 불량을 줄이는 것 같은 명확한 개선)
② 데이터 수집과 분석(발생하는 불량의 형태를 발견하는 것)
③ 원인분석(근본원인을 발견하는 것)
④ 문제해결계획과 실행(근본원인의 재발생 방지)

[그림 12-5] 개선의 7단계

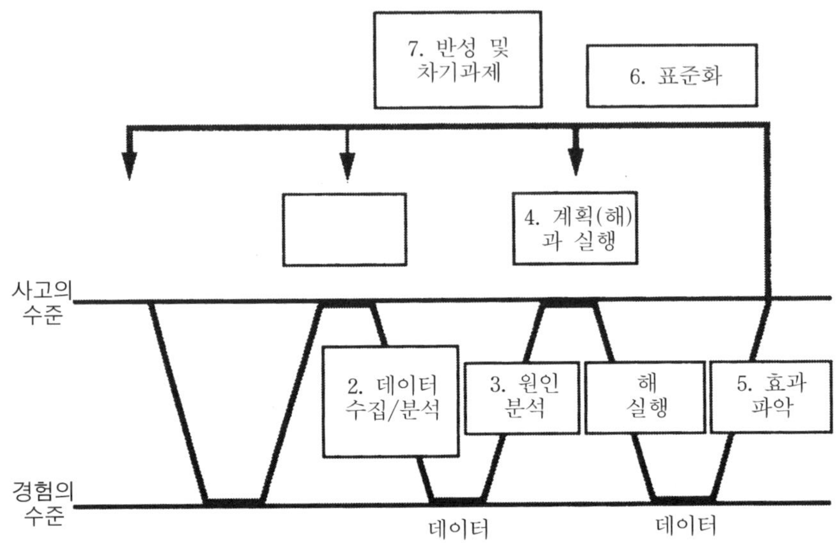

⑤ 효과평가(수행된 문제해결을 확실히 하기 위한 새로운 자료의 체크)

⑥ 해의 표준화(개선된 프로세스로 영구적으로 대체)

⑦ 다음 문제를 프로세스에 반영(문제해결 프로세스가 어떻게 하면 좀더 정확하게 할 수 있을 것인가를 고려하는 것, 그리고 단계 2와 같이 다음에 작업할 문제를 결정하는 것)

품질관리 7단계로 알려진 이들 단계는 취약한 프로세스를 개선하기 위한 종합품질경영의 표준방법론이다. 이 접근법은 반응적 개선으로 알려져 있다. 사전에 존재하는 문제점에 반응하기 때문이다. 성공적 개선을 위해서는 마지막 몇 단계가 개선결과를 유지하기 위한 SDCA사이클이 되는 것을 인지해야 한다. 품질관리 7도구와 다변량분석과 실험계획법과 같은 더 정교한 통계적 기법이 반응적 문제해결에 종종 사용된다.

3) 사전적 개선

많은 경우에 요구되는 개선을 명확하게 시작할 수 없다. 개선활동을 시작하기 전에 기업은 방침을 결정해야 한다. 예를 들어 소비자 요구가 무엇인지 결

[그림 12-6] 사전적 개선의 단계

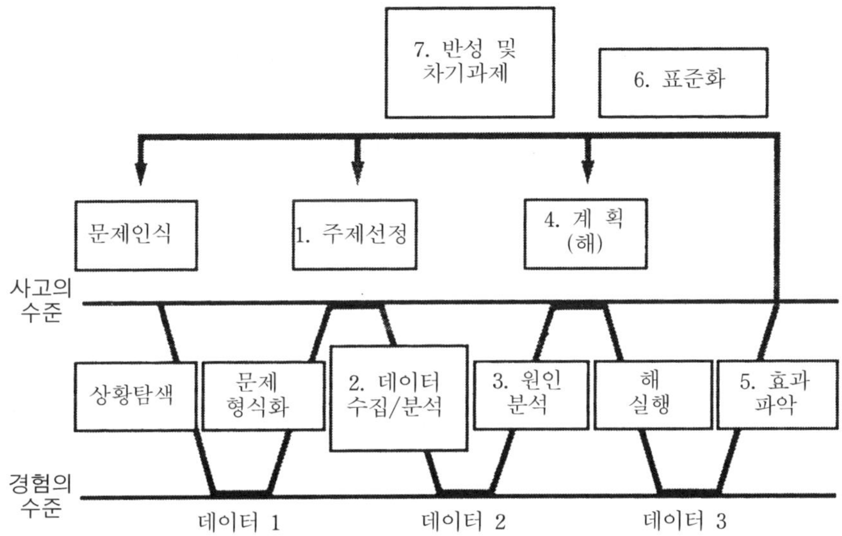

정할 필요가 있을 것이다. 그래서 제품개발 또는 프로세스개선 요구를 한다. 이 상황은 [그림 12-6]에서 보여지는 것처럼 사전적 개선으로 알려져 WV모델의 마지막 단계이다.

일반적으로 문제만을 먼저 인식해야 한다. 문제의 의미는 고객이 원하는 것, 설계할 것이 무엇인지, 프로세스에 필요한 설비가 무엇인지를 광범위하게 이해하기 위해 상황을 탐색해야 한다. 광범위하게 탐색된 상황으로 문제에 공식화할 수 있고 많은 경우에 개선의 7단계로 이동할 수 있다. 품질관리 기초 7기법과 실험계획법, 품질기능전개는 사전적 개선의 첫 단계에서 이용된다.

(2) 사실에 기초한 활동

WV모델에서의 각 단계에서 공식화한 문제해결과 획득한 자료 간의 이동처럼 WV모델의 상위라인과 하위라인 간의 또는 사고의 라인과 경험라인 간의 이동이 있다. 사전적 단계 내의 사고의 단계에서 문제에 대한 느낌과 이미지를 가져야 한다. 다음은 자료를 얻는다(예를 들어 프로세스와 기계가 정확하게 운용되는지). 이렇게 하면서 다음단계로 이동한다. 즉 주제를 공식화하는 것(사고), 근본원인의 분석을 기초로 자료를 얻는 것(경험), 문제해결(사고), 문제해결작업을 확립하여 자료를 수집하는 것(경험), 성공적 문제해결을 표준화(사고)한다. 이 사고와 경험간의 교차는 사실에 기반을 둔 활동으로 종합품질경영의 중요원칙을 예증한다. 의사결정의 기반으로써 결코 추측이나 의견을 이용하면 안 된다.

[그림 12-7]에서처럼 WV모델의 단계에서는 여러 종류의 자료를 사용한다. 데이터 1은 사전적 개선의 자료이고 대부분 숫자가 아닌 언어로 되어 있는 질적 자료이다. 이것의 목적은 불분명하고 여러 가지 다른 형태를 가지고 있으며 혼란스럽다. 그리고 획득한 자료의 종류가 무엇인지 먼저 알 수가 없다. 자료는 반응적 개선의 자료로서 숫자와 언어 둘다 이용된다. 그러나 목적을 정의하기 위해서는 언어는 숫자로 취급될 수 있도록 수정하여야 한다. 그래서 문제를 해결하기 위해 자료를 정의해야 한다. 데이터 3은 프로세스통제의 자료로서 측정할 수 있는 자료이고 주로 숫자로 표시된 명확한 형태의 품질관리자료이다.

[그림 12-7] 데이터의 3종류

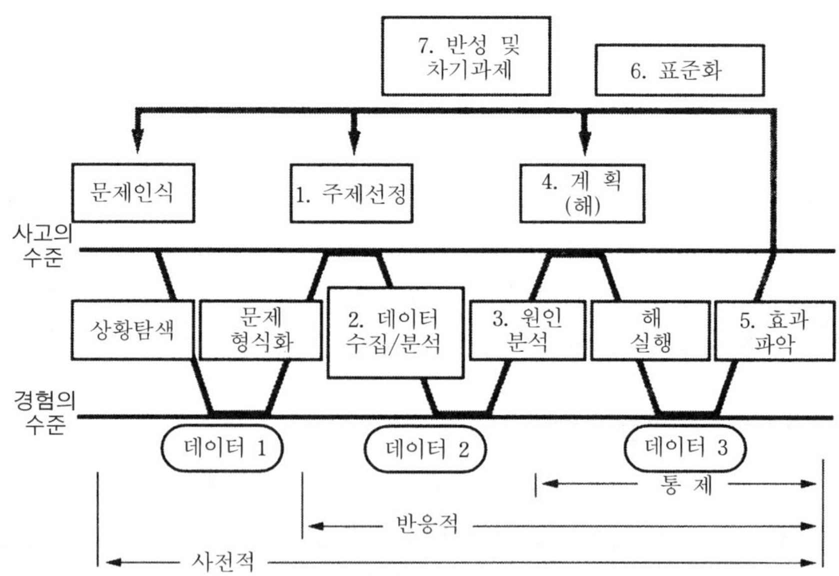

(3) 중요한 소수

WV모델은 여러 가지 개선의 형태에 중점을 둔다. 개선을 하는 경우에 '중요한 소수(vital few)'에 초점을 둠으로써 경영 전반에 긍정적인 영향을 미칠 것이다. WV모델과 각각 되풀이되는 단계에서 선택할 수 있는 많은 문제와 개선이 가능하다. 중요한 소수에 초점을 둔 개선의 영향을 극대화하여 개선하는 것이다. 개선의 대상은 많이 있지만 실행하는 데 필요한 자원은 제한되어 있다. 더구나 실행 개선활동 중에 소수만이 유의적 효과를 보여 준다. 그러므로 개선작업(예를 들어 소비자 만족의 개선)은 기업의 미래와 이익을 산출하기 위해서 매우 중요하다.

종합품질경영은 제품, 프로세스, 시스템에 대한 중요의사결정을 위한 자료로서 현재, 그리고 미래의 소비자만족에 사용된다…. 몇몇 중요한 행동들은 사업성공에 가장 큰 영향을 줄 것이다.

12.1.2 반복적 개선

WV모델이 내포하는 의미는 순환적 개선의 사고이다. 다음 문제를 개선하기 위해서 또는 먼저 개선된 프로세스의 계속적 개선을 위해 되풀이되는 사이클이다. 이것은 PDCA(Plan, Do, Check, Act)사이클이다. PDCA는 슈하트로부터 배웠던 데밍에 의해 일본식 품질관리에 기여했다.

① 계획(Plan) : 중요문제가 무엇인지, 현프로세스 또는 현재활동을 어떻게 수정하는지 분석적·계량적 수법으로 결정하는 것
② 실행(Do) : 계획을 수행하는 것
③ 검토(Check) : 작업계획과 개선된 성과를 계량적·분석적으로 파악하는 것
④ 조치(Act) : 수정된 프로세스의 기록으로 프로세스를 수정하고 사용하는 것

PDCA는 단계적 방법으로서 오랜 기간 동안 개선사이클을 되풀이하는 문제해결의 순환원칙이다. 만일 다른 사람의 배를 따라잡으려는 목적으로 배를 항해한다면 그 배의 항로를 정기적으로 계산해야 한다. 각 기간에서 할 수 있는 최선의 계산을 해야 한다.

목표에 이르기 위해서는 수정 없이 처음 계산한 항로만으로 따라갈 수는 없는 것이다. 목표방향을 계산하기 위하여 최선을 다해 노력하더라도 목표는 예측못한 항로로 이동하고 항해시의 바람과 조류 때문에 항로에서 이탈하게 되는 경우도 있다. 당신의 항로와 비교해서 현 위치와 목표의 위치를 종종 피드백하는 절차를 따라야 한다. 그러나 사업에서는 실행과 피드백 없이 사업의 목적에 맞는 절차 또는 수정계획을 개발할 수 있어야 한다.

PDCA의 순환원칙은 단계적인 방법으로 개선할 수 있는 시스템을 제공하고 비교적 짧은 개선사이클 내에서 할 수 있는 최선의 방법이다. 이러한 점에서 개선을 시도하고 목표로 가는 방향과 거리를 제시하는 실질적인 피드백을 해야 한다. 이런 사용자의 피드백을 위해서 시장이나 다음 프로세스에 맞추어 제품을 개선하고 또는 서비스를 빠르게 하는 것이 중요하다. PDCA사이클은 더 높은 성과수준 또는 목표를 달성하기 위해 계속적으로 개선하는 시스템이다.

[그림 12-8] PDCA사이클

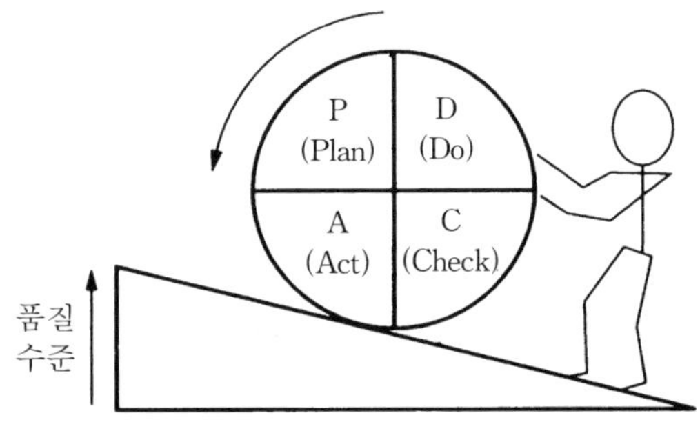

PDCA사이클은 지속적인 개선의 특성을 잘 나타내도록 하기 위해 원으로 그린다. 모든 개선과 개선의 유지는 반복을 요한다.

PDCA는 품질관리 7단계의 영역을 벗어나는 몇 가지 방법을 포함하여 모든 종류의 문제를 다루는 방법이다. 개선에는 점진적 개선과 근원적 개선의 두 가지가 있다. 이것을 PDCA[3], PDCA[4]라고 부른다.

[그림 12-9] 점진적 개선과 근원적 개선

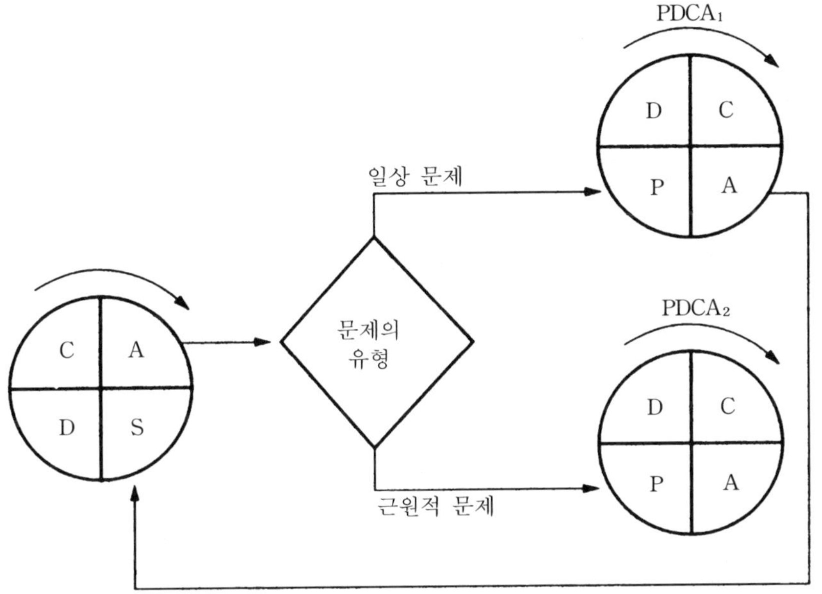

12.2 프로세스통제

프로세스통제의 몇 가지 원칙을 설명한다. 모든 사상은 슈하트, 데밍, 이시가와와 통계적 프로세스통제의 개척자에 의해 발표되었고 많은 문헌에서 주제로 다루었다. 그러나 상위경영자는 (특히, 만일 조직의 제조부문에 종사할 사람이 아니라면) 프로세스통제의 기본개념에 친숙하지 못하다. 만일 프로세스통제가 존재함을 안다고 하더라도 제조부문 외에 적용하는 것은 상상도 못할 것이다. 사실 프로세스통제는 제조프로세스에만 적용되는 것은 아니다. 주문과정, 훈련과정, 광고, 신규채용, 일일현금예측, 매달의 재무결산, 서비스요구에 대한 서비스, 텔레커뮤니케이션, 요구되는 수행능력의 예측, 제품설명서 개발, 또는 기업예산 등의 프로세스에 적용할 수 있다. 사실 프로세스통제는 되풀이되고 측정될 수 있는 어떤 프로세스에도 적용될 수 있다. 환언하면 프로세스통제는 여러 가지 과업에 적용될 수 있다. 어떠한 프로세스 사이클이나 복잡한 과업에도 프로세스통제를 적용할 수 있다.

프로세스통제의 기본원칙을 이해하면 PDCA에 대한 이해를 높여서 어떠한 것도 개선할 수 있게 된다. 그리고 유기적·순환적 개선의 종합품질경영원칙의 이해는 기업의 모든 활동을 더욱 가치 있게 할 것이다. 이 책이 프로세스통제의 기본원칙을 개발하고 창조적 기반을 제공하는 것은 아니지만 원칙만을 짧고 분명하게 서술해 보겠다.

다음의 몇 가지 기본원칙은 모든 관리자가 이해해야 한다.

① 고객요구가 바람직한 산출물을 결정한다.
② 프로세스는 실제산출물을 결정한다.
③ 실제 산출물은 불가피하게 변화한다.
④ 검사는 최소한의 기본 통제방법이다.
⑤ 요구되는 산출물의 시방에 맞추는 것은 프로세스에서 산포의 원인을 찾아내어 제거함으로써 실제 생산물의 산포를 줄이는 것이다.

이 원칙은 아래에서 더 상세히 기술한다.

① 고객의 요구가 바람직한 산출물을 결정한다. 경영프로세스의 목표는 내·외부고객을 만족시키는 것이다. 그러므로 고객요구는 기업프로세스에서 바람직한 산출물을 결정할 수 있게 한다. 고객의 관심을 알아야 하고 고객관심을 측정할 타당한 계량적 방법이 필요하다.

[그림 12-10]에서 고객의 목소리는 산출물의 상한과 하한을 결정한다. 이 한계 밖의 결과는 버려지거나 재작업해야 할 결점이다. 고객의 목소리는 프로세스 외부에 있는 것이고 독립적이라는 것을 그림에서 인지해야 한다.

② 프로세스가 실제산출물을 결정한다. [그림 12-10]에서처럼 산출물에 의해 나타나는 생산된 실제결과는 프로세스로부터 오지만 고객 목소리나 또는 시방한계에서 오는 것은 아니다. 만일 어떤 영역 내의 산출물을 생산하는 프로세스가 있다면 산출물은 고객이 개의치 않는 프로세스영역 내일 것이다. 예를 들어 현금관리부서원은 목표가 매주 ±3백만 달러 정도 영역에서 현금수준을 유지하는 것이 시스템을 만일 더 정확하게 수행할 수 없다면 단순히 원하는 것만으로는 개선되지 않을 것이다.

[그림 12-10] 프로세스 통제모형

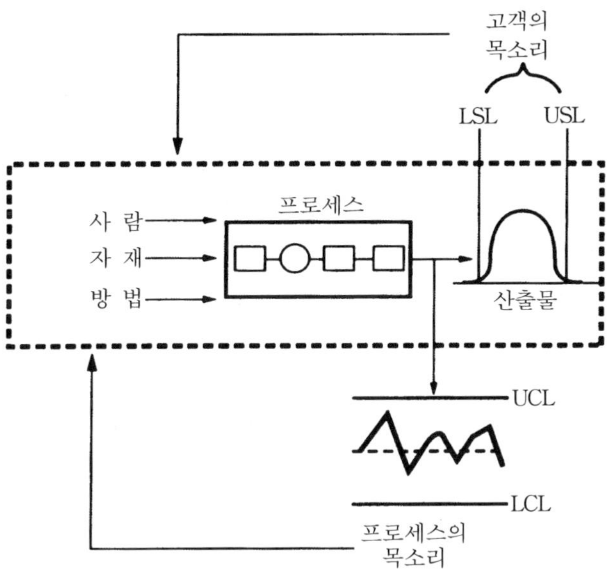

③ 실제산출물은 불가피하게 변화한다. 어떤 프로세스가 결과에서 변동성을 가진다면 이 반응의 변화는 산출물의 통계량에서 알 수 있다. 이것은 두 가지 특성을 가진다. 집중경향(평균), 그리고 변동성(반응영역에 대한 반응의 산포도)이다. 예를 들어 현금관리시스템의 예에서 매 주말의 실제 현금수준은 주당 목표에서 ±로 변화가 있을 것이다. 이들 분산의 몇몇은 받아들일만 하지만 몇몇 결과는 너무 넓게 퍼져 한계를 벗어난다.

역사적으로 사람들은 산출물을 한계 내에 있도록 하기 위하여 산포를 줄이거나 검사하는 두 가지 방법을 시도한다.

④ 검사는 최소한의 기본통제방법이다. 몇몇 프로세스에서는 산출물을 검사해서 불량품은 선적을 하지 않거나 시방 외에 있는 산출물을 폐기하거나 재작업을 한다. 마찬가지로 만일 한 부서의 예산이 타당하지 않으면 예산을 다시 편성할 것이다. 물론 이 때문에 낭비나 추가비용이 발생하고 아마 집행이 지연될 것이다. 현금관리의 예에서처럼 다른 프로세스들에서도 검사는 산출물이 한계를 벗어난 것을 보여 주지만 그것을 방지할 수는 없다. 이 점이 프로세스통

제에 검사가 비효과적인 방법이라는 것이다.

슈하트, 데밍, 시방에 맞추는 것을 강조하는 사람들은 시방에 신뢰성 있게 맞추는 것은 힘들다고 했다. 오랫동안의 검사는 시방에 맞추는 방법으로 사용되었다. 낭비와 추가비용은 계속 되고 불량품은 검사를 통해 줄어들 것이다. 그러나 좋은 성과만 계속되기는 어렵다.

⑤ 요구되는 산출물의 시방에 맞추는 것은 프로세스에서 산포의 원인을 찾아내어 제거함으로써 실제생산물의 산포를 줄이는 것이다. 시방 내의 산출물을 생산하도록 하는 두 번째 방법은 모든 평균치와 산출물의 측정치가 시방 내에 있도록 하는 것이다. 즉 검사결과에 따라 프로세스와 방법을 수정하여 변동을 감소시킨다. 변동이 작아져서 한계 밖의 생산물이 더 이상 생산되지 않을 때까지 계속하여야 한다.

슈하트, 데밍과 다른 여러 사람들은 신뢰성 있게 시방에 맞는 최선의 방법은 변동을 줄이는 데 중점을 두는 것이라고 주장했다. 잦은 변동은 전문적 기술을 요한다. 시방에 꼭 맞는 것은 우연한 행운일 수도 있다. 변동이 충분히 적은 시스템은 안정적이다. 그러나 슈하트는 변동을 줄이는 것은 프로세스 내의 변동의 원인을 주의 깊게 연구해서 과다한 변동의 요인을 줄이거나 제거해서만 달성될 수 있다고 말했다.

프로세스에는 두 형태의 변동이 있다. 시간경과에 따라 안정적이고 지속적인 형태의 변동(데밍이 일반원인이라고 부르는 원인에 의한 변동)과 시간 경과에 따라 변화하는 변동(데밍이 특별원인이라고 부르는 원인에 의한 변동)이다. 일반원인에 의한 변동은 프로세스 내의 변동이다. 즉 프로세스의 물리적 한계 때문에 발생하는 변동이다. 일반원인에 의한 변동은 프로세스가 어떤 시점에서 그 다음시점으로 진행하더라도 통계적으로 항상 동일하다. 특별원인에 의한 변동은 보통 신뢰성 있는 프로세스에서 나오는 결과가 아니다. 즉 프로세스가 항상 다르게 운용된다. 이것은 빈약한 운용자 교육, 빈약한 프로세스 서류, 믿을 수 없는 공급자 성과, 또는 시간에 따라 변화하는 여러 요소로 인해 발생할 수 있다. 특별원인에 의한 변동은 보통 일반원인에 의한 변동과 비교해서 영향이 크다.

일반원인에 의한 변동은 프로세스에서 발생하기 때문에 프로세스의 변화 없이는 줄어들지 않는다. 작업자들이 더 잘하도록 요구해도 일반원인에 의한 변동을 줄일 수 없다. 시방에 맞도록 노력해도 프로세스의 자연적 변동에 영향을 미치지 못한다. 많은 관리자는 이것을 인식하지 못한다. 단지 목적을 설정함으로써 미칠 수 있다고 생각한다. 프로세스의 결과가 프로세스 내에 있건 없건 하는 것은 시방 때문이 아니라 프로세스의 변동 때문이다. 이것은 목적설정이 중요하지 않다고 하는 것은 아니다. 목적설정은 유용하다. 목적 없이는 요구되는 결과를 생산하기 위해 시도하는 프로세스가 무엇인지 알지 못할 것이기 때문이다. 그러나 프로세스는 목적에 의해 요구되는 결과가 아닌 생산능력에 맞는 결과를 생산한다.

한편 정확하게 프로세스를 따르고 투입물을 통제함으로써 특별원인에 의한 변동을 제거할 수 있다. 보통 특별원인에 의한 변동은 일반원인에 의한 변동보다 커서 일반원인에 의한 변동을 드러내지 않게 한다. 특별원인에 의한 변동의 원인이 제거될 때까지 일반원인에 의한 변동의 원인을 찾아내거나 제거할 수 없다. 데밍은 변동의 원인을 이해할 때까지는 프로세스변화 때문에 성과는 전보다 더 나빠질 수 있다고 주장했다. 그는 이것을 개선의 반대인 '개악'이라고 불렀다. 원인을 이해하지 않고 성과에 대응하여 조직을 개편하는 경영개악의 형태이다. 그러므로 프로세스편차를 줄이는 데 따르는 각본은 첫째 특별원인에 의한 변동의 원인을 제거하여 프로세스를 통제하는 것이고 둘째로 일반원인에 의한 변동을 찾아서 그것을 제거하도록 프로세스를 바꾼다. 그래서 실제 모든 결과가 시방 내에 들어올 때까지 변동을 줄여 나가야 한다.

관리도와 통계적 프로세스통제의 여러 도구는 프로세스가 통제 밖이거나(특별원인에 의한 변동을 가짐), 통제 내이거나(특별원인에 의한 변동이 없다), 시간에 따라 점으로 명백히 나타낸다. 예를 들어 예측수입과 실제수입 간의 차이를 표시한 관리도는 수입에 대한 효과적인 프로세스를 보유하고 있는지 여부를 보여 준다.

이들 도구는 통제된 프로세스가 요구되는 결과를 달성할 수 있는지 여부도 역시 보여 준다. 포드자동차는 통계적 프로세스통제는 '고객의 목소리'를 나타낸다고 말했다. 프로세스는 당신에게 고객이 원하는 것이 무엇인지 배울 수 있게 한다. 고객의 목소리를 들을 수 있으면 고객목소리를 통해 나타나는 고객 시방에 맞도록 프로세스를 변화시킬 수 있어야 한다.

12.3 프로세스통제와 프로세스개선

프로세스통제의 기본사이클은 흔히 SDCA사이클로 불리워진다. SDCA에서 표준이 있고(S), 표준에 따라 프로세스를 행하고(D), 프로세스결과를 체크하고(C), 그리고 적합한 행동을 취하는 것이다(A). 만일 결과가 시방 내에 있다면 계속 표준으로 사용하여 사이클을 되풀이해야 한다. 만일 결과가 헛되거나 실제로 시방 밖에 있으면(고객요구에 맞지 않는) 표준을 수정해야 한다.

그러나 시간이 흐르면서 시방이 충분하지 못하면 더 엄격한 시방이 되도록 프로세스를 개선해야 할 것이다. 이 때는 가장 큰 변동의 원인을 발견하고 제거하기 위해 반응적 개선방법인 PDCA형태를 사용한다. 즉 변동 프로세스통제의 SDCA의 사이클과 반응적 개선사이클 간의 상호작용을 보여 주었고 [그림 12-11]에서 더욱 자세히 보여 주고 있다.

두 사이클간의 상호작용의 개요는 다음과 같다.

① SDCA : 현재 프로세스를 일시적으로 운용한다. 우연변동을 계산하면 특별원인에 의한 변동이 나타난다.
② PDCA : 특별원인에 의한 변동의 원인을 찾아서 제거한다.
③ SDCA : 신프로세스 또는 현 프로세스를 정확하게 계속해서 운용. 발생하기 시작한 통제 밖의 원인을 제거한다.
④ PDCA : 일반원인에 의한 변동의 가장 큰 원인을 찾고 줄이기 위해서 품질관리 7단계를 사용
⑤ SDCA : 새로운 프로세스를 계속 운용, 발생하기 시작한 통제 밖의 어떤 원인 제거

두 사이클의 선택은 [그림 12-12]에서 보여진다.

[그림 12-11] SDCA사이클과 반응적 사이클의 반복

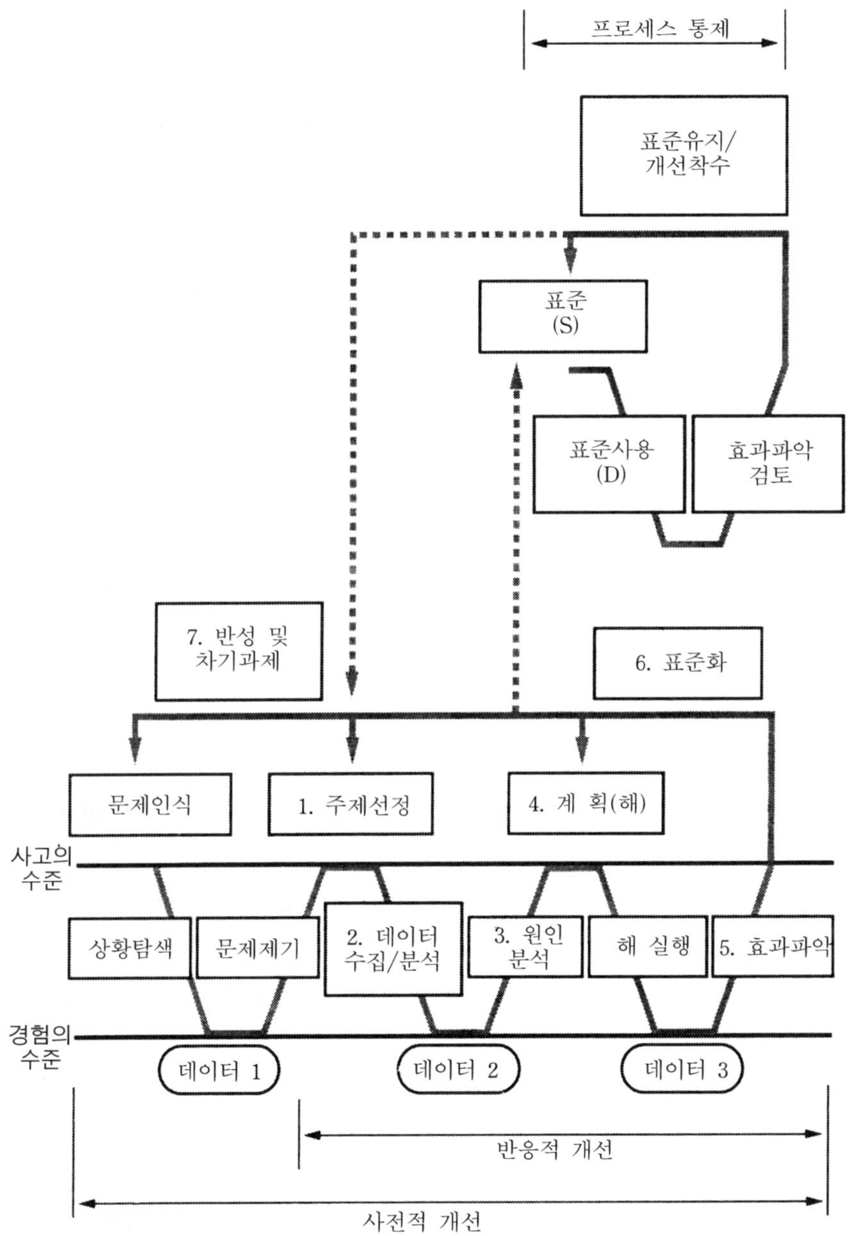

[그림 12-12] SDCA사이클과 PDCA사이클의 선택

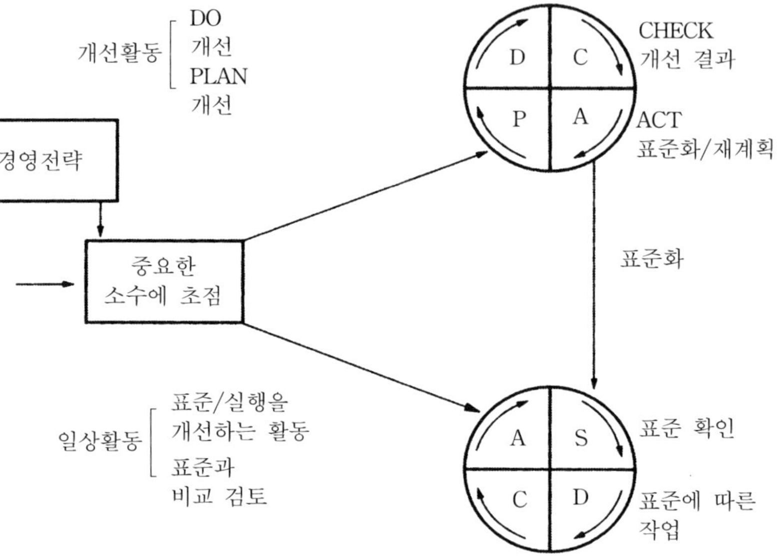

12.4 프로세스와 창조성

사람들이 종합품질경영을 도입하여 그들 기업의 프로세스관리에 중점을 두면 전통적 반응은 '프로세스에 중점을 두면 혁신과 창조성을 억제하는 것이 아닐까?' 또는 '혁신이 경쟁기업의 이점이고 프로세스는 혁신을 억제할 것이다' 라고 생각했다. 사실 프로세스중심은 이 책의 많은 예에서 볼 수 있듯이 효율성을 증대시킨다. [그림 12-13]은 효과성이 프로세스에서 초점의 기능으로서 어떻게 변화하는지 지적하고 있다.

프로세스 없이는 효과성을 발휘하기 어렵다. 사람들은 서로 함께 부드럽게 작업을 하지 못하고, 서로서로 배우지도 못한다. 과거의 경험도 배우지 못한다. 그리고 일반적으로 기업은 개인의 능력을 넘어서는 시너지효과를 얻을 수 없다. 아마도 능력을 떨어뜨리는 갈등이 나타날 것이다. 기업이 프로세스관리를 시작

[그림 12-13] 프로세스의 최적균형

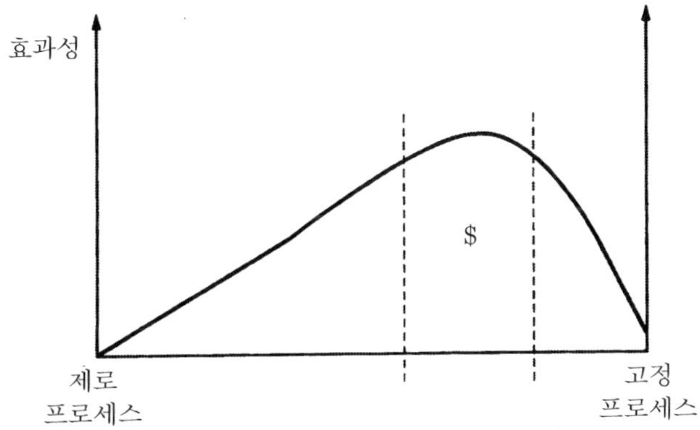

함으로써 효과성이 증대할 것이다. 그러나 프로세스가 개선된 결과를 달성하기 위한 수단이 되고 그 자체가 목적이 되기 위해서 넘어야 할 몇 가지 과제가 있다. 프로세스 그 자체가 목적이 될 때 조직은 경직될 수밖에 없다. 프로세스의 개수간의 균형점이 [그림 12-13]의 수평선상에 있다. 이 점들은 기업이 프로세스로부터 얻는 실질적인 혜택, 예를 들면 제품을 더 빨리 출하하는 방법이다. 관리자의 직무는 민감하게 프로세스를 사용하는 것이고 극대의 효과성을 얻기

[그림 12-14] 개선프로세스와 혁신

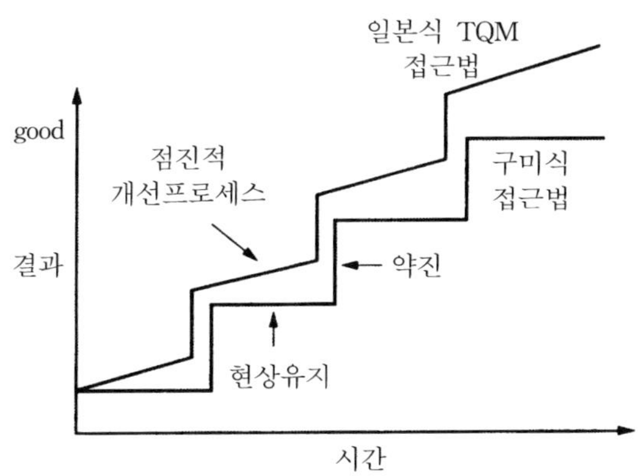

위하여 사용법을 가르치는 것이다.

대부분의 기업에서는 수년 동안 더 많은 수의 프로세스를 확보하는 방향으로 실패를 수정하려 했다. 이시가와 그림에서 따온 [그림 12-14]는 프로세스와 혁신 간의 관계를 일본적 관점으로 보여 준다.

전통적으로 미국기업들은 현상유지와 혁신을 기반으로 한 약진의 역사를 가지고 있다. 일본기업들은 가끔의 혁신에 의한 약진도 있지만 혁신에 의한 약진 간에 지속적인 개선을 해 왔다. 그림에서 보여지는 것같이 만일 두 접근법은 유의적인 이점을 나타낸 두 접근법이 모두 약진을 포함하고 있으므로 일본이 더 유리한 원인은 계속적인 개선이 있었기 때문이다. 미국식 접근법은 지속적인 개선을 하지 않기 때문에 불리하다. 최근 일본기업은 혁신과 약진의 시스템적 방법을 개발하는 데 투자하기 위하여 계속적인 개선을 통해 얻은 부수적 이익을 사용하고 있다. 기업은 혁신과 지속적인 개선 간의 불균형을 바로잡지 못하면 점점 더 뒤떨어질 것이다.

제13장

전원참가와 팀 활동

第13장

전원참가와 팀 활동

기업의 모든 구성원은 고객만족과 지속적인 개선활동에 효과적으로 참여하여야 한다. 종합품질경영은 기업의 모든 구성원이 참여하는 전사적인 활동이다. 현대사회에서는 기업이 몇몇 천재나 아주 뛰어난 구성원에만 의존하는 것으로는 충분하지 않다. 기업의 모든 구성원이 그들의 역할을 수행하고 고객을 만족시키는 방법을 향상시키기 위해 역동적으로 활동하여야 한다. 모든 구성원을 역동적으로 만들기 위해서는 생각하는 방법과 작업을 구성하는 방법 등을 바꾸어야 한다.

13.1 작업의 이중성

모든 조직은 두 가지 목적(일상활동, 개선활동)을 가지고 있다. 기업 내의 전통적인 작업의 구성방식은 [그림 13-1]과 같이 매일의 작업을 수행하는 작업자와 작업을 수행하는 방법을 개선시키는 관리자로 나누어 구성하는 방식이다.

그러나 이런 전통적인 조직은 오늘과 같은 세계의 변화속도에 충분히 빠르게 반응하지 못한다. 게다가 그것은 인간의 창조성을 말살한다. 소수의 사람만이 일일의 표준에 따라 작업하는 것에 만족할 뿐 대부분의 작업자들은 그렇지 못하다. 그것은 기계의 역할이지 인간의 역할이 아니기 때문이다. 종합품질경영은 일상의 작업과 개선작업을 통합하여 한사람이 두 가지 일을 모두 하도록 함으로써 인간의 능력을 개발하는 데 초점을 둔다. 종합품질경영의 접근법은

[그림 13-1] 전통적 작업분류법

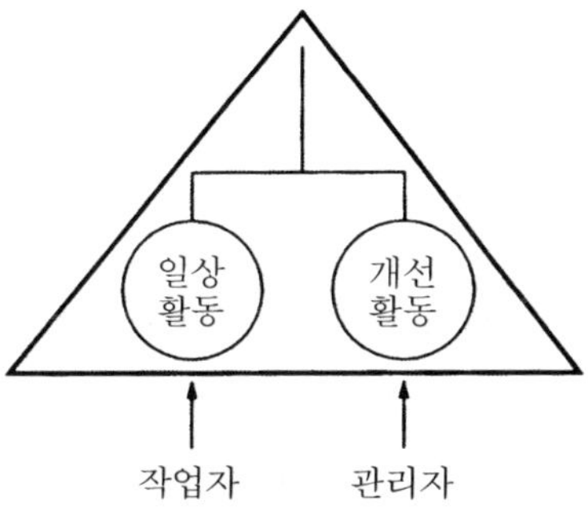

[그림 13-2] 일상활동과 개선활동의 결합

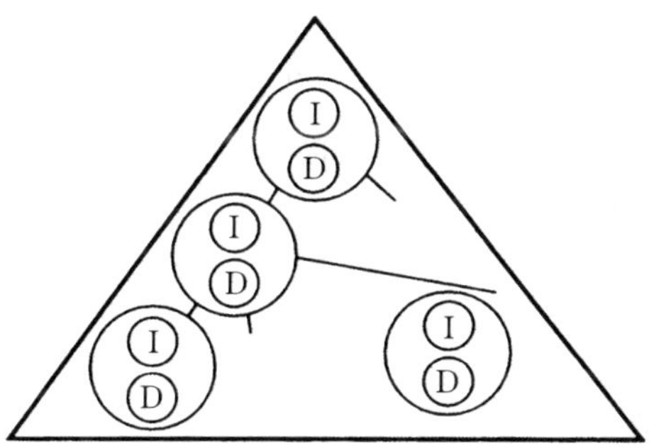

[그림 13-2]와 같이 일상작업(D)과 각각 기업 내와 작업단위내 각각 수준에서의 개선작업(Ⅰ)들을 연결시킴으로써 변화에 대한 빠르고 바른 반응을 일으키는 데 목적을 둔다.

기업내 모든 작업장에서 일상활동과 개선활동의 접합은 기업내 모든 구성원이 고객들을 만족시키기 위하여 일상활동과 개선활동의 두 가지 임무를 같이 수행하는 시장 지향적 아이디어이다.

일상활동은 반복주기가 길던 짧던간에 반복되는 행동이다. 일상활동의 예로는 기계의 작동, 메모의 타이핑, 직원의 감독, 월별보고서의 준비, 분기별 예측실시, 연간고용계획 등을 포함한다. 일상활동의 실행과정은 특히 관리자들에게 명확하지 않을 수도 있다. 그러나 비록 과정이 애매할지라도 반복적이다.

개선활동은 일상활동의 개선을 목적으로 하며 거의 모두 새로운 것들을 다룬다. 명료한 과정을 사용하면 개선활동 자체가 좀더 효과적으로 이루어진다.

일반적으로 인간은 창조적인 임무를 원한다. 그럼에도 불구하고 작업의 이중기능 때문에 대부분의 사람들은 개선활동을 추가적인 부담으로 간주한다. 보다 근본적인 이유는 변화를 꺼리는 인간들의 본능일 것이다. 종합품질경영의 목적이 변화를 추구하기 때문에 시스템적인 개선을 실현시키고 '내 일이 아니다'라는 자세를 바꾸고 제거하기 위해 시스템적 사고를 하는 것은 중요하다.

SDCA와 PDCA사이클은 일상활동을 진보적이고 지속적으로 개선하기 위한 시스템이다. 종합품질경영에서 작업자는 일반적으로 일상활동을 SDCA사이클에 따라 수행한다.

S(standard) : 작업표준을 아는 것
D(do) : 표준에 의하여 상술된 작업을 수행하는 것
C(check) : 표준에 위배되는 작업을 검토하는 것
A(act) : 목표와 결과의 불일치에 대한 조치 또는 표준으로 돌아가서 작업을 다시 실행하는 것

SDCA사이클은 [그림 13-3]과 같다.

[그림 13-3] 일상작업의 SDCA사이클

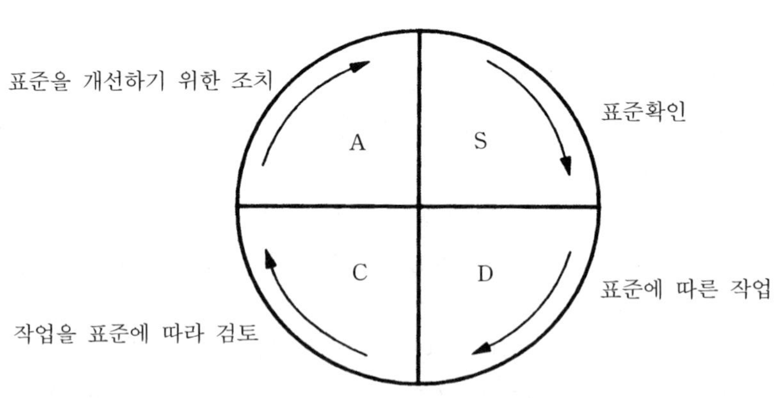

반응적 개선은 일상활동의 SDCA에서 일어난다. 개선을 위한 기회는 SDCA사이클의 A부분의 표준 부적합성에 대한 조치에서 기인한다. 무엇인가 원하는 방법대로 일이 되지 않는다는 증거가 있을 때에는 [그림 13-4]의 윗 그림이 보여주는 바와 같은 개선활동이 시작되어야 한다. 개선이 입증되면 그 때의 조치를 새로운 표준으로 하고 이 새로운 표준이 일상활동의 SDCA사이클의 새로운 기초가 된다.

[그림 13-4] SDCA/PDCA 개선사이클

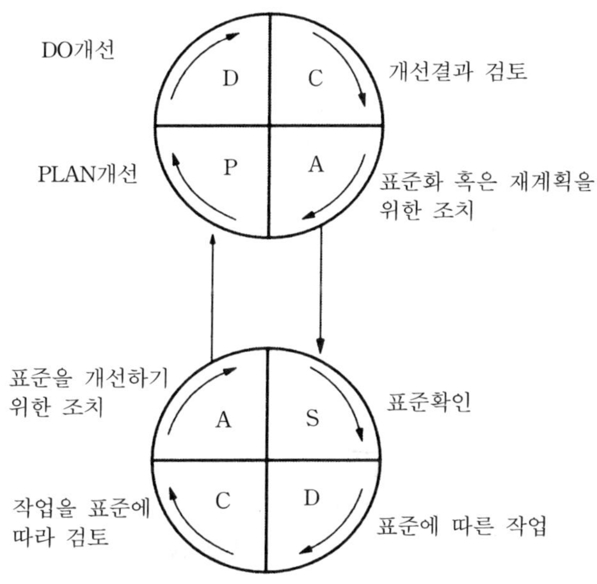

종합품질경영을 처음 실시하는 기업에 SDCA/PDCA모형을 적용하는 것을 살펴보자. SDCA사이클에서 표준(S)는 무언가 하기 위한 현재의 과정이다. 그것은 눈에 보이지 않을 수도 실질적으로는 존재하지 않을 수도 있다. 그러나 그것은 현재의 일상활동과정이다. 먼저 최초의 표준(S_0)에 따라 작업을 실행(D)해야 한다. 이 결과를 받아들이고 현재의 과정을 계속 되풀이한다.

그러나 궁극적으로 SDCA사이클의 점검(C)과정에서는 결과에 대해서 불만족할 경우가 있다. 이때 개선을 위한 PDCA사이클을 작동한다.

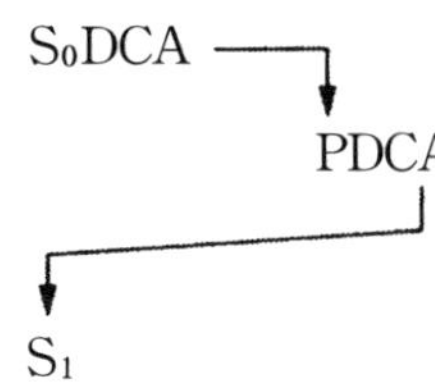

이 결과 SDCA사이클에 적용할 새로운 표준(S_1)을 수립한다.

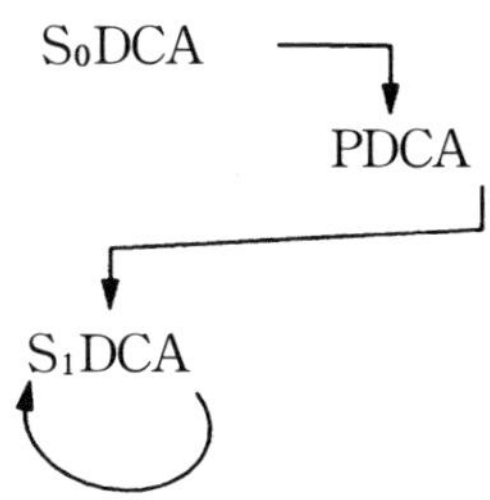

다음의 점검단계(C)에서, 다시 한번 현재의 표준(S_1)의 결과에 만족하지 못하면 다시 표준을 개선시키는 개선사이클을 적용하기 위하여 행동(A)한다.

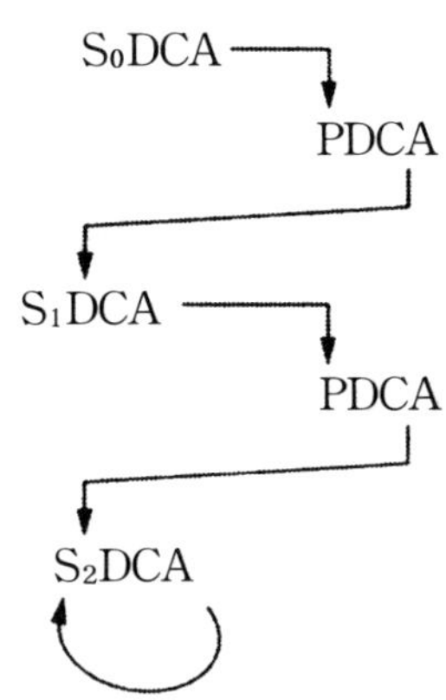

이 방법으로 종합품질경영의 이중적 역할을 성공적으로 수행할 수 있다.

개선활동들과 일상활동들은 종합품질경영의 하부과정이다. 어떤 기업들은 개선활동과 일상활동을 구분하지 않는다. 그래서 사람에 따라 다른 종류의 작업을 한다는 생각을 버리고 개선은 모든 사람의 과업이라는 것을 강조한다.

일상활동과 개선활동 사이의 균형은 조직의 어느 계층에 위치하는가에 따

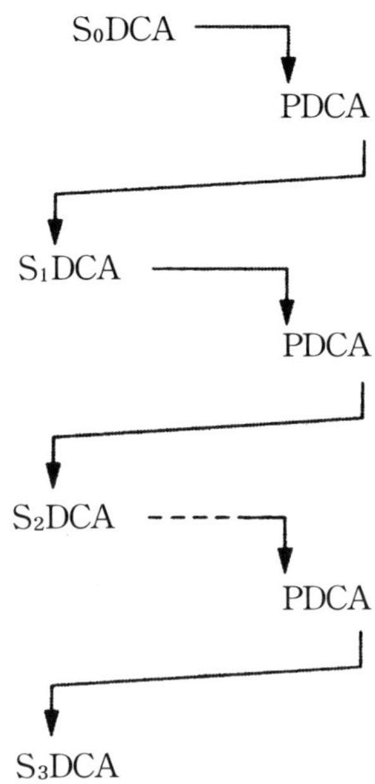

라 변화한다. 상위직의 사람들은 하위직의 사람들보다 좀더 많은 개선활동을 하게 된다. 종합품질경영의 목적은 [그림 13-5]와 같이 모든 사람의 개선활동을 증진시키는 것이다.

13.2 팀과 팀 활동

작업의 두 가지 기능을 이해하는 것과 더불어 작업을 조직하는 방법도 바꾸어야 한다. 팀과 팀 활동은 종합품질경영이 작업을 구성하는 기본적인 구성요소이다.

팀 활동은 다음과 같은 이유로 품질개선에 중요하다.

① 작업의 복잡성이 증가됨에 따라 다기능 팀들이 필요하다.
② 복잡성에 대응해서 미래의 전략을 찾는 것이 필요하다. 이것은 상당한 창조력을 필요로 한다. 개인적인 창조력에 의지하던 시대는 끝났다. 지금은 집단적인 창조력의 시대이다. 글로벌 마켓에서 경쟁하기 위해서는

[그림 13-5] 참여자 개선활동 증진

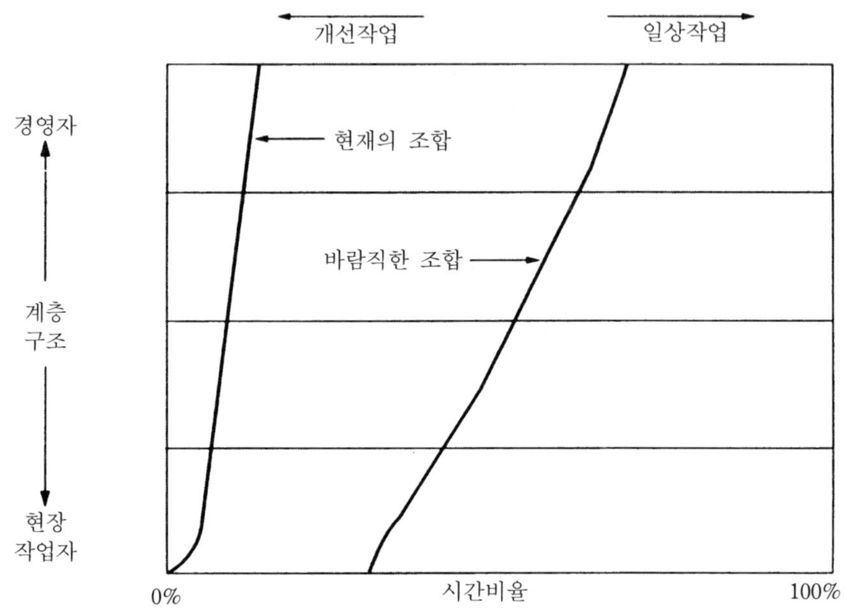

모든 종업원의 집단적인 창조력을 필요로 한다. 그러므로 팀 활동을 통해서 집단적인 창조력을 획득하도록 하여야 한다.

③ 기업은 노동의 구분을 피해야 한다. 팀 활동은 이러한 구분을 피하는 절차를 제공한다.

④ 개인적인 학습보다는 집단적인 학습이 훨씬 막대한 영향력을 조직에 끼친다.

⑤ 함께 학습한 사람이 지속적으로 상호동기유발을 시킨다 — 혼자 공부하는 사람은 하다가 그만두기 쉽다.

⑥ 집단이 무엇인가를 함께 배웠을 때 배움은 개인뿐만 아니라 집단의 자산이 된다.

팀과 팀 활동은 종합품질경영의 근본적인 요소이기 때문에 팀이 효과적으로 기능을 하게 하는 관행들을 장려해야만 한다. 팀 활동이 잘 되지 못하는 이유는 팀원간의 갈등 때문이다. 효과적인 팀 활동을 개선시키기 위한 일반적인 접근은 갈등해결의 방법을 제시하는 것이다. 종합품질경영에서는 다음의 세 가지 방법으로 갈등을 일으키지 않는 방법을 제시한다.

① 팀에게 분명한 사명을 부여한다.
② 증명할 수 있는 사실에 근거한 계획을 요구한다.
③ 사실을 분석하고 일치에 이르기 위한 표준프로세스를 마련한다.

팀은 전원이 평등하게 참여하여 PDCA사이클을 완료한다. 팀 활동의 완료는 팀원들의 성취감을 높여준다. 효과적인 팀웍의 종합적 품질경영 예측은 비록 그것이 팀에게 유용하다 할지라도 평등의 촉진에 있지 않다는 것을 명심하라. 진정한 평등은 종합품질경영팀의 활동방법을 실행한 결과일 수도 있다.

13.3 팀의 종류

전통적으로 일본의 기업에는 2종류의 작업그룹(공식작업그룹과 비공식 그룹)이 있다. 이들은 [표 13-1]의 맨위와 아래에 설명되었다.

품질분임조는 전통적으로 너무 경직된 공식조직과 너무 유연한 조직 사이의 공간을 메꾸기 위하여 일본에서 고안되었다. 설립의 목적은 그룹의 모든 구성원이 개인과 상호발전을 위하여 자발적(최근에는 그 이상)으로 참가하여 작업과 관련된 개선을 지속적으로 이루기 위한 소집단을 만드는 것이다.

팀에 대한 정의는 조직개선의 사명도 포함한다. 종합품질경영은 3가지의 중요한 팀 종류를 개발하였다.

① 품질분임조
② 품질개선팀
③ 다기능팀

세 가지의 기본적인 유형의 팀은 기업계층의 일정한 위치에서 기능을 한다.

[표 13-1] 일본기업의 작업그룹의 형태

	조 직	구성원	과 제	활동기간
데스크 포스	상관에 의한 지시	선 발	과업과 관련되어 주어진 것	직무의 기간
품질 분임조	자원자	같은 그룹 내의 모든 작업자	과업과 관련되었으나 스스로 선택	과업그룹이 존재하는 한 지속적으로 활동
비공식팀	자원자	자원자	과업과 관련되지도, 주어지지도 않은 것	구성원이 존재하는 한 지속적으로 활동

[그림 13-6] 기업계층 내에서의 팀의 위치

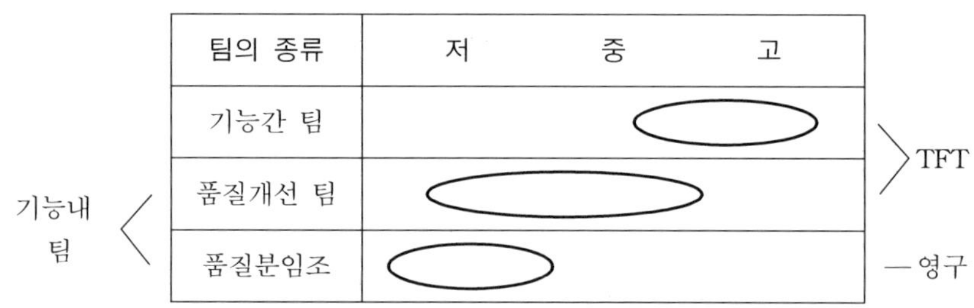

품질분임조는 하위직 계층에 있다. 다기능팀은 상위계층에 있고 품질개선팀은 대략 중간계층에 위치하고 있다. 품질분임조과 품질개선팀은 기능영역 안에서만 활동한다. 기능간 또는 기업간 팀은 기능간 경계를 넘어서 활동을 한다. 품질서클은 영구적이다. 품질개선팀와 기능간 팀은 과업의 기간만큼만 존재한다.

(1) 품질분임조

가끔씩 표준에 따라 작업을 수행하는 데 대부분의 시간을 같이 보내는 사람들, 예를 들어 제조라인의 작업자들이나 표준적인 서류작업프로세스를 수행하는 사람에 의해 구성된다. 품질분임조는 그룹이 그룹의 성과를 높이기 위해 규칙적으로 작업하는 지속적인 활동이다. 품질분임조 활동들은 정기적으로 WV 모델의 반응적인 개선부분, 가끔씩 사전적인 개선을 수행한다.

(2) 품질개선팀

주로 반응적인 개선과업을 완성하기 위하여 조직된다. 물론 특정한 이슈로 특별한 영역에서의 개선방법을 찾기 위한 상설 품질개선팀들이 있을 것이다.

(3) 다기능팀

비록 반응적인 과업에서 작업한다 하더라도 일반적으로 사전적인 개선과업을 성취하기 위하여 결성된다. 다기능 팀은 모든 기능이 다양한 요구를 충족시키도록 한다. 조직내 기능간의 긴밀한 관계가 더 높은 효율과 더 빠른 주기를 산출해 낸다. 이러한 팀들은 시장에 의해 주도되는 변화를 만들기 위해 모든 기능들을 조화시킨다.

팀웍을 위한 원칙들은 팀의 유형에 관계없이 같다. 기능간팀들은 다른 유형의 팀보다 근원적으로 큰 갈등의 위험을 갖고 있다.

※ 다기능 팀의 3가지 영역의 잠재적 어려움

1. 서로 다른 기능적 사업단위간의 충돌
   - 사업단위별 다른 목표
   - 각각의 사업을 따로 운영하는 요구
2. 팀 구성원간의 충돌
   - 소속단위의 이익을 반영
   - 다른 경험
   - 개인적인 목표
   - 팀의 다른 구성원에 대한 존경심의 부족
   - 팀내 구성원들의 지위차이
3. 팀 활동과 사업단위활동의 충돌
   - 전사적 활동을 위한 시간부족
   - 사업단위가 실질적인 사업문제를 다루는 경우 팀을 신뢰하지 않음

13.4 품질분임조

기업의 생산성은 물질적인 면과 정신적인 면의 결합체이며, 품질 역시 종

업원 모두의 혼이 결집되어야 돋보일 수 있다. 기업의 물질적인 면과 정신적인 면을 효과적으로 종합할 수 있는 길은 모든 종업원의 전사적 참여에 의한 소집단 활동이 지름길이다.

품질분임조의 정의는 같은 직장 또는 같은 부서 내에 품질과 생산성 향상을 위해 계층간 또는 계층별 소집단을 형성하고 자주적 지속적으로 작업 또는 업무개선을 하는 전사적 품질개선 및 혁신조직이다.

위에서 정의한 품질분임조에 관한 정의를 간단히 요약하면 다음 3가지이다.

① 인간성을 존중하는 관리기법
② 활동의 원리=(고유기술+관리기술)
③ 기업문화 창출을 위한 첨단활동

분임조활동은 품질경영의 전제나 요건은 아니지만 ISO 9000 시리즈를 기업경영의 수단으로 체질화하고 실제로 다른 나라 기업보다 더 잘 실천하기 위해서는 기업의 소집단 활동이 대단히 중요하다.

분임조활동의 기본이념은 다음 3가지이다.

① 기업의 체질개선 발전에 기여한다.
② 인간성을 존중하여 보람 있고 밝은 직장을 만든다.
③ 인간의 능력을 발휘케 하여 무한한 가능성을 이끌어 낸다.

이 3가지 이념을 달성하기 위해서는 다음과 같은 구체적인 활동을 하여야 한다.

첫째, 기업의 체질개선 발전에 기여하기 위해서 다음과 같은 활동을 한다.

① 직장의 핵세포로 활동
② 보고회, 발표회를 활성화
③ 기간별 계획추진
④ 사회활동 참가체제를 구축

둘째, 인간성 존중, 보람 있는 직장을 만들기 위해서 다음의 5가지를 실천한다.

① 인격존중

② 의사, 능력 발휘
③ 자기계발, 상호계발의 장
④ 자주성 여부 검토
⑤ 능력에 맞는 활동

셋째, 무한의 가능성을 창출하도록 하기 위하여 다음 4가지를 실행한다.

① 인간의 가치를 발휘하는 업무
② 능력과 독창성 육성
③ 동지적 결합
④ 직제로부터의 인정

소집단을 통하여 종업원 개개인의 소양과 자질을 계발함으로써 고도생산사회를 주도할 수 있는 인력관리가 가능하게 되고 양질의 인력집단만이 품질개선과 생산성 향상을 지속적으로 창출할 수 있게 된다.

분임원이 분임조활동을 실천하는 기본적인 마음가짐은 다음과 같다.

① 자기계발
② 자주성
③ 그룹활동
④ 전원참가
⑤ 과학적 방법의 활용
⑥ 직장에 밀착된 활동
⑦ 품질분임조활동의 활발화와 영속화
⑧ 상호계발
⑨ 창의연구
⑩ 품질의식, 문제의식, 개선의식

분임조의 의의와 역할을 구체적으로 보면 다음과 같다.

① 지속적인 교육훈련과 능력을 계발하면서 개개인간의 유대를 강화할 수 있다.
② 리더를 중심으로 공식·비공식 인간관계를 형성하여 개인과 가정의 인

간다운 삶을 추구하면서 직장에서의 자발적인 참여와 근로의욕을 고취할 수 있다.

③ 제안제도와 다양한 분임조활동을 통하여 품질, 생산성 및 원가절감 등을 끊임없이 추구할 수가 있다.

④ 분임조간에 경쟁을 유도함으로써 기업내 모든 부문이 주어진 품질목표를 향해 같은 방향으로 의지와 행동을 결집할 수 있다.

⑤ 분임조의 건전한 활동을 통하여 노사간의 불필요한 마찰을 줄이고 노사안정을 이룩할 수 있어 기업의 중장기적 발전전략을 지속적으로 추진할 수 있다.

⑥ 분임조내 리더의 리더십이 자율적인 경쟁으로 발전되어 국제경쟁에 대처할 수 있는 유능한 리더를 많이 확보할 수 있다.

⑦ 특히 고도의 산업사회에서는 개개인의 창의와 자발적인 참여를 전제로 하므로 분임조를 조직하고 활성화하는 것이 기업목표에 대한 종업원에서부터의 상향적 도전을 가능하게 된다.

분임조활동의 중요성은 다음과 같다.

① 품질경영활동의 핵심적 기초로서 현장개선을 통한 품질생산성 제고의 첨병

② 품질보증체계의 실천적 조직

③ 노사화합을 통한 전사, 전 계층적 혁신체계

④ 노동의 질적 향상을 통한 본원적 특성 제고

⑤ 팀 활동에 의한 시너지효과

⑥ 신바람나는 신산업운동으로 체질강화

우리 산업이 당면하고 있는 고임금 및 고금리 등 각종 부담과 근로의욕 약화와 높은 품질불량의 늪에서 탈피하는 길은 분임조를 결성하고 그 활동을 왕성하게 하는 길밖에 없다. 이것은 많은 투자를 하지 않고도 거의 무한한 잠재력을 창출할 수 있기 때문에 더욱 그러하다.

더욱이 중진공업국에서 선진공업국으로 가야 하고 또 그것도 민주주의와 인력부족 여건 속에서 발전해야 하는 우리로서는 한국적인 새로운 노사관계의 정립과 고도정밀산업의 품질 및 기술력 확보하면서 품질분임조 활동을 줄기차

게 해 나가는 것이다.

13.5 품질분임조의 조직

품질분임조는 경영자를 비롯한 기업구성원 전원의 참여하에 기업의 모든 부문내 또는 부문간의 제반 문제를 해결하고 구성원의 소질과 능력을 개발함으로써 품질경영의 활성화를 이룩하기 위한 팀 활동이다. 이러한 팀 활동을 통하여 기업구성원 개개인의 소양과 자질을 개발함으로써 품질경영활동을 주도할 수 있는 인력의 양성이 가능하고 양질의 인력집단만이 품질개선과 생산성향상을 지속적으로 창출할 수 있게 된다.

과거 우리나라 기업들의 일반적인 개선활동을 살펴보면 생산현장에서 현장인중심의 품질관리서클활동과, 기획기술부문과 같이 업무 자체가 개선업무적 성격이 강한 부문의 활동에 치우치고 그 이외의 계층과 부문에서는 체계적이고 지속적인 개선활동이 미약하였다. 더군다나 개선활동에 직접 참여해 본 경험이 부족한 경영자나 관리자들은 개선활동 자체에 대한 이해와 인식이 부족하여 현장분임조원의 사기를 떨어뜨리기조차 하였다.

회사 내의 모든 계층, 모든 구성원이 참여하여 지속적으로 품질경영문화를 창달하고 개선활동을 전개하자는 것이 품질분임조 활동을 도입하고 추진하는 기본목적이다. 즉 품질분임조는 품질경영을 최선두에서 담당하게 될 팀이라는 것이다. 품질경영의 추진체계가 기업의 환경 및 풍토에 따라 탄력적으로 진행되어야 하는 것과 같이 품질분임조의 편성이나 운영제도, 분임조활동방법, 활동테마, 문제해결방법 등 품질분임조 활동에 필요한 제반 요소들도 각 기업의 체질에 알맞도록 자율적으로 조직, 운영하는 것이 바람직하다. 다만 품질분임조의 편성의의가 기업의 품질경영목표와 방침의 달성을 위하여 여러 사람의 의견교환 및 인간적 유대를 바탕으로 창의적인 개선의 아이디어제안과 품질의식을 고취하자는 것인만큼 분임조활동에는 경영자의 솔선수범하에 근로자와 관리자가 합동으로 참여하여야 한다. 따라서 품질분임조는 기존의 품질관리분임조를 대치하는 개념이 아니라 그것을 포함하여 전 계층, 전 구성원에 걸친 활동으로 확대하는 개념이다.

품질분임조의 역할은 아래와 같이 크게 두 가지로 볼 수 있다.

기업의 개선활동은 방침관리하에서와 같이 직제의 업무수행을 통해서 이루어지기도 하고, 프로젝트팀과 같이 직제를 떠나서 이루어지기도 한다. 직제내 개선활동은 개인별로 수행되는 경우가 많지만, 직제를 떠난 개선활동은 팀활동이 중심이 된다.

업무의 성격에 따라 개인별 개선활동과 팀웍에 의한 개선활동이 조화를 이루어 추진되어야 하지만 문제의 파악과 원인분석, 개선대책의 수립, 실시를 위한 협조, 섹셔널리즘의 타파를 위해서 팀웍이 권장된다. 따라서 팀에 의한 개선활동을 총칭하는 품질분임조활동은 기업내 개선활동에서 중추적 역할을 담당한다고 할 수 있다. 그러나 반대로 직제 내에서 이루어지는 개인별 개선활동이 소홀히 다루어져서는 또한 곤란하다.

품질분임조의 또 다른 역할로는 기업 내의 구성원 사이의 인간관계를 개선하고, 각 개인의 능력이나 정보, 기술 등을 교환할 수 있게 한다는 점이다. 특히 이들은 과거의 품질관리 분임조활동이나 프로젝트팀활동들이 많은 경우 계층별 또는 부문별로 구분이 되어 있어 개선활동의 효과증진이나 상호 이해에 도움이 되지 못했다는 점을 감안하여 볼 때, 향후 품질분임조 활동에서는 반드시 중요하게 다루어져야 할 사항이다.

13.5.1 품질분임조의 조직

품질분임조는 품질경영을 최선두에서 담당하게 될 소집단활동이다. 품질경영의 추진체계가 기업의 환경 및 풍토에 따라 탄력적으로 진행되어야 하는 것과 같이 품질분임조 활동도 각 기업의 체질에 알맞도록 자율적으로 조직·운영하는 것이 바람직하다. 다만 품질분임조의 편성의의는 각 기업의 품질목표와 방침의 달성을 위하여 여러 사람의 의견 교환 및 인간적 유대를 바탕으로 창의적인 개선의 아이디어 제안과 품질의식을 고취하자는 것인만큼 분임조활동에는 경영자의 솔선수범하에 근로자와 관리자가 합동으로 참여하여야 한다.

품질분임조가 조직된 초기의 일정기간에는 주로 리더를 중심으로 교육·수련·친목도모, 가족적 인간관계 형성 등 근로자의 능력을 개발하고 산업역군으로서의 자긍심과 근로윤리를 확립하여 일하는 분위기를 조성하는 데에 주력할 필요가 있다. 근로윤리의 확립과 새로운 유대관계가 형성되는 등 기업 내의 인적 관리가 이루어지고 나면 품질 — 생산성 및 기술 등의 혁신에 본격적으로 돌입할 수 있게 될 것이다. 각 기업에서는 품질분임조가 조속히 결성될 수 있도록 힘써야 하며, 분임조활동이 지속적으로 활성화될 수 있도록 우수분임조와 분임조활동, 유공 종업원 등에 대한 포상, 인사 관리 및 후생복지 등 여러모로 우대할 체제를 갖추어야 한다. 특히 불량감소나 원가절감 등 유형효과중심의 운영에서 발전하여 자기개발, 인간관계개선, 명랑한 직장분위기 조성 등 다양한 활동으로 분임조원들의 자발적 참여를 유도하고 분임조회합을 가족모임과 같이 생각하며 즐겁게 대화하는 장으로 만들어 분임조활동을 통해 신바람나는 직장분위기가 조성될 수 있도록 경영자 및 관리자가 솔선수범하여야 한다. 종업원들의 자발적 참여를 위해서는 소집단활동에 대한 교육 및 훈련 등을 통하여 민주주의적인 진행이 이루어지도록 하여야 하며, 품질분임조 활동에 대한 지원책도 마련되어야 한다.

13.5.2 품질분임조의 편성

품질분임조의 편성은 편성범위에 따라 부문내 또는 부문간, 편성대상에 따라서 계층별 또는 계층간, 활동기간에 따라 영구팀 또는 임시팀으로 분류될 수 있다. 계층별, 계층간 분임조 편성형태의 예는 다음 [표 13-2]에 보는 것과 같다.

품질분임조의 편성시에는 같은 부서 또는 동일목적 달성을 위하여 필요한 연관부서의 10명 이내로 편성하는 것이 좋으며, 동일목적(경영방침과 전략, 주요 프로젝트 등) 수행을 위한 분임조는 문제해결중심으로 편성한다. 한편 분임조장은 분임조원 중 최상위자로 하거나 분임조원 가운데 민주적 방법으로 선임하는 것이 좋다.

1) 편성요령

- 같은 부서 또는 동일목적 달성을 위하여 필요한 연관부서의 10명 이내로 편성하는 것이 좋다.
- 동일목적(경영방침 · 전략, 주요 프로젝트 등) 수행을 위한 분임조(목적분임조)는 문제해결중심으로 편성한다.

[표 13-2] 품질분임조 편성형태

유 형	통합형			계층형	절충형
편 성	현장인+관리자+경영자			현장인 분임조 관리자 분임조 경영자 분임조	현장인+관리층 관리층+경영층
경영층	0	0	0	0 0 0 – –	0
관리층	00	00	00	0 0 0 – –	0 0 0 0 0
현장층	0000	0000	0000	0 0 0 – –	0 0 0 0 0

- 분임조장은 분임조원 중 최상위자로 하거나 분임조원 가운데 민주적 방법으로 선임한다.

2) 편성형태

- 회사의 규모를 고려하여 적절한 형태로 편성한다. 편성형태로는, 첫째, 현장인, 관리자, 경영자가 하나의 분임조에 편성되는 통합형, 둘째, 현장인, 관리자, 경영자 등의 그룹이 따로따로 분임조를 편성하는 계층형, 셋째, 이들을 절충하여 현장인과 관리자, 관리자와 경영층이 분임조에 편성되는 절충형 등이 있다.
- 경영층 및 관리층분임조를 편성하고자 할 때에는 목적별 또는 부서 중심으로 편성하는 것이 좋다.

3) 추진체제

- 분임조활동을 효율적으로 운영하기 위해서 각 기업의 실정에 맞도록 분임조운영에 대한 관리를 담당할 체제, 예를 들어 분임조 운영위원회나 분임조 운영사무국, 전사분임조장회의 등과 같은 체제를 편성하여 운영하는 것이 좋다.

13.5.3 교육훈련

분임조 교육훈련은 분임조활동에 대한 인식 및 가치관 확립을 위한 교육과 소집단 활동요령이나 문제해결 능력향상을 위한 기법에 대한 교육 및 훈련을 실시하여야 한다. 교육훈련은 품질의식을 고취하고 근로윤리 등에 대한 의식교육을 시작으로 하는 것이 좋으며, 기법교육은 기초적이고 간단한 내용부터 실시한다. 또 기법교육은 문제를 바라보는 시각과 적용절차, 활용 결과 등을 가급적 적용사례를 중심으로 실시하여야 하며, 기법에 대한 원론적 소개에 그쳐서는 안된다. 이를 위해서는 계층별, 부문별 교육훈련계획을 수립하여야 하며, 각 기법에 대하여는 충분한 연구검토가 분임조 운영사무국이나 품질경영추진 사무국 등에서 이루어져야 한다.

1) 분임조활동에 대한 인식 및 가치관 확립을 위한 교육

- 품질경영의 기본개념
- 분임조활동의 중요성
- 소집단/분임조 활동요령

2) 문제해결능력 향상을 위한 교육

- 문제해결기법
- 창의력 개발
- 리더십 및 인간관계 개선

13.5.4 추진단계

분임조활동 도입 초기에는 필요성에 대한 인식과 자발적 참여분위기 조성에 중점을 두어 추진하고, 단계적으로 분임조원의 능력개발을 통한 자주적 활동으로 발전시켜 나가는 것이 바람직하다.

1) 분위기 조성 및 도입단계

- 사외 분임조 발표회 참가 및 견학

- 분임조 기초교육 실시
  - 교양, 문화, 예술 등 다양한 소재교육
  - 문제의식, 품질의식, 개선의식 고취
- 자발적 참여분위기 조성을 위한 활동추진
  - 흥미를 유발할 수 있도록 형식이나 내용에 구애받지 않고, 쉽고 재미있게 활동
  - 친목도모 및 가족적 인간관계 형성
- 분임조장 리더십 배양
- 인센티브제도 강화

2) 자주적 활동단계

- 분임원 능력개발 및 문제해결기법 교육강화
- 분임조별 활동목표 설정 및 추진
- 자율적 경쟁분위기 조성
- 분임조 교류회 개최 및 사외대회 참가
- 분임조 활동실적 평가제도 운영

3) 체질화 및 발전단계

- 자주적 문제해결능력 및 추진력 확보
- 자율적 개선활동 및 평가시스템 운영
- 신기법에 대한 교육실시
- 품질원가 및 사이클 타임 단축
- 전사적 품질경영체제 정착

품질분임조 활동의 활성화를 위해서는 각 분임조들간의 자율적 경쟁을 유도하는 것이 바람직하다. 그러나 간혹 각 분임조들 사이의 유기적인 협조체제가 필요한 경우도 많게 된다. 특히 기술적인 문제의 해결이나 전사적 또는 여러 부문간에 걸친 문제의 해결에는 여러 분임조의 협력으로 목적분임조를 일시적으로 구성하여 운영할 수 있는 체제의 구축이 필요하다.

13.5.5 품질분임조 운영방법

(1) 운영체계

품질분임조를 운영하기 위해서는 운영에 필요한 방침이나 중장기 운영계획, 분임조 활성화계획 등을 수립하고 분임조편성, 분임조의 등록 및 관리, 교육 및 훈련, 활동계획수립, 활동 및 결과발표 등을 체계적으로 처리하여야 할 수 있는 운영체계를 확립하여야 한다.

[그림 13-7] 품질분임조 문제해결의 10단계

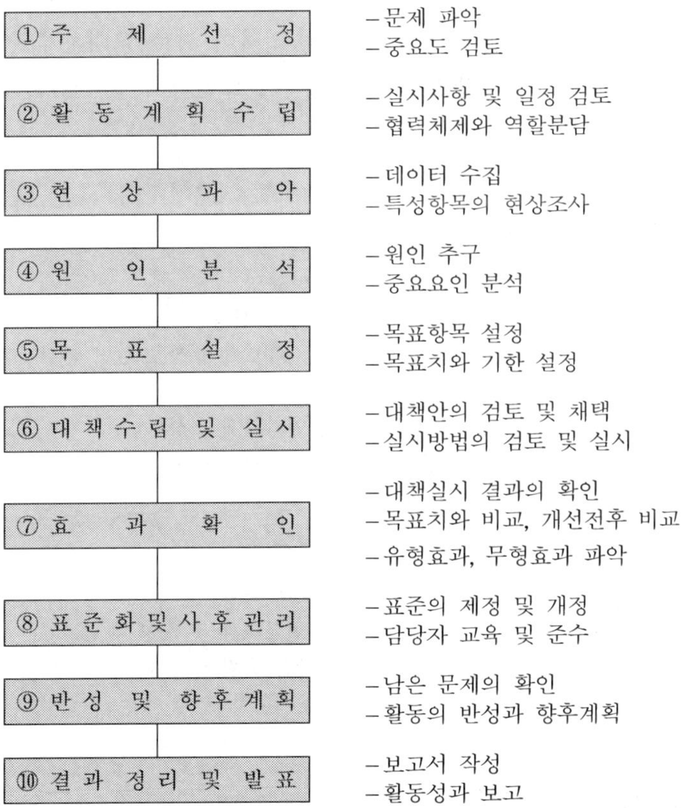

(2) 문제해결 순서

문제해결의 10단계는 개선활동에서 가장 많이 사용되는 기본형이나 주제에 따라 일부단계를 통합 또는 조정하여 운영할 수 있다([그림 13-7] 참조).

(3) 분임조 운영요령

1) 분임조원의 역할

분임조원 전원에게 각자 해야 할 역할을 명확히 함으로써 책임감을 고취시키고 분임조원 모두가 '나는 꼭 필요한 핵심요원이다'라는 인식을 갖도록 하여 자발적이고 적극적인 참여를 유도한다.

분임조장을 비롯한 전원에게 적절한 역할을 부여하고, 담당기간은 테마 해결기간 동안, 또는 3~6개월 등으로 기간을 정하여 서로 교대하게 함으로써 상호 이해도를 높인다. 주제해결을 위해 특별히 필요한 임무를 관련분야 담당자가 수행토록 한다.

[그림 13-8] 분임조원의 역할

분임조장	• 분임조 활동의 전반적인 운영 • 분임토의 진행 및 추진상황 설정 　- 전원참가, 전원발언을 유도하여 상호 협력 분위기 조성 • 분임조원에 대한 교육 및 지도 • 분임조원 간의 원활한 인간관계 조성 • 유관부서와의 협조 및 조정역할 수행
서기	• 매 화합시 회의록 정리 및 관리 • 분임조 활동결과 보고서 작성
분임조원	• 분임조 활동에 적극적으로 참여 • 역할분담 분야에 대한 현상파악 및 문제점 발굴 • 담당분야에 대한 개선방안 수립 • 지속적인 자기개발로 문제해결 능력

2) 분임조활동 주제선정

주제선정은 분임조원이 전원 참여할 수 있고 재미 있고, 쉽게 해결할 수 있는 문제를 선정하여야 하며 분임조원 전원이 참가하여 브레인 스토밍 방법에 의하여 선정한다.

- 분임조원 각자에게 공통적으로 흥미를 유발할 수 있는 문제인가?
- 해결하기 쉽고 분임조원 전원참여가 가능한가?
- 해결의 시급성이 있는 내용인가?
- 부서의 방침과 연관성이 있는가?
- 현실성이 있고 실현가능한가?
- 개선성과가 기대되는 내용인가?

3) 회의방법

- 회의시간 : 1회 회의시간은 회의시기 등을 고려하여 회사실정에 맞게 운영하되 통상 1시간 정도가 바람직하다.
- 회의시기 : 일과 시작 전, 일과 후, 점심시간 등을 이용하는 것이 좋으나, 성별, 연령, 작업특성 등을 고려하여 적절하게 운영하여야 한다.
- 회의주기 : 회의는 주 1회 정도가 적당하며, 회의시간이 짧을 경우에는 회의횟수를 자주 하는 것이 바람직하다.
- 회의장소 : 회의장소는 분임조원의 사무실 또는 작업장 등으로 하는 것이 좋으나 필요에 따라 사외회합 등 적절한 장소를 선택할 수 있다.

(4) 활동사례 발표회 개최

활동의 결과는 정기적으로 발표하는 것이 좋다.

발표회를 통해서 듣는 사람은 좋은 점을 배울 수가 있으며, 문제해결 방법이나 기법을 이해할 수 있다. 그리고 배워서 시야를 넓힐 수 있다.

발표하는 사람은 활동내용을 정리하고, 조리 있게 설명하는 훈련이 된다. 그리고 격려와 조언을 받게 된다.

1) 사내발표회 개최

① 회사 또는 공장단위로 연 2회(6개월마다) 이상 장기적으로 사내발표회를 개최한다.

② 대기업의 경우는 수시로 부서단위의 발표회를 개최한다.

2) 사외발표회 참가

① 사내발표회 결과 우수분임조는 중앙추진본부가 실시하는 경진대회에 적극 참가한다.

- 대기업(기계금속, 전기전자, 화학, 섬유 및 기타) 분야
- 중소기업 분야
- 간접 및 서비스산업 분야

② 우수분임조의 지역별 활동사례 교류 발표회 및 국내외 견학 등에도 적극 참가한다.

(5) 매너리즘의 방지

① 테마완료 후 레크리에이션을 통해 재결속을 다짐한다.

② 새로운 문제를 찾아 계속 개선토록 지원한다.

③ 새로운 수법에 대한 교육을 실시한다.

④ 그룹 제안제도를 채택하여 분임조 제안을 적극적으로 유도한다.

⑤ 경영자가 지속적으로 관심과 지원을 실시한다.

13.5.6 평가 및 인센티브제도 운영

(1) 분임조활동에 대한 평가

사무국에 의한 평가와 분임조 자체평가(자기진단)를 실시하되 월별 또는 분기별로 정기적으로 실시한다.

1) 사무국에 의한 평가

① 평가주기 : 월별 또는 분기별로 실시

② 평가대상 : 회사내 전 분임조

③ 평가부서 : 분임조 운영사무국

2) 분임조 자체평가(자기진단)

① 진단주기 : 매월 실시

② 평 가 자 : 분임조장 및 분임조원

③ 평가결과의 활용 : 자기반성 및 부진사항 시정

평가의 기본적 순서는 다음과 같다.

① 평가하는 목적을 명확히 한다(무엇을, 누구를, 무엇을 위해서).
② 평가의 대상과 그 범위를 정한다.
③ 평가항목(특성)을 정한다(Q, C, D, S, M).
④ 평가의 구체적인 착안점을 정한다.
⑤ 평가 방법을 정한다(언제, 누가, 어떻게 평가하는가).
⑥ 활동의 실태, 실적을 파악하여 목표와 기준을 비교한다.

(2) 평가방법

1) 자기 평가

① 활동의 목적과 활동효과의 관련성
② 활동계획의 달성 정도
③ 계획에서 활동결과의 정착화까지의 일련의 활동
④ 활동성과
⑤ 활동성과에 대한 유·무형의 효과계산
⑥ 회합참가 등의 협력 정도
⑦ 과학적 방법 등의 활용 강도
⑧ 실패기록의 정리 및 활용
⑨ 직장환경 및 모럴(moral)
⑩ 앞으로의 방향설정
⑪ 상사 및 분임조의 만족도
⑫ 분임조대회, 사례연구회 등의 참가 정도

2) 직제 평가

① 사례연구회나 사례발표회를 개최하고 테마마다 평가
② 좋은 테마(내용)는 그룹 제안으로 하여 제안제도와 관련지어 평가
③ 연간이나 기간을 통해 끈기 있게 활동한 분임조평가
④ 월간활동에 대해서는 과·계 단위로 활동보고회를 개최

⑤ 분임조의 발표기회를 많이 주어 활동파악 평가
⑥ 우수분임조의 특성 있는 발표내용을 발굴하여 사외대회 참가
⑦ 성과금액에만 얽매이지 말고 고심담이나 실패사례 등을 발굴하여 노고를 위로하고 칭찬한다.

(3) 인센티브제도

분임조활동에 대한 동기부여와 성취감을 줄 수 있도록 회사의 특성과 실정에 맞는 인센티브제도를 운영한다.

① 분임조 회의비 지급
② 테마완료 격려금 지급
③ 우수분임조에 대한 표창 실시
④ 분임조장 수당지급
⑤ 분임조활동 효과보상금 지급
⑥ 국내·외 연수 및 산업시찰 기회제공
⑦ 승진·승급 등의 인사고과 반영 등

제14장

과학적 관리기법

제14장

과학적 관리기법

14.1 과학적 관리기법

품질경영활동 추진은 품질루프에 따라 경영자를 위시한 전 사원이 참여하는 활동이다. 따라서 개발, 설계, 구매, 생산 및 판매, 애프터 서비스 각 단계마다 발생하는 과제를 해결을 위해서는 종전의 통계적 품질관리방식에만 국한할 것이 아니라, SQC, IE, VE, TPM, EE, FA, JIT, 청정 등의 모든 과학적 관리기법을 망라하는 것이 긴요하다.

특히 품질경영의 기본사고방식 14가지는 사실에 의한 관리와 과학적 기법의 활용 등 과학적 관리기법을 특히 강조하고 있다.

14.1.1 **통계적 품질관리** : 모집단과 시료

모집단의 평균을 추정하고 싶을 때 모집단에서 표본을 취하여, 그 표본의 평균치를 계산하게 된다. 표본평균과 같이 표본에서 계산된 값들을 통계량(statistic)이라고 하는데, 바꾸어 말하면 통계량은 표본관찰의 함수라고 할 수 있다.

통계량과 대비되는 말이 모집단모수라고 하는데, 구분을 위해서는 단순히 평균이라고 하는 대신 표본평균, 모집단평균과 같은 용어를 사용한다. 모수는 어떤 정해진 상수이지만 실제로 알려져 있지는 않다. 그러나 통계량은 표본에서부터 계산할 수 있지만 표본에 따라 변하게 된다. 비록 모집단모수를 구하려고 할 때도 모집단으로부터 취한 표본을 관찰하여 통계량을 계산하는 수밖에 없다.

이 통계량은 모집단모수를 추정하게 되는데 통계량의 분포, 즉 ,혹은 t-분포를 알아야만 한다. 통계적 추론의 과정은 [그림 14-1]에 나타나 있다.

[그림 14-1] 통계적 추론

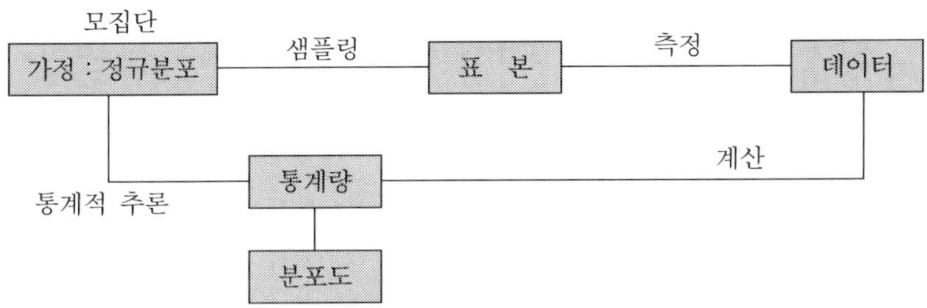

14.2 QC과정

QC과정은 문제해결 과정이다. QC에서 문제점이라고 하는 것은 다음과 같이 정의된다.

'문제점은 작업상 바람직하지 못한 결과이다.'

따라서 문제해결이란 바람직하지 못한 결과를 상당히 괜찮은 결과로 개선하는 것이다.

문제의 원인들은 사실에 입각해서 조사되어야 하고 인과관계는 정확히 분석되어야 한다.

상상이나 책상머리에서 작성한 의사결정은 문제를 잘못된 방향으로 유도하여 개선에 실패하거나 지연을 초래하기 때문에 엄격히 회피하여야 한다.

문제에 대한 대응책의 반복 때문에 생기는 이유 있는 요인들을 방지하기 위해서 연구되고 집행되어야 하다. 이 과정은 QC활동에서는 일종의 소설이나 드라마의 줄거리와 마찬가지이므로 QC스토리라고 한다.

문제는 다음과 같은 7단계에 따라 해결된다.

① 문제 : 문제확인
② 관찰 : 문제의 특징을 조사
③ 분석 : 주원인을 발견
④ 조치 : 원인을 제거하기 위한 조치
⑤ 점검 : 조치의 달성을 확인
⑥ 표준화 : 원인의 항구적인 제거
⑦ 결론 : 다음 작업을 위한 계획과 활동을 검토

이들 일곱 단계가 이 순서대로 시행되면, 개선활동은 논리적으로 일관성이 있으면서 성과는 지속적으로 누적될 것이다.

이 과정은 때때로 문제를 해결하는 데 우회적으로 보이기도 하지만 장기적으로는 최단거리이며 더구나 가장 확실한 방법이다. QC스토리의 각 단계 절을 바꾸어 설명한다.

14.2.1 문 제

문제를 분명히 정의한다.

첫째, 개선하려고 하는 문제가 다른 어느 문제보다 더 중요함을 보인다.

크고 작고 무수한 문제들이 주위에 널려 있다. 그러나 인원, 시간, 돈 등이 제한되어 있으므로 문제선택에 우선 순위를 부여해야만 한다. 가장 중요한 문제를 선택하기 위하여 가급적 많은 데이터를 사용하여야 한다. 한 문제를 주제로 선택할 때는 그렇게 하는 이유를 분명히 해야 한다.

둘째, 문제의 배경과 지금까지의 과정을 보인다.

어떤 문제는 그 문제의 배경이나 지금까지 거쳐온 과정에 따라서 선택된다. 이 경우에 그 환경은 가급적이면 많은 데이터를 사용하여 분명하게 확인되어야 한다. 특정 문제를 해결하는 데 대한 이유를 알아보는 것은 문제를 직접 풀이하는 데뿐만 아니라 간접적인 의미에서도 중요하다. 중요도가 특히 높고 많은 사람에게 널리 관심 있는 일이면 조심성 있게 처리되어야 한다. 이것은 문제해결의 높은 가능성을 나타내게 된다. 반면에 문제가 얼마나 중요한지를 잘 이해하지 못하면, 쉽게 해결이 되더라도 해결노력은 공감을 얻지 못하고 중도에서 적당히 끝나 버리고 말게 되므로 개선은 전혀 이루어지지 않는다. 이것을 방지하기 위해서는 챠트나 사진 등을 활용하는 것이 좋다.

셋째, 바람직하지 못한 결과만을 분명히 설명한다. 현 상태에서 손실과 개선에 필요한 비용을 제시한다.

문제(주제)가 무엇인지를 결정하는 단계에서 이유 있는 요인을 서술하고 그들 요인에 대한 처리방안을 준비하는 것은 논리적으로 발견되지 않는 도약이다.

요인은 이 단계가 아니라, 나중에 분석단계에서 결정되어야 한다. 단지 문제의 결과만 서술하고 이것은 주제를 분명히 하기 위해서 올바로 표현되어야 한다. 다음으로 현재의 상태에서 손실과 개선에 따른 이점이 서술되어야 하는데 이것은 가급적 많은 사람으로부터 문제에 대한 공동인식이 이루어지도록 수행되어야 한다.

넷째, 주제, 목표, 필요에 따라 부제를 설정한다.

주제에서 목표치가 설정되는 기준을 지정하는 것은 중요하다. 불분명한 목표는 달성되지 못한다. 불량률 0%를 목표치로 정할 수도 있지만 대개의 경우에 이것은 지나치게 이상적인 목표이다. 이 목표는 달성하기가 매우 어렵고 이 목표가 달성되더라도 그렇게 하면 다른 문제가 발생할 수 있다.

합리적인 목표치는 경제적인 효율과 기술적 가능성을 고려하여 정해야 한다. 주제가 여러 가지 문제를 포함하고 있으면 문제를 효과적으로 처리하기 위하여 부제로 분할한다.

주제가 많은 유사한 부분을 포함하고 있는 경우는 분석을 위해서 전체 중에 대표적인 부분 하나를 선택하여 전체에 부합되도록 확장해서 부제로 사용한다.

다섯째, 그 임무를 담당할 사람을 공식적으로 지명한다. 만일 임무가 팀으로 수행되면, 그 구성원과 리더를 지명한다.

여섯째, 개선에 소요되는 추정예산을 지시한다.

일곱째, 개선에 필요한 일정계획을 수립한다.

문제의 해에 도달하는 최종일을 말한다. 일반적으로 필요성이 확실하면 문제가 해결되어야 하는 것도 분명해진다. 효과의 추정치가 비록 크더라도 분명히 정의된 일정이 없는 문제는 우선순위가 낮은 문제가 될 것이다.

14.2.2 관 찰

폭넓은 관점에서 문제의 특질을 조사한다.

폭넓은 관점에서 문제를 조사하고 모든 특질에 대하여 충분히 파악한다. 이 단계에서는 문제의 도출을 위하여 요인을 건드려서는 안 되며 문제를 있는 그대로 관찰한다. 이것은 앞의 문제단계와 유사하지만 목적은 완전히 다르다.

문제단계의 목적은 문제의 중요성을 인식하는 것이고 관찰단계의 목적은 문제의 요인을 발견하는 것이다.

같은 정보가 이 두 단계에서만 공통으로 쓰이는 경우도 있지만 사용하는 목적은 다르다. 숙련된 범죄수사관이나 사설탐정은 항상 같은 기술만을 사용하는데, 예를 들면 그들은 무엇인가 행동하기 전에 반드시 범죄현장을 완전히 조사한다. 그들은 현장으로부터 단서를 얻은 후에 점차적으로 혐의자 주위로 고삐를 조인다.

수사관들이 탐색을 시작하기 전에 범죄현장의 상황을 완전히 파악하지 못하면 진범을 잡지 못할 뿐만 아니라 결백한 사람을 체포하기도 한다. 문제해결에서도 마찬가지이다.

문제의 특징을 발견하기 위하여 4가지 사항(시간, 장소, 형태, 징후)을 조사한다. 문제를 해결하는 단서는 바로 문제 자체에 있다. 한 문제를 여러 가지 관점에서 관찰하면 결과에는 여러 가지 현상이 발견된다. 이것이 문제의 특징이며 문제해결의 단서가 된다. 왜냐하면 결과에 변이가 있다면 요인에도 변이가 있을 것이며 따라서 두 종류의 변이간에 상관관계를 구하는 것이 가능하기 때문이다.

이와 같이 이유 있는 요인 중에서 변이를 찾아내기 위하여 결과의 변이를 사용하는 것은 주요인을 확인하는 효과적인 방법이다. 문제를 관찰하는 최선의 각도는 경우에 따라 다를 것이다. 그러나 문제가 어떤 것이든지 최소한 조사하여야만 하는 네 가지 중요한 관점이 있는데 이 네 가지가 시간, 장소, 형태, 징후 등이다.

어떤 특정제품의 불량률을 개선하는 예를 들어 보기로 한다.

① 다음과 같이 조사한다.

• 아침, 정오, 저녁에 따라 불량률이 다른가?

• 요일별로 불량률이 다른가?

주별, 월별, 계절별, 기간, 연도별 등등의 여러 가지 다른 시간단위에 따른 차이를 조사해 볼 수도 있다.

② 제품 내에서 불량위치를 조사한다.

• 위, 옆, 아래 간에 불량률이 다른가?
• 제품이 놓여 있는 위치(문가까이, 창근처, 벽주변, 중심부)에 따라 불량률이 다른가?

이 외에도 방향(동, 서, 남, 북)이나 높이(위, 아래) 등의 관점에서 조사할 수 있다.

제품이 아주 긴 것이라면, 앞부분, 중간, 뒷부분 중 어느 곳에서 결점이 발생하는가를 조사하고, 복잡한 제품인 경우에는 직선부분과 곡선부분을 구분해 보고, 지역에 따라 다르면 A지역, B지역 하는 식으로 구분해 본다.

③ 종류별로 점검해 본다.

• 같은 공장에서 제품의 종류에 따라 불량률이 다른가?
• 비슷한 종류의 제품에서 과거와 불량률이 다른가?

시방, 종류, 성인용과 유아용, 남자용과 여자용, 내수용과 수출용으로 나누어 다른 관점을 고려할 수 있다.

④ 징후에 따라 조사한다.

징후에 따른 예로서, 핀구멍을 들어보기로 하자.

• 핀구멍의 형태(원형, 타원형, 각도)에 차이가 있는가?
• 선형, 곡선, 연속, 불연속 등 중복된 구멍에 차이가 있는가?
• 추가로 조건에 따라 핀구멍의 크기가 다른가?
• 표면의 종류가 어떤 것인가?
• 주변부의 특성은 어떤가?
• 결과의 변이를 알아내기 위하여 폭넓은 관점에서 조사한다. 문제가 어떤 것이든지 조사는 적어도 위의 네 가지 관점에서 해야 한다. 그러나 이것만으로 충분하지는 않고 문제의 특성에 따라 다른 관점에서 조사되어야 하며 조사결과에서 변이가 클수록 잘 조사한 것이다.
• 데이터화할 수 없는 정보를 현장에서 수집한다. 일반적으로 말해서 문제해결 데이터에만 의존해야 하고 기억이나 추측 같은 데이터에 근거하지

않은 정보는 참고로만 사용하여야 한다. 그러나 데이터로부터 얻을 수 없는 정보도 때때로 문제해결에 중요한 역할을 하기도 한다. 가급적이면 조사에 관련된 일들은 현장에서 수행해야지 사무실에서 하면 안 된다. 현장에서는 데이터 형태로 나타낼 수 없는 정보를 얻을 수 있다. 이 종류의 정보는 화학반응에서 촉매작용처럼 사고과정 중에 문제를 해결하는 착안점을 제공하게 된다.

14.2.3 분 석

주원인을 찾아낸다.

이 단계에서 두 부분으로 구분되는데, 먼저 가설을 설정하고 그 다음에 그 가설을 입증하는 것이다. 이 단계를 거치는 이유는 QC스토리에서는 인과관계가 과학적으로 확인되어야 하기 때문이다. 많은 경우에 문제의 원인은 문제를 해결하는 데 관련이 있는 사람들간의 토론을 거치거나 한 사람의 자의적인 결정에 따라 결정된다. 이 종류의 결정은 오류를 범하는 경우가 많은데 이러한 오류들은 대부분 가설을 입증하는 과정이 생략되었기 때문에 발생한다.

원인(가설)에 대하여 고려할 때는 이유가 토론되고 데이터가 분석된다. 데이터와 토론이 가설의 정당성을 입증한다는 착각은 토론과 데이터를 분석하는 과정에서 발생되는 것 같다. 그러나 가설의 설정과 검정은 두 개의 다른 일이며 같은 데이터가 두 번 사용되어서는 안 된다. 가설검정에는 가설설정에 사용되지 않은 새로운 데이터가 필요하다. 가설검정을 위한 데이터수집은 논리적으로 계획하여야 하며 가설은 통계적으로 검정되어야 한다.

(1) 가설설정

특성요인도는 가설을 설정하기 위한 유용한 도구이다. 도표 내의 모든 요소들은 문제에 대한 가설의 원인들이다.

파레토도표는 궁극적으로 주요인들을 확인할 수 있는 요소들을 포함하여야 한다.

첫째, 가능한 원인에 관련 있는 모든 정보를 수집하기 위하여 특성요인도

(문제에 관련 있는 모든 요인을 포함한 도표)를 그려본다.

도표 내에서 효과의 표현은 분명해야 한다. 왜냐하면 추상적으로 나타내면 도표 내의 요소들의 숫자는 엄청나게 많아지게 되기 때문이다. 그러나 추상적인 정의는 여러 가지 개별적인 항목들의 집합체이기 때문에 각 항목의 필요 없는 부분들을 갖게 된다. 예를 들어 효과를 결점의 종류로 표현한다면 도표 내의 원인들은 결점에 영향을 주는 요소들의 집합이 될 것이다. 그러나 효과를 여러 종류의 결점을 포함한 불량품으로 한다면 여러 종류의 결점을 수집하는 것이 필요하다.

이와 같이 특성의 표현이 분명해질수록 더욱 효과적이 된다. 무엇보다도 먼저 문제해결에 포함되는 모든 의견을 포함하도록 충분한 요소들을 특성요인도에 그리도록 한다.

둘째, 관찰단계에서 얻어진 모든 정보를 사용하여 관계가 명백히 없는 요인을 제거한다. 그 다음에 남아 있는 요인을 사용하여 특성요인도를 개정한다.

모든 원인들을 다 조사하는 것은 효과적이지 못하다. 따라서 데이터를 근거로 해서 그 수를 줄여야 한다. 관찰단계에서 검토한 정보는 이 목적에 대단히 유용하다. 결과의 변이에 관련이 없는 요인들은 도표에서 제거하여야 한다. 예를 들어 불량률이 오전에는 높고 오후에는 낮다고 하자. 만일 작업자가 오전, 오후 모두 두 시간대에 동일하다면 그것은 결과와 일치되지 않으므로 도표에서 없애 버린다. 그러나 만일 오전과 오후에 사용된 설비가 다르다면 그것은 결과와 일치되므로 도표에 남겨둔다. 여러 가지 결과가 관찰단계에서 검토된다면 가능한 원인들 중에서 상당히 많은 것을 제거시킬 수 있다.

원인이 되지 못하는 요소를 이 방법으로 제거한 후에 남아 있는 요인들만 사용해서 특성요인도를 다시 그린다. 이 마지막 도표에 요인수가 적으면 적을수록 더욱 바람직하다.

셋째, 주원인이 될 가능성이 높은 최후의 특성요인도에 이 요인들을 표시한다.

수정된 도표 내의 모든 요인들이 문제에 미치는 가능성은 동일하지 않다. 요인들은 관찰단계에서 얻은 정보에 따라 순서를 매기고, 이 순서에 따라 검토되어야 한다.

이런 방법은 원인들에 대한 주요인의 수를 제한시키지만 후보자들은 어디까지나 후보자라는 것을 명심해야 한다. 지금까지는 높은 확률을 갖는 것으로 평가된 요인들이 문제의 주원인이라는 것을 확정할 수 없는데, 그 이유는 지금까지 사용된 데이터는 가설을 설정하는 데 사용하였고 이 가설이 옳은지, 그른지를 확정하기 위해서 새로운 계획으로 수집된 데이터를 사용하여야 하기 때문이다.

(2) 가설검정(후보자들 중에서 주요인을 선정)

가설검정은 실험이나 조사에서 구한 데이터를 근거로 한다. 데이터는 조심성 있게 세운 계획에 따라 수집되어야 한다.

첫째, 원인이 될 만한 문제에 대해 가질 수 있는 요인들로부터 이들 요인들이 문제에 대해 가질 수 있는 효과를 새로운 데이터를 얻거나 실험을 수행함으로써 확인할 수 있는 새로운 계획을 수립한다.

가설검정은 가능성 있는 원인과 결과 사이에 실제로 관계가 있는지, 관계가 있다면 그 관계는 어느 정도인지, 가능한 원인이 갖고 있는 결과는 무엇인지를 조사하는 것이다. 상관계수, 분산분석법, 파레토도표와 같이 관계의 정도를 표현하는 여러 가지 방법이 있으며, 단순히 특성요인도에 표시해 볼 수도 있다.

'투표권'을 행사해서 주원인을 결정하는 일은 피해야 한다. 투표로 주원인을 결정하는 것은 민주적 방법이긴 하지만 과학적인 정당성에 대한 보장이 없다.

전원일치로 요인이 선택되었다가 조사 후 그 요인이 원인이 될 수 없음이 확인된 경우도 많다. 때로는 처방이 데이터분석 없이 집행되고, 효과 있는 것으로 보이는 모든 조치가 실천에 옮겨서 결과가 좋다면 문제해결은 종료된 것으로 본다. 그러나 행한 일이 조별 원인을 조사한 것이기 때문에 순서는 여기서 설명한 것과 완전히 반대이다. 문제를 해결하기 위해서 이 과정에서는 많은 시행착오가 필요하다.

문제가 해결되고 처방이 문제를 해결하는 데 효과적일 때라도 실제의 주원인들을 발견하지 못하는 경우가 있는데, 그 이유는 원인과 처방 간의 관계가 일대 일로 대응되지 않기 때문이다.

둘째, 조사된 모든 정보를 통합하고 어느 것이 가능한 주요인인가를 결정한다.

주요인은 결과에 가장 큰 영향을 미치는 한 개 또는 여러 개의 요인들이다. 크고 작건간에 많은 요인들이 어떻게든 결과에 영향을 미치지만 모든 요인들마다 처방을 마련하는 것은 비효율적이다.

처방은 중요한 실태를 초래하는 요인들에 대하여 취해져야지 사소한 결과를 나타내는 요인들에 대해서 취해져서는 안 된다. 이것이 바로 모든 종류의 정보를 조사하고 통합하여 주요인이 무엇인지 결정하는 이유이다.

셋째, 가능하면 의도적으로 문제를 재현해 보라.

요인에 대한 입증은 의도적으로 결점들을 재현해 보는 것이다. 그러나 그러한 재현은 조심스럽게 다루어야 한다. 만일 어떤 제품이 비표준단위를 사용한다면 불량제품은 생산되겠지만 비표준단위가 불량의 원인이 되는 것은 아니다. 어떤 다른 요인들이 불량의 원인일 수도 있다.

의도적으로 생산된 불량은 관찰단계에서 결정된 불량품과 같은 특성을 가져야 한다. 의도적인 재현이 가설을 입증하는 효과적인 방법이지만 인간적, 사회적, 실제적(경제성, 시간) 이유 때문에 시행하기 곤란한 경우가 있는데, 이 경우에는 관찰과 분석단계를 수행하는 데 더욱 주의하여야 한다.

14.2.4 조 치

주요원인을 제거하기 위한 조치를 취한다.

첫째, 현상을 회복하기 위한 조치(즉각적인 처방)와 원인을 제거하기 위한 조치(재발방지) 사이에 분명한 구분을 하여야 한다.

조치에는 두 가지가 있다. 하나는 현상(결과)을 처리하기 위한 것이고 다른 하나는 재발을 방지하기 위한 조치이다. 만일 불량제품이 생산되면 그 제품을 수선하면 될 것이다. 그러나 그것을 수선할 수 있다 하더라도 수선이 불량의 재발을 방지하지는 못한다.

문제를 해결하는 이상적인 방법은 문제의 원인을 제거하는 대책을 수립함으로써 재발을 방지하는 것이다.

두 가지 다른 조치를 혼합해서는 안 되며 항상 원인을 제거하는 과정을 채택하여야 한다.

둘째, 조치가 다른 문제(부수적 효과)를 야기하지 않도록 한다. 만일 그러하다면 다른 조치를 취하거나 부수적 효과에 대한 대책을 수립해야 한다.

조치들은 가끔 문제들을 야기한다. 이런 것들은 한 질병을 치료하는 의학처치가 환자에게 모두 질병을 유발하는 부작용을 일으키는 것과 비슷하다. 부작용을 방지하기 위해서는 가능한 넓은 관점에서 철저히 평가되고 판단되어야 한다.

물론 예비검사(실험)가 수행되어야 하고 부작용이 발생되는 것이 발견되면, 다른 조치나 부작용을 위한 대책을 고려한다.

셋째, 조치를 위한 여러 가지 다른 제안들을 만들어서 각각에 대한 장단점을 검토해서 참여자들이 동의하는 것을 선택한다.

조치를 선택하는 중요한 실제적인 요점은 관련된 모든 사람들의 능동적인 협력을 구할 수 있느냐 하는 것이다. 이유 있는 요인을 해결하기 위한 조치는 작업실시에 여러 가지 변화를 가져올 수 있다. 조치는 모든 사람들이 동의할 수 있는 것이어야 한다. 만일 가능한 대책이 여러 가지 있다면, 각 방법의 장단점이 관련된 사람들의 다양한 견해를 수용하여 검사되어야 한다.

최종결정에서 경제적, 기술적 조건을 동등하게 만족시킬 수 있는 몇 개의 가능한 해가 있다면 민주적인 기준에서 하나를 선택하는 것이 좋다.

14.2.5 검 토

문제가 재발되지 않는가 확인한다.

첫째, 같은 표, 그래프, 챠트에서 조치가 취해진 전후에 문제(주제에 바람직하지 못한 결과)에서 구한 데이터를 비교한다.

검토단계에서 '재발이 얼마나 잘 방지될 것인가'가 가장 중요한 점이다.

조치의 유효성을 검토하기 위해 사용하여야 하는 데이터는 조치가 집행되기 전과 후에 취한 데이터이어야 한다. 검토단계에서는 조치가 취해지기 전과 후의 상황비교가 바람직하지 못한 결과가 감소된 정도를 알 수 있도록 수행되어야 한다. 이 비교에 사용되는 표, 그래프, 챠트 등의 형식은 조치의 전과 후에 동일하여야 한다. 예를 들면 조치를 취하기 전에 파레토도표를 사용하였다면 조치의 유효성을 검토할 때도 파레토도표가 사용되어져야 한다.

둘째, 효과를 화폐단위로 고쳐서 결과를 목표치와 비교한다.

경영에서는 조치의 결과를 금액으로 전환하는 것이 중요하다. 조치가 취해지기 전과 후의 비용이 비교되면 경영을 위해서 여러 가지 중요한 사항들을 발견할 것이다.

셋째, 좋건 나쁘건 효과가 있다면 일단 기록해 둔다.

조치의 결과가 기대한 만큼 만족스럽지 않을 때는 계획된 모든 조치가 의사결정에 따라 정확히 수행되었는지를 확인해 본다. 조치가 취해진 후에도 바람직한지 못한 결과가 계속 나타나면 관찰단계로 되돌아가서 다시 시작하는 것이 필요하다.

14.2.6 표 준 화

문제의 원인을 영구히 제거한다.

문제의 재발을 영구적으로 방지하기 위한 대책이 표준화이다. 표준화를 하는 데는 두 가지 이유가 있다.

① 표준화를 하지 않으면 문제를 해결하기 위한 조치는 점차로 과거 방식으로 되돌아가서 문제가 재발하게 된다.

② 분명한 표준이 없으면 다른 사람(신입사원, 교대근무자, 임시직 사원 등)이 작업에 종사할 때 문제가 재발하게 된다.

표준화는 단지 문서화한다고 해서 성취되는 것이 아니다. 표준화는 작업자의 생각과 관심의 일부가 되어야 한다. 교육훈련은 표준을 수행하는 지식과 기술을 제공하는 데 필수적이다.

첫째, 5W 1H가 개선된 직무에 대해서 확인되고 표준으로 사용되어야 한다.

표준화는 작업과정을 위한 5W 1H이다. 어떤 경우에는 H(어떻게)만으로 표준이라 할 수 있고 '왜'를 제외한 4W와 1H로서도 충분하다. 작업을 실행하는 방법은 '왜'가 없이도 이해될 수 있다. 그러나 그 작업을 하는 사람에게는 불가결한 것이다. 표준화 이외에도 작업을 수행하고 결과를 얻는 방법에는 여러 가지가 있다. 따라서 작업자가 표준화된 방법을 사용하여야 하는 이유를 모른다면 표준화되지 못한 방법을 사용하게 될 것은 당연하다.

이것이 바로 '왜'가 포함되어야 하는 이유이다. 작업자들이 '왜'를 이해하여야만 표준을 좀더 자세히 보게 될 것이다.

QC스토리는 '왜'를 이해할 수 있는 좋은 도구이다. 이와 같이 표준은 그것을 수행하는 QC스토리와 불가분의 관계가 있다. 표준에 관한 교육훈련에는 관련 QC스토리가 반드시 포함되어야 한다.

둘째, 표준화가 완전하게 수행되기 위해서 적절한 준비와 의사소통수단이 정확하게 수립되어야 한다.

적당한 준비와 의사소통의 결여는 새로운 표준이 도입될 때 혼란이 발생하는 주이유가 된다. 새로운 표준을 실천에 옮기는 것은 작업에 변화를 주기 때문에 사소한 잘못으로도 혼란을 야기하게 된다.

만일 한 장소에는 새로운 방법을 사용하고 있고 다른 장소에서는 과거의 방법을 사용한다면 새로운 방법을 사용한 것에서만 문제가 발생되기도 한다.

셋째, 교육훈련이 수행되어야 한다.

적당한 교육훈련은 표준척도를 만드는 데 필요하다. 이 훈련에서 실패하게 되면 표준 자체가 아무리 우수하더라도 그대로 수행될 수는 없으며 문제의 재발을 방지할 수 없다.

넷째, 표준이 지켜지는지에 대한 여부를 검토하기 위한 책임시스템이 설정되어야 한다.

때때로 뜻밖에 생긴 문제를 해결하게 되는데, 그 이유는 처음 관찰된 표준의 효력이 별로 없기 때문이다.

책임시스템은 표준이 문제의 재발을 견실하게 방지할 수 있는가를 검토하도록 설정되어야 한다.

14.2.7 결 론

문제해결 과정을 검토하고 다음 작업을 계획한다.

첫째, 남아 있는 문제를 요약한다.

문제는 결코 완전하게 해결되지는 않으며, 이상적인 상황은 결코 존재하지 않는다.

완전을 목표로 해서 같은 주제에 같은 활동을 너무 오래 계속하는 것은 좋지 않다.

원래의 제한기간에 도달하면 활동을 정지하는 것이 좋다. 목표에 도달하지 못하였을 때라도 활동이 얼마나 진행되었는지와 아직 달성되지 못한 활동을 정리해 보는 것이 좋다.

둘째, '그 문제를 해결하기 위하여 해야 할 일이 무엇인가?'를 계획한다.

남아 있는 문제에 대하여 장래에 무엇을 할 것인가를 계획한다. 이 계획에서 남아 있는 중요한 문제점은 다음의 QC스토리에서도 계속 주제로 사용한다.

셋째, 개선활동에서 잘된 일과 잘못된 일을 생각해 보라.

마지막으로 문제해결활동 자체에 깊은 사고를 하여야 한다. 이렇게 하면 개선활동의 질을 높일 수 있다. 실제로 수행된 활동과 수행되었다고 이해하는 것 간에는 항상 차이가 있으며 이러한 차이는 하나씩 채워져야 한다.

이 검토는 문제가 성공적으로 수행되었을 경우에도 수행되어야 하지만, 완성일이 지났거나 문제가 해결되지 않았을 때 특별히 주의하여 수행되어야 한다. 미해결된 문제는 다음 과제 QC스토리에서 처리할 수도 있다.

14.3 IE

IE란 사람, 재료, 설비와 에너지를 유기적으로 통합된 시스템으로 설계하고, 개선하고, 설치함에 관계되는 기술로, 이 경우 IE는 통합된 시스템에 기대되는 성과를 명시하고, 효과를 예측하며, 평가하기 위해 공학적인 분석기술과 설계기술의 원리 및 기법과 더불어 수학, 물리학 및 사회 여러 과학의 전문적인 지식과 기능을 이용한다.

IE의 위치와 영역은 [그림 14-2]에 나타나 있다. 방법공학의 기능에는 두 단계가 있다는 것에 주의를 해야 한다. 첫째는, 방법설계(methods design)로서 작업방법을 설계하는 과정이다. 그것은 확실히 설계행위(design activity)이다. 두 번째 단계는 시간연구로서 이것은 '생산기간'(production time)이라는 최종설계의 여러 중요한 특징들을 나타내기 때문에 첫번째 단계의 산물이다.

시간연구는 그것의 산물인 표준시간이 제조기업의 경영진에게 보이는 중요성 때문에 현장과 다소 분리되어 있는 전문화된 과정으로 되어버렸다. 따라서 생산기간을 최소화하고 그것이 올바르게 되어가는가를 알려고 하는 생산기간에 대한 경영진의 관심을 과소평가해서는 안 될 것이다.

[그림 14-2] IE의 위치와 영역

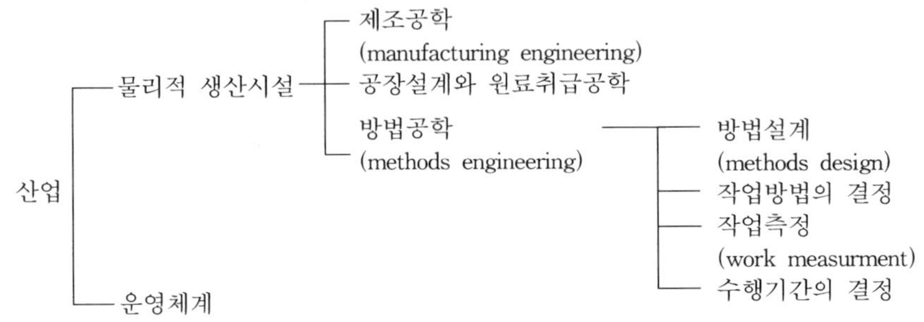

14.4 VE

VE(Value Engineering)란 최저의 라이프 사이클 코스트로 필요한 기능을 확실히 달성하기 위하여 서비스의 기능적 연구에 쏟는 조직적인 노력이다.

기업이 계속적으로 발전하기 위한 열쇠는 고객에게 최저의 가격으로 최고의 가치를 제공할 수 있느냐에 달려 있다. 일반적으로 가치란 용어는 여러 가지로 해석되고 있다. 그뿐만 아니라 때와 장소와 용도에 따라 같은 제품이라도 고객에 따라서 그 가치가 다를 수도 있다. 양산을 예로 들어보자.

양산은 '빛을 막아준다'는 기능을 가지고 있는데 재질, 형상 등 사람의 취향, 장소, 용도에 따라서 값이 상당히 달리진다. 그러나 이들의 재질, 형상, 방식에 따라 값이 다른 양산도 그 목적은 같으며 비닐우산으로도 그 목적을 달성할 수 있다. 따라서 이 경우에는 양산과 비닐우산의 가치는 같다고 생각될 수도 있다. 그러나 그것은 양산의 목적만을 생각한 경우이고, 실제로는 가치를 느끼고 있는 것이나 만족감, 소유하는 것에 대한 자랑이라는 면에서 별도의 가치를 느끼고 있는 것이며 양산을 사용하지 않는 사람에게는 우산은 불필요해서 가치는 '0'일 수도 있다.

가치의 개념은 추상적이고 상대적인 것이지만 몇 종류로 나눌 수가 있다.

(1) 사용가치(use value)

사용하는 데서 가치가 있는 것, 그 자체가 가지고 있는 고유의 효용, 역할이 그것을 사람이 사용함으로써 얼마만큼의 유용함을 주며 그 사람의 욕망을 만족시키는가를 판단함에 의해서 생기는 개념이다. 예를 들면 모든 제품, 서비스이다.

(2) 매력가치(esteem value)

귀중하다는 것에서 가치가 있는 것, 사람들에게 그것을 소유하고 싶다고 생각하게 하고, 그것을 소유함에 의해 기쁨, 우월감 등의 만족을 느끼는가 판단함에 의해서 생기는 개념이다. 예를 들면 양산, 시계, 구두, 넥타이핀, 승용차 등 일반적으로 생산재보다 소비재에 많이 포함되어 있다.

(3) 교환가치(exchange value)

교환할 수 있다는 것으로 가치가 있는 것. 즉 서로 교환해도 된다고 합의함으로써 생기는 개념이다. 예를 들면 물물교환, 돈과 물건의 교환이다.

(4) 원가가치(cost value)

원가가 들기 때문에 가치가 있는 것. 그것을 만들거나, 팔기 위해서 생긴 비용에 기인한 개념이다. 예를 들면 공공요금, 물가상승의 이유 등이다.

(5) 희소가치(scarcity value)

희소하기 때문에 생기는 개념으로 예를 들면 귀금속, 고유표이다.

상기의 여러 종류의 가치 중에서 VE에서 다루는 가치는 어떤 기능을 확실하게 다하기 위한 최소 원가로서의 사용가치와 고객이 요구하는 외관, 매력, 특징을 갖게 하기 위한 최소 원가로서의 매력가치이며 다른 가치개념은 다루지 않는다.

가치 있는 제품을 생산하기 위해서는 종래와 같은 제품, 서비스의 원가를 측정해서 원가가 높은 것이 가치가 낮다고는 한정할 수 없으며, 원가가 타당하다고 생각되는 것 중에 가치가 낮은 것도 있기 때문이다. 그래서 VE에서는 제품, 서비스의 가치를 측정해서 낮은 것에 대해 가치향상을 도모한다.

따라서, 가치측정의 척도를 결정함이 필요하다.

가치를 측정하는 척도는 고객이 요구하는 기능을 달성하기 위한 최초의 원가인 기능의 값에 대한 필요한 기능을 제공받기 위해 고객이 실제로 지급하는 금액(총 원가)의 비율로 표시된다.

V=F/C가치=기능(품질)/코스트(원가)

이 가치의 척도를 이용해서 가치향상을 도모하는 형태로는,

① 필요로 하는 기능에 변화가 없이 그 기능을 제공하는 총 원가를 절감하면 가치는 향상한다.

F → C ↘ V ↗

② 총 원가는 일정하고 기능에 새로운 추가가 있거나, 기능달성(성능) 향상의 요구가 있어서 그것을 만족시킨 때에 가치는 향상한다.

F ↗ C → V ↗

③ 기능의 추가, 달성도 향상의 요구를 만족시키고, 그 기능을 제공하는 총 원가를 절감하면 가치는 대폭으로 향상한다(가장 바람직한 VE활동).

F ↗ C ↘ V ↗

④ 총 원가를 약간 증가시키게 되어도 기능을 더욱 올릴 수 있으면 가치는 향상된다.

F ↗ C ↗ V ↗

[그림 14-3] VE Job Plan

14.5 TPM

TPM이란 다음과 같다.

① 생산시스템 효율화의 극한적 추구를 위한 기업체질 만들기를 목표로 하며,
② 생산시스템의 라이프 사이클 전체를 대상으로 재해 0, 불량 0, 고장 0등 모든 로스를 미연에 방지하는 체제를 현장이나 현물로 구축하고,
③ 생산부문을 시작으로 개발, 영업, 관리 등 모든 부문에 걸쳐,
④ 최고경영자로부터 일선현장 종업원에 이르기까지 전원참가로,
⑤ 중복 소집단활동 전개로, 로스 0을 달성하는 것을 말한다.

다음은 설비의 6대 로스이다.

[그림 14-4] 설비의 6대 로스

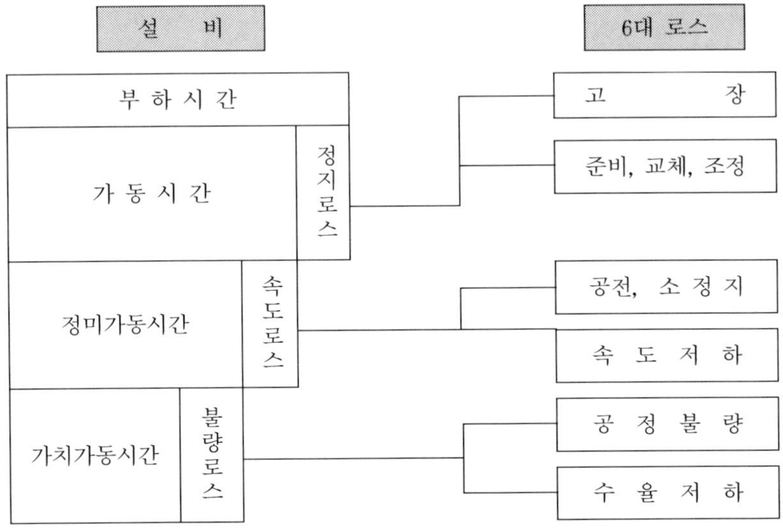

14.6 EE

EE(Engineering Economy)란 투자를 위한 의사결정에 필요한 경제성 비교의 원칙과 수법이다.

설비투자의 경제성을 평가하는 방법은 자본회수기간법, 원가비교법, 투자수익률법으로 분류할 수 있으며, 이 세 가지 방법을 기존의 재무회계법과 EE법으로 대비시켜 본 것이 다음 도표이다.

EE법이 기존의 재무회계법에 비해 우수한 것을 살펴보면, EE의 기본이 되는 현가(p), 미래가(f), 기말등가(a), 등차급적 지불가(g)를 비교하기 위한 돈의 시간가치를 고려한, 경제적 등가에 관한 공식이 있다.

	재무회계법	EE법
자본회수기간법	단순기간법	자본회수계수법
원가비교법	제조원가비교법	현가법 기말 등가 비교법 구 MAPI
투자이익률법	단순이익률법 평균이익률법	이익할인율법(DCF) 수익성 지수법(PI) 신 MAPI Baldwin이익률법 Hoskold공식

현재액의 미래가치	p → f	$\left(\frac{f}{p}\right)_n^i = (1+i)^n$
미래액의 미래가치	f → p	$\left(\frac{p}{f}\right)_n^i = \frac{1}{(1+i)^n}$
기말지불액의 미래가치	a → f	$\left(\frac{f}{a}\right)_n^i = \frac{(1+i)^n-1}{i}$
미래액의 연차등가치	f → a	$\left(\frac{a}{f}\right)_n^i = \frac{1}{(1+i)^n-1}$
기말지불액의 현재가치	a → p	$\left(\frac{p}{a}\right)_n^i = \frac{(1+i)^n-1}{i(1+i)^n}$
현재액의 연차등가치 혹은 자본회수계수	p → a	$\left(\frac{a}{p}\right)_n^i = \frac{i(1+i)^n}{(1+i)^n-1}$
등차급수적 지불액의 연차등가치	g → a	$\left(\frac{a}{g}\right)_n^i = \frac{1}{i}\frac{(1+i)^n-1}{i} - n$ $\frac{i}{(1+i)^n-1}$
등차급수적 지불액의 현재가치	g → p	$\left(\frac{p}{g}\right)_n^i = \frac{1}{i}\frac{(1+i)^n-1}{i} - n$ $\frac{i}{(1+i)^n}$

제15장

품질경영추진의 효과와 전망

15.1 품질경영문화의 형성
15.2 산업의 선진화
15.3 품질시스템의 국제화
15.4 품질우위의 확보
15.5 신보호주의 장벽극복
15.6 기타 효과

제15장

품질경영추진의 효과와 전망

15.1 품질경영문화의 형성

기업환경의 변화에 따라 국가간, 기업간의 가격, 비가격경쟁이 갈수록 치열해지고 제품의 품질보증, 신뢰성, 제품책임 등의 문제가 더욱 강조되면서 품질문제는 기업의 중요한 전략적 과제가 되었으며, 이의 실행을 위해서는 최고경영자를 포함한 전 사원의 자발적이고 적극적인 참여가 필수적이며 이러한 조건이 결여되면 그 성과도 기대하기 어렵다. 특히 고객만족(CS ; Customer Satisfaction)과 종업원의 인간성 존중을 우선으로 하는 경영, 즉 품질경영(QM) 체제로의 발전이 요구되게 되었다.

품질경영은 궁극적으로 '품질경영문화'란 기업문화의 창달을 목표로 하고 있다. 품질경영문화란 인간성을 존중하는 가운데 인적자원을 육성하고 전 종업원의 일체감과 기업발전에 대한 합의를 이끌어 냄으로써 전 종업원이 힘을 합하여 신바람나게 일할 수 있는 풍토를 조성하고 나아가서는 고객 만족을 추구하기 위한 끊임없는 개선과 혁신활동을 전개하는 기업문화를 의미한다.

국제적으로 확대된 개념에서는 품질의 의미를 '고객의 명시적 혹은 묵시적 요구사항을 충족시킬 능력을 지니는 특성의 전체(The totality of characteristics of an entity that bear on its ability to satisfy stated and implied need)'로 정의하고 있다.

즉 품질의 의미는 제품 및 서비스의 질에 한정되지 않고 관련활동, 프로세스, 조직, 사람 등의 질까지 포함하게 된 것이다.

따라서 품질의 개념은 제조업은 물론 건설업, 서비스업 등 모든 산업분야에서 보편적인 개념으로 사용되게 되었다.

기업이 존속, 발전되기 위해서는 확대된 품질개념, 즉 고객의 명시적, 묵시적 요구사항을 충족시키는 특성을 달성하기 위하여 추진되는 품질경영활동은 최고경영자 및 전 사원이 고객중심의 기업문화를 창달하게 되는 효과를 가져오게 된다.

품질경영문화는 우수한 종업원의 질(人質), 탁월한 기술력과 같은 강한 자원능력을 확보하게 함으로써 강한 경쟁력을 실현하여 환경의 변화에 쉽게 흔들리지 않는 우량기업으로 만드는 지름길이 될 것이다.

15.2 산업의 선진화

품질경영은 선진국 진입을 하기 위한 신산업운동이다.

정부는 부정부패를 척결함으로써 기업의 부담을 줄여 주고, 불필요한 간섭을 줄이고 공정한 경쟁의 틀을 마련해 줌으로써 내부경영 효율의 제고를 통한 건전한 기업발전을 유도하려고 하고 있다.

국민들은 일에 대한 성취와 보람을 중시하는 건전한 직업윤리의 확립으로 다시 뛸 수 있는 마음을 가다듬어야 한다. 기업가는 기업을 치부의 수단으로 삼는 천민 자본주의적 이익추구와 권력욕을 충족시키기 위한 독선적 권위주의에서 벗어나 고객과 종업원이 공존·공영하고 기업의 발전을 통해서 자기를 실현해 나가는 기업가정신을 갖추어야 한다.

우리가 선진국으로 가기 위해서는 정부, 국민, 기업가의 모든 노력이 최종적으로 기업에서 종합되고 조직화되어 우리나라 기업의 국제경쟁력과 발전잠재력이 제고되는 형태로 실현되어야 할 것이다.

고객지향의 경영혁신 풍토를 조성하고 공해나 안전과 같은 사회적인 책임을 강조함으로써 기업의 사회성을 제고하며, 기업에 종사하는 모든 종업원들의 자질을 개발하고 성취의 기회를 제공함으로써 인본주의적 경영을 실현하고, 이를 바탕으로 기업의 장기적 성공을 추구하는 품질경영은 우리가 선진국으로 가기 위하여 기업이 지향해야 할 산업선진화 모델인 것이다. 품질경영이 정착한다면 건전한 선진산업문화가 형성됨으로써 경제적 수준에서 선진국으로 진입함은 물론 국민의 의식이나 태도도 선진화됨으로써 정신적 측면에서도 선진국이 될 수 있으리라 기대된다.

15.3 품질시스템의 국제화

품질에 대한 국제적 동향을 보면 1986년 국제표준화기구(ISO : International Organization for Standardization)에서 품질을 확보하기 위해 기업이 갖추어야 할 내용을 담은 품질경영 및 품질보증에 관한 국제규격인 ISO 9000시리즈를 제정하고 이어서 EC가 통합을 앞두고 EC규격으로 채택함에 따라, 세계 각국이 국가규격으로 채택하는 등 새로운 무역장벽으로 등장하고 있다. 바이어들의 요구에 부응하고 앞으로의 경쟁에서 살아남기 위해서도 이러한 국제적으로 통용되는 품질시스템의 도입이 불가피하게 되었다.

ISO 9000체제는 품질경영추진의 중요한 구성요소이다. 즉, 전사적인 차원에서 국제시장으로의 수출을 위해서는 ISO 9000체제부터 우선 확립해야 한다. ISO 9000은 품질경영추진을 뒷받침하고 시작해가는 기본적 수단이다.

ISO 9000 품질시스템 국제규격으로 인하여 경영자는 거래에 있어서 품질의 중요성을 인식하고 자사의 '품질시스템'을 의식하지 않을 수 없게 되었다. 물론 이 시스템이 상품의 질을 높이는 것과 직결되는 것은 아니지만 동기야 어쨌든 품질의 중요성을 재인식한 기업도 ISO 9000에 규정된 품질시스템을 도입하게 된다.

ISO 9000체계는 국제적 공감대를 얻은 품질활동에 관한 국제규격으로서 국제인증을 취득한 기업이 EC를 중심으로 계속 증가하고 있어서 이제는 국제거래에 있어서 과거와 같이 자사의 독자적 시스템의 유효성을 주장하는 것은 설득력이 적다.

따라서 품질경영추진은 우리 기업의 품질시스템을 국제적으로 널리 표준화된 인증시스템으로 가도록 함으로써 우리 기업들의 수출을 촉진하고 나아가서는 기업화, 국제화에 도움을 줄 것이다.

15.4 품질우위의 확보

품질경영의 도입단계는 오늘날 우리나라 기업들이 당면한 내외환경 속에서 판단해 볼 때 성공의 가장 중요한 요소(KSF : Key Success Factor)라 판단되는 품질우위 확보란 품질전략을 실현하는 과정이다. 이를 위해서는 고객 요구의 파악에서 출발하여 제품의 개발 및 설계로 이어지는 품질계획(QP : Quality Planning), 계획된 품질의 확보를 위한 품질통제(QC : Quality Control), 관리의 각 단계와 품질고리의 전과정에 걸친 전사적 품질개선(QI : Quality Improvement) 활동 같은 총체적인 수단을 동원하게 된다.

이러한 체계적인 품질관리 활동들은 우리 기업들이 품질의 고객 니즈에 대한 적합성과 수준을 높여 유효한 수단이 될 수 있으므로 우리 제품의 경쟁력을 향상시키고 나아가서는 제품의 고부가가치화를 통해 후발개도국과의 차별화를 가능하게 하여 줄 것이다.

15.5 신보호주의 장벽극복

최근의 세계경제 질서는 유럽, 미주, 동아시아권으로 대별되는 블럭화 현상이 고조되면서 역외 국가에 대한 견제가 심화되고 있고 그 방법 또한 고도화되어 가고 있다.

이러한 현상 중 특히 두드러지는 것이 선진국의 경우 후발국의 무차별 품질공격에 대한 방어적 입장에서 자국산업을 보호하기 위한 무역상의 기술장벽 설치이며 그 방법으로서 상이한 규격적용, 품질검사 실시, 수입품에 대한 검사결과 불인정 및 중복검사 실시 등을 들 수 있다.

GATT나 ISO에서는 심화되고 있는 무역장벽에 대응하여 국가간에 품질을 상호신뢰할 수 있도록 타국제도의 존중 및 국가간 상호인정을 권장하고 있으며 이의 일환으로 GATT에서는 Standard Code를 제정하여 국제적으로 합의·제정된 지침·규격은 모든 나라가 이를 수용토록 의무화하고 있다. 한편 ISO에서도 세계시장 공급자와 수요자 양측 모두에게 품질에 대한 신뢰감을 제공하는 방안으로서 제 3 자 품질인증제도를 구상하게 되었고 무역상의 기술장벽을 경험한 각국에서는 ISO를 지원하여 모든 나라에서 받아들일 수 있는 품질보증 국제규격(ISO 90000 시리즈)을 제정하게 된 것이다.

EC의 경우 1992년 말 EC통합 후의 역내 유통을 원활히 하기 위하여 상호신뢰시 필수적이었으며 그 중 한 가지가 품질보증시스템 인증 및 심사제도를 통한 국가간 상호인정을 꾀함으로써 EC통일의 가속화에 기여코자 ISO 9000시리즈를 EC규격으로 채택·적용하고 있다.

EC는 여기서 그치지 아니하고, 나아가서 역외에까지 확대하여 적용을 시도하면서 국제화를 주도하고 있는 실정이다.

1993년 이후 유럽단일시장의 통일인증 실시에 대비하고 최근 구미제국 수입선의 인증획득 요구조건을 충족함으로써 선진국의 무역 및 기술장벽을 극복하고 부진한 수출을 확대할 수 있다.

15.6 기타 효과

또한 품질분임조의 확대 개편으로 분임조활동을 보다 강화하고 끊임없는 기술개발과 품질개선 활동으로 전사적 품질제일주의 체제를 구축하고 기술혁신이 가속화될 것이다.

품질경영 활동은 기존 생산현장 근로자뿐만 아니라 최고경영자, 사무직근로자를 포함한 전사적 품질경영 활동으로 기업내 전분야의 낭비적 요인을 제거하고 지속적으로 생산성을 제고하게 될 것이다. 민간 또는 공공기관의 조달제품 구입시에 따른 구매처의 품질관리 체제의 점검기준으로 활용함으로써 조달품의 신뢰성을 확보하게 될 것이다.

향후 급증할 것으로 예상되는 제품책임(PL) 소송 제소시 제조업체에 품질보증 책임체제를 증명하는 것이 필요하므로 품질경영체제를 구축함으로써 제품책임제도 실시에 사전 대비할 수 있게 될 것이다.

경영의 대상은 세 가지가 있다. 그것은 환경, 자원, 그리고 사람이다. 환경의 경영은 장기적 관점에서 변화하는 환경에 적응하기 위해 기업의 방향을 설정하는 것으로 이것을 전략적 경영이라고도 한다. 방향을 설정하는 것은 조직이 무슨 일을 할 것인가를 결정하는 것이기도 하는데 바른 일이 설정되었을 때 효과적 경영이라고 한다. 하는 일과 관련하여 전략적 경영이 추구하는 것은 초점과 진화이다. 초점은 기업의 능력이 제한되어 있기 때문에 '모든 것을 다 잘할 수 없다'는 것에 기초를 두고 있다. 이것은 주문이 있다고 해서, 이익이 된다고 해서 할 것이 아니라 능력에 맞는 일을 해야 함을 말한다. 진화는 '환경은 변하고 내일도 있다'는 사실에 기초를 두고 있는데 내일 할 일에 대비하여 오늘 무엇을 해야 할 것인가를 결정하고 준비하는 것을 말한다.

측면	관리요소	관리목적	관리지표	특성	관리내용
전략적	환경	방향	초점, 진화	효과적	바른 일을 함
체계적	자원	낭비	균형, 일관성조화, 속도	효율적	일을 바르게 함
인간적	사람	혁신	화합, 결의	열성적	일을 깊이 함

자원의 경영은 전략적 과정에서 설정된 목표를 달성하기 위해 필요한 활동에 조직 전체적인 관점에서 체계적으로 자원을 배분하는 것을 말한다. 체계적 관리는 자원배분의 낭비를 제거하는 것이다. 낭비 없이 자원배분이 이루어질 때 효율적이라고 하고 '일을 바르게 한다'고 말하는 것이다. 체계적 경영이 추구하는 것은 균형, 일관성 및 조화, 그리고 속도이다. 균형은 다수의 상충하는 목표를 파악하고 그 수준과 우선순위를 만족스럽게 설정하는 것을 말한다. 일관성은 계층별 목표가 일치하고 조화는 부문간 목표의 상충관계가 존재하지 않는다는 것이다. 속도는 제품개발기간, 생산요소시간 등을 말하는데 이것이 짧을수록 자원의 낭비는 줄어든다.

사람의 경영은 혁신을 끌어내는 데 있다. 혁신은 사람이 자기를 몰입하여 열성적으로 일할 때 가능한 것으로 사람의 관리를 인간적이라고 부르고 있다. 인간적 관리를 하는 기업일수록 종업원은 강력한 동기부여에 의해서 자기 전체를 일하는 데 바칠 것이므로 '일을 깊이 한다'고 말할 수 있다. 인간적 경영이 추구하는 것은 화합과 결의이다. 화합은 공동체 의식을 말하는 것이고, 결의는 하는 일에 전적인 책임을 지는 것을 말한다. 경영을 잘 한다는 것은 경영의 3요소를 잘 관리한다는 것을 말한다. 전략적·체계적·인간적 측면에서 경영이 잘 이루어질 때 우수성을 확보할 수 있는 것이다.

부 록

품질경영 8원칙과 부표

Ⅰ. 품질경영 8원칙

초일류 조직의 조건

경영 8원칙	
원칙 1	고객중심
원칙 2	리더십
원칙 3	전원참여
원칙 4	Process 접근방법
원칙 5	경영에 대한 System 접근방법
원칙 6	지속적 개선
원칙 7	의사결정에 대한 사실적 접근방법
원칙 8	상호 유익한 공급자 관계

품질경영 8원칙

원칙 1 : 고객중심

조직은 그들의 고객에 의존하고 있다. 따라서 현재 및 미래의 고객 욕구를 이해하고 고객 요구사항을 충족시키며 고객의 기대를 능가하도록 노력해야 할 것이다.

핵심 포인트

- 고객에게 유연성 있고 신속한 대응을 제공할 수 있으며 이를 통해 매출/이익 및 시장 점유율이 증대되게 된다.
- 고객만족 달성에 있어 조직의 자원활용 측면에서 효과성의 증대를 꾀할 수 있다.
- 더욱 확고한 고객층을 확보할 수 있다.

다음과 같은 조직이 고객 중심적 조직이다.

- 고객요구 및 기대를 조사하고 이해하고 있다.
- 고객요구 및 기대와 연계된 조직의 목표 및 세부목표를 수립하고 운영하고 있다.
- 조직 전반에 걸쳐 고객요구 및 기대사항이 전달되고 조직원들이 이해하고 있다.
- 고객만족을 측정하고 그 결과에 대해 조치를 취하고 있다.
- 고객을 체계적으로 관리하고 있다.
- 고객과 기타 이해관계자(예를 들면 소유자, 종업원, 공급자, 투자자, 지역사회 및 일반적으로 사회) 사이의 균형된 이해관계를 보장하고 있다.

품질경영 8원칙

원칙 2 : Leadership

리더는 조직의 목적과 방향의 일관성을 확립한다. 리더는 조직원들이 조직의 목표를 달성하는 데 전적으로 참여할 수 있는 내부환경을 조성하고 유지해야 할 것이다.

핵심 포인트

- 확고한 리더십은 모든 조직원들에게 조직의 목적 및 목표를 이해하게 하고 이를 달성하기 위해 전진할 수 있도록 한다.
- 이러한 활동을 통일된 방식으로 평가하고, 조정하고 실행할 수 있도록 한다.
- 조직의 계층간에 의사소통을 원활하게 한다.

다음과 같은 조직이 리더십이 충만한 조직이다.

- 고객, 소유자, 직원, 공급자, 지역사회 및 사회 일반을 포함하는 모든 이해관계자의 요구를 고려
- 조직의 미래에 대한 명료한 비전을 수립하고 있다.
- 진취적인 목표 및 세부목표를 수립하고 있다.
- 조직의 모든 계층에서 가치공유, 공평성, 윤리성이 확립되어 있다.
- 조직원들이 서로 신뢰를 구축하고 있으며 리더로부터 두려움을 느끼지 않고 있다.
- 책임 및 의무를 다하기 위하여 요구되는 각종 지원사항, 교육훈련 등이 적시에 제공되고 조직원들에게 독립적 재량권이 충분히 부여되고 있다.
- 조직원들이 조직에 충분히 자기의 역량을 기여할 수 있도록 장려하고 조직원들을 인정해 주고 있다.

품질경영 8원칙

원칙 3 : 전원참여

모든 계층의 사람들이 조직의 필수 요소이다. 따라서 전원이 참여함으로써 그들의 능력이 조직의 이익을 위하여 발휘될 수 있다.

핵심 포인트

- 전원참여의 원칙에 의해 조직 내에서 모든 조직원들에게 동기를 부여할 수 있고 명확한 업무할당을 추구할 수 있다.
- 혁신적 사고 및 창조력으로 조직의 목표를 진전시킬 수 있다.
- 조직원들로 하여금 그들 자신의 업무에 대한 성과에 대해 책임의식을 고취시킬 수 있다.
- 조직원들의 지속적인 개선을 위한 참여도와 기여도를 높일 수 있다.

다음과 같은 조직이 전원참여에 의한 조직이다.

- 조직 내에서의 조직원들이 자신의 기여와 역할의 중요성을 이해하고 있다.
- 조직의 성과를 명확히 파악하고 이해하고 있다.
- 문제를 해결하기 위한 주인의식 및 책임감을 가지고 있다.
- 자신과 조직의 목표와 세부목표와 그에 따른 성과를 명확히 파악하고 있다.
- 자신들의 적성, 지식 및 경험을 최대한 발휘하기 위한 기회를 적극적으로 추구하고 있다.
- 지식과 경험을 자유롭게 공유하고 있다.
- 문제와 논제를 공개적으로 토의하는 풍토가 정착되어 있다.

품질경영 8원칙

원칙 4 : Process 접근방법

관련된 자원 및 활동이 하나의 프로세스로 관리될 때 바라는 결과가 보다 효율적으로 얻어진다

핵심 포인트

- 자원의 효과적인 사용을 통한 보다 저렴한 원가 및 짧은 사이클 타임을 추구할 수 있다.
- 개선되고 일관성 있으며 예측 가능한 결과를 기대할 수 있다.
- 핵심 프로세스가 파악되고 우선 순위가 부여된 개선기회를 포착할 수 있다.

다음과 같은 조직이 프로세스 접근방법을 추구하는 조직이다.

- 바람직한 결과를 얻고 필요한 활동들을 정하기 위해 조직의 핵심 프로세스 및 관련된 하위 프로세스를 명확히 파악하고 있다.
- 주요 활동을 관리하기 위한 명확한 책임 및 권한을 파악하고 있다.
- 주요 활동에 대한 결과를 측정 및 분석하고 있다.
- 조직의 주요기능과 활동의 상호관계를 명확히 파악하고 있다.
- 조직의 주요 활동을 개선시킬 자원, 방법 및 재료와 같은 요인들을 명확히 파악하고 있다.
- 고객, 공급자 및 기타 이해관계자와 관련된 활동에 대한 리스크, 중요도 및 영향을 평가하고 있다.

품질경영 8원칙

원칙 5 : 경영에 대한 System 접근방법

상호 연계된 프로세스를 하나의 시스템으로 파악하고 이해하며 관리하는 것은 조직의 목표를 효과적이며 효율적으로 달성하는 데 이바지한다.

핵심 포인트

- 바람직한 결과를 최대한으로 달성하기 위한 프로세스의 통합 및 조정을 가능케 한다.
- 조직의 핵심 프로세스에 초점을 맞추는 능력을 보장한다.
- 업무에 대한 일관성, 효과성 및 효율성으로 이해관계자에게 신뢰감을 제공케 한다.

다음과 같은 조직이 시스템 접근방법을 추구하는 조직이다.

- 가장 효과적이고 효율적인 방식으로 조직목표를 달성하기 위한 시스템을 구축하고 있다.
- 시스템을 구성하는 프로세스들 간의 상호관계를 이해하고 있다.
- 프로세스들을 조화시키고 통합하는 구조화된 접근방법을 도모하고 있다.
- 서로 다른 조직간의 장애요소를 줄임으로써 공동목표의 달성을 위한 필요한 역할과 책임관계를 명확히 이해하고 있다.
- 무조건적인 조치에 앞서 자원의 효율성을 파악하고 조직의 능력을 이해하고 있다.
- 시스템 내에서 특정 활동을 어떻게 운용할 것인지에 대해 목표를 정하여 업무를 추진하고 있다.
- 측정 및 평가를 통해 시스템을 지속적으로 개선하고 있다.

품질경영 8원칙

원칙 6 : 지속적 개선

조직의 총체적 성과에 대한 지속적 개선은 조직의 영구적인 목표여야 할 것이다.

핵심 포인트

- 개선된 조직능력을 통한 성과를 도출할 수 있다.
- 조직의 전략적 목표하에 모든 계층에서 개선활동을 추구할 수 있다.
- 기회에 대해 신속하게 대응하는 유연성을 확보할 수 있다.

다음과 같은 조직이 지속적인 개선의 원칙을 적용하는 조직이다.

- 지속적 개선을 위해 조직 전반에 걸쳐 일관성 있는 접근방식을 도모하고 있다.
- 조직원들에게 지속적 개선의 방법과 도구에 대해 교육훈련을 충분히 제공하고 있다.
- 조직 내에서 제품, 프로세스 및 시스템의 지속적 개선이 각 개인에 대해 충분히 이루어지고 있다.
- 지속적 개선의 여부를 추적하기 위한 측정과 지속적 개선을 달성하기 위한 목표를 수립하고 있다.
- 무엇이 개선인지를 인식하고 인지하고 있다.

품질경영 8원칙

원칙 7 : 의사결정에 대한 사실적 접근방식

효과적인 결정은 데이터 및 정보의 분석에 근거한다.

핵심 포인트

- 분석된 데이터에 의해 전략적 결정을 내릴 때 실패의 확률은 더욱 줄어들게 된다.
- 데이터를 정확히 분석함으로써 조직의 전략적 결정에 도움을 주는 정보가 축적된다.
- 축적된 정보에 의해 다양한 의견과 결정사항을 검토할 수 있게 되며 의사결정을 위한 능력이 증대된다.

다음과 같은 조직이 의사결정에 대한 사실적 접근방법의 원칙을 적용하는 조직이다.

- 데이터와 정보가 정확하고 신뢰할 수 있다는 것을 보장하고 있다.
- 정보를 필요로 하는 자에게 접근 용이한 데이터를 만들어 내고 있다.
- 효과적인 방법을 사용하여 데이터와 정보를 분석하고 있다(통계적 기법 등).
- 경험과 직관적 지식이 사실적 분석을 기초로 한 정보와 잘 조화되어 효과적인 조치를 취하고 결정을 내리고 있다.

품질경영 8원칙

원칙 8 : 상호 유익한 공급자 관계

조직 및 조직의 공급자는 상호 의존적이며, 상호이익이 되는 관계는 가치를 창조하기 위한 양쪽 모두의 능력을 증진시킨다.

핵심 포인트

- 양쪽 관계자 모두의 가치를 창조하기 위한 능력의 증대를 꾀할 수 있다.
- 변화하는 시장 또는 고객요구 및 기대에 응답하는 공동의 유연성과 신속성을 확보할 수 있다.
- 원가 및 자원의 최적화를 도모할 수 있다.

다음과 같은 조직이 상호 유익한 공급자관계 원칙을 적용하는 조직이다.

- 단기적 이득과 장기적으로 고려해야 할 사항 사이의 균형잡힌 관계를 수립하고 있다.
- 중요 파트너와 전문가 및 자원을 공유하고 있다.
- 핵심 공급자를 파악하고 선정하고 있다.
- 명료하고 개방된 의사소통이 이루어지고 있다.
- 정보 및 미래의 계획을 서로 공유하고 있다.
- 공동의 개발 및 개선활동을 수립하고 있다.
- 개선 및 성취를 고무시키고, 격려하며 인지하고 있다.

실습(1)-품질경영 8원칙 관련 ISO 9001:2000 조항 찾기

본 실습은 품질경영 원칙(Quality Management Principles)을 이해하고, ISO 9001:2000 규격 어디에 이 원칙이 반영되어 있는지를 파악하기 위한 것입니다. 강사의 안내에 따라 팀별로 토론을 거친 후 본 양식에 조항번호 및 제목을 기입하십시오.

원 칙	주요 내용	ISO 9001:2000 관련조항
〈원칙 1〉 고객 중심	조직은 그들의 고객에 의존하고 있다. 따라서 현재 및 미래의 고객 욕구를 이해하고 고객 요구사항을 충족시키며 고객의 기대를 넘어서도록 노력하여야 할 것이다.	5.1.a), 5.2, 5.5.2.b), 5.6.2.b), 5.6.3.b), 6.1.b), 7.2.1.a), 7.2.3, 8.2.1, 8.4.a), 5.4.1, 5.5.3, 7.5.4
〈원칙 2〉 리더십	리더는 조직의 목적과 방향의 일관성을 확립한다. 리더는 직원들이 조직의 목표를 달성하는 데 전적으로 참여할 수 있는 내부환경을 조성하고 유지하여야 할 것이다.	5.1, 5.2, 5.3, 5.4.1, 5.6, 6.1
〈원칙 3〉 전원 참여	모든 계층의 인원이 조직의 핵심이며 그들의 최대한 참여가 조직 이익을 위해 사용되는 그들의 능력을 가능케 한다.	5.3.d), 5.4.1, 5.5.1, 5.5.3, 6.2.2.d)
〈원칙 4〉 프로세스 접근방법	관련된 자원 및 활동이 하나의 프로세스로 관리될 때 희망하는 결과가 보다 효율적으로 달성될 수 있다.	4.1, 4.2.1.d), 5.5.1, 7.1, 8.2.3
〈원칙 5〉 경영에 대한 시스템 접근방법	시스템이 조직의 목표 달성에 있어 조직의 효과성 및 효율성에 기여하는 것으로서 상호 연계된 프로세스를 파악하고 이해하고 관리하는 것이 시스템적 접근방법이다.	4.1, 4.2.2.c), 5.4.2, 4.2, 6.1, 5.1.b), 5.1.c), 5.3, 5.4.1
〈원칙 6〉 지속적 개선	지속적 개선은 조직의 영구적인 목표여야 할 것이다.	8.1, 5.1, 5.6.1, 5.6.2, 5.6.3.a), 5.6.3.b), 8.4, 8.5.1, 5.4.1
〈원칙 7〉 의사결정에 대한 사실적 접근방법	효과적인 결정은 데이터와 정보의 분석에 근거한다.	8.4, 5.4.1, 5.6.1, 8.1, 8.2, 8.5.1, 4.2.4, 5.5.3
〈원칙 8〉 상호 이익이 되는 공급자 관계	조직 및 조직의 공급자는 상호 의존적이며, 상호 유익한 관계는 가치를 창조하기 위한 양쪽 모두의 능력을 증진시킨다.	4.1, 7.4.1, 7.4.2, 8.4.d), 7.3.4

Ⅱ. 부 표

표 A.1 이항분포표*

$$P\{X \le k\} = \sum_{x=0}^{k} \binom{n}{x} p^x (1-p)^{n-x}$$

n	k	p								
		0.01	0.05	0.10	0.20	0.25	0.30	0.333	0.40	0.50
1	0	.9510	.7738	.5905	.3277	.2373	.1681	.1317	.0778	.0313
	1	.9990	.9774	.9185	.7373	.6328	.5282	.4609	.3370	.1875
	2	1.00000	.9988	.9914	.9421	.8965	.8369	.7901	.6826	.5000
	3		1.0000	.9995	.9933	.9844	.9692	.9547	.9130	.8125
	4			1.0000	1.0000	.9990	.9976	.9959	.9898	.9688
6	0	.9415	.7351	.5314	.2621	.1780	.1176	.0878	.0467	.0156
	1	.9985	.9672	.8857	.6554	.5339	.4202	.3512	.2333	.1094
	2	1.0000	.9978	.9841	.9011	.8306	.7443	.6804	.5443	.3438
	3		.9999	.9987	.9830	.9624	.9295	.8999	.8208	.6563
	4		1.0000	.9999	.9984	.9954	.9891	.9822	.9590	.8906
	5			1.0000	.9999	.9998	.9993	.9896	.9959	.9844
7	0	.9321	.6983	.4783	.2097	.1335	.0824	.0585	.0280	.0078
	1	.9980	.9556	.8503	.5767	.4449	.3294	.2634	.1586	.0625
	2	1.0000	.9962	.9743	.8520	.7564	.6471	.5706	.4199	.2266
	3		.9998	.9973	.9967	.9294	.8740	.8267	.7102	.5000
	4		1.0000	.9998	.9953	.9871	.9712	.9547	.9037	.7734
	5			1.0000	.9996	.9987	.9962	.9931	.9812	.9475
	6				1.0000	1.0000	.9998	.9995	.9984	.9922
8	0	.9227	.6634	.4305	.1678	.1001	.576	.0390	.0168	.0039
	1	.9973	.9428	.8131	.5033	.3671	.2553	.1951	.1064	.0352
	2	.9999	.9942	.9619	.7069	.6785	.5518	.4682	.3154	.1445
	3	1.0000	.9996	.9950	.9437	.8862	.8059	.7414	.5941	.3633
	4		1.0000	.9996	.9896	.9727	.9420	.9121	.8263	.6367
	5			1.0000	.9988	.9958	.9887	.9803	.9502	.8555
	6				.9999	.9996	.9987	.9974	.9915	.9648
	7				1.0000	1.0000	.9999	.9998	.9993	.9961
9	0	.9135	.6302	.3874	.1342	.0751	.0404	.0260	.0101	.0020
	1	.9966	.9288	.7748	.4362	.3003	.1960	.1432	.0705	.0195
	2	.9999	.9916	.9470	.7382	.6007	.4628	.3772	.2318	.0898
	3	1.0000	.9994	.9917	.9144	.8343	.7297	.6503	.4826	.2539
	4		.10000	.9991	.9804	.9511	.9012	.8552	.7334	.5000
	5			.9999	.9969	.9900	.9747	.9576	.9006	.7461
	6			1.0000	.9997	.9987	.9957	.9917	.9750	.9102
	7				1.0000	.9999	.9997	.9990	.9962	.9805
	8					1.0000	1.0000	.9999	.9997	.9980

* $p > 0.50$의 경우 사용법

$$P\{X \le k\} = \sum_{x=0}^{n-k+l} \binom{n}{x} (1-p)^x p^{n-x}$$

(계속)

n	k	p = 0.01	0.05	0.10	0.20	0.25	0.30	0.333	0.40	0.50
10	0	.9044	.5987	.3487	.1074	.0563	.0282	.0173	.0060	.0010
	1	.9957	.9139	.7631	.3758	.2440	.1493	.1040	.0464	.0107
	2	.9999	.9885	.9298	.6778	.5256	.3828	.2991	.1673	.0547
	3	1.0000	.9990	.9872	.8791	.7759	.6496	.5593	.3823	.1719
	4		1.0000	.9984	.9672	.9219	.8497	.7869	.6331	.3770
	5			.9999	.9936	.9803	.9527	.9234	.8338	.6230
	6			1.0000	.9991	.9965	.9894	.9803	.9452	.8281
	7				.9999	.9996	.9984	.9966	.9877	.9453
	8				1.0000	1.0000	.9999	.9996	.9983	.9893
	9						1.0000	1.0000	.9999	.9990
11	0	.8953	.5688	.3138	.0859	.0422	.0198	.0116	.0036	.0005
	1	.9948	.8981	.6974	.3221	.1971	.1130	.0751	.0302	.0059
	2	.9998	.9848	.9104	.6174	.4552	.3127	.2341	.1189	.0327
	3	1.0000	.9984	.9815	.8389	.7133	.5696	.4726	.2963	.1133
	4		.9999	.9972	.9496	.8854	.7897	.7110	.5328	.2744
	5		1.0000	.9996	.9883	.9657	.9218	.8779	.7535	.5000
	6			1.0000	.9980	.9924	.9784	.9614	.9006	.7256
	7				.9998	.9988	.9957	.9912	.9707	.8867
	8				1.0000	.9999	.9994	.9986	.9941	.9673
	9					1.0000	1.0000	.9999	.9993	.9941
	10							1.0000	1.0000	.9995
12	0	.8864	.5404	.2824	.0687	.0317	.0138	.0077	.0022	.0002
	1	.9938	.8816	.6590	.2749	.1584	.0850	.0540	.0196	.0032
	2	.9998	.9804	.8891	.5583	.3907	.2528	.1811	.0834	.0193
	3	1.0000	.9978	.9744	.7946	.6488	.4925	.3931	.2253	.0730
	4		.9998	.9957	.9274	.8424	.7237	.6315	.4382	.1938
	5		1.0000	.9995	.9806	.9456	.8822	.8223	.6652	.3872
	6			.9999	.9961	.9857	.9614	.9336	.8418	.6128
	7			1.0000	.9994	.9972	.9905	.9812	.9427	.8062
	8				.9999	.9996	.9983	.9961	.9847	.9270
	9				1.0000	1.0000	.9998	.9995	.9972	.9807
	10						1.0000	1.0000	.9997	.9968
	11								1.0000	.9998
13	0	.8775	.5133	.2542	.0550	.0238	.0097	.0051	.0013	.0001
	1	.9928	.8646	.6213	.2336	.1267	.0637	.0385	.0126	.0017
	2	.9997	.9755	.8661	.5017	.3326	.2025	.1387	.0579	.0112
	3	1.0000	.9969	.9658	.7473	.5843	.4206	.3224	.1686	.0461
	4		.9997	.9935	.9009	.7940	.6543	.5520	.3530	.1334
	5		1.0000	.9991	.9700	.9198	.8346	.7587	.5744	.2905
	6			.9999	.9930	.9757	.9376	.8965	.7712	.5000
	7			1.0000	.9988	.9944	.9818	.9653	.9023	.7095
	8				.9998	.9990	.9960	.9912	.9679	.8666
	9				1.0000	.9999	.9993	.9984	.9922	.9539
	10					1.0000	.9999	.9998	.9987	.9888
	11						1.0000	1.0000	.9999	.9983
	12								1.0000	.9999

(계속)

n	k	p								
		0.01	0.05	0.10	0.20	0.25	0.30	0.333	0.40	0.50
14	0	.8687	.4877	.2288	.0440	.0178	.0068	.0033	.0008	.0001
	1	.9916	.8470	.5846	.1979	.1010	.0475	.0274	.0081	.0009
	2	.9997	.9699	.8416	.4481	.2811	.1608	.1053	.0398	.0065
	3	1.0000	.9958	.9559	.6982	.5213	.3552	.2612	.1243	.0287
	4		.9996	.9908	.8702	.7415	.5842	.4755	.2793	.0898
	5		1.0000	.9985	.9561	.8883	.7805	.6898	.4859	.2120
	6			.9998	.9884	.9617	.9607	.8505	.6925	.3953
	7			1.0000	.9976	.9897	.9685	.9424	.8499	.6047
	8				.9996	.9978	.9917	.9826	.9417	.7880
	9				1.0000	.9997	.9983	.9960	.9825	.9102
	10					1.0000	.9998	.9993	.9961	.9713
	11						1.0000	.9999	.9994	.9935
	12							1.0000	.9999	.9991
	13								1.0000	.9999
15	0	.8601	.4633	.2059	.0352	.0134	.0047	.0023	.0005	.0000
	1	.9904	.8290	.5490	.1671	.0802	.0353	.0194	.0052	.0005
	2	.9996	.9638	.8159	.3980	.2361	.1268	.0794	.0271	.0037
	3	1.0000	.9945	.9444	.6482	.4613	.2969	.2092	.0905	.0176
	4		.9994	.9873	.8358	.6865	.5155	.4041	.2173	.0592
	5		.9999	.9978	.9389	.8516	.7216	.6184	.4032	.1509
	6		1.0000	.9997	.9819	.9434	.8689	.7970	.6098	.3036
	7			1.0000	.9958	.9827	.9500	.9118	.7869	.5000
	8			1.0000	.9992	.9958	.9848	.9692	.9050	.6964
	9				.9999	.9992	.9963	.9915	.9662	.8491
	10				1.0000	.9999	.9993	.9982	.9907	.9408
	11					1.0000	.9999	.9997	.9981	.9824
	12						1.0000	1.0000	.9997	.9963
	13								1.0000	.9995
	14									1.0000
20	0	.8179	.3585	.1216	.0115	.0032	.0008	.0003	.0000	.0000
	1	.9831	.7358	.3917	.0692	.0243	.0076	.0033	.0005	.0000
	2	.9990	.9245	.6769	.2061	.0913	.0355	.0176	.0036	.0002
	3	1.0000	.9841	.8670	.4114	.2252	.1071	.0604	.0160	.0013
	4		.9974	.9568	.6296	.4148	.2375	.1515	.0510	.0059
	5		.9997	.9887	.8042	.6172	.4164	.2972	.1256	.0207
	6		1.0000	.9976	.9133	.7858	.6080	.4793	.2500	.0577
	7			.9996	.9679	.8982	.7723	.6615	.4159	.1316
	8			.9999	.9900	.9591	.8867	.8095	.5956	.2517
	9			1.0000	.9974	.9861	.9520	.9081	.7553	.4119
	10				.9994	.9961	.9829	.9624	.8725	.5881
	11				.9999	.9991	.9949	.9870	.9435	.7483
	12				1.0000	.9998	.9987	.9963	.9790	.8684
	13					1.0000	.9997	.9991	.9935	.9423
	14						1.0000	.9998	.9984	.9793
	15							1.0000	.9997	.9941
	16								1.0000	.9987
	17									.9998
	18									1.0000
	19									

표 A.2 포아송분포표*

$$P\{X \leq k\} = \sum_{x=0}^{k} e^{-\lambda} \frac{\lambda^x}{x!}$$

λ \ k	0	1	2	3	4	5	6	7	8	9
0.02	.980	1.000								
0.04	.961	.000	1.000							
0.06	.942	.998	1.000							
0.08	.923	.997	1.000							
0.10	.905	.995	1.000							
0.15	.861	.990	.999	1.000						
0.20	.819	.982	.999	1.000						
0.25	.779	.974	.998	1.000						
0.30	.741	.963	.996	1.000						
0.35	.705	.951	.994	1.000						
0.40	.670	.938	.992	.999	1.000					
0.45	.638	.925	.989	.999	1.000					
0.50	.607	.910	.986	.998	1.000					
0.55	.577	.894	.982	.998	1.000					
0.60	.549	.878	.977	.997	1.000					
0.65	.522	.861	.972	.996	.999	1.000				
0.70	.497	.844	.966	.994	.999	1.000				
0.75	.472	.827	.959	.993	.999	1.000				
0.80	.449	.809	.953	.991	.999	1.000				
0.85	.427	.791	.945	.989	.998	1.000				
0.90	.407	.772	.937	.987	.998	1.000				
0.95	.387	.754	.929	.984	.997	1.000				
1.00	.368	.736	.920	.981	.996	.999	1.000			
1.1	.333	.699	.900	.974	.995	.999	1.000			
1.2	.301	.663	.879	.966	.992	.998	1.000			
1.3	.273	.627	.857	.967	.989	.998	1.000			
1.4	.247	.592	.833	.946	.986	.997	.999	1.000		
1.5	.223	.558	.809	.934	.981	.996	.999	1.000		
1.6	.202	.525	.783	.921	.976	.994	.999	1.000		
1.7	.183	.493	.757	.907	.970	.992	.998	1.000		
1.8	.165	.463	.731	.891	.964	.990	.997	.999	1.000	
1.9	.150	.434	.704	.875	.956	.987	.997	.999	1.000	
2.0	.135	.406	.677	.857	.947	.983	.995	.999	1.000	

(계속)

λ \ k	0	1	2	3	4	5	6	7	8	9	10	11	12	13	14	15	16	17	18	19	20	21	22
2.2	.111	.355	.623	.819	.928	.975	.993	.998	1.000														
2.4	.901	.308	.570	.779	.904	.964	.988	.997	.999	1.000													
2.6	.074	.267	.518	.736	.877	.951	.983	.995	.999	1.000													
2.8	.061	.231	.469	.692	.848	.935	.976	.992	.998	.999	1.000												
3.0	.50	.199	.423	.647	.815	.916	.966	.988	.996	.999	1.000												
3.2	.041	.171	.380	.603	.781	.895	.955	.983	.994	.998	1.000												
3.4	.033	.147	.340	.558	.744	.871	.942	.977	.992	.997	.999	1.000											
3.6	.027	.126	.303	.515	.706	.844	.927	.969	.988	.996	.999	1.000											
3.8	.022	.107	.269	.473	.668	.816	.909	.960	.984	.994	.998	.999	1.000										
4.0	.018	.092	.238	.433	.629	.785	.889	.949	.979	.992	.997	.999	1.000										
4.2	.015	.078	.210	.395	.590	.753	.867	.936	.972	.989	.996	.999	1.000										
4.4	.012	.066	.185	.359	.551	.720	.844	.921	.964	.985	.994	.998	.999	1.000									
4.6	.010	.056	.163	.326	.513	.686	.818	.905	.965	.980	.992	.997	.999	1.000									
4.8	.008	.048	.143	.294	.476	.651	.791	.887	.944	.975	.990	.996	.999	1.000									
5.0	.007	.040	.125	.265	.440	.616	.762	.867	.932	.968	.986	.995	.998	.999	1.000								
5.5	.004	.027	.088	.202	.358	.529	.686	.809	.894	.946	.975	.989	.996	.998	.999	1.000							
6.0	.002	.017	.062	.151	.285	.446	.606	.744	.847	.916	.967	.980	.991	.996	.999	1.000							
6.5	.002	.011	.043	.112	.224	.369	.527	.673	.792	.877	.933	.966	.984	.993	.997	.999	1.000						
7.0	.000	.007	.030	.082	.173	.301	.527	.673	.792	.877	.933	.966	.984	.993	.997	.999	1.000						
7.5	.000	.005	.020	.059	.132	.241	.378	.525	.662	.776	.862	.921	.957	.978	.990	.995	.998	.999	1.000				
8.0	.000	.003	.014	.042	.100	.191	.313	.453	.593	.717	.816	.888	.936	.966	.983	.992	.996	.998	.999	1.000			
8.5	.000	.002	.009	.030	.074	.150	.256	.386	.523	.653	.763	.849	.909	.949	.973	.986	.993	.997	.999	.999	1.000		
9.0	.000	.001	.006	.021	0.55	.116	.207	.324	.456	.587	.706	.803	.876	.926	.959	.978	.989	.995	.998	.999	1.000		
9.5	.000	.001	.004	.015	.040	.089	.165	.269	.392	.522	.645	.752	.836	.898	.940	.967	.982	.991	.996	.998	.999	1.000	
10.0	.000	.000	.003	.010	.029	.067	.130	.220	.333	.458	.583	.697	.792	.864	.917	.951	.973	.986	.993	.997	.998	.999	1.000

표 A.3 표준정규분포표

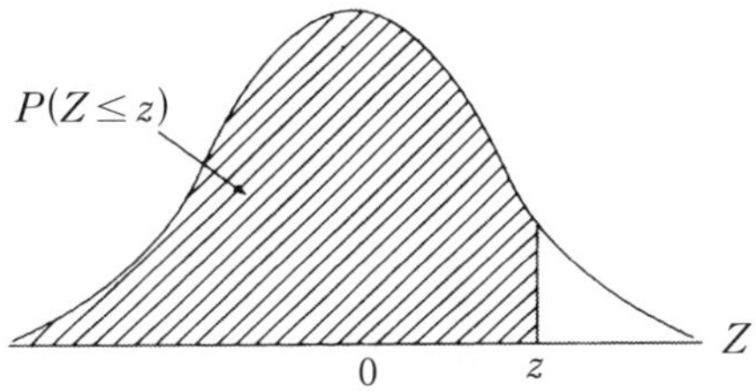

$$P[Z \leq z] = \int_{-\infty}^{z} \frac{1}{\sqrt{2\pi}} e^{\frac{t^2}{2}} dt$$

z	.00	.01	.02	.03	.04	.05	.06	.07	.08	.09
0	.5000	.5040	.5080	.5120	.5160	.5199	.5239	.5279	.5319	.5359
.1	.5398	.5438	.5478	.5517	.5557	.5596	.5636	.5675	.5714	.5753
.2	.5793	.5832	.5871	.5910	.5948	.5987	.6026	.6064	.6103	.6141
.3	.6179	.6217	.6255	.6293	.6331	.6368	.6406	.6443	.6480	.6517
.4	.6554	.6591	.6628	.6664	.6700	.6736	.6772	.6808	.6844	.6879
.5	.6915	.6950	.6985	.7019	.7054	.7088	.7123	.7157	.7190	.7224
.6	.7257	.7291	.7324	.7357	.7389	.7422	.7454	.7486	.7517	.7543
.7	.7580	.7611	.7642	.7673	.7704	.7734	.7764	.7794	.7823	.7872
.8	.7881	.7910	.7939	.7967	.7995	.8023	.8051	.8078	.8106	.8133
.9	.8159	.8186	.8212	.8238	.8264	.8289	.8315	.8340	.8365	.8389
1.0	.8413	.8438	.8461	.8485	.8508	.8531	.8554	.8577	.8599	.8621
1.1	.8643	.8665	.8686	.8708	.8729	.8749	.8770	.8790	.8810	.8830
1.2	.8849	.8869	.8888	.8907	.8925	.8944	.8962	.8980	.8997	.9015
1.3	.9032	.9049	.9066	.9082	.9099	.9115	.9139	.9147	.9162	.9177
1.4	.9192	.9207	.9222	.9236	.9251	.9265	.9279	.9292	.9306	.9319
1.5	.9332	.9345	.9357	.9370	.9382	.9394	.9406	.9418	.9429	.9441
1.6	.9452	.9463	.9479	.9484	.9495	.9505	.9515	.9525	.9535	.9545
1.7	.9554	.9564	.9573	.9582	.9591	.9599	.9608	.9616	.9625	.9633
1.8	.9641	.9649	.9656	.9664	.9671	.9678	.9680	.9693	.9699	.9706
1.9	.9713	.9719	.9726	.9732	.9738	.9744	.9750	.9756	.9761	.9767
2.0	.9772	.9778	.9783	.9788	.9793	.9798	.9803	.9808	.9812	.9817
2.1	.9821	.9826	.9830	.9834	.9838	.9842	.9846	.9850	.9854	.9857
2.2	.9861	.9864	.9868	.9871	.9875	.9878	.9881	.9884	.9887	.9890
2.3	.9893	.9896	.9898	.9901	.9904	.9906	.9909	.9911	.9913	.9916
2.4	.9918	.9920	.9922	.9925	.9927	.9929	.9931	.9932	.9934	.9936
2.5	.9938	.9940	.9941	.9943	.9945	.9946	.9948	.9949	.9951	.9952
2.6	.9953	.9955	.9956	.9957	.9959	.9960	.9961	.9962	.9963	.9964
2.7	.9965	.9966	.9967	.9968	.9969	.9970	.9971	.9972	.9973	.9974
2.8	.9974	.9975	.9976	.9977	.9977	.9978	.9979	.9979	.9980	.9981
2.9	.9981	.9982	.9982	.9983	.9984	.9984	.9985	.9985	.9986	.9986
3.0	.9987	.9987	.9987	.9988	.9988	.9989	.9989	.9989	.9990	.9990
3.1	.9990	.9991	.9991	.9991	.9992	.9992	.9992	.9992	.9993	.9993
3.2	.9993	.9993	.9994	.9994	.9994	.9994	.9994	.9995	.9995	.9995
3.3	.9995	.9995	.9995	.9996	.9996	.9996	.9996	.9996	.9996	.9997
3.4	.9997	.9997	.9997	.9997	.9997	.9997	.9997	.9997	.9997	.9998

표 A.4 χ^2분포표

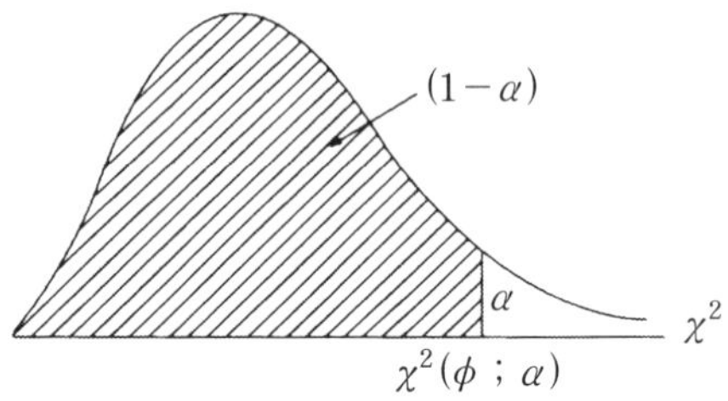

$P[\chi^2 \leq \chi^2(\phi\ ;\ \alpha)] = 1-\alpha$

자유도 ϕ \ α	0.995	0.990	0.975	0.950	0.900	0.100	0.050	0.025	0.010	0.005
1	0.0^4393	0.0^3157	0.0^3393	0.0^2393	0.0158	2.71	3.84	5.02	6.63	7.88
2	0.0100	0.0201	0.0506	0.103	0.211	4.61	5.99	7.38	9.21	10.60
3	0.072	0.115	0.216	0.352	0.584	6.25	7.81	9.35	11.34	12.84
4	0.207	0.297	0.484	0.711	1.064	7.78	9.49	11.14	13.28	14.36
5	0.412	0.554	0.831	1.145	1.61	9.24	11.07	12.83	15.09	16.75
6	0.676	0.872	1.24	1.64	2.20	10.64	12.59	14.45	16.81	18.55
7	0.989	1.24	1.69	2.17	2.83	12.02	14.07	16.01	18.48	20.28
8	1.34	1.65	2.18	2.73	3.49	13.36	15.51	17.53	20.09	21.96
9	1.73	2.09	2.70	3.33	4.17	14.68	16.92	19.02	21.67	23.59
10	2.16	2.56	3.25	3.94	4.87	15.99	18.31	20.48	23.21	25.19
11	2.60	3.05	3.82	4.57	5.58	17.28	19.68	21.92	24.73	26.76
12	3.07	3.57	4.40	5.23	6.30	18.55	21.03	23.34	26.22	28.30
13	3.57	4.11	5.01	5.89	7.04	19.81	22.36	24.74	27.69	29.82
14	4.07	4.66	5.63	6.57	7.79	21.06	23.68	26.12	29.14	31.32
15	4.60	5.23	6.26	7.26	8.55	22.31	25.00	27.49	30.58	32.30
16	5.14	5.81	6.91	7.96	9.31	23.54	26.30	28.85	32.00	34.27
17	5.70	6.41	7.56	8.67	10.09	24.77	27.59	30.19	33.41	35.72
18	6.26	7.01	8.23	9.39	10.86	25.99	28.87	31.53	34.81	37.16
19	6.84	7.63	8.91	10.12	11.65	27.20	30.14	32.85	36.19	38.58
20	7.43	8.26	9.59	10.85	12.44	28.41	31.41	34.17	37.57	40.00
21	8.03	8.90	10.28	11.59	13.24	29.62	32.67	35.48	38.93	41.40
22	8.64	9.54	10.98	12.34	14.04	30.81	33.92	36.78	40.29	42.80
23	9.26	10.20	11.69	13.09	14.85	32.01	35.17	38.08	41.64	44.18
24	9.89	10.86	12.40	13.85	15.66	33.20	36.42	39.36	42.98	45.56
25	10.52	11.52	13.12	14.61	16.47	34.38	37.65	40.65	44.31	46.93
26	11.16	12.20	13.84	15.38	17.29	35.56	38.89	41.92	45.64	48.29
27	11.81	12.88	14.57	16.15	18.11	36.74	40.11	43.19	46.96	49.64
28	12.46	13.56	15.31	16.93	18.94	37.92	41.34	44.46	48.28	50.99
29	13.12	14.26	16.05	17.71	19.77	39.09	42.56	45.72	49.59	52.34
30	13.79	14.95	16.79	18.49	20.60	40.26	43.77	46.98	50.89	53.67
40	20.71	22.16	24.43	26.51	29.05	51.81	55.76	59.34	63.69	66.77
50	27.99	29.71	32.36	34.76	37.69	63.17	67.50	71.42	76.15	79.49
60	35.53	37.48	49.48	43.19	46.46	74.40	79.08	83.30	88.38	91.95
70	43.28	45.44	48.76	51.74	55.33	85.53	90.53	95.02	100.4	104.2
80	51.17	53.54	57.15	60.39	64.28	96.58	101.9	106.6	112.3	113.6
90	59.20	61.75	65.65	69.13	73.29	107.6	113.1	118.1	124.1	128.3
100	67.33	70.06	74.22	77.93	82.36	118.5	124.3	129.6	153.8	140.2

표 A.5 t 분포표

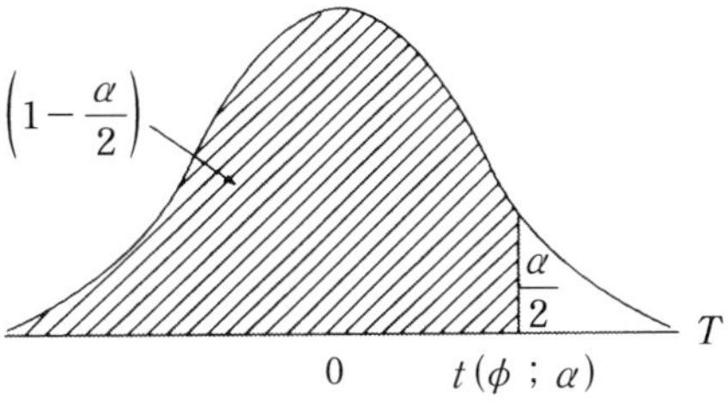

$$P[T \leq t(\phi\ ;\ \alpha)] = 1 - \frac{\alpha}{2}$$

자유도 ϕ \ α	0.90	0.80	0.70	0.60	0.50	0.40	0.30
1	0.158	0.325	0.510	0.727	1.000	1.376	1.963
2	0.142	0.289	0.445	0.617	0.816	1.061	1.386
3	0.137	0.227	0.424	0.584	0.765	0.978	1.250
4	0.134	0.271	0.414	0.569	0.741	0.941	1.190
5	0.132	0.267	0.408	0.559	0.727	0.920	1.156
6	0.131	0.265	0.404	0.553	0.718	0.906	1.134
7	0.130	0.263	0.402	0.549	0.711	0.896	1.119
8	0.130	0.262	0.399	0.546	0.706	0.889	1.108
9	0.129	0.261	0.398	0.543	0.703	0.883	1.100
10	0.129	0.260	0.397	0.542	0.700	0.879	1.093
11	0.129	0.260	0.396	0.540	0.697	0.876	1.088
12	0.128	0.259	0.395	0.539	0.695	0.873	1.083
13	0.128	0.259	0.394	0.538	0.694	0.870	1.079
14	0.128	0.258	0.393	0.537	0.692	0.868	1.076
15	0.128	0.258	0.393	0.536	0.691	0.866	1.074
16	0.128	0.258	0.392	0.535	0.690	0.865	1.071
17	0.128	0.257	0.392	0.534	0.689	0.863	1.069
18	0.127	0.257	0.392	0.534	0.688	0.862	1.067
19	0.127	0.257	0.391	0.533	0.688	0.861	1.066
20	0.127	0.257	0.391	0.533	0.687	0.860	1.064
21	0.127	0.257	0.391	0.532	0.686	0.859	1.063
22	0.127	0.256	0.390	0.532	0.686	0.858	1.061
23	0.127	0.256	0.390	0.532	0.685	0.858	1.060
24	0.127	0.256	0.390	0.531	0.685	0.857	1.059
25	0.127	0.256	0.390	0.531	0.684	0.856	1.058
26	0.127	0.256	0.390	0.531	0.684	0.856	1.058
27	0.127	0.256	0.389	0.531	0.684	0.855	1.057
28	0.127	0.256	0.389	0.530	0.683	0.855	1.056
29	0.127	0.256	0.389	0.530	0.683	0.854	1.055
30	0.127	0.256	0.389	0.530	0.683	0.854	1.055
40	0.126	0.255	0.388	0.529	0.681	0.851	1.050
60	0.126	0.254	0.387	0.527	0.679	0.848	1.046
120	0.126	0.254	0.386	0.526	0.677	0.845	1.041
∞	0.126	0.253	0.385	0.524	0.674	0.842	1.036

(표 A.5)계속

자유도 ϕ \ α	0.20	0.10	0.050	0.025	0.010	0.001
1	3.078	6.314	12.706	31.821	63.657	636.619
2	1.886	2.920	4.303	6.965	9.925	31.598
3	1.638	2.353	3.182	4.541	5.841	12.921
4	1.533	2.132	2.776	3.747	4.604	8.610
5	1.476	2.015	2.571	3.365	4.032	6.869
6	1.440	1.943	2.447	3.143	3.707	5.959
7	1.415	1.895	2.365	2.998	3.499	5.408
8	1.397	1.860	2.306	2.896	3.355	5.041
9	1.383	1.833	2.262	2.821	3.250	4.781
10	1.372	1.812	2.228	2.764	3.169	4.587
11	1.363	1.796	2.201	2.718	3.106	4.437
12	1.356	1.782	2.179	2.681	3.055	3.318
13	1.350	1.771	2.160	2.650	3.012	4.221
14	1.345	1.761	2.145	2.624	2.977	4.140
15	1.341	1.753	2.131	2.602	2.947	4.073
16	1.337	1.746	2.120	2.583	2.921	4.015
17	1.333	1.740	2.110	2.567	2.898	3.965
18	1.330	1.734	2.101	2.552	2.878	3.922
19	1.328	1.729	2.093	2.539	2.861	3.833
20	1.325	1.725	2,086	2.528	2.845	3.850
21	1.323	1.721	2.080	2.518	2.831	3.819
22	1.321	1.717	2.074	2.508	2.819	3.792
23	1.319	1.714	2.069	2.500	2.807	3.767
24	1.318	1.711	2.064	2.492	2.797	3.745
25	1.316	1.708	2.060	2.485	2.787	3.725
26	1.315	1.706	2.056	2.479	2.779	3.707
27	1.314	1.703	2.052	2.473	2.771	3.690
28	1.313	1.701	2.048	2.467	2.763	3.674
29	1.311	1.699	2.045	2.462	2.756	3.659
30	1.310	1.697	2.042	2.457	2.750	3.646
40	1.303	1.684	2.021	2.423	2.704	3.551
60	1.296	1.671	2.004	2.390	2.660	3.460
120	1.289	1.658	1.980	2.358	2.617	3.373
∞	1.282	1.645	1.960	2.326	2.576	3.291

표 A.6 F 분포표

$$P[F(\phi_1,\ \phi_2) \le F(\phi_1,\ \phi_2\ ;\ \alpha)] = 1-\alpha$$

$$F(\phi_1,\ \phi_2\ ;\ \alpha) = \frac{1}{F(\phi_2,\ \phi_1\ ;\ 1-\alpha)}$$

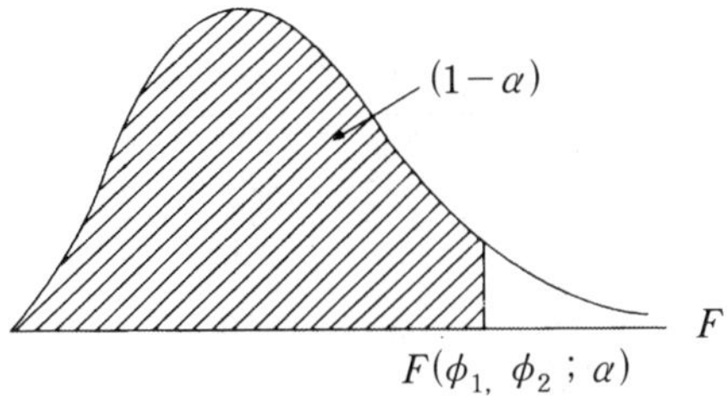

ϕ_2	α	ϕ_1								
		1	2	3	4	5	6	7	8	9
1	0.10	39.9	49.5	53.6	55.8	57.2	58.2	58.9	59.4	59.9
	0.05	161	200	216	225	230	234	237	239	241
	0.025	648	800	864	900	922	937	948	957	963
	0.01	4,052	5,000	5,403	5,625	5,764	5,859	5,928	5,981	6,022
2	0.10	8.53	9.00	9.16	9.24	9.29	9.33	9.35	9.37	9.38
	0.05	18.5	19.0	19.2	19.2	19.3	19.3	19.4	19.4	19.4
	0.025	38.5	39.0	39.2	39.3	39.3	39.3	39.4	39.4	39.4
	0.01	88.5	99.0	99.2	99.2	99.3	99.3	99.4	99.4	99.4
3	0.10	5.54	5.46	5.39	5.34	5.31	5.28	5.27	5.25	5.24
	0.05	10.1	9.55	9.28	9.12	9.01	8.94	8.89	8.85	8.81
	0.025	17.4	16.0	15.4	15.1	14.9	14.7	14.6	14.5	14.5
	0.01	34.1	30.8	29.5	28.7	28.2	27.9	27.7	27.5	27.3
4	0.10	4.54	4.32	4.19	4.11	4.05	4.01	3.98	3.95	3.94
	0.05	7.71	6.94	6.59	6.39	6.26	6.16	6.09	6.04	6.00
	0.025	12.2	10.7	9.98	9.60	9.36	9.20	9.07	8.98	8.90
	0.01	21.2	18.0	16.7	16.0	15.5	15.2	15.0	14.8	14.7
5	0.10	4.06	3.78	3.62	3.52	3.45	3.40	3.37	3.34	3.32
	0.05	6.61	5.79	5.41	5.19	5.05	4.95	4.88	4.82	4.77
	0.025	10.0	8.43	7.76	7.39	7.15	6.98	6.85	6.76	6.68
	0.01	16.3	13.3	12.1	11.4	11.0	10.7	10.5	10.3	10.2
6	0.10	3.78	3.46	3.29	3.18	3.11	3.05	3.01	2.98	2.96
	0.05	6.99	5.14	4.76	4.53	4.39	4.28	4.21	4.15	4.10
	0.025	8.81	7.26	6.60	6.23	5.99	5.82	5.70	5.60	5.52
	0.01	13.7	10.9	9.78	9.15	8.75	8.47	8.26	8.10	7.98
7	0.10	3.59	3.26	3.07	2.96	2.88	2.83	2.78	2.75	2.72
	0.05	5.59	4.74	4.35	4.12	3.97	3.87	3.79	3.73	3.68
	0.025	8.07	6.54	5.89	5.52	5.29	5.12	4.99	4.90	4.82
	0.01	12.2	9.55	8.45	7.85	7.46	7.19	6.99	6.84	6.72
8	0.10	3.46	3.11	2.92	2.81	2.73	2.67	2.62	2.59	2.56
	0.05	5.32	4.46	4.07	3.84	3.69	3.58	3.50	3.44	3.39
	0.025	7.57	6.06	5.42	5.05	4.82	4.65	4.53	4.43	4.36
	0.01	11.3	8.65	7.59	7.01	6.63	6.37	6.18	6.03	5.91
9	0.10	3.36	3.01	2.81	2.69	2.61	2.55	2.51	2.47	2.44
	0.05	5.12	4.26	3.86	3.63	3.48	3.37	3.29	3.23	3.18
	0.025	7.21	5.71	5.08	4.72	4.48	4.32	4.20	4.10	4.03
	0.01	10.6	8.02	6.99	6.42	6.06	5.80	5.61	5.47	5.35
10	0.10	3.29	2.92	2.73	2.61	2.52	2.46	2.41	2.38	2.35
	0.05	4.96	4.10	3.71	3.48	3.33	3.22	3.14	3.07	3.02
	0.025	6.94	5.46	4.83	4.47	4.24	4.07	3.95	3.85	3.78
	0.01	10.0	7.56	6.55	5.99	5.64	5.39	5.20	5.06	4.94
11	0.10	3.23	2.86	2.66	2.54	2.45	2.39	2.34	2.30	2.27
	0.05	4.84	3.98	3.59	3.36	3.20	3.09	3.01	2.95	2.90
	0.025	6.72	5.26	4.63	4.28	4.04	3.88	3.76	3.66	3.59

(표 A.6 계속)

ϕ_2	α	ϕ_1								
		1	2	3	4	5	6	7	8	9
	0.01	9.65	7.21	6.22	5.67	5.32	5.07	4.89	4.74	4.63
	0.10	3.18	2.81	2.61	2.48	2.39	2.33	2.28	2.24	2.21
12	0.05	4.75	3.89	3.49	3.26	3.11	3.00	2.91	2.85	2.80
	0.025	6.55	5.10	4.47	4.12	3.89	3.73	3.61	3.51	3.44
	0.01	9.33	6.93	5.95	5.41	5.06	4.82	4.64	4.50	4.39
	0.10	3.14	2.76	2.56	2.43	2.35	2.28	2.23	2.20	2.16
13	0.05	4.67	3.81	3.41	3.18	3.03	2.92	2.83	2.77	2.71
	0.025	6.41	4.97	4.35	4.00	3.77	3.60	3.48	3.39	3.31
	0.01	9.07	6.70	5.74	5.21	4.86	4.62	4.44	4.30	4.19
	0.10	3.10	2.73	2.52	2.39	2.31	2.24	2.19	2.15	2.12
14	0.05	4.60	3.74	3.34	3.11	2.96	2.85	2.76	2.70	2.65
	0.025	6.30	4.86	4.24	3.89	3.66	3.50	3.36	3.29	3.26
	0.01	8.86	6.51	5.56	5.04	4.69	4.46	4.28	4.14	4.03
	0.10	3.07	2.70	2.49	2.36	2.27	2.21	2.16	2.12	2.09
15	0.05	4.54	3.68	3.29	3.06	2.90	2.79	2.71	2.64	2.59
	0.025	6.20	4.77	4.15	3.80	3.58	3.41	3.29	3.20	3.12
	0.01	8.68	6.36	5.42	4.89	4.56	4.32	4.14	4.00	3.89
	0.10	3.05	2.67	2.46	2.33	2.24	2.18	2.13	2.09	2.06
16	0.05	4.49	3.63	3.24	3.01	2.85	2.74	2.66	2.59	2.54
	0.025	6.12	4.69	4.08	3.73	3.50	3.34	3.22	3.12	3.05
	0.01	8.53	6.23	5.29	4.77	4.44	4.20	4.03	3.89	3.78
	0.10	3.03	2.64	2.44	2.31	2.22	2.15	2.10	2.06	2.03
17	0.05	4.45	3.59	3.20	2.96	2.81	2.70	2.61	2.55	2.49
	0.025	6.04	4.62	4.01	3.66	3.44	3.28	3.16	3.06	2.98
	0.01	8.40	6.11	5.18	4.67	4.34	4.10	3.93	3.79	3.68
	0.10	3.01	2.62	2.42	2.29	2.20	2.13	2.08	2.04	2.00
18	0.05	4.41	3.55	3.16	2.93	2.77	2.66	2.58	2.51	2.46
	0.025	5.98	4.56	3.95	3.61	3.38	3.22	3.10	3.01	2.93
	0.01	8.29	6.01	5.09	4.58	4.25	4.01	3.84	3.71	3.60
	0.10	2.99	2.61	2.40	2.27	2.18	2.11	2.06	2.02	1.98
19	0.05	4.38	3.52	3.13	2.90	2.74	2.63	2.54	2.48	2.42
	0.025	5.92	4.51	3.90	3.56	3.33	3.17	3.05	2.96	2.88
	0.01	8.18	5.93	5.01	4.50	4.17	3.94	3.77	3.63	3.52
	0.10	2.97	2.59	2.38	2.25	2.16	2.09	2.04	2.00	1.96
20	0.05	4.35	3.49	3.10	2.87	2.71	2.60	2.51	2.45	2.39
	0.025	5.87	4.46	3.86	3.51	3.29	3.13	3.01	2.91	2.84
	0.01	8.10	5.85	4.94	4.43	4.10	3.87	3.70	3.56	3.46
	0.10	2.93	2.54	2.33	2.19	2.10	2.04	1.98	1.94	1.91
24	0.05	4.26	3.40	3.01	2.78	2.62	2.51	2.42	2.36	2.30
	0.025	5.72	4.32	3.72	3.38	3.15	2.99	2.87	2.78	2.70
	0.01	7.82	5.61	4.72	4.22	3.90	3.67	3.50	3.36	3.26
	0.10	2.88	2.49	2.28	2.14	2.05	1.98	1.93	1.88	1.85
30	0.05	4.17	3.32	2.92	2.69	2.53	2.42	2.33	2.27	2.21
	0.025	5.57	4.18	3.59	3.25	3.03	2.87	2.75	2.65	2.57
	0.01	7.56	5.39	4.51	4.02	3.70	3.47	3.30	3.17	3.07
	0.10	2.79	2.39	2.18	2.04	1.95	1.87	1.82	1.77	1.74
60	0.05	4.00	3.15	2.76	2.53	2.45	2.25	2.17	2.10	2.04
	0.025	7.29	3.93	3.34	3.01	2.79	2.63	2.51	2.41	2.33
	0.01	7.08	4.98	4.13	3.65	3.34	3.12	2.95	2.82	2.72
	0.10	2.75	2.36	2.13	1.99	1.90	1.82	1.77	1.72	1.68
120	0.05	3.92	3.07	2.68	2.45	2.29	2.18	2.09	2.02	1.96
	0.025	5.15	3.80	3.23	2.89	2.67	2.52	2.39	2.30	2.22
	0.01	7.08	4.98	4.13	3.65	3.34	3.12	2.95	2.82	2.72
	0.10	2.71	2.30	2.08	1.94	1.85	1.77	1.72	1.67	1.63
∞	0.05	3.84	3.00	2.60	2.37	2.21	2.10	2.01	1.94	1.88
	0.025	5.02	3.69	3.12	2.79	2.57	2.41	2.29	2.19	2.11
	0.01	6.63	4.61	3.78	3.32	3.02	2.80	2.64	2.51	2.41

(표 A.6 계속)

ϕ_2	α	ϕ_1									
		10	11	12	15	20	24	30	60	120	∞
1	0.10	60.2	60.5	60.7	61.2	61.7	62.0	62.3	62.8	63.1	63.3
	0.05	242	243	244	246	248	249	250	252	253	254
	0.025	969	973	977	85	993	997	1,001	1,010	1,014	1,018
	0.01	6,050	6,082	6,106	6,157	6,209	6,235	6,261	6,313	6,339	6,366
2	0.10	9.39	9.40	9.41	9.42	9.44	9.45	9.46	9.47	9.48	9.49
	0.05	19.4	19.4	19.4	19.4	19.4	19.5	19.5	19.5	19.5	19.5
	0.025	39.4	39.4	39.4	39.4	39.5	39.5	39.5	39.5	39.5	39.5
	0.01	99.4	99.4	99.4	99.4	99.4	99.5	99.5	99.5	99.5	99.5
3	0.10	5.23	5.22	5.22	5.20	5.18	5.18	5.17	5.15	5.14	5.13
	0.05	8.79	8.76	8.74	8.70	8.66	8.64	8.62	8.57	8.55	8.53
	0.025	14.4	14.4	14.3	14.3	14.2	14.1	14.1	14.0	14.0	13.9
	0.01	27.2	27.1	27.1	26.9	26.7	26.6	26.5	26.3	26.2	26.1
4	0.10	3.92	3.91	3.90	3.87	3.84	3.83	3.82	3.79	3.78	3.76
	0.05	5.96	5.94	5.91	5.85	5.80	5.77	5.75	5.69	5.66	5.63
	0.025	8.84	8.80	8.75	8.66	8.56	8.51	8.46	8.36	8.31	8.26
	0.01	14.5	14.4	14.4	14.2	14.0	13.9	13.8	13.7	13.6	13.5
5	0.10	3.30	3.28	3.27	3.24	3.21	3.19	3.17	3.14	3.12	3.11
	0.05	4.74	4.71	4.68	4.62	4.56	4.53	4.50	4.43	4.40	4.37
	0.025	6.62	6.57	6.52	6.43	6.33	6.28	6.23	6.12	6.07	6.02
	0.01	10.1	9.96	9.89	9.72	9.55	9.47	9.38	9.20	9.11	9.02
6	0.10	2.94	2.92	2.90	2.87	2.84	2.82	2.80	2.76	2.74	2.72
	0.05	4.06	4.03	4.00	3.94	3.87	3.84	3.81	3.74	3.70	3.67
	0.025	5.46	5.41	5.27	5.27	5.17	5.12	5.07	4.96	4.90	4.85
	0.01	7.87	7.79	7.72	7.56	7.40	7.31	7.23	7.06	6.97	6.88
7	0.10	2.70	2.68	2.67	2.63	2.59	2.58	2.56	2.51	2.49	2.47
	0.05	3.64	3.60	3.57	3.51	3.44	3.41	3.38	3.30	3.27	3.23
	0.025	4.76	4.71	4.67	4.57	4.47	4.42	4.36	4.25	4.20	4.14
	0.01	6.62	6.54	6.47	6.31	6.16	6.07	5.99	5.82	5.74	5.65
8	0.10	2.54	2.52	2.50	2.46	2.42	2.40	2.38	2.34	2.32	2.29
	0.05	3.35	3.31	3.28	3.22	3.15	3.12	3.08	3.01	2.97	2.93
	0.025	4.30	4.25	4.20	4.10	4.00	3.95	3.89	3.78	3.73	3.67
	0.01	5.81	5.73	5.67	5.52	5.36	5.28	5.20	5.03	4.95	4.86
9	0.10	2.42	2.40	2.38	2.34	2.30	2.28	2.25	2.21	2.18	2.16
	0.05	3.14	3.10	3.07	3.01	2.94	2.90	2.86	2.79	2.75	2.71
	0.025	3.96	3.91	3.87	3.77	3.67	3.61	3.56	3.45	3.39	3.33
	0.01	5.26	5.18	5.11	4.96	4.81	4.73	4.65	4.48	4.40	4.31
10	0.10	2.32	2.30	2.28	2.24	2.20	2.18	2.16	2.11	2.08	2.06
	0.05	2.98	2.94	2.91	2.84	2.77	2.74	2.70	2.62	2.58	2.54
	0.025	3.72	3.67	3.62	3.52	3.42	3.37	3.31	3.20	3.14	3.08
	0.01	4.85	4.77	4.71	4.56	4.41	4.33	4.25	4.08	4.00	3.91
11	0.10	2.25	2.23	2.21	2.17	2.12	2.10	2.08	2.03	1.99	1.97
	0.05	2.85	2.82	2.79	2.72	2.65	2.61	2.57	2.49	2.43	2.40
	0.025	3.53	3.48	3.43	3.33	3.23	3.17	3.12	3.00	2.94	2.88
	0.01	4.45	4.46	4.40	4.25	4.10	4.02	3.94	3.78	3.66	3.60
12	0.10	2.19	2.17	2.15	2.10	2.06	2.04	2.01	1.96	1.93	1.90
	0.05	2.75	2.72	2.69	2.62	2.54	2.51	2.47	2.38	2.34	2.30
	0.025	3.37	3.32	3.28	3.18	3.07	3.02	2.96	2.85	2.79	2.72
	0.01	4.30	4.22	4.16	4.01	3.86	3.78	3.70	3.54	3.45	3.36

(표 A.6 계속)

ϕ_2	α	ϕ_1									
		10	11	12	15	20	24	30	60	120	∞
13	0.10	2.14	2.12	2.10	2.05	2.01	1.98	1.96	1.90	1.86	1.85
	0.05	2.67	2.63	2.60	2.53	2.46	2.42	2.38	2.30	2.23	2.21
	0.025	3.25	3.20	3.15	3.05	2.95	2.89	2.84	2.72	2.66	2.60
	0.01	4.10	4.02	3.96	3.82	3.66	3.59	3.51	3.34	3.22	3.17
14	0.10	2.10	2.08	2.05	2.01	1.96	1.94	1.91	1.86	1.83	1.80
	0.05	2.60	2.57	2.53	2.46	2.39	2.35	2.31	2.22	2.18	2.13
	0.025	3.15	3.10	3.05	2.95	2.84	2.79	2.73	2.61	2.55	2.49
	0.01	3.94	3.86	3.38	3.66	3.51	3.43	3.35	3.18	3.09	3.00
15	0.10	2.06	2.04	2.02	1.97	1.92	1.90	1.87	1.82	1.79	1.76
	0.05	2.54	2.51	2.48	2.40	2.33	2.29	2.25	2.16	2.11	2.07
	0.025	3.06	3.01	2.96	2.86	2.76	2.70	2.64	2.52	2.46	2.40
	0.01	3.80	3.73	3.67	3.52	3.37	3.29	3.21	3.05	2.96	2.87
16	0.10	2.03	2.01	1.99	1.94	1.89	1.87	1.84	1.78	1.75	1.72
	0.05	2.49	2.46	2.42	2.35	2.28	2.24	2.19	2.11	2.06	2.01
	0.025	2.99	2.94	2.89	2.79	2.68	2.63	2.57	2.45	2.38	2.32
	0.01	3.69	3.62	3.55	3.41	3.26	3.18	3.10	2.93	2.84	2.75
17	0.10	2.00	1.98	1.96	1.91	1.86	1.84	1.81	1.75	1.72	1.69
	0.05	2.45	2.41	2.38	2.31	2.23	2.19	2.15	2.06	2.01	1.96
	0.025	2.92	2.87	2.82	2.72	2.62	2.56	2.50	2.38	2.32	2.25
	0.01	3.59	3.52	3.46	3.31	3.16	3.08	3.00	2.83	2.75	2.65
18	0.10	1.98	1.96	1.93	1.89	1.84	1.81	1.78	1.72	1.69	1.66
	0.05	2.41	2.37	2.34	2.27	2.19	2.15	2.11	2.02	1.97	1.92
	0.025	2.87	2.82	2.77	2.67	2.56	2.50	2.44	2.32	2.26	2.19
	0.01	3.51	3.43	3.37	3.23	3.08	3.00	2.92	2.75	2.66	2.57
19	0.10	1.96	1.94	1.91	1.86	1.81	1.79	1.76	1.70	1.67	1.63
	0.05	2.38	2.34	2.31	2.23	2.16	2.11	2.07	1.98	1.93	1.88
	0.025	2.82	2.77	2.72	2.62	2.51	2.45	2.39	2.27	2.20	2.13
	0.01	3.43	3.36	3.30	3.15	3.00	2.92	2.84	2.67	2.58	2.49
20	0.10	1.94	1.92	1.89	1.84	1.79	1.77	1.74	1.68	1.64	1.61
	0.05	2.35	2.31	2.28	2.20	2.12	2.08	2.04	1.95	1.90	1.84
	0.025	2.77	2.72	2.68	2.57	2.46	2.41	2.35	2.22	2.16	2.09
	0.01	3.37	3.29	3.23	3.09	2.94	2.86	2.78	2.61	2.52	2.42
24	0.10	1.88	1.85	1.83	1.78	1.73	1.70	1.67	1.61	1.57	1.53
	0.05	2.25	2.21	2.18	2.11	2.03	1.98	1.94	1.84	1.79	1.73
	0.025	2.64	2.59	2.54	2.44	2.33	2.27	2.21	2.08	2.01	1.94
	0.01	3.17	3.09	3.03	2.89	2.74	2.66	2.58	2.40	2.31	2.21
30	0.10	1.82	1.79	1.77	1.72	1.67	1.64	1.61	1.54	1.50	1.46
	0.05	2.16	2.13	2.09	2.01	1.93	1.89	1.84	1.74	1.68	1.62
	0.025	2.51	2.46	2.41	2.31	2.20	2.14	2.07	1.94	1.87	1.79
	0.01	2.98	2.91	2.84	2.70	2.55	2.47	2.39	2.21	2.11	2.01
60	0.10	1.71	1.68	1.66	1.60	1.54	1.51	1.48	1.40	1.35	1.29
	0.05	1.99	1.95	1.92	1.84	1.75	1.70	1.65	1.53	1.47	1.39
	0.025	2.27	2.22	2.17	2.06	1.94	1.88	1.82	1.67	1.58	1.48
	0.01	2.63	2.56	2.50	2.35	2.20	2.12	2.03	1.84	1.73	1.601
120	0.10	1.65	1.62	1.60	1.55	1.48	1.45	1.41	1.32	1.26	1.19
	0.05	1.91	1.87	1.83	1.75	1.66	1.61	1.55	1.43	1.35	1.25
	0.025	2.16	2.11	2.05	1.94	1.82	1.76	1.69	1.53	1.43	1.31
	0.01	2.47	2.40	2.34	2.19	2.03	1.95	1.86	1.66	1.53	1.38
∞	0.10	1.60	1.57	1.55	1.49	1.42	1.38	1.34	1.24	1.17	1.00
	0.05	1.83	1.79	1.75	1.67	1.57	1.52	1.46	1.32	1.22	1.00
	0.025	2.05	2.00	1.94	1.83	1.71	1.64	1.57	1.39	1.27	1.00
	0.01	2.32	2.25	2.18	2.04	1.88	1.79	1.70	1.47	1.32	1.00

색 인

약 력

한국과학기술원(KAIST)에서 경영과학박사 학위를 받고 국립경상대학교 교수를 거쳐 1982년부터 이화여자대학교 경영학과 교수로 재직하고 있다. 현대 품질경영(박영사), 창조성경영(이대출판부) 등 22권의 전공서적을 저술하고 약 50편의 연구논문을 집필하였다. 한국품질경영학회 회장을 역임하고 현재는 한국PL학회 회장으로 활동하고 있다. 한국의 품질경영활동을 발전시키는 데 기여한 공로로 국가로부터 국민훈장 석류장을 서훈받았다. 연구분야는 품질, 생산운영, 계량경영 등이다.

학 력

서울대학교 공과대학 자원공학과 졸
한국과학원 경영과학과 경영과학 석사
한국과학원 경영과학과 경영과학 박사 취득

경 력

1980.9 - 1982.2	경상대학교 경영학과 교수
1982.3 -	이화여자대학교 경영학과 교수
	한국품질경영학회 회장 역임
1995.3 - 1996.2	포틀랜드 주립대 교환교수
1999.12.	국민훈장 석류장 수훈
2000.6 - 2001.1	퍼듀 주립대 교환교수
2002.3 - 현재	신품질대상 포상위원장
2002.3 - 현재	한국품질대상 심사위원장 등 각종 품질관련 활동
2003.3 - 현재	한국PL포럼 회장
2003.3 - 현재	한국PL협회 부회장
2003.3 - 현재	한국소비자안전학회 회장

개정판
현대품질경영론

1999년 3월 15일 초판발행
2007년 3월 5일 개정판발행
2012년 2월 20일 중판발행

저 자 박 재 홍
발행인 안 종 만
발행처 (주) 박영사
서울특별시 종로구 평동 13-31번지
전화 (733) 6771 FAX (736) 4818
등록 1959. 3. 11. 제300-1959-1호(倫)

www.pybook.co.kr e-mail: pys@pybook.co.kr

정 가 22,000원 ISBN 978-89-6454-243-9